HEYNE‹

Sigrid-Maria Größing

Amor im Hause Habsburg

Eine Chronique scandaleuse

WILHELM HEYNE VERLAG
MÜNCHEN

HEYNE SACHBUCH
19/767

Dieser Titel erschien bereits unter der Bandnummer 19/329.

Für meine Eltern

Bildquellennachweis:
Kunsthistorisches Museum, Wien: Bildseiten 1, 2, 4, 5, 6, 7, 9 (Sammlungen
Schloß Ambras), 10, 11 (beide Bilder Schloß Ambras), 12 unten,
14 oben links, 15 oben links (Photos: Photobusiness, Leopoldsdorf)
Photobusiness, Leopoldsdorf: Bildseite 16
Siena, Duomo, Libreria Piccolomini: Bildseite 3 (Photo Scala, Siena)
Archiv der Autorin: 8, 12 oben, 13, 14 oben rechts, 14 unten,
15 oben rechts, 15 unten.

Umwelthinweis:
Dieses Buch wurde auf chlor- und säurefreiem Papier gedruckt.

3. Auflage

Taschenbuchausgabe 07/2001
Copyright © 2001 by Wilhelm Heyne Verlag GmbH & Co. KG, München
http://www.heyne.de
Printed in Germany 2003
Umschlagkonzept und -gestaltung:
Hauptmann und Kampa Werbeagentur, München – Zürich,
unter Verwendung eines Gemäldes von Kaiser Karl, Kaiserin Zita und
Kronprinz Otto (Detail), Photobusiness Leopoldsdorf,
und einer Perlenbrosche, 19. Jh., Christie's Amsterdam
Druck und Verarbeitung: Ebner & Spiegel, Ulm

ISBN 3-453-18841-1

Inhalt

Vorwort 7

»Wir hätten in einem Rosengarten sitzen können«
MAXIMILIAN I. UND MARIA VON BURGUND 9

Die Liebe brachte sie um den Verstand
PHILIPP DER SCHÖNE UND JOHANNA DIE WAHNSINNIGE 29

Sie liebte das Leben und die Liebe
MARGARETE VON ÖSTERREICH 53

Geliebte eines Kaisers, Mutter eines Helden
BARBARA BLOMBERG 78

*Andere mögen Kriege führen, du, glückliches
Österreich, heirate!*
FERDINAND I. UND ANNA VON UNGARN 104

Höher als eine Königskrone
ERZHERZOG FERDINAND UND PHILIPPINE WELSER 122

Ein Herz und dennoch eine Krone
FRANZ STEPHAN UND MARIA THERESIA 149

*»Es war der beste Ehestand, der immer gefunden
werden konnte«*
JOSEPH II. UND ISABELLA VON PARMA 165

Ein Märchen wurde wahr
ERZHERZOG JOHANN UND ANNA PLOCHL 186

Liebe im verborgenen
FRANZ JOSEPH UND SEINE FRAUEN 218

Die Tragödie von Mayerling begann in Brüssel
KRONPRINZ RUDOLF UND STEPHANIE VON BELGIEN 246

Bis in den Tod vereint
FRANZ FERDINAND UND SOPHIE CHOTEK 273

Liebe auf den zweiten Blick
KARL I. UND ZITA VON BOURBON-PARMA 298

Literaturhinweise 329

Stammbäume 332

Register 336

Vorwort

Die Habsburger haben ein Weltreich begründet und wieder verloren, sie haben Jahrhunderte hindurch geherrscht und waren doch ebensowenig wie irgendeiner ihrer Untertanen in der Lage, ihr persönliches Schicksal nach eigenem Wunsch und Willen zu gestalten. Schmerz, Verlust und früher Tod trafen sie wie jeden anderen.
Der Mensch allein steht im Mittelpunkt der Geschichte, sein Wohl und Wehe ist es, was die Zeit weitertreibt, sein Lieben und Leiden, seine Gefühle, sein körperliches und seelisches Wohlbefinden prägen oft das Geschehen – wenn er Macht hat, über andere zu bestimmen.
Daß auch Kaiser und Könige, die diese Macht besaßen, »nur« Menschen waren, verwundbar und empfindlich, leidenschaftlich verliebt, eifersüchtig, wankelmütig oder treu bis in den Tod, davon soll dieses Buch erzählen. Nicht die große Weltpolitik steht hier im Mittelpunkt; sie bildet höchstens den Rahmen, stellt die äußeren Bedingungen dar, unter denen die Habsburger und ihre Frauen lebten und liebten.
Ihr privates Leben war oft entscheidend für den Lauf der Geschichte. Wie hätte etwa das Schicksal Europas ausgesehen, wenn Maria Theresia, wie einmal erwogen, tatsächlich den preußischen Kronprinzen Friedrich geheiratet hätte? Wie hätte ein Kaiser Rudolf von Österreich regiert, den keine unglückliche Ehe, keine Differenzen mit dem Vater in den Selbstmord getrieben hätten? Nicht alle Habsburger hatten das Glück einer harmonischen Beziehung; viele mußten sich mit der Gleichgültigkeit und Kälte einer arrangierten Ehe abfinden. Erstaunlich oft aber gelang es Angehörigen des Erzhauses, in solchen Zwangsverbindungen doch noch Erfüllung zu finden: als Beispiel für viele mögen Kaiser Ferdinand I. und Anna von Ungarn gelten. Und nicht wenige Habsburger nahmen alles in Kauf, um die Frau, die sie liebten, als legitime Ehefrau an ihrer Seite zu wissen, anstatt sie zu ihrer Mätresse zu machen, wie es anderswo üblich war. Philippine Welser

war eine solche Gefährtin, die es ihrem Mann durch Liebe und Loyalität lohnte und ihm dadurch Mut und Kraft gab.
Die Liebesgeschichten aus dem Hause Habsburg erzählen also nicht von entrückten Herrschergestalten, von fernen Helden und Prinzessinnen. Hier treten Menschen vor uns hin, die es jedem Leser, jeder Leserin leicht machen, sich mit ihnen zu identifizieren.

»Wir hätten in einem Rosengarten sitzen können«

MAXIMILIAN I. UND MARIA VON BURGUND

Karl der Kühne, der reiche und mächtige Herzog von Burgund, hatte nur eine einzige Tochter; die aber war sein ganzer Stolz. Auf Maria ruhte seine Hoffnung für die Zukunft, sie galt es gewinnbringend zu verheiraten. Viele Freier waren im Laufe der Jahre aufgetaucht, die sich um die Hand der schönen Herzogstochter bewarben. Die große Mitgift, die Länder Burgunds mit ihren unendlich reichen Handelsstädten im Westen, hätte mancher gern als Morgengabe gesehen. Aber Maria hatte ihren eigenen Kopf und ganz bestimmte Vorstellungen von ihrem zukünftigen Gemahl, und so hatte sich auch der Vater noch nicht festgelegt, als ihn die Werbung des römisch-deutschen Kaisers erreichte, der Maria als Gemahlin für seinen Sohn Maximilian haben wollte.

Die Erkundigungen, die der burgundische Herzog über den Prinzen einziehen ließ, waren nur zu erfreulich. Man schilderte Maximilian in den schönsten Farben, als echten Ritter, der weder Tod noch Teufel fürchte, sich in jedem Turnier als tapferer und kühner Streiter erweise, der aber auch auffallend gut aussehen solle, blond, mit strahlend blauen Augen und einer männlichen Gestalt. Zudem gelte er als besonders charmant und liebenswürdig, so daß er die Herzen der Damen im Nu erobere.

So hatte sich Maria den Helden ihrer Träume vorgestellt, den Mann, mit dem sie ein ganzes Leben verbunden sein wollte. Freudig stimmte sie daher dem Wunsch ihres Vaters zu, dem Werben des Kaisers nachzugeben. Natürlich mußte man sich zunächst etwas zieren und durfte die Karten nicht offen auf den Tisch legen, denn allzu leicht hätte dies den Anschein erweckt, als wäre man froh, die Tochter möglichst schnell loszuwerden.

Daß Maria von Burgund mit Maximilian glücklich werden würde, war ihr nach Meinung ihres Schwiegervaters schon durch die Konstellation der Sterne vorherbestimmt. Denn wie immer bei wichtigen Angelegenheiten hatte Friedrich III. nach der Ge-

burt Maximilians seine Hofastrologen gebeten, für seinen neugeborenen Sohn das Horoskop zu erstellen. Dieses versprach viel Gutes, obwohl auch ein dunkler, geheimnisvoller Aspekt zu vermerken war, und Maximilian wies bei den vielen Schicksalsschlägen, die er später erlebte, immer wieder auf diesen »dunklen Stern« hin. Ganz konnte er sich nie von der Vorstellung befreien, daß es die Gestirne eigentlich nicht gut mit ihm gemeint hatten, obwohl der Mathematiker und Astronom Johannes Regiomontanus, dem man die Erstellung des Horoskopes zuschreibt, den Lauf der Gestirne bestimmt nicht schlecht interpretiert hat.
Maximilian hatte nicht nur Habsburger Blut in den Adern, das ohnedies in den letzten Jahrhunderten durch die vielen Heiraten vermischt worden war. Seine Großmutter stammte aus Masovien und brachte polnisch-litauische Elemente in die Familie, daneben hatten die Habsburger immer wieder nach Deutschland, Italien und Böhmen geheiratet, so daß keine eindeutige Abstammung mehr festzustellen war. Habsburger Blut, was war das eigentlich? Viel eher ließ sich die Mutter Maximilians charakterisieren; sie hatte das leichte portugiesische Wesen, das die Kinder an ihr besonders liebten, ihre Heiterkeit und Fröhlichkeit hatte sie auch bei dem griesgrämigen Gatten und am langweiligen, finsteren Hof in Wiener Neustadt nicht verloren. Sie war ein Lichtblick für Maximilian, wenn er auch schon als Kind feststellen mußte, daß es zwischen den Eltern immer wieder Auseinandersetzungen wegen der Erziehungsrichtlinien gab.
Warum die schöne, lebenslustige und verwöhnte portugiesische Königstochter Eleonore sich damals freiwillig für den skurrilen Junggesellen Friedrich entschieden hatte, wußte sie wohl selbst nicht mehr ganz genau. Denn das fünfzehnjährige Mädchen hatte mit fester Stimme erklärt, sie wolle den (Friedrich) und sonst keinen! Vielleicht hatte die junge Prinzessin der Gedanke gereizt, einmal Kaiserin zu werden, vielleicht hatte sie auch ganz andere Vorstellungen vom Leben am Kaiserhof und von ihrem zukünftigen Gatten gehabt. Eleonore war an einem der luxuriösesten Höfe Europas aufgewachsen, war kostbare Teppiche, Seidentapeten und wohlige Wärme gewöhnt und konnte sich wahrscheinlich gar nicht vorstellen, daß es all dies im kalten und finsteren Österreich nicht gab.
Auch vor seiner Werbung um Eleonore hatte Friedrich seinen Hofastrologen beauftragt, die Sterne über die Braut zu befragen.

Der mittlerweile 32jährige Herrscher war von Natur aus äußerst mißtrauisch, alles, was an ihn herangetragen wurde, prüfte er sehr genau, und erst wenn er keine Fußangeln erkennen konnte, entschloß er sich, zu handeln.
Aber die Auskunft seines Astrologen war durchaus zufriedenstellend. Auch die übrigen Erkundigungen, die Friedrich einziehen ließ, bestärkten ihn in dem Entschluß, eine Ehe mit der portugiesischen Prinzessin anzustreben. Ihre Porträtmedaillons betrachtete er allerdings mit großer Skepsis; zu schön war das Konterfei, das ihm entgegenblickte. Aber Eleonore mußten die Maler nicht schmeicheln; sie war ein anmutiges Mädchen, mit makelloser Haut und vollem braunem Haar, vielleicht etwas zu grazil, fast zerbrechlich. Man bevorzugte robustere Frauen, um auf jeden Fall mit reichlichem Kindersegen rechnen zu können.
Friedrich und Eleonore waren ein äußerlich und charakterlich ungleiches Paar. Er galt für die damalige Zeit als ungewöhnlich groß, 1,80 Meter, hatte fahles blondes Haar und eine markante lange Nase. Alles an Friedrich erinnerte an einen Asketen. Für ihn gab es nicht Saus und Braus beim Essen und Trinken, er hielt Maß und achtete in seiner engeren Umgebung streng darauf, daß keiner über die Stränge schlug. Gähnende Langeweile machte sich in seiner Gegenwart breit, er verstand es nicht, interessante Unterhaltungen zu führen, und jeder Gast war froh, wenn er in Gnaden wieder entlassen war.
Für die temperamentvolle portugiesische Prinzessin bedeutete die Abreise aus ihrer Heimat das Ende ihres unbeschwerten Lebens. Schon die Fahrt übers weite Meer, während der das Schiff von Piraten und heftigen Stürmen bedroht wurde, war für Eleonore ein einziges Schrecknis. An der italienischen Küste erwartete sie dann ihr zukünftiger Gemahl. Aber Friedrich war nicht aus dem Holz geschnitzt, einer Frau leichten Herzens gegenüberzutreten. Als er sie zum ersten Mal sah, begann er am ganzen Leibe zu zittern und benahm sich in seiner Verlegenheit ausgesprochen linkisch. Nur die italienische Bevölkerung, die dem deutschen König stets mißtrauisch, ja feindselig begegnet war, begrüßte die Prinzessin mit lauten Jubelrufen, ihr öffneten sich die Herzen, die Friedrich verschlossen geblieben waren.
Anders als jeder normale Bräutigam suchte Friedrich immer wieder einen Grund, um nicht mit seiner Braut allein sein zu müssen. Eleonore war allerdings von der italienischen Zauberwelt so ge-

fangen, daß sie Friedrich nirgends vermißte. Auch als er sich nach der feierlichen Trauung durch den Papst in Rom sofort in seine Gemächer zurückzog, sah Eleonore in seinem Verhalten nichts Ungewöhnliches. Sie genoß die schönen Tage in der alten Stadt und nahm von Rom und seinem Volk nur schwer Abschied, als man in Richtung Neapel aufbrach, wo ein Onkel Eleonores residierte, der alles daran setzte, das Paar mit jedwedem Luxus, den man aufbieten konnte, zu verwöhnen. Glanzvolle Bankette wechselten mit Schauspielen ab, dann wieder maß man sich bei Turnieren und sportlichen Wettkämpfen in Geschicklichkeit und Kampfesmut. Der Wein floß in Strömen, aber Friedrich war all der Trubel zu viel, er stand als Griesgram inmitten der Lebensfreude, argwöhnisch und mißtrauisch. Wo er nur konnte, ging er seiner Frau aus dem Weg. Allmählich wurde Eleonores Onkel auf die Haltung Friedrichs aufmerksam und stellte mit Erstaunen fest, daß dieser das Beilager mit seiner schönen Frau noch nicht vollzogen hatte. Wenigstens pro forma sollte dies stattfinden, ließ Alfonso seinen angeheirateten Neffen wissen. So sehr sich Friedrich auch sträubte, er konnte nicht mehr anders, als mit seiner Frau vor versammeltem Hof ein breites Bett zu besteigen. Beide waren bis zum Hals bekleidet. Dann zog Friedrich kurz die Decke über den Kopf, gab Eleonore einen Kuß, und die Ehe war offiziell vollzogen.

Man begann die junge Frau zu bedauern, und die Hofdamen bemühten sich durch alle möglichen Tricks, den Kaiser in das Ehebett zu locken. Die Bettwäsche wurde mit Weihwasser und Parfüm beträufelt, Liebeslieder klangen durch den weiten Palast, aber immer noch weigerte sich Friedrich, mit seiner Frau zu schlafen. Viel zu groß war seine Angst, hier in Italien einen »welschen Bastard« zu zeugen. Vor allem vor der Amme Eleonores fürchtete sich Friedrich, sie sah er als unheimliche Hexe an, die sicherlich das Bett verwünscht hatte. So befahl er seiner Gemahlin, ihm auf sein Zimmer zu folgen. Wie der Vertraute des Kaisers, Enea Silvio Piccolomini, der spätere Papst Pius II., berichtete, konnte der blutleere Friedrich aber dann doch, als sie allein waren, den Verlockungen des jungen, schönen Körpers seiner Frau nicht widerstehen.

Einen »welschen Bastard« hatte Friedrich allerdings nicht gezeugt. Denn schon auf der Weiterreise wählte man getrennte Wege, und erst drei Jahre nach der Eheschließung wurde der er-

ste Sohn geboren, so daß böse Zungen nicht verstummen wollten, die behaupteten, daß Friedrich gar nicht der Vater seiner Kinder sei.
Wie nicht anders zu erwarten, hatte Friedrich auch zu seinen Kindern keinen übermäßig guten Kontakt, er war vor allem Respektsperson, ihm mußten sie blind gehorchen. So wurde auch Maximilian erzogen. Da der Vater sich den Kindern selten zeigte, kümmerte sich die Mutter um so liebevoller um sie. Sie war Maximilians ein und alles, und Eleonores früher Tod war der schwerste Schlag im Leben des Kindes.
Maximilian war ganz der Sohn seiner Mutter und hatte nur wenige Eigenschaften von seinem Vater geerbt. Die große Weltoffenheit, der Hang zu Kunst und Wissenschaft, aber auch eine gewisse Unstetigkeit gehen auf das mütterliche Erbe zurück. Natürlich war sein Vater, wahrscheinlich auch durch die schwierige politische Situation, in der er sich immer befand und in die er manchmal ohne sein Zutun geraten war, verbittert und erstarrt. Er sollte an allen Ecken und Enden kämpfen und hätte sich doch lieber in seine Privaträume zurückgezogen, um sich der Magie und Alchemie hinzugeben.
Demütigende Erlebnisse für die Familie gab es genug. In Wien wurde sie von Wiener Bürgern wochenlang belagert, und einer der Rädelsführer war der eigene Bruder des Kaisers, Albrecht VI. Der Bruderzwist schwelte lange, die beiden gegensätzlichen Habsburger konnten keinen Ausgleich finden, vor allem deshalb, weil Albrecht aufgrund seines Wesens und Auftretens eine große Anhängerschar in Österreich besaß, die es lieber gesehen hätte, wäre er anstelle seines Bruders Kaiser geworden. Albrecht war ein aufgeschlossener Fürst und hätte das Ruder der Politik wohl besser führen können als sein zaghafter Bruder. Als Freund der Wissenschaft und der Kunst gründete er die Universität Freiburg, er war ein Mann der Tat, der alles begehrte und wenn er es bekam, zugleich wieder verschleuderte, um es an anderer Stelle mit brutaler Gewalt wieder zu nehmen – eine schillernde Gestalt in dieser bewegten Zeit.
Das Verhältnis Friedrichs zu Maximilian war nicht gut. Die Kindheit des Prinzen war überschattet von Auseinandersetzungen zwischen den Eltern. Der Kaiser suchte die Erzieher seiner Kinder selbst aus, ihre Ausbildung war ihm ein wichtiges Anliegen, und die besten Lehrer – oder was er darunter verstand – wa-

ren gerade gut genug. Die Erziehungsmethoden allerdings entsprachen ganz und gar nicht dem Naturell des Kindes. Hätte die Mutter noch gelebt, so wäre vielleicht einiges anders verlaufen. Sie hatte noch die Humanisten Johannes Hinderbach und Enea Silvio Piccolomini als Lehrer für ihren Sohn bestellt, Friedrich III. aber wollte Männer der alten Schule, den Steirer Jakob von Fladnitz und den harten Peter Engelbrecht von Passail. Beide glaubten, sie müßten ihr Wissen, vor allem aber die lateinische Grammatik, dem Prinzen mit körperlichen Züchtigungen buchstäblich einbläuen. Die Reaktion des Kindes war natürlich, daß es sich bockig und stur stellte, so daß der Vater auf den Gedanken kam, sein Sohn sei ein Idiot, wie er wortwörtlich gesagt haben soll. Daß aber das begabte Kind nur eine entsprechende Motivation gebraucht hätte, auf eine solche Idee kam niemand. Hätte der Kaiser wirklich auf seinen Astrologen gehört, so hätte er sehr bald wissen müssen, daß sein Sohn ein ungewöhnlich intelligenter Mensch war, für alles Neue aufnahmefähig und an Wissenschaft und Kunst ein Leben lang interessiert. (Für Liebhaber der Astrologie: Die Sonne im siebenten Haus deutete auf die hervorragende Begabung Maximilians.)
Der Prinz liebte die Jagd und die ritterlichen Disziplinen. Auch als Reiter übertraf er alle seine Altersgenossen, mit denen er gern und viel beisammen war und die den jungen Kaisersohn wegen seines heiteren, unkomplizierten Wesens schätzten und liebten. Es lag ganz im Sinne der Zeit, daß auch der eher einsiedlerisch veranlagte Friedrich seinen Sohn als echten Prinzen erziehen ließ. Dabei hielt er sich auch an die Regeln, die in der Goldenen Bulle, jenem von Kaiser Karl IV. im Jahre 1356 erlassenen Grundgesetz für das Heilige Römische Reich, festgelegt waren. Dort wurden nicht nur die Richtlinien für die deutsche Königswahl fixiert, sondern auch genau beschrieben, welche Rechte und Pflichten die Gemahlin des Königs oder Kaisers habe und wie die Söhne zu erziehen seien. So sollten die Knaben vom siebenten bis zum vierzehnten Lebensjahr in der lateinischen Sprache, vor allem in der Grammatik, unterrichtet werden (was, sehr zum Leidwesen Maximilians, auch geschah), daneben sollten sie Italienisch und eine slawische Sprache erlernen. In der Goldenen Bulle findet man ferner einen interessanten Passus, worin es den Eltern freigestellt war, die Söhne auf Reisen zu schicken, damit sie sich die fremden Sprachen im Ausland aneigneten, oder sie diese zu

Hause lernen zu lassen. Friedrich hielt wahrscheinlich nicht allzu viel vom Reisen, und so mußte Maximilian wohl oder übel am Hof von Wiener Neustadt in den sauren Apfel beißen und die strengen Schulstunden über sich ergehen lassen.
Ab und zu aber durfte er nach Augsburg ziehen, um sich dort in den ritterlichen Disziplinen weiter auszubilden. Für den jungen Prinzen waren das glückliche Zeiten, in denen er nach Herzenslust auf die Jagd gehen, reiten und sich mit den Altersgenossen im fairen Kampf messen durfte. So entwickelte er im Laufe der Zeit eine besondere Vorliebe für diese Stadt, es war für ihn jedesmal ein Fest, wenn er durch die Tore zog und den Jubel der Bevölkerung hörte.
Zu Augsburg gab es in Maximilians späterem Leben noch eine andere Beziehung. Immer in Geldnöten, holte er sich die Gulden, wo er konnte, oft mit rücksichtslosen Mitteln, so daß er in manchen Städten fast gefürchtet war und man schnell die Tore schloß, wenn der Kaiser mit seinem Gefolge angekündigt war. Auch pflegte er immer öfter seine Schulden nicht zu bezahlen, nahm Kredite auf, von denen er wußte, daß er sie in diesem Leben niemals zurückzahlen konnte und verpfändete ganze Gegenden an die Fugger und Welser in Augsburg. Trotzdem war er streng religiös und hatte vor allem nach dem frühen Tod seiner Mutter eine tiefe Frömmigkeit entwickelt, rief immer wieder die Heiligen an, besuchte täglich den Gottesdienst und schickte regelmäßig dreimal am Tag seine Gebete zum Himmel. Daß daneben auch der Aberglauben seinen Platz im Denken des Kaisersohnes hatte, ist beinahe natürlich. Er versuchte die Himmelszeichen zu deuten, beschäftigte sich mit Naturerscheinungen, von denen man nicht wußte, wie man sie interpretieren sollte, trug stets Reliquien bei sich und glaubte an einen besonderen Schutzzauber. Von den alchemistischen Versuchen seines Vaters beeindruckte Maximilian vor allem die Vorstellung, Edelsteine herstellen zu können, denn er liebte die Kleinodien mit ihrem verwirrenden Glanz genauso wie sein Vater. Auch er träumte davon, das Geheimnis ihrer Herstellung zu ergründen.
Der jugendliche Prinz, der sich bis zu Erschöpfung durch körperliche Anstrengungen verausgaben konnte, entdeckte damals eine besondere Vorliebe, die in dieser Zeit unüblich war: er stieg gerne und oft auf die Berge seiner Heimat und setzte sich dabei auch extremen Gefahren aus. Besonders die Berge in der Gegend

von Innsbruck hatten es ihm angetan, und sooft es ihm möglich war, kletterte er in den steilen Felswänden herum. Dabei überhörte er geflissentlich die Warnungen der einheimischen Bevölkerung, die noch daran glaubte, daß die Berge Sitz von Göttern seien, die man nicht stören durfte, wollte man sich nicht ihren Fluch zuziehen.

Maximilian entwickelte sich allmählich zu einem strahlenden, jungen Mann, der die Blicke aller, vor allem aber der Mädchen auf sich zog. Mit seinem leidenschaftlichen Temperament entfachte er die Sinne so mancher Schönen, und es konnte nicht ausbleiben, daß er viele Herzen im Sturm eroberte. Die Kunde von dem »minniglichen Prinzen« verbreitete sich weit über die Grenzen der Länder seines Vaters und erregte die Phantasie vieler heiratsfähiger Prinzessinnen. Er war der Liebling aller, keiner konnte ihm widerstehen, Männer und Frauen zog er in seinen Bann mit seinem Temperament, seinem Charme und seiner Redegabe. Die Worte flossen ihm von den Lippen wie »geschmolzenes Gold«, und wenn er die lateinische Sprache, die Sprache der Gebildeten, in der man sich damals in der vornehmen Gesellschaft zu unterhalten pflegte, auch nur als barbarisches Küchenlatein beherrschte, wie er seiner Tochter Margarete später gestand, so wußte er doch alle Register zu ziehen, um die Zuhörer an sich zu fesseln. Dazu war er liebenswürdig und humorvoll, mutig und kühn, konnte über einen Scherz von ganzem Herzen lachen und nahm nichts auf der Welt allzu schwer. Der Augenblick regierte ihn, und er gab sich diesem Glück, das er momentan fassen wollte, ganz hin.

Maximilian hat viel begonnen, hatte zeitlebens große Pläne, aber er konnte wenig davon wirklich vollenden. Er war spontan, wo er ausdauernd und geduldig hätte sein müssen. Manchmal widerrief er Entschlüsse, die er am Morgen gefaßt hatte und von denen er felsenfest glaubte, daß sie richtig wären, noch am selben Abend. Seine Phantasie war grenzenlos, und in dieser Welt lebte er, von ihr ließ er sich beherrschen und treiben. Selbstbeschränkung und Zweifel an sich selbst kannte er nicht, und in seinem Bestreben, hunderterlei auf einmal zu machen, überließ er kaum etwas seinen Ratgebern, einerseits, weil er von seinem Vater gelernt hatte, wenigen zu trauen, andererseits, weil ihn alles, was zu tun war, selber interessierte und faszinierte. Er überdachte die Dinge zu wenig, er war das Gegenteil seines Vaters, der ewig zauderte und

zögerte, ständig von Zweifeln geplagt war. Ein Diplomat aus Florenz berichtete über den jungen Maximilian an Machiavelli, daß sich der Erzherzog in beständiger körperlicher und geistiger Aufregung befinde.
Vielleicht hat ihn dieser ununterbrochene Trubel, die andauernde Anspannung aber auch jung und vital erhalten, denn viele Zeitgenossen erzählen, daß der spätere Kaiser stets ein jugendliches Aussehen gehabt habe und ihm sein Alter nie anzumerken gewesen sei.
Diesen Mann also sollte Maria von Burgund zum Gemahl bekommen. Ihr Vater, Karl der Kühne, der das im Laufe der Jahrhunderte aus den verschiedensten Teilen zusammengestückelte Land – Teile der heutigen Niederlande, Flandern, Brabant, Brügge, Teile des späteren Frankreich, ohne einheitliche Sprache – beherrschte, hatte es verstanden, den Reichtum und die Kultur seiner Gebiete als einigendes Band um das Land zu schlingen. Neidisch blickte der König von Frankreich, Ludwig XI., auf seinen Nachbarn und hätte gerne teilgehabt an all dem, was der Burgunderherzog sein eigen nannte. Maria wäre auch für seinen Sohn Karl eine begehrenswerte Partie gewesen, sollte doch das reiche Land eines Tages an sie fallen. Karl der Kühne aber suchte einen mächtigen Schwiegersohn, der seine Stellung aufwerten konnte, der ihm vielleicht sogar den Königstitel verschaffen und – so weit plante Karl der Kühne voraus – nach einer eventuellen ehelichen Verbindung seiner Tochter mit dem Kaisersohn sich dafür einsetzen konnte, daß Karl die Kaiserwürde über das Gesamtreich übertragen bekam. In dem kraftlosen Friedrich vermutete er einen geeigneten Gesprächs- und Verhandlungspartner, dem er mit Pomp und Reichtum zu imponieren strebte.
Die beiden Herrscher trafen im September 1473 in Trier zusammen. Auch Maximilian war mit dem Vater gen Westen gereist, um den reichen Herzog von Burgund selber kennenzulernen. Alles, was der junge Mann bisher an Prunk und Pracht gesehen hatte, wurde hier in der alten Römerstadt in den Schatten gestellt. Der Herzog war mit vierhundert Wagen in Trier erschienen, die seinen gesamten Hausschatz zur Schau stellen sollten. Maximilian konnte sich kaum fassen, als er das Gold- und Silbergeschirr Karls bewunderte, seine Tapisserien, die Sakralgeräte aus feinstem Gold mit kostbaren Edelsteinen. Welch eine Welt tat

sich hier auf! Niemals hatte Maximilian solch reiche und üppige Kleider aus Samt und Seide gesehen, niemals so glänzende Ritter in Prunkrüstungen, eine kunstvoller als die andere.
Die Verhandlungen mit dem Kaiser gestalteten sich langwierig und zäh. Zwar willigte Friedrich III. in eine Verbindung der beiden jungen Leute ein, die Königs- oder gar Kaiserpläne Karls lehnte er aber rundweg ab und sicherte sich bei dieser Ablehnung auch die Zustimmung der deutschen Kurfürsten. Karl aber war nicht der Mensch, schnell und ohne Widerstand die Flinte ins Korn zu werfen, er wiegelte Städte gegen den Kaiser auf, so daß es zu kriegerischen Auseinandersetzungen zwischen Karl und den Kaisertreuen kam, und versuchte, sein Gebiet noch nach Süden auszudehnen, indem er die Eidgenossen und Lothringen angriff. Dieser Krieg wurde ihm persönlich zum Verhängnis; bei Nancy 1477 verlor er nicht nur eine Schlacht, sondern auch sein Leben. So glanzvoll er gelebt hatte, so schmachvoll und tragisch war sein Ende. Schwer verwundet wurde er in einem Wald liegen gelassen, niemand kümmerte sich um den Sterbenden, und als seine Getreuen ihn schließlich fanden, war die Leiche schon von Wölfen und Raben angefressen.
Maximilian brachte dem toten Schwiegervater stets Verehrung entgegen, er sah in ihm einen großen, tatkräftigen Herrscher, vielleicht weil sein eigener Vater so ganz anders geartet gewesen war, und oft hörte man von ihm die bedauernden Worte: »Wenn nur Herzog Karl noch lebte!«
Die junge Maria, noch nicht zwanzig Jahre alt, stand also plötzlich allein auf der Welt, die sich ihr an allen Ecken und Enden feindlich zeigte. Karl hatte die niederländischen Städte, die stets um ihre eigenen Rechte kämpften, mit Gewalt niedergehalten, jetzt sahen sie den Zeitpunkt gekommen, selbständig und unabhängig zu werden. In Gent, Brüssel und Brügge bildeten sich Parteien, die nur den einzigen Wunsch hegten, möglichst großen Gewinn zu erzielen und diesen in ihren Geldtruhen verschwinden zu lassen. Was konnte ein junges Mädchen dagegen ausrichten? An den Grenzen lauerte »die Spinne Europas«, Ludwig XI. von Frankreich, der alles unternahm, um Maria als Braut für seinen schwächlichen, erst siebenjährigen Sohn Karl in seine Gewalt zu bekommen.
In dieser verzweifelten Situation erinnerte man sich plötzlich daran, daß Maria offiziell mit dem Kaisersohn verlobt war: ins-

geheim hofften die Niederländer vielleicht auch darauf, daß der Sohn des tatenlosen Kaisers wohl auch nicht gewillt sein würde, sich allzu sehr in die niederländischen Angelegenheiten einzumischen. Zumindest waren die Habsburger weiter weg als Ludwig und schienen daher für die handelspolitischen Interessen der Niederländer weniger gefährlich. In aller Eile wurden Kuriere nach Osten geschickt, um Maximilian aufzufordern, ja ihn geradezu zu bitten, nach Gent zu kommen, um die elternlose Maria zu heiraten.

Der Erzherzog konnte sich natürlich nicht wie irgendein gewöhnlicher junger Mann aufs Pferd schwingen und einfach nach Westen reiten, um seine Braut in die Arme zu schließen. Er mußte, wie es die Etikette vorschrieb, wie ein Prinz freien, auf seinem Zug durch das Reich Prunk und Pomp demonstrieren. Friedrich III. kratzte alles Geld zusammen, das er entbehren konnte, aber bei seiner Knauserigkeit war das nicht eben viel. Maximilian wäre wahrscheinlich gar nicht bis Burgund gekommen, hätten nicht einige Städte, in denen er in hohem Ansehen stand, beschlossen, dem Sohn des Kaisers zu helfen. Die Stadt Augsburg öffnete nicht nur ihre Stadttore, um Maximilian mit seinem Gefolge zu begrüßen, sondern auch großzügig die Kassen, so daß der Erzherzog für die weitere Brautfahrt wenigstens einigermaßen ausgerüstet war. Ein mit Dukaten gefüllter Pokal war ein beruhigender finanzieller Hintergrund.

Aber die lange Reise kostete mehr, als alle angenommen hatten. In jeder Stadt, durch die der Prinz zog, mußten üppige Feste gegeben werden, und wenn auch vieles von den Bürgern bezahlt wurde, so blieben doch große Summen, die der Kaisersohn aus der eigenen Tasche ziehen mußte. Als er die Stadt Köln erreichte, waren seine Vorräte wieder aufgebraucht, und Maximilian konnte nur auf ein Wunder hoffen, sonst hätte er aus der Ferne zuschauen können, wie der Dauphin von Frankreich ihm seine Braut vor der Nase wegschnappte, die schon verzweifelt auf den Retter wartete.

Ein guter Engel kam den beiden jungen Leuten zu Hilfe: Margarete von York, Schwester des englischen Königs Edward IV., zweite Gemahlin Karls des Kühnen und also Stiefmutter Marias. Instinktiv erkannte sie die mißliche Lage des jungen Mannes und ahnte, warum er nicht schon längst angekommen war. Sie schickte aus ihrer Privatschatulle kurzerhand eine ansehnliche

Summe nach Köln und bat den Freier ihrer Stieftochter, doch rasch dem Pferd die Sporen zu geben und Maria zum Altar zu führen. Als die Stadtväter von Köln von dem großzügigen Geschenk erfuhren, legten auch sie noch einen Teil dazu, und der Erzherzog konnte endlich seinen Weg fortsetzen.
Maria erwartete ihren künftigen Gemahl in Gent, in einem riesigen Palast, wo alles für seine Ankunft vorbereitet war. Um elf Uhr nachts ritt Maximilian endlich ein. An der Treppe, die zum Großen Saal führte, stand Maria...
Vergessen war für Maximilian seine heiße Jugendliebe Rosina von Cray, vergessen waren die Strapazen und Enttäuschungen seiner langen Reise nach Burgund; endlich war er am Ziel seiner Wünsche. Vor sich sah er ein ungewöhnlich anziehendes junges Mädchen, das leicht errötete, als es die Blicke des schönen Prinzen auf sich gerichtet fühlte. Maximilian folgte einem Brauch des Landes und küßte die anwesenden Damen, eine nach der anderen, wobei er kein Auge von Maria ließ. Dann begann er mit zitternden Fingern nach einer Blume zu suchen, die sie nach einer burgundischen Sitte an sich verborgen trug. Man hatte ihm bedeutet, daß der Bräutigam dieses Zeichen der Liebe finden sollte. Erst nachdem er Marias Gewand geöffnet hatte, fand er eine Nelke. Beide standen sich stumm gegenüber, in den Anblick des anderen versunken. Sie hätten sich so viel zu sagen gehabt, aber Maria verstand nicht die deutsche Sprache, und Maximilian war weder im Französischen noch im Flämischen bewandert. Aber auch ohne Worte verstanden sie einander vom ersten Augenblick an und wußten, daß sie füreinander bestimmt waren.
Im Ehekontrakt wurden alle Rechte und Pflichten des künftigen Herzogs von Burgund festgelegt, auch die Stellung der zu erwartenden Nachkommen. Dann überreichte Maximilian seiner Braut das Hochzeitsgeschenk, das alle überraschte, die von den Geldnöten des Erzherzogs wußten. Das kostbare Schmuckstück war auf viertausend Gulden geschätzt worden und stammte wahrscheinlich aus der Edelsteinsammlung Friedrich III. Der Kaiser war ein Sammler von wertvollen Pretiosen, die er zum Teil selbst aus dem Orient mitgebracht hatte. Und obwohl er sich beinahe nie von einem seiner Stücke trennte, war die burgundische Hochzeit seines Sohnes doch Anlaß genug. Das Festbankett war für Punkt Mitternacht angesetzt, es dauerte aber nur eine Stunde, da sich Braut und Bräutigam bald zurückzogen, worauf auch die

übrigen Gäste keine besondere Lust mehr hatten, die Feiern fortzusetzen.
Es existieren (zunächst heimlich aufgezeichnete) Berichte, wonach das Verlangen und die Leidenschaft des Brautpaares nicht durch kirchliche Vorschriften aufzuhalten gewesen sein und sie sich noch in der gleichen Nacht angehört hätten, ohne auf den Segen der Kirche zu warten. Freilich hätten in einem solchen Fall nur wenige Getreue davon wissen können, denn die offiziellen Hochzeitsfeierlichkeiten waren in allen Details geplant und mußten in aller Form durchgeführt werden.
Schon sehr früh am Morgen des nächsten Tages, am 19. August 1477, fand die kirchliche Trauung statt. In der Burgkapelle legte der Legat die Hände der beiden jungen Leute ineinander, so wie es die Sitte seit alters her vorschrieb. Dann übergab Maximilian der Braut dreizehn Goldstücke, die symbolisieren sollten, daß er immer für sie sorgen wolle. Nach diesen Förmlichkeiten schritten beide zur Hochzeitsmesse, Maximilian in glänzender silberner Rüstung, jung, schön, stark, ein echter Ritter eines sterbenden Zeitalters, und Maria im goldbestickten Damastkleid, mit einem edelsteinblitzenden Gürtel, an dem ein Geldbeutel hing, einen Hermelinmantel um die Schultern, die Krone Burgunds auf den braunen Locken. Vor dem Altar knieten sie nieder und erflehten, jeder in seiner Sprache, den Segen des Himmels für die gemeinsame Zukunft. Alle geladenen Hochzeitsgäste, Niederländer und das österreichische Gefolge des Kaisersohnes, waren gerührt von dem Anblick der beiden jungen Menschen, die einander verliebt und glücklich ansahen. Nach dem Ja-Wort küßte der Legat Maximilian, und der Bräutigam gab diesen Kuß an Maria weiter. Am Ende der Messe wurde dem Legaten nach altem Brauch eine Semmel gebracht, von der er ein Stück abbiß, worauf sich das Brautpaar den Rest teilte und ebenfalls verzehrte. Auch ein Becher Wein durfte nicht fehlen, aus dem Maximilian und Maria je einen Schluck nahmen.
Damit war die Trauung zu Ende, aber Maximilian und Maria waren fast nicht in der Lage, die Kirche zu verlassen. Sie hielten sich fest umschlungen und waren beide vor Aufregung blaß; man mußte vor der Kirche auf sie warten.
Es folgte ein prunkvolles Hochzeitsfest nach den Sitten des Landes. Die Tische bogen sich von feinstem Silber, Damastdecken und den erlesensten Genüssen aus der damals bekannten Welt.

Den ganzen Tag währte die Ausgelassenheit und Fröhlichkeit, und als man genug getrunken hatte, begann der Tanz bis spät in die Nacht hinein. Erst als Maximilian und Maria von ihren Rittern und Edelfrauen zu ihrem Schlafgemach geleitet wurden, begann sich die Hochzeitsgesellschaft zu zerstreuen. »Wie es da gangen ist, wais ich nit«, meinte ein Ritter aus Maximilians Gefolge später. Im Brautgemach war das Paar allein, aber obwohl die Chronisten nur diskrete Andeutungen machen, kamen die Ritter und Edelfrauen, die zumindest im Nebenraum Zeugen dieser – vielleicht zweiten – Hochzeitsnacht wurden, doch auf ihre Rechnung, denn Maximilian war kein unbedarfter Liebhaber und hatte in seiner Heimat schon reichlich Erfahrung gesammelt. So erzählte man sich am burgundischen Hof bald pikante Geschichten von der Manneskraft des jungen Habsburgers, und er wurde weithin im Lande als »Begatter und richtiger Mann« bezeichnet.

Das junge Paar verbrachte abwechslungsreiche Tage und leidenschaftliche Nächte miteinander, und bald sprach sich die Kunde herum, daß Maria ein Kind erwarte.

Maximilian mußte sich hier in Gent wie im Schlaraffenland fühlen, er, der als Kind Hunger und Not kennengelernt hatte, lebte nun in einem unvorstellbaren Überfluß, der sich von Tag zu Tag noch steigerte. Seine Frau wurde nicht müde, ihren geliebten Mann mit immer phantastischeren Kostbarkeiten zu überraschen, sie ließ prachtvolle Kleider in ihre Privaträume bringen die Seiden- und Samtstoffe waren eigens aus Florenz gekommen, und oft geschah es, daß Maximilian morgens erwachte und auf seinem Bett diese schönen Dinge fand. Die Tische waren überreich gedeckt, und Maria befahl, Leckerbissen aufzutragen, von denen Maximilian nicht einmal den Namen kannte. Tanz und Spiel unterhielten das junge Paar und sein Gefolge bis spät in die Nacht hinein, und Maximilian, der eine bekannt schöne Stimme hatte, trat als viel gefeierter Sänger auf, dem man besonders applaudierte, wenn er ein Lied aus seiner österreichischen Heimat vortrug.

An manchen Tagen fanden Scharaden statt, man verkleidete sich, um dann unter lautem Jubel doch erkannt zu werden. Maria und Maximilian waren die Hauptpersonen in all den Stücken, und man wurde nicht müde, sich immer neue allegorische Figuren einfallen zu lassen. Einen Abend lang wurde die römische Ge-

schichte lebendig, Cäsar und Cleopatra zogen durch den Palast, gefolgt von Titus und Nero.
Vieles, was zum Wohl des jungen Paares beitragen sollte, bestimmte schon das burgundische Hofzeremoniell. Hier waren die einzelnen Handgriffe für jeden Diener genau festgelegt. So entstand im Laufe der Zeit eine unübersehbare Schar von dienstbaren Geistern, die alle für die beiden jungen Leute zu sorgen hatten. Freilich waren die Vorschriften noch nicht so erstarrt und streng wie später im spanischen Hofzeremoniell, denn in Gent war es vielen erlaubt, auch unangemeldet das Herzogspaar aufzusuchen, was in späteren Zeiten undenkbar gewesen wäre.
Maximilian mußte sich erst an das Heer von Dienern gewöhnen: So gab es einen, der am Morgen die Vorhänge zum Himmelbett zurückzog, einen anderen, der die Pantoffeln reichte, ein dritter sorgte für genügend Licht, und so stand den ganzen Tag einer bereit, um dem Herzogspaar jeden Wunsch von den Augen abzulesen, bis ein letzter am Abend die Vorhänge des Bettes wieder zuzog.
Maximilian und Maria genossen die traute Zweisamkeit wie ein Geschenk, als hätten sie geahnt, daß das gemeinsame Leben nur kurz sein würde. Sie konnten lange am Abend beisammensitzen, um Sagen und Geschichten zu hören oder zu lesen. Beide waren an den Erzählungen von Troja, an den Sagen von König Artus und der Tafelrunde oder von Parzival interessiert. Jeder hatte begonnen, die Sprache des anderen zu lernen; Abende lang wiederholten sie die Worte, die der Partner sprach, um sie nie mehr zu vergessen. Maximilian lernte schnell und viel, er war ein sprachbegabter junger Mann, der außer dem Französischen, das ihm Maria liebevoll beibrachte, auch noch von einer Hofdame Flämisch lernte.
Der junge Herzog lernte in Wort und Bild, denn was er aus den Büchern und Anleitungen nicht verstand, das konnte er, wenn die Texte von Sagen handelten, auch aus den prachtvollen Tapisserien ablesen, die an den Wänden hingen. Die riesigen Gobelins, die die Räume zierten, stellen vielfach mythologische Motive dar und faszinierten den jungen Mann besonders. Vielleicht erinnerte sich Maximilian, als er die Geschichte des trojanischen Königs Priamus betrachtete, an die Versuche seines Vaters, das Geschlecht der Habsburger bis auf diesen König zurückzuführen. Viel später, als Maximilian schon ruhelos durch Europa zog und

den Beinamen »der Kaiser mit den fliehenden Sohlen« trug, beschäftigte er selbst einen ganzen Stab von Gelehrten, die ebenfalls nachweisen sollten, daß sich die Habsburger bis zu den Wurzeln der Menschheit zurückverfolgen ließen.
Maria und Maximilian liebten besonders die traulichen Abende am flackernden Kamin, wenn draußen schon leise die Flocken fielen und nur ab und zu die Ankündigung eines Zuges beim Schachspiel die Stille unterbrach. Beide hatten das Spiel der Könige schon in früher Jugend gelernt, und so war einer dem anderen ein idealer Partner im Kampf um die Macht auf dem karierten Brett. Sie fanden sich nicht nur im Gleichklang der Charaktere, sie entdeckten auch, daß ihre Interessen wunderbar übereinstimmten. Maximilian hatte von klein auf eine besondere Vorliebe für die Jagd entwickelt, und Maria galt im ganzen Land als ausdauernde und exzellente Reiterin und Jägerin. Sie war mit den schnellsten Pferden und den kräftigsten Hunden vertraut, damals keine Seltenheit für ein Mädchen. Karl der Kühne hatte seine einzige Tochter schon als Kind auf Treibjagden mitgenommen, und sie war es gewohnt, den Wildschweinen nachzuhetzen, über Gräben zu springen und die Reiher im Flug zu erlegen. Sie stand ihrem Mann in nichts nach, und Maximilian war glücklich, wenn Maria ihn begleitete. Er allerdings konnte es seiner Frau nicht gleichtun, denn in einer sportlichen Disziplin war sie ihm bei weitem überlegen: im Schlittschuhlaufen. So sehr sich Maximilian auch bemühte, auf den schmalen Kufen anmutig übers Eis zu gleiten, er mußte bald erkennen, daß er kein großes Talent dazu hatte. Aber er gab die Hoffnung nicht auf, den Volkssport der Niederländer zu erlernen, und Maria war eine geduldige Lehrmeisterin. Kaum hatte sich Eis auf den Kanälen und kleinen Seen gebildet, zog die ganze Hofgesellschaft hinaus, und unter lautem Gelächter wurde der Herzog übers Eis gezogen.
Trotz dieser fröhlichen Abenteuer trieb es Maximilian immer mehr hinaus, wo sich in den Büschen das Wild versteckt hielt. Schon der Vater Marias war ein begeisterter Jäger gewesen, der neben den Jagdfalken auch noch um die viertausend Jagdhunde am Hofe hielt, daneben eine Unzahl von Falken, hervorragenden Pferden und versierten Treibern. Wann immer es möglich war, wurde zum Halali geblasen, und Maria war stets mit von der Partie. Selbst als sie ihre Kinder erwartete, schonte sie sich nicht.

Doch die schönen Tage in Gent waren bald vorüber, und Maximilian mußte erkennen, daß er mit der Erbin Burgunds auch die Probleme des Zwischenreiches geheiratet hatte. Der böse Nachbar im Westen zögerte nicht, dem jungen Mann das Leben schwer zu machen. Ludwig spekulierte zunächst richtig, als er sich vorstellte, der junge, verliebte Ehemann würde kein großes Interesse an der Politik zeigen. Er intrigierte in den Niederlanden, wo er nur konnte, und fand in einigen Städten bereitwillige Zuhörer, obwohl man sich zunächst noch nicht gegen den Habsburger stellen wollte. Aber die Keime für spätere Auseinandersetzungen waren schon gesät, und es mußte nur die richtige Zeit kommen, damit sie aufgehen konnten.
Heimtückisch griff Ludwig XI. das burgundische Reich an, brandschatzte und zerstörte, und wenn Maximilian im Süden kämpfte, hetzte er die Städte im Norden auf. Nicht nur einmal lief der arglose Kaisersohn dem raffinierten Gegner ins offene Messer. Aber immer wieder gelang es Maximilian mit persönlicher Tapferkeit, seine Leute mitzureißen, und so manches Mal kam er nur aufgrund seiner Kühnheit aus den mißlichsten Lagen.
Zwölf Jahre sollte der immer wieder aufflackernde Krieg gegen Frankreich das Schicksal Maximilians bestimmen, er kostete Unsummen, und sogar der burgundische Hausschatz mußte dafür verpfändet werden. Der junge Herzog versuchte in ganz Europa, Hilfe gegen den französischen König zu finden, und es gelang ihm auch, ein Bündnissystem gegen Frankreich aufzubauen, das für die Zukunft die Politik Europas prägen sollte. In England, seit langem verfeindet mit Frankreich, fand er offene Ohren für seine Probleme, und Spanien haßte Frankreich ebenso wie der Herzog der Bretagne. Durch geschicktes Taktieren gelang es Maximilian schließlich, Frankreich einzukreisen, und nach der verlorenen Schlacht bei Guinegate im August 1479 sah sich Ludwig XI. gezwungen, wenigstens vorübergehend den Frieden einzuhalten. Dabei war die Situation für Maximilian bei Guinegate keineswegs eindeutig gewesen, denn nach dem ersten Zusammenstoß flohen seine Reiter Hals über Kopf. Als Maximilian die aussichtslose Lage erkannte, ließ er nach »österreichischer und böhmischer Art« die Wagen vorziehen, um eine Art Wagenburg zu errichten, in deren Schutz er sich mit seinen Fußtruppen behaupten konnte. Das Blatt wendete sich, und Maximilian errang

mit den Österreichern und Niederländern einen glänzenden Sieg, der sich wie ein Lauffeuer im ganzen Land herumsprach und ihm große Sympathien unter der Bevölkerung einbrachte. Jetzt hatte man einen Herrscher, der die Interessen des Landes wahren würde, einen, der stark und fähig war, die Gefahr, die immer wieder aus dem Westen drohte, abzuwehren. Überall, wo Maximilian auftauchte, scholl ihm Jubel entgegen, und er genoß es, wenn im Volk der Ruf laut wurde, er solle zeigen, wie er schießen könne: Dann ging er zu den Schießständen der Bürger und schoß die Figuren der Reihe nach von der Stange, so daß es bald im ganzen Land hieß: »Österreich schoß den Vogel ab, das den Franzosen groß Verdrießen gab.«
Auch das private Glück Maximilians war an einem Höhepunkt angelangt, als Maria im Juli 1478 einem Knaben, Philipp, das Leben schenkte. Und selbst in dieser Situation versuchte Ludwig XI., durch eine perfide Lüge die Freude des jungen Vaters zu trüben. Maximilian war bei der Geburt seines ersten Kindes nicht im Land, und so ließ der König von Frankreich überall das Gerücht verbreiten, daß der Knabe in Wirklichkeit ein Mädchen wäre. Geschickt verteilte er seine Einflüsterer in den niederländischen Städten, so daß die Bevölkerung allmählich mißtrauisch wurde und zu glauben anfing, was der König von Frankreich sagte. Als die Taufpatin des Kindes, die Stiefmutter Marias, Margarete von York, von diesen Intrigen hörte, wickelte sie, resolut und lebensnah wie sie war, kurzerhand das Kind aus den Windeln und zeigte dem Volk, daß es unverkennbar männlichen Geschlechts sei.
So schnell Maximilian konnte, eilte er nach Gent, wo ihn Maria mit dem Kind auf dem Arm am Stadttor erwartete. Er sprang vom Pferd, umarmte seine Gemahlin und trug seinen Sohn durch die Straßen der Stadt bis zum Palast. Gerührt jubelten die Menschen dem glückstrahlenden Vater zu, und auch die Stadtväter konnten sich der allgemeinen Freude nicht entziehen und machten dem jungen Prinzen ein fürstliches Taufgeschenk von 14.000 Gulden.
Im folgenden Jahr brachte Maria ein Mädchen zur Welt, das nach ihrer Stiefmutter Margarete benannt wurde; der zweite Sohn Franz starb schon nach ein paar Wochen.
Das Schicksal Maximilians an der Seite Marias hatte sich beinahe erfüllt. Einen einzigen Sohn hatten ihm die Sterne prophezeit,

und die frühe Trennung von einer geliebten Person. Und so geschah es auch: Nach wenigen kurzen Jahren des größten Glücks verlor er seine Frau, seine Kinder und auch das Land. Mitten in den Freuden des Lebens traf ihn der härteste Schlag, den er sein Lebtag nicht mehr verwinden konnte.
Im März des Jahres 1482 war Maria wieder guter Hoffnung. Trotzdem ließ sie sich nicht davon abhalten, an der Reiherjagd teilzunehmen. Sie ließ sich aufs Pferd heben, setzte ihren Lieblingsfalken auf den Arm, gab dem Pferd die Sporen und sprengte darauflos. Plötzlich flog ein Reiher vor ihr auf: Maria wollte den Falken loslassen, achtete dabei nicht auf das Gelände, und ihr Pferd strauchelte. In hohem Bogen flog die junge Frau durch die Luft, landete in einem Graben, und im nächsten Moment fiel das Pferd auf sie. Schwerverletzt blieb Maria liegen.
Ihre Getreuen und auch Maximilian waren wie gelähmt vor Schreck. Man hob sie vorsichtig auf, aber erst am nächsten Tag konnte sie ins Schloß gebracht werden, da sie zu starke Schmerzen hatte. Die herbeigerufenen Ärzte stellten schwere Rippenbrüche fest, aber auch innere Blutungen infolge der fortgeschrittenen Schwangerschaft. Maria weigerte sich, schamhaft wie sie war, eine Untersuchung der Ärzte in jenen Körperregionen vornehmen zu lassen, die für andere Männer tabu waren. So verblutete sie langsam: es dauerte Tage, in denen sie elend dahinstarb. Maximilian konnte sich in seiner Verzweiflung kaum fassen, er lief mit Asche auf dem Haupt herum, ließ eine Messe nach der anderen für die geliebte Frau lesen und konnte trotzdem nur zusehen, wie der Tod unerbittlich den Sand durch das Stundenglas rinnen ließ.
Maria war hoffnungslos verloren. In einem lichten Augenblick, in dem sie merkte, daß sie allmählich in eine andere Welt hinüberglitt, verabschiedete sie sich von dem geliebten Mann und den kleinen Kindern. Dann schickte sie die Familie mit den Worten hinaus: »Bald, ach, werden wir voneinander getrennt sein!« Auch den Rittern des burgundischen Hausordens, des Goldenen Vlieses, und ihren Ratgebern sagte sie Lebewohl und bat alle um Vergebung, wenn sie irgendeinem jemals Unrecht getan haben sollte. Dann schloß sie die Augen für immer. Zurück blieben ein unglücklicher, schluchzender Mann und zwei kleine Kinder in einer feindlichen Welt.
Von dieser Zeit an trugen die Rosen für Maximilian nur noch

Dornen; von einem Tag zum anderen war sein ganzes Glück gewichen. Ein ganzes Leben lang trauerte der Erzherzog und spätere Kaiser um seine erste Gemahlin, und keine andere konnte sie ihm jemals ersetzen.

Die Liebe brachte sie um den Verstand

PHILIPP DER SCHÖNE UND JOHANNA DIE WAHNSINNIGE

Wo immer er auftauchte, brach er die Herzen der Frauen im Sturm: groß, blond, mit strahlenden blauen Augen und einer athletischen Figur, betörte Philipp, der einzige Sohn Maximilians I. und Marias von Burgund, die Frauen im Reich seines Vaters. So sehr sich Philipp, dem schon die Zeitgenossen den Beinamen »der Schöne« verliehen, auch zur holden Weiblichkeit hingezogen fühlte, so wenig hielt er allerdings von den Plänen seines Vaters, der ihn aus Gründen der hohen Politik mit einer spanischen Prinzessin verheiraten wollte. Der Prinz sträubte sich zwar gegen eine eheliche Verbindung mit der bigotten Spanierin, er konnte aber nicht verhindern, daß der Kaiser intensive Kontakte zu den katholischen Majestäten Isabella von Kastilien und Ferdinand von Aragon aufnahm, um für seinen Sohn und Erben eine der Töchter des Königspaares als Braut zu bestimmen. Dem Kaiser war an einer verwandtschaftlichen Beziehung zum spanischen Königshaus viel gelegen, da die Spanier ebenfalls keine Freunde des französischen Königs waren und Maximilian auf Unterstützung im Kampf gegen Frankreich hoffte.
Als die Abgesandten des Kaisers in Spanien um die Hand einer Tochter des Königspaares anhielten, war man hocherfreut und fühlte sich geehrt. Allerdings waren zwei Mädchen schon fest versprochen: die Älteste sollte den König von Portugal heiraten und die zweite, Catalina, war mit dem Thronfolger von England, Arthur, verlobt. So blieb nur die jüngste Tochter Juana übrig, die man dem Kaiser und seinem Sohn anbot. Für Maximilian wäre selbstverständlich die älteste Tochter Isabel als Schwiegertochter willkommener gewesen, hätte er doch – und so überlegte man in diesen Zeiten stets – bei einem frühen Tod des spanischen Infanten für seinen Sohn Aussicht auf die spanischen Gebiete mit den überseeischen Kolonien gehabt. Für alle Herrscher war die Mitgift eine wesentliche Sache, und der Kaiser wußte, daß die spanischen Prinzessinnen gut ausgestattet waren.

Die Tragik des Schicksals wollte es, daß ausgerechnet Juana die Auserwählte für den Habsburgerprinzen war, ein Mädchen, das schon in seiner Jugendzeit durch Introvertiertheit und Zurückgezogenheit aufgefallen war, das nichts von seinen dynamischen Eltern geerbt hatte. Isabella von Kastilien und Ferdinand von Aragon galten als das ideale Paar auf dem Königsthron, beide zusammen hatten es fertiggebracht, Spanien zu einigen, die spanischen Granden davon zu überzeugen, daß nur ein einiges Land stark sein konnte im europäischen Konzert der Mächte, daß aber zu einer politischen Einheit auch die religiöse vonnöten war. Und so hatten sie von allen Seiten starke Unterstützung erhalten, als vor allem Isabella begann, gegen die Mauren und Juden in Südspanien vorzugehen und versuchte, das Kalifat von Granada zu stürzen. Im Jahre 1492 war es dann endlich soweit, die letzten Mauren, die die schweren Kämpfe überlebt hatten, wurden vor die Wahl gestellt, entweder die katholische Religion anzunehmen oder das Land zu verlassen. Grausam ging man auch gegen die Juden vor, denen man Geschäftemacherei und Wucher vorwarf. Die katholischen Majestäten zeigten wenig christliche Nächstenliebe, sondern hielten Feuer und Schwert für probate Mittel im Kampf gegen die Andersgläubigen.
Aber sie hatten Erfolg: ein einiges Spanien war ihr Ziel gewesen, und das hatten sie erreicht. Und Isabella war es auch, die mit ihrem Weitblick die Fähigkeiten eines Christoph Kolumbus erkannt hatte, die dem Genuesen, der schon überall abgewiesen worden war, drei Schiffe zur Verfügung stellte, mit denen er neue Länder für die spanische Krone entdecken konnte.
Ferdinand hingegen stand, solange seine Frau am Leben war, fast in ihrem Schatten, und viele bezeichneten ihn gar als einen Pantoffelhelden, der seine Talente erst zeigen konnte, als Isabella ihr Reich Kastilien ihrer Tochter Juana vererbt hatte.
Maximilian hatte bei der Wahl der spanischen Prinzessin natürlich angenommen, daß eine Tochter aus einem solchen Elternhaus sicherlich auch besondere Begabungen besitzen müsse. Er wußte wenig über die spanischen Prinzessinnen, nur so viel, daß die jüngste Tochter nicht ohne Reiz war, und das war wichtig für seinen liebesdurstigen Sohn Philipp.
Juana, die im November 1479 das Licht der Welt erblickt hatte, war schon als kleines Kind anders als ihre Geschwister; sie spielte am liebsten allein in den weiten Parkanlagen, las, sobald sie

konnte, Bücher, die eigentlich nicht ihrem Alter entsprachen, und war von großem Ernst. Außerdem war das Kind ungewöhnlich fleißig und sprachbegabt, es dauerte nicht lange, und sie konnte sich mit ihren Lehrern in den Sprachen unterhalten, die eben unterrichtet worden waren. So sprach sie fließend Latein, außerdem natürlich Spanisch, Portugiesisch, Französisch und später Flämisch. Für Politik allerdings interessierte sich Juana überhaupt nicht, sehr zum Leidwesen ihrer Mutter, die immer wieder versuchte, sie in politische Dinge einzuweihen. Das Mädchen hörte gar nicht erst zu, wenn die Mutter es belehren wollte, es beschäftigte sich nur mit den Dingen, für die es Interesse hatte, und Politik gehörte nicht dazu.
Ganz anders war es mit der Religion. Juana war durch ihre Eltern fest im Glauben erzogen worden und befolgte alle Regeln genau. So wurde mindestens dreimal am Tag gebetet, sämtliche religiösen Feiertage wurden mit allen vorgeschriebenen Zeremonien begangen, und Juana dachte und tat nichts, was Priester und Bischöfe verboten hatten. Sie war in allem eine typische Spanierin, auch äußerlich. Dunkles Haar umrahmte ein ungewöhnlich apartes Gesicht, in dem die merkwürdig grünen Augen als Besonderheit auffielen und auf alle, die sie sahen, faszinierend wirkten. Sie sah ihrer Großmutter väterlicherseits, Johanna von Kastilien, sehr ähnlich, und ihre Mutter Isabella nannte sie manchmal scherzhaft »Schwiegermutter«. Sittenstreng, wie Juana erzogen worden war, fügte sie sich auch ganz dem Wunsch ihrer Eltern, als sie hörte, daß sie Philipp, den Sohn des Kaisers, heiraten sollte.
Ob Juana von Philipp vorher schon etwas gehört hatte, ist nicht bekannt; jedenfalls soll sie von seinem Anblick entzückt gewesen sein, als die Gesandten des Kaisers ihr ein Medaillon mit dem Bildnis des Bräutigams überreichten. Man mußte dem jungen Prinzen nicht schmeicheln, wie das die Maler gerne taten, die im Auftrag eines Herrschers ein Konterfei herstellten, das dann dem zukünftigen Ehepartner übersandt werden sollte: Er war ein makelloser junger Mann, und die unerfahrene spanische Prinzessin verliebte sich auf den ersten Blick in ihn. Philipp hingegen war nicht gerade begeistert, als der Hochzeitstermin immer näher kam, erkannte er doch, daß er sein lustiges Leben zumindest vorübergehend aufgeben mußte, und das war etwas, woran er nicht einmal denken mochte. Von frühester Jugend auf war er an aller-

hand Abwechslungen gewöhnt, die sich ihm in den Niederlanden und im Reich boten. Dazu gehörten nicht nur seine vielfältigen Liebesabenteuer (die manchmal dazu führten, daß der kaiserliche Prinz im letzten Moment aus dem Fenster eines Hauses springen mußte, wenn er den gehörnten Ehemann die Treppen heraufkommen hörte), sondern auch die rauschenden Feste, auf denen er nächtelang tanzte und den Wein in vollen Zügen genoß. Das Leben war bunt und schön für einen freien Mann in Flandern, und Philipp dachte mit Schaudern an die Fesseln, die ihm sein Vater anlegen wollte. Außerdem hörte er, daß seine Braut sehr sittenstreng erzogen worden war, daß sie sich kasteite, wenn die Fastengebote dies verlangten, daß sie streng nach dem katholischen Glauben lebte. All dies war nicht dazu angetan, ihn mit Freude an die Zukunft denken zu lassen. So beschloß er, wenigstens die letzten Monate vor der Hochzeit noch ausgiebig zu genießen, verließ die Niederlande, um im Auftrag seines Vaters im Reich nach dem Rechten zu sehen und sich dort, oft vor den Augen der Öffentlichkeit, noch ausführlich zu amüsieren. Mit Philipp trauerte eine Unzahl schöner Mädchen, denen der Prinz die Gunst einer Nacht gewährt hatte, und von denen jede einzelne hoffte, daß er doch einmal zurückkehren würde.
Philipp war achtzehn Jahre jung, als er heiraten sollte, aber ein Mann mit reicher Erfahrung, was die Frauen betraf. Hinter vorgehaltener Hand flüsterte man auch am spanischen Hof über sein ausschweifendes Liebesleben, und Juana hörte den Erzählungen der Hofdamen fasziniert und abgestoßen zugleich zu.
Der Tag der offiziellen Hochzeit wurde festgesetzt; zur gleichen Zeit sollte der Bruder Juanas, der Infant von Spanien Juan, Philipps Schwester Margarete heiraten. Wie es zur damaligen Zeit üblich war, wurde die Hochzeit durch Stellvertreter durchgeführt, »per procurationem«; zu Beginn des Jahres 1496 fand die Trauung Juanas in Valladolid statt. Philipp, der nicht anwesend sein konnte, hatte den Bastard von Burgund geschickt, der den Platz des Bräutigams in der Kirche einnehmen sollte. Zuvor hatte man noch in Antwerpen einen offiziellen Vertrag aufgesetzt, in dem die Ziele der Eheschließung genau dargelegt waren und der in Anwesenheit vieler illustrer Persönlichkeiten von Philipp und dem Kaiser unterzeichnet worden war. Die habsburgischen und spanischen politischen Interessen kamen hier klar zutage, und nicht nur die Eingeweihten wußten, daß die Politik der beiden

Großmächte eindeutig gegen Frankreich gerichtet war. Der Erzfeind sollte durch diese Einkreisungstaktik endgültig in die Knie gezwungen werden. Daß der junge Philipp dem französischen König gar nicht so schlecht gesonnen war, erkannte der Kaiser zwar mit großem Widerwillen, er hoffte aber, daß sein Sohn allmählich seine Meinung ändern würde.

Nachdem die ersten Formalitäten vorüber waren und Maximilian sich mit Isabella und Ferdinand verständigt hatte, sollte die kirchliche Eheschließung mit großem Pomp und Prunk in Flandern stattfinden. Von Tag zu Tag wurde Juana aufgeregter, als die Abreise näher rückte. Am meisten fürchtete sie sich vor dem Abschied von ihrem Vater. Obwohl Ferdinand sich nie besonders um seine jüngste Tochter gekümmert hatte, hatte diese doch im Laufe der Jahre eine innige Liebe zu ihm entwickelt, während sie die Mutter eher wie eine Außenstehende betrachtete. Die beiden Frauen hatten einander wenig zu sagen, und so sehr sich Isabella immer wieder um die Tochter bemühte, sie stieß nur auf kühle Ablehnung.

Tag und Nacht war die Königin in den nächsten Monaten tätig, um die Abreise ihrer Tochter nach Flandern zu planen. Es sollten mehrere Schiffe ausgerüstet werden, um die Mitgift und Aussteuer Juanas zu befördern. Außerdem wurde der Prinzessin ein eigener Hofstaat aus spanischen Bediensteten mitgegeben, deren Zahl nicht genau bekannt ist. Isabella wußte, daß ihrer Tochter ein ungewisses Abenteuer bevorstand. Eine Seefahrt zu dieser Zeit bedeutete für alle ein großes Risiko, denn die Segelschiffe, die nach Norden reisten, waren den Stürmen und haushohen Wellen oft nicht gewachsen. Daher sollten viele Schiffe nach Flandern segeln, um die Gefahr für Juana möglichst gering zu halten. Lebensmittel und Hausgeräte wurden auf die Lastschiffe geladen, allein 85.000 Pfund geräuchertes Fleisch, 150.000 Heringe, 1.000 durcheinander gackernde Hühner, 10.000 Eier, 2.000 Gallonen Essig und 400 Fässer Wein, damit die Spanier in den Niederlanden nicht auf ihr gewohntes Getränk verzichten mußten.

Bei dem Gedanken an die schwere niederländische Kost, die fast immer auch am Hofe von Gent serviert wurde, erschauerte so mancher Spanier in Juanas Gefolge. Hier im Süden vermied man fettes Schweinefleisch, derbe Gemüse, vor allem Hülsenfrüchte, und vor allem trank man Wein statt Bier. Alle hatten schon längst von dem für spanische Begriffe liederlichen Lebenswandel der flämischen Bevölkerung gehört, auch in den besten und angesehensten Kreisen, daß man nächtelang aß und trank und schließlich in irgendein Bett fiel, meist nicht in das eigene. Angeblich schleppten die Frauen oder leichten Mädchen die stocktrunkenen Männer im Morgengrauen nach Hause, und es dauerte einen halben Tag, bis die vom Bier Berauschten wieder fähig waren, zu erkennen, wo sie sich eigentlich befanden. Für einen Spanier waren solche Sitten unvorstellbar, hier achtete man die Gesetze der Moral, und obgleich so mancher im geheimen neugierig war auf dieses Leben, verabscheute er es doch nach außen hin.

Das Gefolge, das die Königstochter in die Niederlande begleiten sollte, bestand schließlich aus 22.000 Personen. Immer mehr Schiffe vergrößerten die Flotte, und schließlich machten sich 130 Segler bereit, in See zu stechen. Isabella hatte die Damen und Herren, die Juana begleiten sollten, sorgfältig ausgewählt, es waren gebildete Angehörige des spanischen Hochadels, die Juana das Leben in der Fremde erleichtern sollten. Sie konnte nicht voraussehen, daß diese Getreuen bald ihren Einfluß verlieren und von Philipp systematisch entmachtet werden sollten.

Die Abreise im Sommer 1496 gestaltete sich zu einem Fest. Von weit und breit war das Volk herbeigeeilt, um der scheidenden Prinzessin, die bis dahin beinahe niemand gekannt hatte, ein letztes Lebewohl zu sagen. Man hatte gehört, welch hohe Aufgabe ihr einmal zukommen sollte und sah in ihr schon die zukünftige Kaiserin. Unter dem Jubel der Bevölkerung lichtete man die Anker. Schwer stachen die völlig überladenen Schiffe in See, im letzten Moment hatten die Granden, die Juana begleiten sollten, noch ihr Gefolge mitgebracht. Allein der Admiral brauchte 450 Bedienstete, so daß die Schiffe aussahen, als würden sie im nächsten Augenblick in den blauen Fluten des Atlantik versinken. Den ersten Versuch, die Seefahrt zu beginnen, mußte man bald abbrechen, denn kaum waren die Schiffe aus dem schützenden Hafen ausgelaufen, als sich das Wetter als äußerst ungünstig erwies und man es vorzog, noch ein paar Tage im Hafen abzuwarten.

Endlich war es soweit; der Admiral gab das Kommando zum Aufbruch, und die Segel der Schiffe flatterten im Wind, der sich allerdings allmählich zum Sturm entwickelte. Eine Fahrt im Herbst durch den Golf von Biskaya war schon immer ein schwieriges Unterfangen gewesen, und auch der Segen der Kirche, mit

dem die Flotte ausgestattet worden war, konnte nicht verhindern, daß die gefürchteten »temporales« über die Schiffe herfielen, die Segel wie Zunder zerfetzten und die Segler wie Nußschalen hin- und herwarfen. Tagelang tobte der Sturm, haushohe Wellen überrollten die Planken, Menschen und Tiere wurden fortgeschwemmt und versanken in den Fluten. Unter Deck warfen sich die Männer und Frauen zu Boden und flehten alle Heiligen an, doch endlich den Winden Einhalt zu gebieten und dem Wüten der Elemente ein Ende zu machen.
Als der Sturm endlich nachließ, war die Hälfte der Flotte ein Opfer des Sturmes geworden. Juana hatte man im letzten Moment, bevor ihr Schiff zu versinken drohte, unter größten Gefahren auf einen anderen Segler gebracht.
Es war ein trauriger Anblick, als die spanischen Schiffe, die von der stolzen Flotte übriggeblieben waren, mit zerfetzten Segeln und schwerer Schlagseite an der Küste von Zeeland vor Anker gingen. Völlig durchnäßt – sie hatte schon seit Tagen keine trockene Kleidung am Leib gehabt –, hustend und niesend betrat die zukünftige Herzogin von Burgund und spätere Königin den niederländischen Boden. Ein Teil ihres Heiratsgutes war genauso wie viele Spanier ihres Gefolges ein Raub der Wellen geworden, und Juana hatte nur den einen Wunsch, in den nächsten Monaten das Meer nicht mehr sehen zu müssen.
Als die knapp sechzehnjährige Prinzessin das Land ihres Bräutigams betrat, war ihre Enttäuschung riesengroß. Hier stand kein Philipp, der auf sie wartete und das völlig erschöpfte junge Mädchen liebevoll in die Arme schloß. Der Prinz war nicht in Flandern; er hatte zwar gehört, daß seine Braut übers Meer fuhr, aber er wollte von ihr so lange nichts wissen, so lange es nur irgend möglich war. Er hatte sich noch immer nicht mit dem Gedanken abgefunden, sein freies Junggesellendasein aufgeben zu müssen. So kam ihm der Auftrag des Kaisers gerade recht, ihn in Deutschland zu vertreten.
Die Enttäuschung Juanas wich ein wenig, als ihr von den Niederländern ein begeisterter Empfang bereitet wurde. Neugierig und gespannt hatte die Bevölkerung in Flandern auf die Braut ihres Prinzen gewartet, und alles war auf den Beinen und wollte die Prinzessin sehen. Wo immer sie sich zeigte, brauste Jubel auf, man warf ihr Blumen entgegen und feierte sie »wie eine Königin«. Mit großem Pomp zog sie in Antwerpen ein, Kinderchöre

sangen in den Straßen, durch die der festliche Zug kam, man schrie und klatschte, als man die junge Braut sah, Girlanden schmückten die mächtigen, spitzgiebeligen Häuser, die Fenster waren weit geöffnet, und wo die Blumen den Schaulustigen noch Platz ließen, konnte man dicht gedrängt die Menschen sehen, die der jungen Prinzessin zujubeln wollten. Juana sah bezaubernd aus in ihrem golddurchwirkten Kleid, mit dem dunklen Haar, ihrer makellosen olivfarbenen Haut und den meergrünen Augen, sechzehn Jahre jung, lächelnd, winkend, strahlend.

Margarete, die Schwester Philipps, hatte es übernommen, die Hochzeitsfeierlichkeiten genau festzulegen und die Trauung in allen Einzelheiten zu planen. Sie war Juana mit besonderer Herzlichkeit entgegengekommen und hatte das verschlossene Mädchen sofort für sich eingenommen.

Die Hochzeitsfeierlichkeiten waren für den 20. Oktober 1496 festgesetzt worden. Je näher dieser Zeitpunkt rückte, desto neugieriger wurde nun auch Philipp auf seine spanische Braut. Endlich traf er in Lier ein, wo Juana auf ihn wartete. Philipp war früher als angekündigt gekommen, und als die Prinzessin den Hufschlag seines Pferdes im Hofe hörte, begann ihr Herz wild zu klopfen. Im nächsten Augenblick wurden die Türen aufgerissen und Philipp stand vor ihr, jung, mit wehendem Haar, verschwitzt, aber dennoch strahlend, hinreißend. Juana sah ihn, und es war um sie geschehen.

Aber auch Philipp war von ihrem Anblick überwältigt. Die Prinzessin war so ganz anders als die Mädchen, die er bisher gekannt hatte. Sie faszinierte ihn so sehr, daß er alles Protokoll über den Haufen warf; er mußte sie sofort haben, er wollte nicht warten, bis die offiziellen Trauungszeremonien vorüber waren. Zufällig war ein Geistlicher im Raum, dem Philipp bedeutete, er möge sie jetzt und auf der Stelle trauen. Der Priester, ein Spanier, verstand nicht sofort; Juana aber deutete instinktiv die Blicke, die Philipp unverwandt auf ihr ruhen ließ, richtig und gab dem Priester den Befehl, sie sofort im christlichen Sinne zu verbinden. Beide knieten kurz nieder, Philipp hielt die Hand Juanas, der Geistliche sprach einige Worte, die beide kaum hörten, dann verließen die jungen Leute fluchtartig den Raum. Philipp zerrte Juana in einen Saal des Palastes, in dem ein breites Himmelbett stand, über dem schnell eine Dienerin ein Kruzifix angebracht hatte, dann warfen sie sich aufs Bett und rissen sich gegenseitig die Kleider vom

Leib. Für Juana begann die Liebesraserei, die sie um den Verstand bringen sollte.
Die formellen Hochzeitsfeierlichkeiten am darauffolgenden Tag ließen die beiden bloß noch über sich ergehen: für die Bevölkerung des Landes aber waren sie ein Fest. In den Straßen wurde getanzt und gesungen, farbig gekleidete Menschen und bunte Blumen bildeten den festlichen Rahmen, Musik spielte auf, und man jubelte dem jungen Paar zu, wo immer es sich zeigte. Sie waren ein Brautpaar wie aus dem Bilderbuch, der Prinz groß und blond, strotzend vor Kraft und Gesundheit, die Prinzessin zierlich, beinahe zerbrechlich, dunkel, geheimnisvoll. Philipp und Juana waren wie in Trance, als die Trompeten den Einzug der Brautleute in der Kollegienkirche von Cambrai ankündigten. Sie schritten durch ein Spalier von begeisterten Menschen zum Altar, wo der Bischof feierlich die offizielle Trauung der beiden Königskinder vornahm.
Der Hochzeitsschmaus wurde im alten Palast der Herzöge von Brabant eingenommen, aber es stellte sich bald heraus, daß die Räumlichkeiten für die vielen geladenen Gäste zu klein waren. So wandelte man in aller Eile einen in der Nähe gelegenen Getreidespeicher zum Bankettsaal um, Tische und Bänke wurden hereingeschleppt, einige Teppiche eilig aufgelegt, um den kahlen Raum etwas gemütlicher zu gestalten, und dann flossen Wein und Bier in Strömen. Alles, was Küche und Keller zu bieten hatten, wurde aufgetragen, die Silberschüsseln gingen über von all den Köstlichkeiten, die Hunderte von Köchen zubereitet hatten. Juana und Philipp saßen inmitten der fröhlichen Schar und warteten nur auf den Augenblick, in dem sie sich ungesehen zurückziehen konnten. Die Prinzessin war kaum fähig, ein paar Bissen zu sich zu nehmen, und auch Philipp lehnte dankend die ihm angebotenen Becher Weines ab. Das Feuer der Liebe und Begierde brannte in ihnen beiden lichterloh, und das konnte kein Wein löschen. Juana war wie in einem Bann, ihre Zurückhaltung und Schüchternheit waren einer rauschhaften Leidenschaft und Besitzgier gewichen, die für die Zukunft nichts Gutes versprachen. Die Flammen, die sie beide zu Beginn ihrer Ehe verzehrten, mußten sie im Laufe der Zeit verbrennen.
Noch war Philipp an Juana interessiert, noch konnte sie ihn durch ihre Leidenschaft verzaubern, und er glaubte sogar, das feurige Mädchen für alle Zeit zu lieben. Er verwechselte Leiden-

schaft mit Liebe, da er aber die wahre Liebe nicht kannte, glaubte er sie nun gefunden zu haben.

Aber Philipp war kein Mann fürs Leben, kein Ehemann, den man an sich binden konnte, der zu Hause blieb und keine andere mehr ansah. Dazu hatte er zu leichtes Blut in den Adern und zu viele Erfahrungen mit anderen Frauen hinter sich. So konnte es nicht ausbleiben, daß er sich bald nach der Hochzeit eingesperrt, eingeengt und umklammert fühlte und sich mit allen Mitteln zu befreien suchte. Es kam zu lautstarken Auseinandersetzungen zwischen den beiden, zu Vorwürfen, Ausflüchten, Versprechungen und Tränen. Und danach stürzte man gemeinsam ins Bett und feierte ausgiebig Versöhnung. Dabei verstand es Philipp meisterlich, die Sehnsüchte und Zweifel seiner jungen Gemahlin zu zerstreuen.

Aber allmählich wurde selbst dem liebesdurstigen Philipp die Raserei seiner Frau zu viel, und er bemerkte wieder, daß es außer Juana nach wie vor auch andere schöne Mädchen gab, die er, wenn sie ihn nicht beobachtete, wohlgefällig betrachtete. Und er wußte, daß die blonden und blauäugigen flandrischen Frauen für ihn jederzeit zu haben waren und daß sie ihn nach einer gemeinsam verbrachten Nacht nicht an sich ketten wollten. Juana erkannte instinktiv diese Gefahr und wachte eifersüchtig darüber, daß an ihrem Hof kein hübsches weibliches Wesen zu finden war. Sie bedachte dabei allerdings nicht, daß sie Philipp auf diese Weise noch eher aus dem Haus treiben würde. Er hatte immer wieder andere Vorwände, um den Palast zu verlassen: einmal war es eine Jagd mit Freunden, das nächste Mal ein ritterlicher Wettkampf, zu dem nur die Männer geladen waren. Dazu kam, daß Juana schon bald ein Kind erwartete, so daß ihr beschwerliche Reisen nicht zuzumuten waren. Der Prinz war froh und glücklich, wenn er sich im Kreise seiner alten Freunde aufhalten konnte, die lustigen Zeiten waren noch lange nicht vorüber, und meist endeten diese Ausflüge im Bett eines schönen Mädchens. Der spanische Gesandte Gomez de Fuersalida schilderte den jungen Habsburger: »Er ist ein guter Mensch, aber willensschwach, ist ganz und gar seinen Gelüsten ausgeliefert, die ihn im Trubel eines leichtfertigen Lebens von Bankett zu Bankett, von einem Weib zum anderen schleppen...«

Es konnte Juana nicht verborgen bleiben, wo sich Philipp tage- und wochenlang aufhielt, sie hatte ihre Informanten, die ihr von

den amourösen Abenteuern ihres Mannes berichteten. Kehrte er dann zu ihr zurück, kam es zu den häßlichsten Eifersuchtsszenen, die darin gipfelten, daß er Juana auf seine Art strafte und nicht mit ihr schlief. Er ließ sich von seinen Dienern ein eigenes Zimmer für die Nacht zurechtmachen und zog sich unter dem lauten Geschrei seiner liebesdurstigen Frau dorthin zurück.
Wahrscheinlich wäre das Leben beider in anderen Bahnen verlaufen, hätte Juana Philipp nicht ständig auf Schritt und Tritt bewachen lassen und versucht, Toleranz zu üben, wäre sie ein wenig gelassener und großzügiger gewesen. So aber trieb sie ihn mit ihrer Eifersucht aus dem Haus. Wenn er sich dann heimlich zurückschlich und versuchte, abseits von ihren Räumlichkeiten in Ruhe die Nacht zu verbringen, bezog Juana, kaum hatte sie von seiner Rückkehr erfahren, ein Zimmer im Stockwerk über seinem Raum und begann mit den Fäusten auf den Boden zu trommeln und immerfort seinen Namen zu rufen. Als Philipp einmal nicht reagierte, begann sie die Bretter des Fußbodens herauszureißen und flehte ihn weinend an, doch zu ihr zu kommen. Philipp blieb in seinem Raum und machte ihr nach dieser schlaflosen Nacht am nächsten Tag vor sämtlichen Dienern und Gefolgsleuten eine fürchterliche Szene.
Aus der leidenschaftlichen Liebe war ein schrecklicher Kampf geworden. Und je mehr Juana sich Philipp unterwarf, desto mehr fühlte er sich von ihr abgestoßen, je leidenschaftlicher sie ihn umarmte, desto mehr erkaltete er in ihren Armen.
In jeder Frau, in jedem Mädchen, das in die Nähe Philipps kam, erblickte Juana eine mögliche Rivalin, die sie mit dem größten Mißtrauen verfolgte. Einmal beobachtete sie ein blondes Mädchen, das einen Brief für Philipp in Händen hielt. Juana stürzte sich auf das Mädchen und versuchte ihm den Brief zu entreißen. Wahrscheinlich war es auch wirklich ein Liebesbrief, denn die Besucherin zerriß das Schreiben vor den Augen Juanas und schluckte die Papierfetzen hinunter. Das war zuviel für die rasende Frau, es war ein Eingeständnis und mußte schwer bestraft werden. Juana lief ins nächste Zimmer, ergriff eine Schere und stürzte sich auf die Ahnungslose. Vor den Augen aller schnitt sie dem Mädchen das lange, blonde Haar bis zur Kopfhaut ab und begann es mit Fäusten ins Gesicht zu schlagen. Philipp war durch den Lärm aufmerksam geworden, entriß Juana die Schere und versuchte die beiden Frauen zu trennen. Als Juana nicht von dem

Mädchen lassen wollte und es mit Fußtritten attackierte, schrie der Prinz seine Frau an und versetzte ihr mehrere Hiebe, dazu schleuderte er ihr unflätige Worte ins Gesicht. Der Skandal war perfekt.
Wochen der Trennung folgten, die schlimmste Strafe, die Philipp seiner Frau antun konnte. Nachdem ihr Zorn verraucht war, versuchte Juana jedes Mittel, um die Aufmerksamkeit ihres Gemahls wieder zu erringen. Das war nun doppelt schwer, da sie fast ständig schwanger war und in diesem körperlichen Zustand einen Mann wie Philipp kaum reizen konnte. Juana gebar ihrem Mann im Laufe ihrer Ehe sechs Kinder, aber auch diese schufen keine Verbindung mehr zwischen den beiden; ebenso wie Philipp betrachtete Juana die Söhne und Töchter bloß als Notwendigkeit für den Fortbestand der Dynastie, entwickelte aber keine besondere Beziehung zu ihnen (außer zu ihrer jüngsten Tochter Katharina).
Es gab niemanden in den Niederlanden, dem Juana wirkliches Vertrauen schenkte. Sie war einsam in dem fremden Land, das düster und kalt geworden war und ihr feindselig vorkam. Daß sie selber durch ihr Wesen und ihren Charakter die Bevölkerung gegen sich aufbrachte, kam ihr nicht in den Sinn. In ihrer schwarzen Tracht, die sie schon in jungen Jahren bevorzugte, wirkte sie auf die lebensfrohen Niederländer, die sich gerne farbenprächtig kleideten, wie das leibhaftige schlechte Gewissen, die personifizierte ewige Mahnung. Alle, die sie sahen, wichen vor ihr zurück, vor ihrem flackernden Blick und den hastigen Gesten. Man fand die junge Frau unheimlich und konnte Philipp gut verstehen, wenn er sie mied. Es dauerte nicht lange, da tauchte das Gerücht auf, Juanas Großmutter sei im Wahnsinn gestorben. War etwa sie auch . . . ?
Philipp versuchte, wo es nur ging, seine Frau zurückzulassen, wenn er verreiste; von Zeit zu Zeit aber mußte er sie aus politischen Rücksichten wohl oder übel mitnehmen, so auch bei einer Reise nach Spanien, während der er seine Schwiegereltern kennenlernen und sich ein Bild der Lage verschaffen wollte. Es galt, Thronforderungen geschickt anzumelden.
Da sich Philipp zeit seines Lebens vor Seereisen fürchtete, beschloß er, den Weg durch Frankreich zu nehmen. Dieser Plan erregte ungeheures Aufsehen, war sein Vater, der Kaiser, doch jahrzehntelang aus politischen und persönlichen Gründen mit

dem französischen Königshaus verfeindet gewesen, und auch die katholischen Majestäten Ferdinand und Isabella betrachteten Frankreich als Erbfeind. Und jetzt wollte der junge Prinz die Traditionen brechen und in Freundschaft das französische Königspaar aufsuchen! Aber Philipp hatte ganz andere Absichten für die Zukunft, er wollte nicht den dauernden Krieg, er wollte Annäherung und Ausgleich.

Juana wehrte sich, so gut sie konnte, gegen die Absicht ihres Mannes, den König von Frankreich aufzusuchen. Sie hatte von Kindheit an gehört, wie verderbt und verworfen die französischen Könige wären und wollte unter keinen Umständen den Hof Louis' in Blois betreten.

In Frankreich war man entzückt von der Aussicht, Maximilians Sohn begrüßen zu können. Die Intrige konnte perfekt werden, wenn es gelang, Philipp den Aufenthalt am Hof so angenehm wie möglich zu gestalten. Und man wußte, was zu tun war, man hatte von den Vorlieben des jungen Mannes gehört und bereitete alles vor, was das Herz Philipps erfreuen konnte. Dabei war man sich aber auch auch im klaren darüber, daß seine eigene Frau all diesen Zielen im Wege stand, daß Juana als Feindin Frankreichs kommen würde. Sie sollte also von ihrem Mann getrennt und isoliert werden, so gut es ging.

Die Begrüßung Philipps am Hofe von Blois fiel ungemein herzlich aus. Der König, erst vor kurzem mit seinen vierzig Jahren zum ersten Mal Vater geworden, war bester Laune. Als er Philipp erblickte, rief er aus: »Voilà un beau prince!« Nachdem der Kaisersohn drei Bücklinge vor dem französischen König gemacht hatte, erhob sich Louis und umarmte Philipp freundschaftlich. Juana hatte man im Vorzimmer zurückgehalten, und erst als die Begrüßung der beiden Männer zu Ende war, öffnete sich die Tür für die spanische Prinzessin, die mit finsterer Miene auf den König zuschritt. Louis erkannte sofort, daß Juana nicht freiwillig gekommen war, umarmte sie aber trotzdem und gab ihr einen Kuß auf beide Wangen. Entsetzt wich Juana zurück; nach der spanischen Etikette war diese Vertraulichkeit ihr gegenüber unerhört. Die weitere Unterhaltung war sehr kurz, keiner wußte so recht, was er mit der düster dreinblickenden jungen Frau reden sollte, und so verabschiedete sie der König in großer Eile und sagte Juana, die Königin brenne darauf, sie kennenzulernen.

Anne de Bretagne war den Habsburgern wohlbekannt; sie hatte

vor Jahren mit dem Kaiser ein undurchsichtiges Spiel gespielt und der Schwester Philipps, Margarete, den Mann (Karl VIII.) weggeheiratet. Nun war sie die zweite Gemahlin Ludwigs XII. Philipp hatte diese Schmach für die Familie längst vergessen, nicht aber seine Frau. Für sie war Anne eine intrigante Person, und es schien, als sollte sie recht behalten. Als sie zu Anne ins Schlafgemach geführt wurde, versetzte man ihr, gerade als sie sich vor der Königin verneigen wollte, einen kräftigen Stoß, so daß sie hinfiel und auf den Knieen vor der Königin von Frankreich lag. Wut und Scham stiegen in ihr auf, und sie flüchtete beinahe aus dem Zimmer Annes.
Für Philipp waren die Tage am französischen Hof amüsant und kurzweilig. Vormittags vergnügte man sich beim Ballspiel, am Nachmittag traf man zu einer Kartenpartie oder zum Schachspiel zusammen, während Juana von den Damen in Beschlag genommen wurde, die die fromme spanische Prinzessin von einer Messe zur anderen schleppten. Juana wußte nicht, wie sie der Damengesellschaft entkommen sollte, die sie über alle Maßen langweilte.
Von den abendlichen Gesellschaften suchte man sie mit allen Mitteln fernzuhalten. Einmal kredenzte man ihr im Übermaß Süßigkeiten, von denen ihr übel wurde, ein anderes Mal war sie vom Aufenthalt in den ungeheizten Kirchen so durchfroren, daß sie nur noch die Wärme ihres Bettes suchte. Die Privatgemächer Juanas waren mit allem erdenklichen Luxus ausgestattet, die Wände glänzten von goldenem Stoff und weißem Satin, überall lagen Kissen im Raum verstreut, und feinste Teppiche bedeckten die Böden. Hunderte Kerzen brannten in silbernen Kandelabern, im Kamin prasselte das Feuer und verbreitete Wärme und Behaglichkeit. All dieser Komfort sollte dazu beitragen, sie in ihrem Zimmer festzuhalten. Sechs kleine Pagen kamen, von denen jeder einen silbernen Leuchter trug, danach klopfte die Herzogin von Bourbon an die Tür und brachte ein goldenes Kästchen mit Konfekt, eine andere Herzogin bot kandierte Früchte an, in einer grünsamtenen Schatulle befanden sich Spiegel, Waschzeug, Kerzen, Kleiderbürsten, Kämme und Nachthauben: kurz, man setzte alles daran, daß sich Juana wohlfühlte. Nur einen brachte man ihr nicht: den Mann, nach dem ihr Herz begehrte. Der vergnügte sich unterdessen an der Tafel des französischen Königs mit allerlei schönen Damen und vermißte seine eifersüchtige Frau nicht

im geringsten, im Gegenteil, er hatte Auftrag gegeben, Juana möglichst weit weg von ihm unterzubringen.

Juana sehnte sich nach Spanien. Aber auch dort sollte sie nicht die erhoffte Erholung finden, denn schon bald nach ihrer Ankunft bemerkte sie, daß es zwischen Philipp und ihren Eltern keine Gesprächsbasis gab, sobald diese den Schwiegersohn einmal durchschaut hatten. Die spanische Krone in den Händen eines jungen Mannes, dem Sitte und Moral unbekannt waren! Das war eine Vorstellung, die Ferdinand und Isabella sehr unangenehm sein mußte.

Philipp hatte auf äußerst ungeschickte Art die Schwiegereltern zu beeinflussen gesucht, ihm für die Zukunft Erbansprüche auf Spanien zuzusichern. Dabei stellte er seine Frau als geistig labil und wankelmütig hin, obwohl Juana gerade während dieses Aufenthaltes in Spanien noch sehr klare Entscheidungen traf. Der Schwiegersohn reiste schließlich vorzeitig ab, ohne Juana, die ein Kind erwartete. Erst als Philipp nach dem überraschenden Tod des spanischen Infanten Juan erkannte, daß seine Chancen auf den spanischen Thron wieder gestiegen waren, schrieb er eilends Briefe an seine Frau und bat sie, möglichst bald zu ihm zurückzukehren, obwohl er sich vorher kaum um sie gekümmert hatte.

Mit sicherem Instinkt hatte Isabella ihren Schwiegersohn erkannt und suchte, soweit ihr dies möglich war, zu verhindern, daß er Juana ausschalten konnte. Andererseits wußte auch sie, wie problematisch ihre eigene Tochter sein konnte und wie viel Energie sie aufwenden müsse, um das Volk davon zu überzeugen, daß Juana durchaus in der Lage war, zum Wohle des Landes zu regieren. Immer neue Meldungen über das eigenartige Verhalten ihrer Tochter machten die Runde unter den Adeligen. Philipp war ein Meister im Ausstreuen von Gerüchten über seine Frau, so daß sich Isabella ernsthaft überlegte, wie sie die Frage der Nachfolge um den Thron von Kastilien lösen sollte. Und sie setzte deshalb in ihrem Testament fest, daß bis zum Eintreffen Juanas Ferdinand die Regierungsgeschäfte erledigen sollte.

Als Isabella von Kastilien 1504 im Alter von nur 53 Jahren starb, erfuhr Philipp von diesen Bestimmungen. Trotz seiner Empörung unternahm Juana nichts, um den Vater von diesen Aufgaben zu entbinden. Im Gegenteil, es schien, als sei sie froh, auf diese Weise einen letzten Trumpf, die spanische Krone, in Händen zu haben. Philipp hatte einiges unternommen, um Juana zu einer

Verzichtserklärung zu veranlassen, aber alles, was sie unter Druck oder plumpen Schmeicheleien unterschrieben hatte, widerrief sie schon Stunden später, wenn Philipp die Maske fallen ließ und wieder sein brutales Alltagsgesicht zeigte. Als der Habsburger sah, daß er nichts erreichte, änderte er seine Taktik noch einmal von Grund auf. Er spielte plötzlich wieder den Verliebten und lockte Juana, wann immer es ging, ins gemeinsame Bett. Aber sie war nicht mehr zu täuschen. Wenn Philipp sich ihr scheinbar liebevoll näherte, begann sie zu schreien und zu toben und lieferte damit ihren Gegnern neue Gründe, ihre geistige Gesundheit anzuzweifeln. Im geheimen hatte Philipp das Tagebuch, das Juana über ihr Leben und ihre Einsamkeit am flandrischen Hof verfaßt hatte, abschreiben lassen, um diese verzweifelten und manchmal wirren Aufzeichnungen in Spanien gegen sie zu verwenden. Als die Zeit reif war, ließ er die Zeilen Juanas öffentlich vorlesen und die Zuhörer darüber urteilen, ob eine Frau, die derlei Dinge einem Tagebuch anvertraute, sich im Vollbesitz ihrer Geisteskräfte befinde.

Noch heute erschüttert die Tragik von Juanas Schicksal: wie sie systematisch in das politische und menschliche Abseits gedrängt wurde, wie durch ihre eigene Leidenschaft und durch die Gleichgültigkeit ihres Mannes dunkle Züge in ihrem Wesen die Oberhand gewannen.

Nach dem Tode Isabellas beschloß Philipp, mit Juana nach Spanien zu fahren, um die Dinge in seinem Sinne zu ordnen. Und obwohl ihm die Anwesenheit seiner Frau eher zuwider war, konnte er nicht umhin, sie mitzunehmen. Er ließ eine Flotte ausrichten, die den Stürmen und Wellen trotzen sollte. Unter dem großen Gefolge, das das Paar begleiten sollte, befanden sich auch Hunderte Dirnen, die Philipp auf ein eigenes Schiff bringen ließ. Juana schrie laut auf vor Empörung, als sie die leichten Mädchen mit ihren bunten Kleidern und bemalten Gesichtern sah und bestand darauf, daß die Frauen sofort von Bord gehen müßten, andernfalls würde sie selbst nie den Fuß auf ein Schiff setzen. Philipp schäumte vor Wut, mußte sich aber ihrem Willen fügen, da er seine Gemahlin vor den spanischen Cortes unbedingt brauchte. Allerdings wußte er einen Ausweg: in der Nacht ließ er die unliebsamen Passagiere wieder auf das Schiff bringen, so daß für geeignete Unterhaltung während der Seereise gesorgt war.

Kaum war man aus dem schützenden Hafen ausgelaufen, als

Sturm aufkam und die Schiffe kaum noch gesteuert werden konnten. Die Wellen türmten sich haushoch, seekrank und triefend naß lagen die Reisenden im Schiffsrumpf und sahen sich schon als Raub des Meeres. Auch Philipp war schwer angeschlagen, er jammerte und beklagte sein Schicksal und wäre beinahe von einer riesigen Welle über Bord gespült worden, hätten ihn seine Diener nicht im letzten Moment zurückgerissen. Seine Getreuen nähten ihn in einen Ledersack ein, den sie mit Luft aufbliesen. Auf der Außenseite schrieben sie mit großen Lettern: El Rey Don Felipe. Falls der König über Bord ging und hilflos im Meer trieb, so sollten doch die Fischer, die ihn irgendwo herauszogen, wissen, welch großer Fisch in ihre Netze gelangt sei.
Juana stand dabei und sah zu, wie man ihren Mann, der bis dahin als Held gegolten hatte, in den Sack einnähte. Alle wunderten sich über ihren Gleichmut und ihre Furchtlosigkeit, und als man sie nach dem Grund ihres Verhaltens fragte, antwortete sie: sie habe noch nie von einem König gehört, der im Meer ertrunken sei. Sie selbst zog ihr schönstes Kleid an, niemand mußte ihr dabei Beistand leisten, da alle ihre Dienerinnen seekrank waren und selbst der Hilfe bedurft hätten. Dann suchte sie einen Beutel mit Dukaten hervor und stieg damit an Deck. Als man die Königin sah, bat man sie um eine Opfergabe, denn man hoffte, den Himmel durch eine Kollekte gnädig zu stimmen. Alle hatten viel von ihrem Vermögen geopfert, und als nun Juana auch ihr Scherflein beitragen sollte, kramte sie lange in ihrem Beutel herum und legte schließlich die kleinste Münze auf den Opferteller. Es sei genug, meinte sie, die Unwetter würden auch ohne Geldspenden aufhören. Ihre Reaktion wurde natürlich wieder mißverstanden, man sah in ihr nicht die furchtlose Frau, sondern glaubte, daß nur jemand, der daran war, den Verstand zu verlieren, angesichts des drohenden Todes so reagieren konnte.
Nach den Tagen und Nächten des Grauens wurden die niederländischen Schiffe schließlich an die Küste von England verschlagen, wo ihnen der König, Heinrich VII., freundschaftlich Schutz und Hilfe anbot. Philipp nahm die Einladung des Königs nur zu gerne an, einige Wochen bei ihm als Gast zu bleiben. Juana hoffte darauf, ihre Schwester Catalina (Katharina von Aragon) zu treffen, die Witwe des Thronfolgers Arthur, der zwei Jahre zuvor gestorben war. (Später sollte sie dessen Bruder Heinrich ehelichen, der sie dann wegen Anna Boleyn verstieß.)

Kaum war das Gefolge Heinrichs VII. an der Küste eingetroffen und hatte die Einladung seines Herrn überbracht, als sich Philipp schon auf ein Pferd schwang und auf und davon ritt. Im Schloß des Königs wurde alles vorbereitet, um dem Sohn des Kaisers den Aufenthalt so angenehm wie möglich zu gestalten. Niemand fragte sich, was eigentlich mit Juana geschehen sollte. Man wußte aus Erzählungen, daß die Ehe der beiden beinahe am Ende war. Ein Fest jagte das andere, die Nächte wurden zum Tag gemacht, dazwischen gab es Turniere und Treibjagden. Alles, was Philipp liebte, wurde ihm hier am englischen Hof geboten, die köstlichsten Speisen, die erlesensten Weine und die schönsten Frauen. Erst nach Wochen entsann sich Philipp seiner Gemahlin, die immer noch in einem feuchten Schloß an der Küste darauf wartete, entweder als Gast des Königs bewirtet zu werden oder ihre Reise nach Spanien fortsetzen zu können. Endlich kam ein Bote, der eine Einladung Heinrichs nach Windsor überbrachte. Und jetzt hatte es Juana nicht mehr eilig. Sie ließ sich Zeit. Als sie schließlich in Windsor ankam, war es, als würde ein Eishauch auf die fröhliche Gesellschaft fallen. Sie erschien in schwarzer Tracht, das Haar streng zurückgekämmt, wie eine Rächerin. Vorbei war es mit Gesang und Tanz, und auch der König erkannte, daß es an der Zeit sei, sich von den Gästen zu verabschieden. Und Philipp beschloß, mit seiner Frau an die Küste zurückzukehren und dort zu warten, bis die schwer mitgenommenen Fregatten wieder in Ordnung gebracht waren.

Juana hatte wieder einmal alle Frauen und Mädchen aus ihrer Nähe verbannt, so daß sie das einzige weibliche Wesen war, das Philipp zu sehen bekam. Nur so ist es wahrscheinlich zu erklären, daß er die Nächte in diesen Tagen ausschließlich mit seiner eigenen Frau verbrachte; mied er auch am Tage Juana, so fiel er doch jede Nacht in ihre offenen Arme.

Es waren die letzten gemeinsamen Stunden, die Juana und Philipp miteinander verbrachten. Als sie die endlich wieder seetüchtigen Schiffe bestiegen, waren sie einander nicht mehr als zwei Fremde, von denen einer den anderen haßte. Juana ahnte, daß es Philipps einziges Ziel war, ihr die Krone von Kastilien zu entreißen, und sie wußte nicht, wem sie in ihrer Not mehr mißtrauen sollte, ihrem Mann oder ihrem eigenen Vater. Aus Gerüchten hatte sie erfahren müssen, daß auch Ferdinand daran interessiert war, die Tochter vom kastilischen Thron zu verdrängen.

Philipp hatte in Spanien gut vorgearbeitet, seine Helfershelfer hatten die mächtigen Adeligen Spaniens überzeugen können, daß ein junger, dynamischer König mehr für das aufstrebende Land erreichen könne als ein Herrscher, der bis dahin jahrzehntelang unter dem Pantoffel seiner Frau gestanden sei. Daß der junge Monarch ein Habsburger war, störte die Landesfürsten kaum, im Gegenteil, wenn Philipp nach seinem Vater die Kaiserkrone erbte, würde er selten Spanien besuchen, dachten sie, und jeder könnte in die eigene Tasche arbeiten, ohne fürchten zu müssen, vom König überwacht zu werden.
Juana und Philipp hatten kaum spanischen Boden betreten, als es zum offenen Konflikt aller gegen alle kam. Juana wollte die Huldigung der Cortes entgegennehmen, aber Philipp hatte dies geschickt zu verhindern gewußt. Alles verzögerte sich, und niemand wußte, was eigentlich in den nächsten Wochen passieren würde. Dazu kam, daß Ferdinand noch einmal geheiratet hatte, eine französische Prinzessin, die weder schön noch gescheit war, aber ihrem Gemahl half, seine Beziehungen zu Frankreich zu verbessern. Im Lande allerdings hatte er sich durch diese Heirat Sympathien verscherzt, da seine erste Frau über alle Maßen beliebt gewesen war.
Philipp und Juana zogen zunächst im Land hin und her, ohne Ferdinand zu treffen. Beide Männer vermieden die offene Konfrontation. Aber Philipp war gezwungen, zu handeln, bevor es zu spät war. Sollte die neue Frau dem alternden Ferdinand einen Sohn schenken, war alles verloren und Juanas Anspruch null und nichtig. Und Ferdinand tat auch alles, um noch einen Thronerben zu zeugen, er versäumte keine Gelegenheit, um mit der unattraktiven Germaine die Nächte zu verbringen, es war ihm kein Lager zu schlecht, um es nicht unterwegs mit ihr zu teilen. Auch Germaine ließ kein Mittel unversucht, um den König aufzupeitschen, sie braute aus geheimnisvollen Kräutern und aus den Hoden eines Bullen Liebestränke, die sie unter Beschwörungsformeln ihrem liebesmüden Gatten einflößte.
Sie hätte sich gar nicht so sehr abmühen müssen, denn der Tod übernahm die Rolle des Richters in diesem unseligen Streit. Philipp war schon kurze Zeit, nachdem er den Boden Spaniens betreten hatte, von düsteren Ahnungen befallen worden. Ein altes Weib hatte ihm in Galicien aus der Hand gelesen und ihm prophezeit, er werde als Toter größere Strecken in Spanien zurück-

legen denn als Lebender. Hastig hatte Philipp seine Hand zurückgezogen und laut aufgelacht, aber sein Lachen klang gezwungen, und die Umstehenden, die es hörten, schauderten. Wenige Wochen später sah man einen Kometen am Himmel aufflammen, drei Nächte hintereinander. Philipp befragte die Gelehrten nach der Ursache und bekam zur Antwort, daß das Erscheinen des Himmelskörpers entweder Pestilenz oder Fürstentod bedeute. In der brütenden Hitze, die über dem Land lag, vermeinte man den Hauch des Todes leibhaftig zu spüren.
Drückend und schwer hing die Luft in Valladolid, als Philipp mit seinem Gefolge in der Stadt einritt. Juana war die einzige Frau in dem Zug, mit starrem Gesicht und im fünften Monat schwanger ritt sie allein unter den Männern, sie hatte jeder Frau untersagt, im Gefolge Philipps zu verweilen. Ihr genügten schon die jungen Mädchen auf den Balkonen, die einen Blick des schönen Philipp auffangen wollten, was Juana nicht verhindern konnte. Das Paar nahm in Valladolid getrenntes Quartier. Hier in dieser Stadt wollte Philipp ein Exempel statuieren, das beispielhaft für das übrige Spanien sein sollte. Er beantragte vor den versammelten Cortes, daß Juana aufgrund ihres Geisteszustandes für regierungsunfähig erklärt werden solle. Die Cortes sollten ihm, Philipp, stellvertretend sämtliche Rechte übertragen. Aber Juana hatte immer noch Fürsprecher in Spanien, und wütend mußte ihr Mann erkennen, daß es ein diplomatischer Fehler gewesen war, die Katze endgültig aus dem Sack zu lassen und sein wahres Gesicht zu zeigen. Jetzt wartete er nur noch auf die Stunde, da er sich endgültig Juanas entledigen konnte. Er hatte den festen Plan, sie in ein Kloster zu stecken und entmündigen zu lassen. Aber er kam nicht mehr dazu, all dies auszuführen. Der Tod wartete schon auf ihn.
Nach einem Bankett, bei dem Philipp in lustiger Runde gegessen und getrunken hatte, stand eine Partie Pelota auf dem Programm. Alle wußten, daß Philipp ein hervorragender Spieler war, daß keiner so behend und schnell war wie er. Obwohl der König sich den ganzen Tag über nicht wohl gefühlt hatte, wollte er dennoch seine körperliche Schwäche nicht zu erkennen geben und verausgabte sich bis zur völligen Erschöpfung. Außer Atem und schweißüberströmt verlangte er nach einem Krug kalten Wassers, das er hastig und ohne abzusetzen in einem Zug hinunterstürzte.

Am nächsten Tag wurde er von Schüttelfrost befallen. Er konnte sich kaum auf den Beinen halten, und am Abend stellte sich Fieber ein. Aber Philipp wollte die Anzeichen der Krankheit nicht beachten, da für den nächsten Tag eine Jagd angesetzt war. Einen Tag schleppte er sich dahin, ohne irgend jemandem gegenüber eine Andeutung zu machen. Erst am darauffolgenden Tag ließ er die Ärzte holen, die sofort alle Mittel, die sie zur Verfügung hatten, an Philipp ausprobierten. Auch das Allheilmittel der damaligen Zeit wendeten sie an und ließen den Prinzen ausgiebig zur Ader, um ihn von den »schlechten Säften«, die ihrer Meinung nach das hohe Fieber verursachten, zu befreien. Aber Philipps Zustand verschlechterte sich von Stunde zu Stunde. Juana wich nicht von seinem Bett, wischte ihm den Schweiß ab und versuchte alles zu tun, damit Philipp wieder zu Kräften käme. Mit Entsetzen bemerkte sie, daß er plötzlich Blut zu spucken begann. Die Ärzte setzten Schröpfköpfe an, die aber das Befinden des Kranken nicht besserten. Die Kehle schwoll an, so daß er weder sprechen noch Nahrung zu sich nehmen konnte, dazu kam am sechsten Tag seiner Krankheit Durchfall, der ihn völlig entkräftete.

Die Ärzte am Hofe wußten sich keinen Rat mehr und schickten nach Salamanca, wo der berühmte Doktor Parra praktizierte. Man bat ihn, in aller Eile zu kommen. Kaum war Parra eingetroffen, als ein heftiger Streit über die Behandlungsmethoden entbrannte. Man diskutierte am Bett, während Philipp vor den Augen seiner schwangeren Frau ins Koma fiel. Sein einstmals so schöner Körper war mit roten und schwarzen Flecken übersät. Der Sohn des Kaisers war unrettbar verloren, jede Hilfe war zu spät gekommen. Noch in derselben Nacht, am 25. September 1506, verschied er in den Armen seiner Frau.

Juana war am Bett des Toten zusammengebrochen, und niemand konnte sie dazu bewegen, ihren Gemahl zu verlassen. Als die Höflinge kamen, um den Toten in einen hermelingefütterten Königsmantel zu hüllen, ihm eine schwarze Samtkappe auf die blonden Locken setzten und ihn mit flämischen Tapisserien umgaben, da konnte man ein fast stummes Schluchzen zwischen den Miserere-Gesängen hören. Die ganze Nacht zogen die Würdenträger des Landes durch die Räume, an dem toten Prinzen vorbei, um ihm die letzte Ehre zu erweisen.

Am nächsten Tag wurde Philipp vom Thron herabgeholt, und in

Anwesenheit Juanas begannen die Ärzte ihr grausiges Werk. Die Leiche wurde ausgezogen, dann wurde der Schädel geöffnet und das Gehirn herausgenommen. Den Körper schlitzte man von oben bis unten auf, entfernte das Herz und legte es in eine goldene Kapsel, um es nach Flandern bringen zu lassen. Die Gedärme und Eingeweide wurden verbrannt, aus den übrigen Körperteilen preßte man das Blut, damit die Verwesung nicht so schnell fortschreiten konnte. Weil man nicht die Möglichkeit hatte, den Körper einzubalsamieren, pumpte man Parfüm in die Adern. Anschließend wurde Philipp, oder was noch von ihm übrig war, wieder zusammengenäht und in gelöschten Kalk gebettet. So wurde der königliche Leichnam in einem Sarg aus Holz, in dem sich ein Sarg aus Blei befand, zum offiziellen Begräbnis in den Dom gebracht.

Hatte der lebende Philipp Juana schon beinahe verrückt gemacht, so verlor sie nun vollends den Verstand. Sie verfiel in dumpfes Brüten, starrte tagelang vor sich hin und untersagte es, daß die Leiche Philipps nach alter Sitte beigesetzt wurde. Sie weigerte sich, den Sarg herauszugeben, sie wollte den toten Gemahl immer und überall bei sich haben. War es ihr schon zu Philipps Lebzeiten nicht vergönnt gewesen, ihren Mann ganz für sich alleine zu haben, so sollte ihr wenigstens der Tote nicht entgehen. Bald kursierten im ganzen Land die schauerlichsten Geschichten, daß Juana immer wieder den Sarg öffnen lasse, den Toten streichle und liebkose, zu ihm die zärtlichsten Worte spreche, wie sie Philipp neben sich zu Tische setzen lasse und ihn neben sich ins Bett lege. Ob all diese Gerüchte auch tatsächlich wahr waren oder ob ihr eigener Vater sie verbreiten ließ, um die Tochter im Lande in Mißkredit zu bringen, ist nicht sicher. Aber eines war deutlich zu erkennen: Juana zeigte nach dem plötzlichen Tod Philipps nicht mehr das Verhalten eines normalen Menschen. Sie gebärdete sich wie eine Rasende, wenn man versuchte, ihr den Sarg wegzunehmen und sie überreden wollte, Philipp doch endlich beisetzen zu lassen. Dazu kam, daß sie mit einem Mönch gesprochen hatte, der ihr erzählte, wie ein verstorbener König nach vierzehn Jahren wieder zum Leben erwacht sei. An diesen Gedanken klammerte sie sich mit all den Geisteskräften, die ihr noch geblieben waren. Sie war felsenfest überzeugt, daß auch Philipp nach dieser Zeit auferstehen würde. Vor versammelten Adeligen ließ Juana immer wieder den Sarg öffnen, und alle

mußten ihr, bei dem schaurigen Anblick, den die Leiche bot, bestätigen, daß Philipp nur schlafe.
Ein Jahr nach seinem so plötzlichen Tod erschien in Deutschland ein Gedenkblatt, in dem ausgesprochen wurde, was viele Gemüter bewegte. Wie konnte es sein, daß ein junger kräftiger König, ein Bild von einem Mann, so plötzlich, von einem Tag auf den anderen, von einer tödlichen Krankheit befallen worden war? Konnte da nicht etwas anderes, etwa Gift, im Spiel sein? Der Spanierin traute man allmählich alle Schlechtigkeiten zu. War es nicht möglich, daß sie in ihrem Eifersuchtswahn den Gatten selbst ermordet hatte, um ihn endlich, wenn auch nur als Toten, ganz für sich allein zu haben? Hatte sie nicht durch ihre vielen gräßlichen Eskapaden schon bewiesen, wozu sie fähig war?
In dem Gedenkblatt war nachzulesen:
»In seinem Hals fand man ein gswer
Darab gestorben was der herr.
Als landes fürsten und doctor
Sagen uns gantz furwor,
das es war ein vergifft feber,
Das do entspringt von der leber,
daran er etlich tage lag,
Und man gros rates hilfe pflag.
Es möcht aber alles gehelfen nit,
Es must des lebens werden quidt.«
Allmählich wandten sich auch die letzten Getreuen von Juana ab, sie hatte die Nerven derjenigen zu sehr strapaziert, die sie bedauert und mit ihr geweint hatten. Sie war in ihrem Wahn nicht mehr zu ertragen. Man versuchte wieder einmal, ihr den Leichnam wegzunehmen, aber bei diesem Unterfangen schrie sie laut und schlug wild um sich, spuckte und geiferte. Alles, was durch Jahre hindurch an Absonderlichem, Merkwürdigem, beinahe Verrücktem in ihr geschlummert hatte, brach mit solcher Heftigkeit aus ihr hervor, daß alle, die sie sahen, auch ihr eigener Vater Ferdinand, von Grauen gepackt wurden.
In ihrem eigenen Interesse und zum Wohle des Staates gab es nur eine einzige Lösung: man mußte sie in Gewahrsam nehmen. Sie wurde nach Tordesillas gebracht und dort für ihr weiteres Leben von den Mitmenschen abgesondert. In einem Tag und Nacht bewachten, versperrten Zimmer dämmerte sie dahin, wusch sich nicht, nahm kaum Nahrung zu sich und lag wirr und mit zer-

zaustem Haar, völlig verwahrlost, auf dem Fußboden wie ein wildes Tier. So erblickte ihr junger Sohn Karl, der Kaiser, zum ersten Mal Juana, als er sie auf seiner Spanienreise besuchte. Entsetzen ergriff ihn, als er sehen mußte, wer seine Mutter war. Völlig vergessen von der Welt starb Juana im Jahre 1555, eine Frau, die ihr Leben durch zügellose Leidenschaft selbst zerstört hatte. Ihr eigener Mann hatte sie um den Verstand gebracht.

Sie liebte das Leben und die Liebe

MARGARETE VON ÖSTERREICH

Sie war ein Mädchen aus Flandern, blond, blauäugig, rotbackig, drall und ungewöhnlich anziehend. Mit ihrer Lebensfreude war sie ganz und gar ein Kind ihres Landes: Margarete, die einzige Tochter des späteren Kaisers Maximilian und seiner Gemahlin Maria von Burgund.
Wie es zunächst schien, hatte es das Schicksal gut mit ihr gemeint. Ihre Eltern liebten die kleine Tochter vom ersten Augenblick an, und so konnte das Kind zusammen mit seinem zwei Jahre älteren Bruder Philipp im Kreise der Familie eine unbeschwerte erste Kinderzeit in den Niederlanden verbringen.
Aber die Tage des Glücks in Gent waren schnell vorüber. Viel zu früh raffte der Tod Maria von Burgund dahin, und zurück blieben ein tieftrauriger Maximilian und zwei mutterlose Kleinkinder. Der Vater zog sich in den ersten Wochen nach dem plötzlichen Tod Marias völlig von der Welt zurück, während – angestachelt durch Intrigen Ludwigs XI. von Frankreich – die Stimmung in den Niederlanden sich immer mehr gegen die Habsburger richtete. Solange Maria am Leben gewesen war, hatte Maximilian als der rechtmäßige zukünftige Herr des Landes gegolten, das durch die Heirat mit der burgundischen Erbin an ihn gefallen war. Aber alles, was man dem jungen Prinzen zugute gehalten hatte, solange er mit Maria verheiratet gewesen war, schlug nun ins Negative um: Sein Mut konnte gefährlich werden, seine Tapferkeit zu Unterdrückung führen, seine Geldnot zu Ausbeutung, und sein ständiger Kampf gegen Frankreich bedeutete ununterbrochenen Krieg für das Land.
Was lag also näher, als die Situation des unglücklichen jungen Mannes auszunützen und ihn aus dem Land zu vertreiben? Zuvor bemächtigte man sich aber der beiden Kinder, die flandrischen Städte nahmen sie in Gewahrsam. Maximilian mußte eine Verzichtserklärung unterschreiben, es blieb ihm nichts anderes übrig. Im geheimen schwor er sich aber, daß er diese Schmach

den Niederländern heimzahlen würde, sobald ihm dies möglich war.
Philipp und Margarete blieben als Pfand in den Niederlanden zurück, man sah sie als Eigentum des Volkes an; den Vater übersah man dabei und bezeichnete sie nur als Kinder der geliebten Maria. Die Ratsversammlungen der Städte beschlossen, die beiden in die Obhut ihrer Stiefgroßmutter Margarete von York, der Witwe Karls des Kühnen, nach Mecheln zu geben, bis man andere Pläne mit ihnen haben konnte.
Die Kinder waren zu klein, um von den Ränken und Intrigen, die man gegen ihren Vater gesponnen hatte, etwas zu bemerken. Die Großmutter aber erzählte ihnen immer wieder von dem fernen, tapferen Vater, so daß vor allem die kleine Margarete in Maximilian den Inbegriff eines Helden sah, was sie zeitlebens eng an ihn band. Denn obwohl sie ihn als Kind nur selten zu Gesicht bekam, entwickelte sie ein besonders inniges Verhältnis zu ihm, sie schrieb ihm, sobald sie schreiben konnte, in ihrer kindlichen Schrift lange Briefe und berichtete von allem, was sich in ihrer kleinen Welt zugetragen hatte.
Die kurze Zeit in Mecheln waren für Philipp und Margarete unbeschwert und glücklich. Margarete von York kümmerte sich rührend um sie. Die Geschwister verstanden einander prächtig, die quirlige Schwester hielt den ruhigeren Prinzen auf Trab. Philipp versuchte selbst beim Spiel alles mustergültig zu machen, während Margarete mit weiblicher Schläue so manches Spiel gewann, sehr zur Erheiterung der Zuschauer. Maximilian konnte einmal seine Kinder dabei beobachten, wie sie versuchten, einen Ball in einen Korb zu werfen. Philipp hielt den Abstand vom Korb genau ein und traf, wie es sein mußte, einige Male daneben. Dann kam die kleine Schwester an die Reihe, sie verfehlte ebenfalls das Ziel, aber nur ein einziges Mal, denn als Philipp ihr wie ein Kavalier den Ball reichte, damit sie noch einen Versuch unternehmen könnte, ging sie einfach bis zum Korb und warf den Ball aus nächster Nähe hinein. Maximilian soll daraufhin zu seinen Freunden gesagt haben, um seine Tochter sei ihm für die Zukunft nicht bang, sie werde immer wissen, was im richtigen Augenblick zu tun sei.
Margarete erzog die beiden Königskinder nach den Sitten des Landes, sie sollten als echte Niederländer Umgang mit dem Volk haben und wissen, wie das Volk lebte. Sie lud andere Kinder in

das Schloß von Mecheln ein, wo alle fröhlich spielen konnten, sich im Park vergnügten und lernten, kleine Abenteuer zu bestehen. Daneben kümmerte sie sich um die geistige Ausbildung, Philipp sollte als zukünftiger Herrscher auf seine Aufgaben vorbereitet werden, er wurde in den Landessprachen unterrichtet, für seine körperliche Ertüchtigung wurden Lehrmeister eingestellt und man setzte ihn schon früh aufs Pferd, um einen blendenden Reiter und Jäger aus ihm zu machen.

Margarete sah dem Bruder bei seinem Unterricht zu und äußerte bald den Wunsch, auch reiten zu lernen. Die Reitlehrer waren überrascht über die Geschicklichkeit, mit der das kleine Mädchen auf den großen Pferden saß, und über seine Furchtlosigkeit. Zeit ihres Lebens war Margarete eine glänzende Reiterin, die wie ein Mann über tiefe Gräben sprang und voll Ungestüm hinter dem Wild herjagte.

So hätte das Leben in Mecheln für die beiden Königskinder schön und ruhig sein können, wären nicht die niederländischen Städte ständig auf ihren Vorteil bedacht gewesen. Man wußte nur zu genau, welche kostbaren Pfänder man in Mecheln hatte, und in den Ratsversammlungen wurden immer wieder Pläne unterbreitet, wie man die Kinder am besten tauschen oder verkaufen könnte.

Es war kein Geheimnis, daß Ludwig XI. von Frankreich seit den ersten Kämpfen mit dem Herzog von Burgund ein Auge auf die östlichen Teile des Mittelreiches geworfen hatte. Es war ihm nicht gelungen, die burgundische Heirat Maximilians mit Maria zu vereiteln, nun aber sah er aufs neue seine Stunde gekommen. Ludwig warb für seinen Sohn Karl um die Hand der kleinen Margarete. Dadurch sollte der »ewige Frieden« mit den flandrischen Städten besiegelt werden. Abgesandte des französischen Königs zogen in die Städte Brügge und Gent, andere nach Löwen und Brüssel und trugen die Pläne Ludwigs den Ratsversammlungen vor. Sie stießen auf offene Ohren, denn alles, was die handeltreibenden Städte brauchten, um ihren Wohlstand zu vermehren, war ein dauerhafter Friede mit Frankreich.

Aber Ludwig XI. war kein Wohltäter. Er wußte genau, was er wollte, und so erreichte er in geschickten Verhandlungen, daß ihm nicht nur Margarete zugesprochen wurde, sondern obendrein noch eine ansehnliche Mitgift, denn er wollte keine arme Frau für seinen Sohn. Die flandrischen Städte erklärten sich be-

reit, die Gebiete Bourgogne, Auxerre, Artois und Maçon Margarete mit in die Ehe zu geben.
Ludwig konnte zufrieden sein. Die zukünftige Frau seines eher schwächlichen und häßlichen Sohnes war ein gesundes, lebhaftes kleines Mädchen, welches das degenerierte französische Blut auffrischen würde. Dazu kamen die Gebiete, auf die der französische König schon lange gelauert hatte. Maximilian mußte tatenlos zusehen, wie seine kleine, erst dreijährige Tochter an seinen ärgsten Feind ausgeliefert wurde, an den größten Schurken Europas, wie Maximilian den König von Frankreich zu bezeichnen pflegte.
Margarete wurde für ihre Brautfahrt nach Frankreich königlich ausgestattet. Ein großes Gefolge begleitete sie, man zog wochenlang durch das Land, und überall, wohin der Brautzug kam, wurden zu Ehren der kleinen Prinzessin große Feste gegeben, die das Kind über sich ergehen lassen mußte. Margarete war aber von Natur ein fröhliches Kind und machte alles mit, was man von ihr verlangte. Aus ihrer Kutsche winkte sie dem jubelnden Volk zu, das die Straßen in den Städten und auf dem flachen Land säumte, und sie wurde nicht müde, zu lächeln und freundlich zu sein. Das Kind eroberte die Herzen aller im Nu, und man war sich einig darüber, daß der Dauphin kaum eine bessere Frau hätte finden können.
Der französische Hof hatte seinen Sitz in Amboise. Hier hielt sich nicht nur der König mit seinem Sohn auf, sondern vor allem auch die älteste Tochter Ludwigs, Anna von Frankreich, die mit Peter von Bourbon verheiratet war und den Beinamen Beaujeu trug. Und im Gegensatz zu ihrem geistig minder begabten Bruder war Anna eine ungewöhnlich tüchtige und zielstrebige Frau, die nach dem Tod ihres Vaters die Regentschaft übernahm, bis ihr Bruder in der Lage war, selber Entscheidungen zu treffen.
Nach wochenlanger Reise traf Margarete im April 1483 in Amboise ein, das ihre neue Heimat werden sollte. Es war beschlossen, das Kind so lange unter der Obhut Annas zu lassen, bis die Ehe, die schon bald geschlossen werden sollte, auch wirklich vollzogen werden konnte.
Die ersten Tage in dem düsteren Schloß, das so gar nicht in die heitere Landschaft paßte, waren für Margarete ermüdend und anstrengend. Viel mußte geübt und gelernt werden, dazu kamen endlose Kleiderproben, die für die Kleine zur Qual wurden. Es

war verständlich, daß sie ihren zukünftigen Schwiegervater mürrisch und verschüchtert begrüßte, wobei sie kaum ein Wort herausbrachte. Ludwig XI. war allerdings entzückt von dem kleinen Mädchen, für ihn war Margarete die Garantin für ein neues französisches Geschlecht, das durch seinen leiblichen Sohn nicht unbedingt gewährleistet war. Er selbst hatte nach der Geburt seiner Tochter Anna zehn Jahre auf den Thronfolger warten müssen, um dann schließlich zu erkennen, daß der junge Mann wahrscheinlich alles andere als geeignet für den Fortbestand der französischen Macht sein würde.

Vom Gefolge Margaretes war nur die Amme in Amboise geblieben, alle übrigen Begleiter hatte man nach Hause geschickt. Man wollte aus Margarete eine ganz und gar französische Königin machen. Jedes andere Kind wäre in Traurigkeit und Schwermut verfallen, wäre von Heimweh geplagt worden, nicht aber Margarete. Sie gewöhnte sich überraschend schnell an das neue Leben, war liebenswürdig und freundlich zu allen, obwohl sie die Sprache nicht verstand, in der man zu ihr redete.

Ludwig XI. hatte seiner Tochter Anna das Ziel gesetzt, die kleine Margarete zu einer echten Königin zu machen: vorher aber wollte er ihrer ganz sicher sein. Daher mußte die Hochzeit des Dauphins mit Margarete möglichst schnell stattfinden. Karl war zu diesem Zeitpunkt dreizehn Jahre alt, seine kleine Braut drei. Am 22. Juli 1483 fand die Trauungszeremonie im Hof des Kastells unter freiem Himmel statt. Der gesamte Adel Frankreichs war versammelt, um dem Fest den richtigen Rahmen zu verleihen, auch die Städte hatten ihre Abordnungen geschickt, ebenso war Flandern durch Delegationen vertreten. Als der königliche Protonotar die Kinder fragte, ob sie gewillt seien, die Ehe miteinander einzugehen, antworteten beide mit einem lauten »Ja«. Daraufhin küßte der Dauphin seine kleine Braut auf die Wangen. Der Bund der beiden jungen Menschenkinder wurde dann noch in der Kirche offiziell gesegnet. Der Dauphin war in eine lange Robe aus Damast gekleidet und wußte in seiner linkischen Art kaum, wie er sich bewegen sollte. Der Abt von St. Bertin hielt nach der Trauung eine lange Rede auf den Frieden, die die Kinder wahrscheinlich nicht verstanden, auch die anwesenden Erwachsenen konnten den wahren Sinn der Ansprache kaum verstehen, gedachte man doch der langen Kriege zwischen Frankreich und Maximilian.

Der Zeremonie entsprechend sollte der Bräutigam daraufhin nochmals die Braut küssen und ihr einen Ring an den Finger stecken. Karl tat dies mit einer derartigen Ungeschicklichkeit, daß es Margarete schließlich zu viel wurde; sie nahm kurzerhand den Ring und steckte ihn sich selber an.
Ludwig konnte sich seines politischen und persönlichen Triumphes nicht mehr lange erfreuen. Schon in den Monaten vor der Hochzeit hatte er gemerkt, daß seine Kräfte schwanden, er mußte das Bett hüten und war schließlich so schwach, daß er nur noch die Nachfolge regeln konnte. Da er wußte, daß der dreizehnjährige Dauphin nicht in der Lage sein würde, die Krone Frankreichs würdig zu tragen, ließ er seine Tochter Anna zu sich kommen und betraute sie mit den Regierungsgeschäften. Er bat sie, ihrem Bruder auch in der Zukunft beizustehen, sich um die kleine Margarete zu kümmern und sie zu einer vollkommenen Königin zu machen.
Anne Beaujeu war eine stolze, kühle Frau, deren Herz schwer zu erobern war. Man hatte nicht nur großen Respekt vor ihr, man fürchtete sie fast im tiefsten Herzen. Auch Margarete gegenüber zeigte sie sich zunächst sehr reserviert, und ein anders geartetes Kind hätte sich von ihrer eisigen Art abschrecken lassen. Aber Margarete schien die Zurückhaltung Annas kaum zu bemerken, sie kam der Vertreterin des Königs in ihrer heiteren, unbeschwerten Art entgegen, unterhielt sie mit lustigen Scherzen, über die Anna schon bald aus vollem Halse lachen konnte, und der Bann war gebrochen. Dazu kam, daß Margarete überraschend schnell die französische Sprache erlernte und tagaus, tagein bemüht war, möglichst viel zu lernen und sich nach den einheimischen Sitten zu richten. So wurde sie schon als Kind eine kleine Französin, die sich in nichts von den anderen Kindern unterschied, die am Hof von Amboise erzogen wurden. Denn viele Adelige schickten ihre Söhne und Töchter an den Königshof, um aus ihnen wirkliche Damen und Herren zu machen. Eine ganze Kinderschar bevölkerte das Schloß, und Margarete lernte hier schon so manchen kennen, mit dem sie später zu tun hatte, darunter ihren zweiten Mann Philibert von Savoyen.
Außer der französischen wurden noch andere Sprachen unterrichtet, die Margarete ebenso leicht und fließend lernte, was ihr in ihrem späteren Leben sehr zum Vorteil gereichen sollte.
Alles am Hofe konzentrierte sich um Madame Beaujeu, und die

Kinder hatten das zu tun, was sie für richtig hielt. Sie war eine hochgewachsene, schlanke Frau, die mit ihren kühlen braunen Augen alles überblickte, und ein strenges, aber gerechtes Regiment führte. Dabei konnte es nicht ausbleiben, daß einige der Knaben und Mädchen hart angefaßt wurden, wenn sie nicht das taten, was ihnen aufgetragen worden war, und so mache Träne floß heimlich in der Nacht. Nur Margarete fühlte sich hier in ihrem Element, sie hatte eine Freundin gefunden, Louise von Savoyen, mit der sie ein Herz und eine Seele war und der sie sich in allem anvertrauen konnte.
Margarete lernte leicht und gern, mühelos rezitierte sie kleine Theaterstücke oder Gedichte, sehr zur Freude aller, die das hören konnten. Aus dem Mund der niederländischen Prinzessin, die den Beinamen »die kleine Königin« trug, hörten sich die lustigen Sprüche doppelt amüsant an, und es dauerte nicht lange, da hatte sie auch das zurückhaltende Herz Annas erobert. Sie durfte Madame Beaujeu auf ihren weiten Ausritten durch das blühende Land begleiten, und die beiden unterschiedlichen Frauen, durch eine ganze Generation im Alter getrennt, unterhielten sich über Gott und die Welt. Anna erzählte ihr die französische und niederländische Geschichte wie ein Märchen, und das Kind hörte mit offenem Mund zu.
Über all dem Neuen vergaß aber Margarete ihren fernen Vater und die liebevolle Großmutter nicht. An Maximilian und Margarete von York schrieb sie lange, kindliche Briefe, in denen sie das Leben in Frankreich schilderte. Maximilian erfuhr von dem unglaublichen Luxus und dem Lebensstil, der hier herrschte: Das Mädchen berichtete dem Vater, daß die einst kahlen Wände des düsteren Schlosses reich mit kostbarsten Tapisserien behängt, die Bänke und Stühle mit weichen Kissen belegt seien, daß der Wein in geschliffenen venezianischen Gläsern kredenzt werde und daß kunstvolle Silberschalen Tische und Truhen schmückten. Seltene Vögel würden in vergoldeten Käfigen gehalten und dienten zur Unterhaltung für die Kinder.
Sorgte man in Küche und Keller für das leibliche Wohl, so versuchte Anne Beaujeu die ihr anvertrauten Mädchen in den Tugenden zu unterweisen, die allmählich im Laufe der Zeit verschwunden waren. Die Knaben standen unter der Obhut ihres Mannes und wurden darauf vorbereitet, später einmal edle Ritter zu werden. Madame Beaujeu legte großen Wert auf Zucht und

Ordnung, ganz gegen den Trend der Zeit, die den Frauen in der Nacht alles erlaubte, was vor den offenen Augen des Tages verboten war. Viele Damen aus den höchsten Kreisen trieben sich im Dunkeln wie Dirnen herum, um am Tage die hohe, unantastbare Frau zu spielen.
Anna von Frankreich, wie Madame auch genannt wurde, hatte mit den Kindern anderes vor. Damit sie nicht schon frühzeitig in Versuchung geführt würden, trugen die jungen Mädchen dunkle Gewänder, die den meisten Kindern kaum zu Gesicht standen. Nur die frische Margarete mit den blauen Augen, dem goldblonden Haar und dem rosigen Teint sah in den tristen Kleidern allerliebst aus, so daß sie bald die Aufmerksamkeit der Fürstensöhne erregte. Die jungen Männer versuchten Margarete beim Fangenspielen im Schloßpark vor dem kleinen Bach zu erhaschen, über den sie die kleine Königin dann tragen durften. Margarete war ein kokettes Persönchen, das seinen Anbetern ab und zu einen Schuh zeigte oder es so einrichtete, daß es mit einem allein sein konnte, ohne jedoch die moralischen Grenzen zu verletzen. Sie spielte das ewige Spiel vom Locken bis zum Fast-Gewähren mit einer Virtuosität, die sie bald zum begehrtesten jungen Mädchen am französischen Hof werden ließ. Alle aber respektierten in ihr die zukünftige Königin, wenn sie auch in den zehn Jahren, die sie in Amboise verbrachte, den ihr angetrauten Gemahl kaum zu Gesicht bekam. Und wenn Karl einmal am Hofe anwesend war, dann begrüßte er seine Beinahe-Gemahlin artig mit einem Handkuß und machte ihr ein paar unbeholfene Komplimente. Karl war im Laufe der Jahre nicht anziehender geworden, im Gegenteil. Als er heiratete, hatte man noch hoffen können, daß sich in den nächsten Jahren, wenn er zum Manne reifte, seine dünne, unschöne Gestalt zum Vorteil ändern und aus dem schüchternen, geistig zurückgebliebenen Jüngling vielleicht doch noch ein brauchbarer Mann werden würde. Aber diese Hoffnung war vergebens, denn weder Körper noch Geist des jungen Königs waren interessant und begehrenswert für ein Mädchen wie Margarete.
Man war sich noch nicht darüber einig, wann die Ehe wirklich vollzogen werden sollte, als eine völlig unerwartete politische Konstellation alles, was in den letzten Jahren geplant worden war, zunichte machte. Wieder waren es die Machtgelüste Frankreichs, die der Heiratspolitik Maximilians einen Strich durch die

Rechnung zogen. Die Hauptfigur in dem neuerlichen politischen Kartenspiel war die Erbin der Bretagne, Anne, beileibe keine Schönheit und gerade vierzehn Jahre alt, als der verwitwete Kaisersohn Maximilian auf die Idee kam, sich um ihre Hand zu bewerben. Maximilian war es in den Jahren, während derer seine Tochter am französischen Hof erzogen wurde, gelungen, die Niederlande mit Waffengewalt wieder in seine Hand zu bringen, und er trachtete nun, sein Gebiet mit der Bretagne abzurunden. Anne willigte ein, als sie von der Werbung des Königs erfuhr, der nach wie vor als der schönste Prinz Europas galt. Sie selbst war weder attraktiv noch begehrenswert, dazu hatte sie einen schweren Geburtsfehler: sie hinkte. Aber sie brachte ein politisch interessantes Land mit in die Ehe, das sowohl für die Habsburger als auch für Frankreich besitzenswert schien.

Die Vorbereitungen für die Hochzeit waren bereits getroffen, doch der Bräutigam konnte seine Reise in die Bretagne nicht antreten, weil wieder einmal die Türken im Osten die ganze Kraft des habsburgischen Heeres in Anspruch nahmen. Wie einst Maria von Burgund wartete die junge Braut sehnlichst auf den Ritter, der sie vor dem französischen Dauphin retten sollte. Denn kaum hatte man in Frankreich von Maximilians Vorhaben erfahren, als man sofort hellhörig wurde und beschloß, daß auch der Dauphin um Anna werben sollte. Vor allem Madame Beaujeu entwickelte den Plan, wie man die Bretagne an sich reißen konnte, und die Hauptfigur in diesem Spiel war der junge Karl. Anna setzte sich umgehend mit dem alten Papst Innozenz VIII. in Verbindung und suchte um Dispens der noch nicht vollzogenen Ehe Karls mit Margarete an, was der Papst auch bewilligte. Gleichzeitig hob er auch die »per procurationem« geschlossene Ehe zwischen Maximilian, der nach dem Tod seines Vaters zunächst römischer König geworden war, und Anne de Bretagne auf. Der Papst hatte zwar bei dem »bretonischen Handel« ein schlechtes Gefühl und meinte, daß dies »unförmig und von keinen Kräften sei«, aber Anne Beaujeu und Karl hatten ihr Ziel erreicht, und man konnte nun mit Waffengewalt Anne de Bretagne zur Hochzeit zwingen. Als die Kunde von den perfiden Intrigen in die Bretagne gelangte, sandte Anne verzweifelte Briefe und persönliche Boten an Maximilian, die dem König ihre traurige Lage eindringlich vor Augen führen sollten. Aber Maximilian konnte wegen der Türkengefahr nicht sofort abreisen und mußte Anna vertrösten.

Maximilian war weit und der Weg von Frankreich in die Bretagne für Karl und sein Heer kurz. So sehr sich auch die Bretonen gegen die Franzosen wehrten, so wenig Erfolg war ihnen beschieden. Schließlich wurde Anne in Rennes eingeschlossen, und nur ein paar ihrer Getreuen konnten mit ihr auf letzte Hilfe hoffen. Die Situation war zu kompliziert für ein junges Mädchen, das bald erkennen mußte, daß sich die Meinung des Volkes jäh änderte, als man sah, daß die Lage aussichtslos geworden war. Karl VIII. fügte sich ganz dem Rat seiner Schwester, die meinte, daß die Bretagne nicht erobert, sondern verführt sein wolle. Ob Karl allerdings den richtigen Verführer abgab, war recht fraglich. Allmählich, als keine Hilfe mehr von Maximilian zu erwarten war, machte sich Anne mit dem Gedanken vertraut, lieber die Gemahlin des französischen Königs und damit Königin von Frankreich zu werden, als mit Schimpf und Schande aus der Bretagne vertrieben zu werden und als mittelloses Mädchen auch keine Aussichten auf irgendeine Ehe zu haben. So öffnete man schließlich doch die Stadttore von Rennes, und Karl VIII. konnte mit seinem Gefolge einziehen.
Eiligst wurde alles für die Hochzeit arrangiert und die Ehe noch am gleichen Tag vollzogen. Damit konnte niemand mehr die Rechtmäßigkeit anzweifeln, und Maximilian, der abgeblitzte Bräutigam, stand wieder einmal als großer Verlierer im europäischen Rampenlicht.
Aber auch seine Tochter, die verschmähte Gemahlin Karls, trug eine Last auf ihren kindlichen Schultern. Sie hatte keine Ahnung gehabt, was sich außerhalb des Schlosses von Amboise zugetragen hatte und war wie vom Blitz getroffen, als man ihr mitten im lustigsten Leben mitteilte, daß sie nicht mehr Königin von Frankreich werden könne, da ihre nie vollzogene Ehe annulliert worden sei. Wahrscheinlich trauerte Margarete nicht gerade um den ungetreuen Ehemann, aber sie kam sich wohl verraten und verkauft vor. Während Anna von Frankreich in der Bretagne die Hochzeitsvorbereitungen für ihren Bruder traf, teilte ihr ihre Erzieherin Madame de Segrée die heikle Geschichte mit. Weinend warf sich Margarete in die Arme der Frau, die ihr stets mit mütterlichem Rat zur Seite gestanden hatte. Man ersparte der jungen Prinzessin auch nicht, die neue Frau Karls persönlich kennenzulernen. Vierzehn Tage nach der Eheschließung traf Karl mit Anne und einem großen Gefolge in Amboise ein, wo es zur pein-

lichen Begegnung der beiden jungen Frauen kam. Alles, was Margarete bisher an Karl übersehen hatte, trat ihr jetzt deutlich vor Augen: der dicke Bauch, die spindeldürren Beine, der riesige Kopf mit den hervorquellenden Augen, und auch seine ungeschickten Worte verstärkten den Haß auf den Mann, der sie vor den Augen der Welt blamiert hatte. Sie sah ihre Rivalin, so wie eine enttäuschte Frau eine Nebenbuhlerin betrachtet, ohne Rücksicht auf die wahren Qualitäten, nur das Negative deutlich erkennend. Wie konnten einen Städte und Länder reizen, wenn man eine solche Frau heiraten mußte? Margarete dachte nicht daran, daß ihr eigener Vater sich um die Hand der häßlichen Erbin der Bretagne beworben hatte, sie sah nur eine verschlossene, unansehnliche, hinkende Frau an der Seite ihres ehemaligen königlichen Gemahls. Was hatte Karl für einen Tausch gemacht! Mit Tränen in den Augen verabschiedete er sich von dem lebensfrohen, schönen jungen Mädchen, und er versicherte Margarete, daß er sie immer lieben werde, obwohl »er sich anderweitig verheiratet« habe.

Anne de Bretagne mußte von vorneherein gegen eine übergroße Antipathie ankämpfen. Und je mehr sie fühlte, daß die Herzen aller Margarete gehörten, desto unnahbarer wurde sie, und desto mehr drängte sie darauf, daß man Margarete in ihre Heimat zurückschicke.

Aber der französische König hatte sich noch nicht entschlossen, ein so wichtiges Unterpfand aus seinen Händen zu geben. Margarete schrieb verzweifelte Briefe an ihren Vater, er möge doch alles daransetzen, daß sie in die Niederlande zurückkehren dürfe, aber Maximilian wußte nur zu genau, daß er seine Tochter allein mit Gewalt aus den Händen der Franzosen reißen konnte. Er versuchte bei den deutschen Fürsten Unterstützung für einen Feldzug gegen Karl VIII. zu erlangen, aber so sehr man in Deutschland über die Unternehmungen des französischen Königs empört war, so wenig wollte man von einem neuerlichen Krieg gegen Frankreich wissen. Vor allem kostete er wieder Geld, und man war sich darüber einig, daß Maximilian ruhig gegen Karl vorgehen könne, aber ohne Unterstützung aus Deutschland. Man identifizierte sich zu wenig mit den Habsburgern, die immer wieder andere Interessen hatten und sich wenig um die deutschen Reichsangelegenheiten kümmerten. Obwohl die bedeutenden Dichter und Humanisten der Zeit in ihren Werken die verlassene

Königstochter betrauerten und diese Schriften ein großes Echo fanden, konnte man sich nicht entschließen, Maximilian wirklich zu Hilfe zu kommen. So mußte er sich in anderen Ländern um Unterstützung umsehen. In England, das nach dem Hundertjährigen Krieg seine Besitzungen auf dem Kontinent an Frankreich hatte abtreten müssen, fand er Beistand. Heinrich VII. versprach, Truppen nach Frankreich zu schicken, und auch die katholischen Majestäten Isabella von Kastilien und Ferdinand von Aragon sagten Hilfe zu. So gerüstet wagte Maximilian den Angriff auf Frankreich. Karl aber wußte, wie man mit dem geldgierigen und geizigen König von England umgehen mußte: er bot Heinrich die stattliche Summe von 750.000 Gulden an, und die englischen Truppen schifften sich ein, um das Festland zu verlassen. Auch Spanien zog nach anfänglichen Erfolgen seine Soldaten zurück: Isabella hatte den Kampf gegen die Mauren von Granada aufgenommen und brauchte jeden verfügbaren Mann. Maximilian stand wieder einmal allein da, und sein Kampf gegen das hervorragend gerüstete französische Heer wäre aussichtslos gewesen, hätte Karl VIII. nicht ganz andere Pläne für die Zukunft gehabt. Er wollte in Italien Gebiete für Frankreich dazugewinnen und entschloß sich, mit Maximilian Frieden zu schließen. Der Vertrag von Senlis von 1493 garantierte die Heimkehr Margaretes nach Flandern und die Rückgabe ihres Heiratsgutes.

Während der kriegerischen Auseinandersetzungen zwischen ihrem Vater und ihrem ehemaligen Ehemann lebte Margarete bei Madame Beaujeu in Maux an der Marne. Dorthin hatte sich die Schwester des französischen Königs zurückgezogen, als sie ihre Mission für beendet betrachtete. Die Ereignisse um ihren Bruder Karl hatten das gute Verhältnis zu Margarete nicht gestört. obwohl die Habsburgerin wissen mußte, wer hinter der bretonischen Heirat gestanden war. Aber sie gab die Schuld an den Vorfällen ausschließlich dem schwächlichen Karl und lebte gerne und gut bei Anna von Frankreich. Das Leben hier war genauso abwechslungsreich wie seinerzeit in Amboise, es gab große Gesellschaften, wo musiziert wurde, wo man sich verkleidete und allen möglichen Mummenschanz aufführte. Fahrende Sänger kamen vorbei, vazierende Dichter, die aus dem Stegreif Gedichte auf die schönen Damen schmiedeten. Gaukler und Taschenspieler unterhielten die hohe Gesellschaft und wurden reich belohnt. Margarete hörte von den Reisenden vieles über ferne Länder,

und besonders aufmerksam lauschte sie, wenn man über die Schönheit der italienischen Städte ein Loblied sang. So lebte sie sorglos dahin, bis ihr zu Ohren kam, daß Karl VIII. den Plan hegte, sie möglichst schnell mit einem französischen Adeligen zu verheiraten. Verzweifelt schrieb sie einen Brief an ihren Vater: »Ich will hinaus, und sollte ich im bloßem Hemde hinausgehen.«
Nach dem Friedensschluß mit Maximilian schlug für Margarete endlich die Stunde des Abschieds von Frankreich. Karl VIII. ließ es sich nicht nehmen, sich von seiner ehemaligen Königin zu verabschieden. Zunächst stand ihm Margarete kühl gegenüber, als sie aber die Tränen in den Augen des jungen Mannes sah und erkannte, daß er wirklich gerührt und traurig über ihr Weggehen war, da wurde auch sie von Gefühlen übermannt, und sie verabschiedeten sich wie alte Freunde.
Ein großes Gefolge brachte die Prinzessin bis zur Grenze. Dort wartete schon eine burgundische Abordnung von hundert Mann. Die Trennung von ihrem französischen Gefolge fiel Margarete schwer, hatten ihr doch alle treu und liebevoll gedient, besonders ihre Erzieherin Madame de Segrée hatte sie tief in ihr Herz geschlossen. Als die mütterliche Frau die Tränen ihres Schützlings sah, sprach sie zu Margarete die bedeutungsvollen Worte: »Madame, Ihr sollt Euch nicht kränken. Ihr seid die Tochter eines großen Königs und die Schwester eines großen Prinzen. Es kann nicht fehlen, daß auch Ihr eine große Prinzessin werdet, und statt des einen Königs werdet Ihr einen anderen bekommen. Es gibt noch viele Könige.«
Die Heimkehr Margaretes wurde zu einem triumphalen Fest. Alles, was Rang und Namen hatte, war zu ihrer Begrüßung erschienen, und Margarete sah endlich auch den geliebten Bruder wieder, der die heimgekehrte Schwester in der Sprache des Landes begrüßte. Groß war die Überraschung aller, als sie auf Flämisch antwortete. Sie hatte in den letzten Monaten vor ihrer Rückkehr begonnen, wieder die Sprache ihrer Kindheit zu erlernen. Nur ein Wermutstropfen fiel in die allgemeine Wiedersehensfreude: der so lange herbeigesehnte Vater hatte nicht nach Flandern kommen können, da sein Vater Friedrich III. in Linz krank darniederlag und kaum eine Hoffnung auf Genesung bestand.
Am Hofe von Margarete von York verbrachte Margarete nun wieder ruhige Zeiten, die dem Lernen und Üben gewidmet wa-

ren. Aber die junge Frau war kein Kind von Traurigkeit, oft zog es sie an den Hof ihres Bruders nach Brüssel – Philipp war mit sechzehn Jahren für volljährig erklärt worden –, wo rauschende, überschäumende Feste zur Tagesordnung gehörten und nur durch Turniere und Jagden unterbrochen wurden. Man wußte in Brüssel zu feiern, die Lebensfreude kannte keine Grenzen, und Margarete lebte begeistert in dieser Welt. Nur die immer neuen Kleider, die sie sich anmessen mußte, erregten ihren Unmut, denn sie hatte trotz ihres schönen Gesichtes schon in früher Jugend Sorgen mit ihrer etwas zu drallen Figur. Ihr Bruder hatte die schlanke Gestalt des Vaters geerbt, ebenso das schöne, männliche Gesicht und die blonden Locken, so daß er bald im ganzen Land den Beinamen »der Schöne« erhalten hatte. Margarete war eher nach ihrer etwas rundlichen Großmutter Eleonore von Portugal geraten. Und die Kleider der Zeit waren üppig gebauscht, so daß eine zierliche Taille Voraussetzung dafür war, daß die Figur zur Geltung kommen konnte. Margarete schnürte sich ein, um in dem reichen Damast und gezogenen Samt nicht unförmig zu erscheinen. Aber was ihrer Gestalt an Schlankheit fehlte, machten ihr hübsches Gesicht und die goldblonden Haare wett.

Nach Wochen des Wartens traf Maximilian mit seiner jungen Frau Bianca Maria Sforza von Mailand, die er 1494 geheiratet hatte, in den Niederlanden ein. Die Ankunft des Königs bedeutete natürlich wieder ein tagelanges Fest, bei dem der Wein in goldenen, edelsteinbesetzten Pokalen kredenzt wurde. Die Diener hatten den Wein so hoch zu tragen, daß ihr Atem den Becherrand nicht streifte. Die Mär vom Leben wie im Schlaraffenland am Hofe von Brüssel verbreitete sich bald über ganz Europa, so daß die Dichter ihn mit dem Hof von König Artus verglichen. Alle im Lande waren zufrieden, die Kaufleute und Händler profitierten von der luxuriösen Hofhaltung, auch die Handwerker hatten genügend Aufträge aus dem königlichen Palast, und die Bauern konnten ihre Waren zu stolzen Preisen liefern.

Es galt nun, die beiden Königskinder gut zu verheiraten. Nicht zuletzt, um sich für die doppelte Schmach am französischen König zu rächen und ein Bündnis mit den spanischen Majestäten zu erzielen, das über den Tag hinausging, faßte Maximilian den Plan, für Philipp um die Erbin der Könige von Kastilien-Aragon, Juana, zu werben. Margarete sollte mit dem Thronerben, Juan,

verheiratet werden. Kaum war aus Spanien eine Zusage in die Niederlande gekommen, wurde Anfang 1496 Boudewijn, ein unehelicher Sohn Philipps des Guten, nach Valladolid geschickt, um die Ehe mit Juana »per procurationem« zu vollziehen.
Aber auch Margarete sollte möglichst schnell unter die Haube kommen. Ihr Bruder Philipp befahl sie zu sich zur Audienz, nicht zu einer Aussprache zwischen Bruder und Schwester, sondern als herrschender Herzog von Burgund. Dort stellte er Margarete vor die vollendete Tatsache, daß auch sie demnächst »per procurationem« verheiratet werden und daß die Hochzeit mit Juan bald nach der Eheschließung ihres Bruders stattfinden solle. Margarete war am Hofe von Amboise durch eine strenge Schule gegangen und hatte von Anna von Frankreich gelernt, daß es für Königskinder in Privatangelegenheiten keinen eigenen Willen gebe. So bedankte sie sich für die erwiesene Ehre und versprach, in dieser Ehe mit dem ihr unbekannten Infanten von Spanien für ihr Land das Beste zu geben.
Sobald sie in ihre Residenz nach Namur zurückgekehrt war, begann sie, ihre Spanischkenntnisse aufzufrischen, die sie sich bereits als Kind erworben hatte. Zum ersten Male konnte sie diese Fertigkeit bei der Begrüßung ihrer Schwägerin Juana anwenden, die nach einer schrecklichen Fahrt übers Meer mehr tot als lebendig an der flandrischen Küste gelandet war. Juana wäre Margarete beinahe um den Hals gefallen, als sie die spanischen Worte vernahm. Der Bann war gebrochen, mit der Sprache kam eine Vertraulichkeit zwischen den beiden so ungleichen Frauen zustande, die sie für immer verbinden sollte. Das scheue, verschlossene Mädchen fühlte sich zu der lebensfrohen, vitalen Margarete hingezogen. Auch nach der Hochzeit mit Philipp blieb diese enge Verbindung bestehen, denn Margarete wohnte im Palast des Bruders bis zum Tag ihrer Abreise in das ferne Spanien.
In Mecheln wurden inzwischen die Vorbereitungen für die Hochzeit »per procurationem« getroffen. Das große Prunkbett mit drei schweren Vorhängen stand bereit, daneben waren Tische mit Gold und Silbergeschirr aufgebaut, um die sich der Hofstaat versammelte. Margarete saß wie eine Statue unter einer Bettdecke aus grüner Seide, während rundherum ihre Damen warteten. Francisco de Roja war von den spanischen Königen dazu ausersehen, die Ehe pro forma zu vollziehen. Aufgeregt und sich

seiner wichtigen Aufgabe voll bewußt, betrat der Spanier den Saal, ging zum Himmelbett, in dem Margarete wartete, und schaute fast entsetzt in die Runde. Wie ·sollte er die geforderte Zeremonie vollbringen und das entblößte rechte Bein kurz unter der Bettdecke verschwinden lassen, mit seinen engen Strumpfhosen, die er sich eigens bei einem niederländischen Schneider hatte anfertigen lassen? Ratlos stand de Roja da, aber er wußte, was auf dem Spiel stand, und er konnte weder seinen Herrn noch Margarete der Lächerlichkeit preisgeben. Kurz entschlossen ließ er seinen Mantel zu Boden gleiten, und in seinem Schutz schlüpfte er aus der engen Strumpfhose und streckte das nackte Bein unter die Bettdecke. Der Form war zwar Genüge getan, über den unanständigen Anblick, den der Spanier für einen Moment den Zuschauern bot, sprach man allerdings noch lange und ausgiebig in den Zimmern und Kemenaten im ganzen Land.

Die spanischen Schiffe, die Margarete in ihre neue Heimat bringen sollten, wurden inzwischen ausgebessert und gründlich überholt. Am Tag der Abreise ließ Philipp es sich nicht nehmen, seine Schwester selbst zum Schiff zu bringen, und der Abschied der beiden Geschwister war lang und rührend. Margarete verlor bei den Worten des Bruders beinahe die Fassung, es gelang ihr aber schließlich mit einer lustigen Bemerkung, die trübe Stimmung zu zerstreuen. Sie meinte, sie werde noch genug Salzwasser zu kosten bekommen, und sie hatte recht mit ihrer Vorahnung: Auch die Reise Margaretes war von schweren Stürmen begleitet, der Wind zerriß die Segel, so daß die Prinzessin mehrmals auf ein anderes Schiff umsteigen mußte, wollte sie nicht in den haushohen Wellen ertrinken.

Beherzt wie sie war, verlor sie aber auch in dieser lebensgefährlichen Situation nicht die Nerven, sie suchte ihren kostbaren Schmuck zusammen, band ihn in ein Tuch und dieses fest um ihren Arm. Auf das Tuch hatte sie in großen Lettern ihren Namen geschrieben, damit sie, sollte sie im Meer ertrinken, identifiziert werden könne, wenn ihre Leiche an den Strand gespült wurde. Sie dichtete außerdem eine Inschrift für ihr eigenes Grab, die lauten sollte:

»Cy-gist Margot, la gentille Dam'selle
Qui eust deux maris, et qui mourut pucelle.«
(Hier ruht Margarete, die edle Dame,
welche zwei Ehemänner hatte und doch als Jungfrau starb.)

Aber die Stürme legten sich endlich, so daß die Flotte im Hafen von Santander einlaufen konnte. Alles war für den Empfang der Infantin vorbereitet, das Volk kannte die Wege, die Margarete übers Land nehmen mußte und bereitete ihr einen begeisterten Empfang, Dudelsackpfeifer und Musikanten begleiteten sie auf ihrem Zug nach Burgos, wo die junge Braut ihren Verlobten und die Schwiegereltern kennenlernen sollte. Aber Ferdinand und Juan hatten es sich nicht nehmen lassen, Margarete entgegenzureiten. Margarete begrüßte den König und seinen Sohn kniend mit einem Handkuß. Vergebens hatte Ferdinand die demütige Geste zu verhindern versucht, aber Margarete wußte, was sie einem König und einem Thronfolger schuldig war. Dann nahm Ferdinand, dem die zukünftige Schwiegertochter über alle Maßen gefiel, der eher peinlichen Situation die Spitze, indem er sie einfach in hohem Bogen aufhob, aufs Pferd setzte und mit ihr nach Burgos ritt.

Der Infant wich nicht von ihrer linken Seite, er konnte sich nicht sattsehen an dem entzückenden Mädchen, das in Kürze seine Frau sein sollte. Im Gegensatz zu seinen vitalen Eltern war der Kronprinz eher schmächtig und wirkte mit seinem schönen, durchgeistigten Gesicht wie ein Abkömmling eines degenerierten Geschlechts. Er hatte nicht die Energie und den Schaffensdrang seiner Eltern geerbt, und Isabella von Kastilien wußte, daß nur eine starke Frau an seiner Seite den von ihr und Ferdinand mühevoll geeinten Staat werde halten können. Sie war glücklich, als sie Margarete in die Arme schloß, denn sie erkannte, daß diese die richtige Frau für ihren Sohn war.

Am 3. April 1497 fand nach umfangreichen Vorbereitungen in der Kathedrale von Burgos die Trauung statt. Wochenlang wurde die Hochzeit gefeiert, wochenlang spielten die Musikanten und tanzte das Volk, während Margarete und Juan ihr Schlafzimmer kaum verließen. Juan hatte sich bis über beide Ohren in seine junge Frau verliebt und konnte keinen Augenblick ohne sie sein. Aber auch Margarete war glücklich, sie schrieb an ihren Vater: »Mein Gemahl ist edel und von so minniglichen Wesen, daß ich bald aller Ängste ledig wurde. Ich habe in diesen Tagen ein großes Wunder erlebt und weiß nun, wieviel Lieblichkeit in dem Wort ›Minne‹ verborgen liegt. Weilen ich aber darüber nichts mehr sagen kann, muß ich schweigen, so mir über dem Geschriebenen die Augen übergehen wollen. Aber ich weine nicht zu Leide.«

Alle am Hof, vor allem aber die katholischen Majestäten waren entzückt über die Schwiegertochter, die den Prinzen so glücklich machte. Als man erfuhr, daß sie ein Kind erwartete, kannte die Freude keine Grenzen. Allerdings war Isabella etwas beunruhigt über die Ausschließlichkeit, mit der sich der Prinz seiner jungen Frau widmete. Eine Reise nach Portugal sollte das junge Paar auf seine zukünftigen Aufgaben vorbereiten.
Wie im Triumphzug ritten Juan und Margarete durch das Land, man drängte sich an die junge Infantin heran, um den Saum ihres Kleides zu berühren oder einen freundlichen Blick von ihr zu erhaschen. Aber plötzlich befiel ein Krampf den Prinzen, er konnte sich nicht mehr auf dem Pferd halten. Hohes Fieber stellte sich ein, und die Ärzte wußten keinen anderen Rat, als ihn zur Ader zu lassen. Alles aber nützte nichts: Juan starb, sechs Monate, nachdem er Margarete zur Frau genommen hatte.
Die Prinzessin war zunächst unfähig, den Schicksalsschlag zu begreifen. Sie war allein in einem fremden Land, das Kind, das sie erwartete, sollte nie seinen Vater kennen. Isabella und Ferdinand waren fassungslos in ihrem Schmerz. Niemand konnte sich den plötzlichen Tod des Infanten erklären, doch allmählich verbreitete sich im ganzen Land das Gerücht, er habe sich zu Tode geliebt.
Die katholischen Majestäten kümmerten sich mit ihrer ganzen Liebe um die Schwiegertochter und versuchten ihr das Leben so angenehm wie nur möglich zu gestalten. Denn das Kind, das Margarete unter dem Herzen trug, war ihre einzige Hoffnung, die Hoffnung Spaniens. In den folgenden Wochen schloß sich Margarete noch enger an Isabella an, begleitete sie bei allen wichtigen Missionen und erkannte, welch großer politischer Geist in dieser tatkräftigen Frau wohnte. Trotz ihres Schmerzes vergaß sie niemals, sich um die kleinsten Belange ihrer Untertanen zu kümmern, sie war immer dort, wo man sie gerade brauchte und ließ jedem ihre Hilfe und ihren Rat zukommen. Margarete, die schon in Anna von Frankreich eine ungewöhnliche Frau kennengelernt hatte, bewunderte Isabella als Frau und Regentin.
Als der Zeitpunkt näherrückte, an dem das Kind zur Welt kommen sollte, wurde Margarete plötzlich von heftigen Wehen befallen. Vierzehn Tage dauerte die Qual, dann kam das Kind zur Welt – tot. Die letzte Hoffnung für den spanischen Thron war damit entschwunden, nichts war von Juan geblieben.

Alles Leben schien auch aus Margarete gewichen, die blühende junge Frau war nur mehr ein Schatten ihrer selbst, der in Gebet und innerer Einkehr Ruhe und Vergessen suchte. Als sie wieder etwas klarere Gedanken fassen konnte, ließ sie dem geliebten Mann ein Denkmal in Lebensgröße aus weißem Marmor setzen. Die achtzehnjährige Witwe konnte zwar am spanischen Hof bleiben – die Schwiegereltern setzten alles daran, sie zu halten –, aber eine Zukunft ohne Hoffnung wäre ihr hier gewiß gewesen, das erkannte sie trotz der liebevollen Behandlung durch Ferdinand und Isabella. So schien es ihr wie ein Wink des Himmels, als Abgesandte ihres Vaters und ihres Bruders die Rückkehr in die Niederlande vorschlugen. Für alle am spanischen Hof bedeutete die Abreise Margaretes neuerlichen Schmerz, auch das Volk liebte die schöne blonde Frau, von der man erwartet hatte, daß sie die Nachfolge der allmählich alternden Isabella antreten würde.

Als der Tag des Abschieds kam, mußte Margarete die Nacht abwarten, um nicht durch die Menge des Volkes, das sich um sie drängte, behindert zu werden. Alle waren gekommen, um ihr das Geleit zu geben, und der Weg übers Land glich einem Triumphzug. Ein Chronist schrieb: »Ihre Beliebtheit war so groß, daß sie oft gezwungen war, die Nacht zu erwarten, um im Schatten der Olivenbäume in die kleinen Städte und Burgen einkehren zu können. Die Menge drängte sich um ihre Sänfte und rief, sie allein sollte ihre Königin sein, während man Isabella kaum noch einen Gruß schenkte.«

Es wurde Winter, bis Margarete ihren Weg durch Frankreich zurück in die Niederlande nehmen konnte, denn für den Durchzug der ehemaligen französischen Königin, der verwitweten Infantin von Spanien, der burgundischen Prinzessin waren lange Verhandlungen mit Frankreich nötig gewesen. Man wollte Margarete nicht noch einmal den Gefahren einer Seereise aussetzen, und so sah man sich gezwungen, mit dem Erzfeind in Kontakt zu treten. Trist und düster zeigte sich das Land, das für Margarete einst voller Sonnenschein gewesen war. In Paris erreichte sie die Nachricht, daß Juana, die Gemahlin ihres Bruders, ein zweites Kind erwarte und Margarete als Patin ausersehen sei. Sofort erwachten ihre Lebensgeister, und sie setzte eiligst ihre Reise gen Norden fort. Noch rechtzeitig traf sie in Gent ein, wo das Herzogspaar seinen Wohnsitz aufgeschlagen hatte. Mitten in einem

Tanzvergnügen hatte Juana am 24. Februar 1500 ihr zweites Kind zur Welt gebracht, einen Knaben, den späteren Kaiser Karl V. Die Taufe am 7. März wurde zu einem großen Ereignis, zehntausend Kerzen erleuchteten den Weg vom Prinzenhof bis zur Kathedrale. Margarete stand neben dem Taufbecken und sah zu, wie der später mächtigste Herrscher der Welt unter lautem Geschrei die Taufzeremonie über sich ergehen ließ. Am nächsten Tag unterzeichnete sie eine Erklärung, in der sie auf alle Ansprüche als Infantin von Spanien Verzicht leistete. Alles was sie jetzt brauchte, war Ruhe und Abgeschiedenheit, um wieder zu sich selbst finden zu können. Philipp hatte ihr Schloß Quesnoy als Witwensitz angeboten, wo sie die nächsten Jahre in Ruhe und Frieden leben und sich ab und zu um die Kinder Juanas kümmern wollte.
Aber Maximilian hatte mit seiner Tochter ganz andere Pläne, sie war noch immer jung und schön und konnte nach wie vor auf Bewerber rechnen. Allerdings war nun der Vater etwas wählerischer geworden, er nahm alle möglichen zukünftigen Ehemänner genau unter die Lupe und fand bei jedem etwas auszusetzen. So schien ihm der König von Neapel nicht heiratsfähig, der König von England hatte seinen Sohn Catalina, der Schwester Juanas und Tochter der spanischen Könige versprochen, der schottische König war zu arm, der ungarische Herrscher hatte eine Frau, der König von Polen war ein »rien du tout«, ein »absoluter Niemand«, und der neue König von Frankreich, Ludwig XII., kam für ihn überhaupt nicht in Frage. Maximilian hielt ihn für einen großen Schuft, der sich von seiner Frau trennen wollte und von dem Maximilian glaubte, daß er die vorzeitige Niederkunft Margaretes durch Gift hervorgerufen habe. So blieb in den Augen des Kaisers zunächst niemand übrig, der gut und reich genug war, seine einzige Tochter zu freien.
Aber im Jahr zuvor war eine günstige Wende für die Heiratspläne Maximilians eingetreten. Die junge Frau Herzog Philiberts von Savoyen war plötzlich gestorben. Frankreich wie Maximilian sahen damit eine große Chance gekommen, sich dem Savoyer freundschaftlich zu verbinden, denn das Land um Turin und das Aostatal war für beide Herrscher von großer Bedeutung, betrachtete man es doch oft als Zünglein an der Waage. Maximilian war mit seiner schönen Tochter im Vorteil gegenüber Ludwig XII. von Frankreich, er konnte eine direkte verwandtschaftliche Be-

ziehung zu Philibert herstellen, wenn dieser damit einverstanden war, Margarete zu heiraten.
Philibert war ein Bild von einem jungen Mann, beinahe zwei Meter groß, schlank und ungemein stark. Er hatte sich in seinen Jugendjahren am französischen Hof in den ritterlichen Disziplinen geübt und galt als exzellenter Reiter und Fechter. Seine Körperkraft war im ganzen Land bekannt, und es gab keinen jungen Mann, der sich mit ihm messen konnte. Dazu kam ein ungewöhnlich hübsches, anziehendes Gesicht, so daß man ihn neben Philipp dem Schönen zu den schönsten Prinzen Europas zählte. Er war mit siebzehn Jahren an die Herrschaft gekommen, die er mehr schlecht als recht führte, da ihn die Jagd und das Vergnügen mehr reizten als die Regierungsgeschäfte.
Als Maximilian seinem Sohn den Plan unterbreitete, Margarete mit Philibert vermählen zu wollen, war der Bruder Feuer und Flamme. Er äußerte sich gegenüber dem Freund seines Vaters, dem Freiherrn von Prüschenk, in einem Brief: »Philibert ist nach seiner Leibesbeschaffenheit sehr hübsch und grad. Man schätzt ihn für den schönsten Fürsten Europas. Sollte er mein Schwager werden, so deucht es mich nicht ungereimt. Auch meine Schwester ist körperlich zum mindesten wohlversehen.«
Für Philibert war eine Heirat mit der Tochter des mächtigsten Herrschers in Europa nicht nur eine Ehre, sondern auch eine Aufwertung des Herzogtums Savoyen. Außerdem war die Kunde an sein Ohr gedrungen, daß aus dem kleinen Mädchen, das er am Hofe von Amboise kaum beachtet hatte, eine schöne junge Frau geworden war, um die sich die Männer scharten. Er war einige Monate jünger als Margarete, und so stand einer Ehe nichts mehr im Wege als die Zustimmung des französischen Königs, denn diese war notwendig, wollte man in Zukunft in Ruhe und Frieden leben. Der Augenblick war günstig, denn Ludwig XII. war Margarete wohlgesinnt, und Philibert mußte nur versprechen, im Falle einer kriegerischen Auseinandersetzung zwischen Frankreich und dem Reich neutral zu bleiben.
Margarete hatte sich auch bei dem Plan einer neuerlichen Verehelichung ganz den Wünschen des Vaters und des Bruders untergeordnet, obwohl sie manchmal von heftigen Zweifeln befallen wurde, ob eine neue Ehe ihr wirklich das ersehnte dauerhafte Glück bringen könne.
Wieder nahm sie Abschied von der Heimat, wieder begleitete ein

großes Gefolge die junge Frau bis an die Grenzen des Landes, wieder gab ihr der Bruder gute Worte mit auf den Weg. Siebenundsechzig Tage dauerte die Reise, Nebel, Kälte und Frost ließen keine echte Freude aufkommen. Der Zug ging über eisige Bergketten und tiefe Täler, in denen sich wohl die Bevölkerung versammelte, um der zukünftigen Herzogin zuzujubeln, aber das strahlende Lächeln, das man von Margarete gewohnt war, erstarrte im eisigen Wind.

Die Hochzeit »per procurationem«, die dritte, die Margarete über sich ergehen lassen mußte, fand in Dôle statt. Der Großbastard René, ein Bruder Philiberts, war dazu ausersehen, als Stellvertreter des Herzogs zu fungieren. Margarete erschien in einem schlichten schwarzen Kleid, obwohl sie nicht mehr in Trauer war. Wahrscheinlich wußte sie selbst, wie gut ihr diese Farbe zu ihrem rosigen Teint und dem berühmten goldblonden Haar stand. Nachdem der Bischof von Lausanne die offizielle Trauung vorgenommen hatte, überreichte ihr René ein prachtvolles Diamantherz mit einer Perle in der Mitte als Hochzeitsgeschenk des Herzogs. Für den Nachmittag kleidete sich Margarete um und trug ein golddurchwirktes Kleid in spanischer Art. Bei Musik und Tanz feierte man bis in die späten Abendstunden, dann begleitete sie der Großbastard in ihr Gemach, streckte kurz das entblößte Bein unter ihre Bettdecke, und die Ehe war geschlossen.

Die Weiterreise war genauso beschwerlich und ermüdend, und Margarete erhoffte nichts sehnlicher, als endlich das Ziel zu erreichen. Philibert wollte sie in Romainmôtier in einem Kloster treffen; hier sollte die eigentliche Trauung stattfinden. Völlig erschöpft kam die Hochzeitsgesellschaft am späten Nachmittag dort an, wo der Bräutigam eine Stunde nach Margarete eintraf. Nun standen sich wieder zwei Menschen gegenüber, die sich zwar aus den Kindertagen flüchtig kannten, sich aber in jeder Beziehung fremd waren, obwohl sie auf dem Papier schon verheiratet waren.

Philibert begrüßte seine junge Braut und zog sich nach einer Stunde wieder zurück, um den Damen Zeit zum Ausruhen und Umkleiden zu geben, denn um Mitternacht sollte die Trauung in der Klosterkirche stattfinden. Die Kirche war kalt und düster, die Kerzen warfen flackernde Schatten auf die knieenden Mönche, die im Gebet versunken schienen. Eintönige Gesänge erfüllten den Raum, und die beiden Brautleute standen vor dem Altar, um

sich um Mitternacht die Hand fürs Leben zu reichen. Die Atmosphäre war nicht dazu angetan, eine wirkliche Hochzeitsstimmung aufkommen zu lassen. Sie paßte ganz und gar nicht zu den jungen Leuten, die sich hier das Ja-Wort gaben.
Nachdem die Messe vorüber war, hob Philibert seine vor Kälte zitternde junge Frau auf die Arme und trug sie ins Brautgemach. In dieser Nacht begann ein wahrer Rausch für Margarete; er war der Mann, von dem sie ein Leben lang geträumt hatte. Sie liebte nicht nur seine schöne Gestalt, sie konnte stundenlang bei ihm sitzen und zuhören, wenn er von seinen Jagdabenteuern erzählte, sie war hingerissen von seinem Charme und seinem Lächeln.
Aber auch Philibert, der während seiner ersten Ehe mit der kindlichen Jolanthe kaum einer schönen Frau widerstanden hatte, hatte in Margarete die Frau gefunden, die er schon immer gesucht und begehrt hatte. Ihre dralle Figur wirkte auf seine Sinne immer wieder aufs neue aufreizend, ihr schönes, ebenmäßiges Gesicht mit dem prachtvollen Haar faszinierte ihn täglich aufs neue. Er war bis über beide Ohren verliebt, und sie liebte ihn, wie sie bisher noch keinen Mann geliebt hatte. Sie ergänzten einander in jeder Hinsicht, und einer war glücklich mit dem anderen.
Margarete erkannte bald, daß ihr schöner Mann ein vortrefflicher Ritter und Jäger war und daß seine ganze Liebe dem Reiten und Jagen galt. Die Regierungsgeschäfte hatte er seinem Bruder René überlassen, ihn interessierte nichts, was mit dem Staat zu tun hatte. Um so intensiver kümmerte sich jetzt Margarete um die Politik des Herzogtum, hier konnte sie alles in die Praxis umsetzen, was sie in den einzelnen Ländern an politischer Erfahrung gewonnen hatte. Sie ordnete die zerrütteten Finanzen, ließ hervorragende Männer an den Hof kommen, die sie beraten sollten, und machte in kurzer Zeit aus Savoyen einen mustergültigen Staat. Philibert ließ ihr in allem freie Hand, er hatte bald erkannt, wie diplomatisch geschickt seine Frau zu regieren verstand: außerdem wußte er, daß er um so mehr dem Vergnügen leben konnte, je mehr seine Frau sich um die Staatsgeschäfte kümmerte. Margarete fühlte aber auch, wie sehr Philibert Feiern und Bankette liebe. So veranstaltete sie, so oft es möglich war, üppige Gelage, wo der Wein aus Brunnen floß und Geld und Blumen unters Volk geworfen wurden. Man umjubelte das schöne Paar, wo immer es sich auf seinen Ausritten in die Ortschaften

Savoyens zeigte. Margarete konnte an den vielen Jagden ihres Mannes wie eine Amazone teilnehmen, auch sie liebte es, auf schnellen Rossen über Wiesen und Felder zu fliegen, in hohem Bogen über Gräben zu springen und plötzlich im Gebüsch zu verschwinden. So oft es nur möglich war, begleitete sie ihren Mann, denn all die Jahre am savoyischen Hof war sie von einer Art Ahnung befallen, daß Philibert auf einer Jagd etwas zustoßen würde. Sie versuchte zwar dieses Gefühl zu verdrängen, fürchtete aber doch, daß wieder etwas geschehen könnte, um ihr übergroßes Glück zu zerstören. Und sie glaubte, daß ihm nichts passieren könne, wenn sie bei ihm wäre.
Auch Anfang September 1504 beschlich Margarete wieder jene unerklärliche Angst, und sie versuchte Philibert von einer Treibjagd abzuhalten, die für den nächsten Tag angesetzt war. Aber der Herzog lachte nur über ihre bösen Träume und ritt ohne sie fort, da sie eine wichtige politische Besprechung angesetzt hatte. Philibert verfolgte einen Eber querfeldein, bis das Tier im dichten Gestrüpp verschwand. Erhitzt von dem wilden Galopp sprang der Herzog vom Pferd und trank aus einer eiskalten Quelle. Kurz darauf merkte er, daß ihm übel wurde. Als er am Abend nach Hause zurückkehrte, jagten Fieberschauer über seinen Rücken. Margarete ließ sofort alle Ärzte kommen, derer sie habhaft werden konnte, und diese probierten alles an dem Kranken aus, von dem sie sich Heilung versprachen. Aber Philiberts Zustand verschlimmerte sich zusehends, das Fieber stieg, und die Aderlässe, die man verordnete, schwächten den Patienten nur, ohne eine heilsame Wirkung zu haben. Margarete legte Philibert selbst kalte und warme Wickel an, verabreichte ihm die Brechmittel, die die Ärzte für richtig hielten, aber alles half nichts. Als quälender Husten auftrat und der Kranke in Fieberdelirien verfiel, wußte Margarete, daß das Ende nahe war. Sie riß sich ihre schönsten Perlen vom Hals und zerstampfte sie zu Pulver, um sie dem Kranken nach dem Aberglauben der Zeit als Wundermittel einzuflößen. Nach acht Tagen Todeskampf starb Philibert in Margaretes Armen, und mit ihm die große Liebe ihres Lebens. Eine Ehe, die aus politischen Gründen geschlossen worden war, die aber nicht glücklicher hätte sein können, war jäh durch den Tod zerstört worden.
Schreiend und fast von Sinnen wollte Margarete sich aus dem Fenster stürzen. Mit vierundzwanzig Jahren war sie zum zweiten

Mal Witwe geworden. Sie schnitt sich ihr goldblondes Haar ab und gelobte, nie wieder zu heiraten, nur noch dem Andenken ihres geliebten Philibert zu leben. Auch ihr Vater und ihr Bruder sollten sie nie mehr zu einer neuerlichen Ehe überreden können. Sie blieb noch einige Zeit in Savoyen, vor allem, um für Philibert eine Gedächtniskirche in Bourg errichten zu lassen, bis sie endlich ihr Vater wieder in die Niederlande zurückholte. Nach dem Tod ihres Bruders Philipp war dessen Witwe vollends in Wahnsinn verfallen. Margarete oblag es nun, die Erziehung der vater- und mutterlosen Kinder Eleonore, Isabella, Maria und Karl zu übernehmen. Maximilian anerkannte aber auch ihre politische Begabung, die er schon immer in ihr vermutet hatte, und machte sie zur Regentin in den Niederlanden. In einem Schreiben von 1507 heißt es: »Unsere Regentin, Generalleutnant, Regiererin und Verwalterin über Personen, Güter und Körper, die Herrschaften und Länder unserer Kinder zu sein und mit voller Gewalt und Autorität zu handeln.«

Wieder war Margarete als Witwe unter dem Jubel der Genter Bevölkerung heimgekehrt, um endgültig in den Niederlanden zu bleiben und ihrer Heimat zu dienen. In Mecheln richtete sie ihren Hof ein. Die einstmals verkaufte Braut sollte nun zum Wohle des Volkes und der Familie regieren, und sie setzte dazu all ihre Kräfte und Erfahrungen ein. Das Glück der Liebe allerdings sollte sie nicht mehr erfahren.

Maximilian und später auch Karl V. ließen ihr die politischen Freiheiten, die sie brauchte, um ihre ungewöhnliche Persönlichkeit entfalten zu können. Endlich hatte man erkannt, daß eine Frau nicht nur durch klug durchdachte Heiraten zum Vorteil für ein Land sein, sondern daß ihre Persönlichkeit zum Wohle eines ganzen Staates gereichen konnte.

Geliebte eines Kaisers, Mutter eines Helden

BARBARA BLOMBERG

Als Mahl hatte es begonnen, zum Fest war es geworden, man wußte nicht wie. Tausend Kerzen erleuchteten den dunklen Palast in Gent, und die flackernden Schatten der Tanzenden erfüllten Räume und Gewölbe mit ausgelassener Lebensfreude. Der Herzog von Burgund Philipp der Schöne und seine Gemahlin Juana hatten an diesem 24. Februar des Jahres 1500 zu einem großen Bankett geladen, und alles, was in den Niederlanden Rang und Namen hatte, war dieser Einladung begeistert gefolgt. Man kannte den Hof von Gent und wußte, daß den Gästen ein Genuß für Auge und Ohr geboten werden würde, obwohl die Herzogin schon wieder guter Hoffnung war und vielleicht in den allernächsten Tagen dem ersehnten Thronfolger das Leben schenken würde. Trotz ihres Zustandes hatte es sich Juana nicht nehmen lassen, ihren schönen, von der Damenwelt umschwärmten Gemahl zum Bankett zu begleiten, sie wollte ein Auge auf ihn haben, wenn die flandrischen Damen in ihren prunkvollen Kleidern sich im Tanze wiegten.
Die Musikanten begannen ihre Instrumente zu stimmen, und Philipp und Juana baten die Gäste an die reichgedeckte Tafel. Alle erdenklichen Köstlichkeiten wurden von den Dienern aufgetragen und auf riesigen Schüsseln kredenzt, der Wein floß aus kunstvoll ziselierten Silberkrügen, und die Gäste waren voll des Lobes: der Herzog von Burgund verstand zu feiern. Und als man vom reichlichen Genuß des Weines in der richtigen Stimmung war, begann der Tanz. Auch Juana folgte den Klängen der Musik und sonnte sich darin, als erste Dame des Landes gefeiert zu werden, denn viel zu selten nahm Philipp seine eifersüchtige Frau mit in die Öffentlichkeit. Die Herzogin genoß das Fest in vollen Zügen, als sie mitten im Tanz plötzlich einen heftigen Stich im Leib verspürte. Es wurde ihr schwarz vor den Augen, und man führte sie sofort zu einem bequemen Stuhl, in dem sie sich ausruhen konnte. Aber die Schmerzen wiederholten sich und wurden hefti-

ger, und Juana wußte, daß die Geburt ihres zweiten Kindes unmittelbar bevorstand. In aller Eile holte man die Leibärzte, Juana wurde in eine Art Abstellkammer gebracht, es war nicht mehr Zeit, einen besseren Raum vorzubereiten, und ihre Hofdamen setzten sie in einen Sessel, da man damals sitzend gebar. Wenn Juana zwischen den Wehen kurz Luft schöpfen konnte, sang sie spanische Lieder. So kam der erste Sohn Philipps und Juanas, der spätere Kaiser Karl V., der Herrscher über ein Weltreich sein sollte, in einer Ballnacht unter dem lauten Gesang seiner Mutter zur Welt.

Die Freude am Hof war unbeschreiblich, dem lebensfrohen Philipp schien es ein gutes Omen für den zukünftigen Charakter seines Sohnes, daß er unter diesen »amüsanten« Umständen zur Welt gekommen war. Wie sollte sich der Vater im Wesen seines Sohnes täuschen!

Schon vor der Geburt waren zwei Frauen zu Taufpatinnen des Kindes bestimmt worden, die dem Burgunderherzog besonders nahe standen: seine Stiefgroßmutter Margarete von York, die Philipp seit dem frühen Tod seiner Mutter besonders geliebt hatte, und seine Schwester Margarete, Witwe des Infanten Juan von Aragon-Kastilien.

Die Taufe des Habsburgerprinzen am 7. März 1500 in Gent wurde zu einem riesigen Fest. Man entzündete ein gewaltiges Feuerwerk, so daß man von weitem glaubte, die ganze Stadt stehe in Flammen. Zehntausend Fackeln beleuchteten die Taufprozession, als Margarete von York Karl über die große Tribüne trug, die man vor der Kathedrale errichtet hatte. Trompeten und Posaunen erschollen, dazu jubelte das begeisterte Volk, als der Prinz über das Taufbecken gehalten wurde. Seine Tante Margarete stand daneben und hielt das Taufkleid, während die Eltern die Zeremonie vom Balkon des Palastes verfolgten. Dabei überreichte Philipp seiner Gemahlin als Dank für den Sohn eine kostbare Perle in Form einer Träne ...

Die Zeit der Feste in den Niederlanden war für Philipp bald vorüber, der Alltag der Politik beschäftigte ihn mehr, als ihm lieb war, und seine exzentrische Gemahlin hielt ihn mit ihren ständigen Launen ununterbrochen in Atem. So kamen Karl und seine ältere Schwester Eleonore nach dem Tod des Vaters in die Obhut ihrer Tante Margarete, die selber keine Kinder hatte. Eine bessere Erzieherin und Lehrmeisterin hätte Karl nicht finden können.

Margarete erkannte bald, daß das Kind verschlossen und einsilbig war, daß der junge Prinz nicht wie andere Kinder am Hofe von Mecheln im Park herumtollte, sondern sich lieber abkapselte und in einem erbaulichen Buch las. Sie wußte, sie mußte Karl behutsam und liebevoll leiten und das richtige Maß in seiner Erziehung finden. Als späterer Herrscher sollte er die Sitten und Bräuche des Landes kennen, die engstens mit der Mentalität der Bevölkerung verbunden waren, denn nur ein Souverän, der seine Landeskinder verstand, war in Margaretes Augen ein Segen für das Land und sein Volk. Sie wollte Karl in eine gute Zukunft leiten und in ihm den Grundstein für ein positives politisches Wirken legen.
Im geheimen bewunderte Karl seine tatkräftige Tante, er beneidete sie um ihre Fähigkeit, mit allen Leuten gut Freund sein zu können und doch den notwendigen Abstand zu wahren. Margarete war in den Niederlanden äußerst beliebt, und gerne wäre Karl über den hemmenden Schatten gesprungen und hätte versucht, überall Freunde im Volk zu gewinnen. Aber das charakterliche Erbe seiner gemütskranken Mutter stand ihm im Wege; so zog er sich mimosenhaft zurück, wenn er glaubte, daß die Feste um ihn herum gar zu laut und grell ausarteten. Er fühlte sich abgestoßen und sah in den Lustbarkeiten des Volkes nur Verwerfliches, das sein Seelenheil in Gefahr bringen konnte. Wie seine kranke Mutter wurde er ein Leben lang von Zweifeln geplagt, wie ein gutes, irdisches Leben mit dem Seelenheil in Einklang zu bringen sei. Mußte nicht zwangsläufig ein glückliches Leben hier auf Erden zu schweren Strafen im Jenseits führen, und handelten nicht diejenigen Leute richtig, die sich kasteiten, geißelten und allen diesseitigen Freuden abgeschworen hatten? War diesen Menschen nicht das ewige Heil auf alle Fälle sicher?
Seine Zweifel führten Karl in den Jahren seiner Regierung zu Intoleranz und religiösem Fanatismus, weil er glaubte, erkannt zu haben, wie der direkte Weg zum Himmel beschaffen sei. Alle Dinge, die er zu erledigen hatte, sah er kompliziert und suchte Schwierigkeiten über Schwierigkeiten, die sich für ihn dann auch wirklich ergaben. Das, was seine Tante Margarete mit einem Federstrich zur Zufriedenheit aller erledigte, legte er zehnmal auf die Waagschale, um dann endlich gezwungenermaßen eine Entscheidung herbeiführen zu müssen. Leichtigkeit und Großzügigkeit des Denkens fehlten Karl ganz und gar. Nur manchmal

schien das väterliche Erbe sich Bahn zu brechen, dann stürzte sich Karl hinein ins volle Menschenleben, um kurz darauf von tiefer Reue geplagt zu werden und sich die bittersten Vorwürfe zu machen.
Von diesem inneren Zwiespalt war auch das Verhalten Karls zu den Frauen geprägt. Einerseits überfiel ihn des öfteren eine übermächtige, kaum zu zügelnde Leidenschaft, der unbändige Drang nach körperlicher Liebe, den er von seinen Eltern geerbt hatte, die sich im Rausch der Sinne fast umgebracht hatten, andererseits belasteten Karl die Folgen seiner kurzen Abenteuer, seine unehelichen Kinder, die aus den verschiedenen Verbindungen hervorgegangen waren, ein Leben lang. Für Karl waren diese Kinder einer Nacht nicht wie für andere Herrscher ohne Bedeutung, er fühlte, daß er ihnen gegenüber eine Verpflichtung hatte, er anerkannte sie als natürliche Söhne und Töchter und sorgte für sie und ihre Mütter.
Für einen jungen, gut aussehenden Prinzen war es in dieser Zeit nicht schwer, jedes Mädchen, das er begehrte, auch ins Bett gelegt zu bekommen. Man hielt den engen körperlichen Kontakt zwischen jungen Menschen für ganz natürlich und dachte nicht darüber nach, daß solche Liebesabenteuer eigentlich unmoralisch oder gar verwerflich sein könnten. Auch auf die Standesunterschiede wurde kaum geachtet, und so fand man am Hofe von Gent auch nichts dabei, daß eine der ersten Geliebten Karls eine einfache Magd war. Dem jungen Prinzen gefiel das Mädchen, er gab ihr das zu erkennen, und schon nach wenigen Stunden war es beschlossene Sache, daß Johanna oder Margarethe van Gheest die Nacht mit Karl verbringen sollte. Sie war ein schönes Mädchen, und ihr körperlicher Reiz hielt den Prinzen einige Zeit lang gefesselt, bis sich herausstellte, daß sie ein Kind erwartete. Die Familie van Gheest war im Laufe der Zeit verarmt, so daß Karl annehmen mußte, daß sein erstes Kind kaum eine standesgemäße Erziehung genießen würde. Daher wurde das Mädchen, das zur Welt kam, als »natürliche Tochter« anerkannt und zu seiner Tante Margarete gebracht, wo es in den späteren Jahren bleiben sollte. Karl kümmerte sich auch in der Zukunft um seine schöne Tochter, die als Margarete von Parma in die Geschichte eingehen sollte.
Die Jahre vergingen, Karl war nach dem Tod seines Großvaters Maximilian im Jahre 1519 Kaiser geworden. er regierte das

Reich, das er von seinen Vätern ererbt hatte und das die größte Ausdehnung erreichte, die jemals ein Staatsgebilde erlangen sollte. Karl war ununterbrochen unterwegs, monatelang vom heimischen Tisch und Bett getrennt, wie es die Zeitumstände erforderten. Politik und Kriegszüge, Religionsstreitigkeiten und beginnende soziale Unruhen nahmen keine Rücksicht auf das Privatleben eines Herrschers. So kam es, daß Karl auch während der Zeit, in der er mit Isabella von Portugal verheiratet war, kurze, heftige Abenteuer hatte, die auch nicht ohne Folgen blieben. Dabei war er im Grunde seines Wesens ein eher zur Treue veranlagter Ehemann, der von den ärgsten Gewissensbissen geplagt wurde, wenn eine kurze Leidenschaft vorbei war, denn er liebte seine eigene Frau wirklich. Das hielt ihn aber nicht davon ab, manchmal Dinge zu tun, die von Mund zu Mund gingen, die bei dem eher zurückhaltenden Kaiser verwunderten und ihm doch Sympathie einbrachten.
So berichtete man, daß Karl, als er eines Tages nach Gent zog, um seine Tante Margarete zu treffen, von zwanzig ausgesucht schönen Damen der ersten Gesellschaft willkommen geheißen wurde. Als sie ihn von weitem sahen, stiegen sie von ihren festlich geschmückten Pferden und gingen Karl zu Fuß entgegen. Auch der Kaiser war vom Pferd gesprungen und näherte sich langsam den Damen, wobei er jede einzelne genau betrachtete. Margarete begrüßte sehr herzlich ihren kaiserlichen Neffen, und plötzlich war Karl von den Frauen umringt. Da gab es für ihn kein Halten mehr, er küßte eine nach der anderen und genoß es sichtlich. Margarete hatte dem ungewohnten Treiben ihres Neffen zugeschaut, und auf ihren fragenden Blick rief der Kaiser aus: »Ich spiele nur den Franzosen, wenn ich mich bei niederländischen Damen befinde!«
Üblicherweise aber hatte Karl nicht das leichte Wesen seines Vaters, und immer wieder stellte sich ihm das starre spanische Hofzeremoniell in den Weg, das er selbst dann streng einhielt, wenn er intimen Kontakt mit seiner eigenen Frau suchen wollte. Diese Vorschriften sollten für die späteren Könige und Kaiser zu einer beinahe unerträglichen Belastung in ihren privaten Beziehungen werden. Es wird berichtet, daß im 17. Jahrhundert der König von Spanien seine Gemahlin nicht nach Lust und Laune zu einem Schäferstündchen aufsuchen konnte, es war genau vorgeschrieben, wie er sich zu verhalten hatte. Der ganze Hof wußte, wann,

wie und wo der König mit seiner Gemahlin das eheliche Bett bestieg. Vorher wurden Tag und Uhrzeit genau festgelegt, der Oberthofmeister erschien zusammen mit einem Granden, der ein Licht trug, ihm folgte ein zweiter mit einer geschliffenen Karaffe, in der sich frisches Wasser befinden mußte. Zu dritt durchschritten sie die weiten Gänge und Vorzimmer, in denen sich – nach Rängen getrennt – der gesamte Hofstaat versammelt hatte. Begleitet von den höchsten Würdenträgern des Staates und flankiert von einer Abteilung Hellebardiere schritt der König auf die Gemächer der Königin zu.

Geraume Zeit vorher war auch die Königin vom Besuch des Gemahls informiert worden, die Oberthofmeisterin hatte sie schnell in ein passendes Gewand gekleidet, und auch sie zog mit Gefolge dem König entgegen, um ihn genau in der Mitte eines Gemaches zu empfangen. Dort hatte man alles für das nun folgende Ereignis vorbereitet, ein großes Bett stand in der Mitte des Raumes, das zu einer intimen Begegnung der beiden einladen sollte.

Nachdem das Königspaar sich getroffen hatte, zog sich das Gefolge – wieder nach Rangordnung getrennt – diskret zurück und wartete in den Räumen vor dem Schlafgemach, bis der König seine eheliche Pflicht erfüllt hatte und König und Königin, jeder in einer anderen Tür, erschien.

Unter diesen Umständen kann man es nur verwunderlich finden, daß die Dynastien nicht schon früher ausgestorben sind, denn bekanntlich läßt sich die menschliche Natur nicht immer genau programmieren. Die Geschichte schweigt darüber, was passierte, wenn den König zwischendurch einmal die Lust überfiel, ganz unkonventionell mit seiner Frau zu schlafen. Natürlich boten sich für Karl immer wieder Gelegenheiten, wo er sich außerhalb des ehelichen Bettes hätte amüsieren können, er war aber ständig von moralischen Skrupeln geplagt.

Als Karl V. im Jahre 1546 nach Regensburg kam, um dort die Vorbereitungen zu einem Reichstag zu treffen, war er 46 Jahre alt und ein verbrauchter Mann. Das Leben, das er durch seine Stellung als Kaiser zu führen gezwungen war, und sein eigenes Verhalten hatten dazu beigetragen, daß seine physische Kraft untergraben, seine Gesundheit schwer geschädigt war und daß er vor Nervosität manche Nacht kaum ein Auge zutun konnte. Nicht nur die kriegerischen Auseinandersetzungen mit Frankreich und die religiösen Streitigkeiten im Reich hatten Karl in die

Knie gezwungen, auch sein privates Schicksal war ihm nicht gerade gnädig gewesen. Seine Frau Isabella war nach der Geburt des fünften Kindes gestorben und Karl mußte die Hoffnung auf einen weiteren männlichen Nachfolger aufgeben. Er hatte nur einen einzigen Sohn, der als Philipp II. in Spanien auf Geheiß seines Vaters regierte. Karls größte Sorge galt indes nicht seinem einzigen Sohn und Nachfolger, sondern seinem Enkel Don Carlos, von dem ihm zu Ohren gekommen war, daß er nicht normal sei.

Der Kaiser hatte sich schon bald nach Beginn seiner Regierung mit seinem dynamischen Bruder Ferdinand geeinigt, daß man sich die Aufgaben, die das Riesenreich mit sich brachte, teilen wollte. Ferdinand regierte die österreichischen Erblande, Tirol und die oberitalienischen Besitzungen, Karl den Rest des Riesenreiches. So mußte sich der Kaiser wenigstens nicht um den östlichen Teil seiner Länder sorgen, wo immer heftiger die Türken an die Tore pochten und die Bevölkerung in Angst und Schrecken versetzten. Ferdinand verstand es nicht nur, mit Waffengewalt Ruhe und Ordnung einigermaßen zu erhalten, er zeigte auch in politischen Fragen diplomatisches Fingerspitzengefühl und wirkte ausgleichend vor allem dort, wo sein Bruder durch seine Starrheit wenig erreichen konnte.

Karls ganzes Sinnen und Trachten war in den letzten Jahren seiner Herrschaft auf die Glaubensfragen gerichtet, er wollte und konnte eine Kirchenspaltung nicht als endgültig hinnehmen, und er setzte all seine schwächer werdenden Kräfte daran, dieses zentrale Problem zu lösen. Auf dem bevorstehenden Reichstag in Regensburg sollten wieder einmal die Diskussionen über den Protestantismus in Gang gesetzt werden. Gleichzeitig hatte der Kaiser vor, die Vertreter der Bürger anzuhören und verschiedenen Bittstellern Audienz zu gewähren. Dies hatte er auf allen Reichstagen so gehalten, und er hörte auf diese Weise ab und zu etwas von den direkten Sorgen und Nöten seiner Untertanen. Seine Tante Margarete hatte ihm geraten, immer ein offenes Ohr für die Bevölkerung zu haben und sich mit den Sitten und Gebräuchen des jeweiligen Landes zu beschäftigen. Aber obwohl er sich redlich bemühte, war alles, was ihm volksnah vorkam, nur Maskerade, denn die wahren Beziehungen zum einfachen Mann konnte der Herrscher natürlich nicht finden.

Die Stadt Regensburg hatte sich zu Ehren des Kaisers in ein Festgewand gekleidet, man hatte die Häuser mit Blumen und Fahnen bunt geschmückt, die Straßen waren sorgfältig gekehrt worden, und das Volk stand zur Begrüßung des Kaisers und seines Gefolges bereit. Musik ertönte, Trommeln wirbelten, Fahnen wurden geschwenkt, schon erschollen die ersten Hochrufe. Die Stadttore wurden weit geöffnet, und die bunte Schar der Kaiserlichen ritt ein, Karl V. an der Spitze. Tief beugten sich die Rücken vor dem Herrscher, der in der Stadtmitte anhielt; dort sollten die Bittsteller vorgelassen werden. Nach der Begrüßung durch die Stadtväter trug einer nach dem anderen dem Kaiser sein Anliegen vor.

Unter den Bittstellern war auch eine auffallend schöne Frau, Sibylle Blomberg, deren Mann, der in kaiserlichen Diensten gestanden hatte, kurz vorher gestorben war. Die Blombergs zählten in Regensburg zu den angesehenen Familien, der Großvater war ein bekannter, wohlhabender Gürtler, der in der Stadt ein schönes Haus besaß, in dem die Großfamilie wohnte. Vor einigen Generationen waren die Vorfahren aus Niederbayern nach Regensburg gekommen, weil man dachte, es sei leicht, in der Stadt das große Glück zu machen. Und wie es sich zeigte, hatte die Familie nicht unrecht, man lebte hier zwar nicht in Saus und Braus, aber alle hatten ihr Auskommen, und es blieb noch so viel Geld übrig, daß man die Spartruhe für die Not anfüllen konnte. Auch Sibylle Blomberg stammte aus einer begüterten Familie, ihr Vater hatte ihr und ihrem Mann Wolfgang Plumberger oder Blomberg ein herrschaftliches Haus in der Kramgasse vermacht, wo das junge Paar ohne Sorgen leben konnte. Der Tod ihres Mannes hatte Sibylle Blomberg schwer getroffen, denn für eine Witwe mit fünf unversorgten Kindern waren die Zeiten schwer. Nur der Kaiser konnte helfen, und so wollte sie bei Karl V. um eine Zuwendung für sich und die Kinder bitten.

Sie fiel vor dem Kaiser auf die Knie und trug ihr Anliegen vor. Das Auge des Herrschers ruhte wohlgefällig auf der schönen, nicht mehr ganz jungen Frau, die man in Regensburg wegen ihres blendenden Äußeren nur die »Schöngürtlerin« nannte. Sibylle Blomberg erkannte die Gunst der Stunde, sie wußte, daß es gang und gäbe war, den Herrscher durch persönliche Dienste zu erfreuen, und da sie sich als Mutter von fünf Kindern doch etwas zu alt fühlte, dachte sie an ihre zweiundzwanzigjährige Tochter Barbara. Es war nicht schwierig, das junge schöne Mädchen in den Palast zu bringen, in dem der Kaiser wohnen sollte. Mutter Blomberg kannte die Wachen und die Diener, die Barbara bereitwillig die Tore öffneten, und alle wußten, daß das Mädchen dem Kaiser den Abend verkürzen und womöglich die Nacht mit ihm verbringen sollte. Die Reichstage waren neben den intensiven Beratungen am Tage für die hohen Herren dazu da, sich mit möglichst vielen Damen aus den verschiedenen Gesellschaftsschichten zu amüsieren, wer jung und schön war, suchte gern ein Abenteuer, und niemand brach den Stab über diese Mädchen. Sie waren auch noch nach den verschiedenen Nächten in den Himmelbetten der Adeligen für die Bürger- und Handwerkersöhne begehrte Partien, auch wenn aus den kurzen Vergnügungen Kinder entstanden waren. Obwohl Karl V. sich oft gegen den lockeren Lebenswandel und die Unmoral in seinem Reich gewandt hatte, konnte er sich dieser Sinnlichkeit nicht entziehen, und die Fleischeslust war auch ihm nicht fremd.

Beim Anblick Barbaras vergaß er jedenfalls all seine moralischen Vorsätze, er hörte gebannt zu, als sie ihm Lieder ihrer Heimat zum Klang der Gitarre vorsang, ihr langes blondes Haar fiel auf die Saiten, es glänzte wie Gold im flackernden Licht des Kamins. Wahrscheinlich gab der Kaiser den Hofschranzen schon bald durch einen Wink zu verstehen, daß er nicht gestört sein wolle, und er wußte, daß sein Nachtgebet kurz ausfallen würde.

Barbara war ein sehr williges Mädchen von ungewöhnlicher Sinnlichkeit und Natürlichkeit, ein Kind ihrer Zeit, unkompliziert auch im Umgang mit hohen Herren. Sie konnte sich ausmalen, welche Folgen ein Abenteuer mit dem Kaiser, dem mächtigsten Herrscher der Christenheit, für sie haben würde, sie wollte bekannt, berühmt und vor allem reich werden. Und dazu war das kaiserliche Bett gerade recht.

Die Nächte von Regensburg gingen für Karl V. sehr schnell vorüber, seine Pflichten als Kaiser riefen ihn nach Sachsen, wo Kurfürst Moritz zum Kampf gegen Kaiser und Katholiken aufgerufen hatte. Der Schmalkaldische Krieg begann, und der Kaiser hatte seine Romanze von Regensburg bald vergessen.

Nicht so Barbara. Sie wollte Karl nicht einfach ziehen lassen, als wäre nie etwas gewesen, sie wollte mit ihm gehen. Als sie erfuhr, daß Karl in Sachsen krank darniederlag, beschloß sie kurzerhand, zu ihm zu reiten und ihn gesund zu pflegen. Diese Idee war leichter gedacht als getan, denn schon in Regensburg hatten

die Höflinge mit scheelen Augen auf Barbara geblickt, sie waren nicht begeistert, als sie merkten, daß der Kaiser von diesem jungen Mädchen fasziniert schien, und die Berater hatten immer wieder versucht, Barbara den Zutritt zu den kaiserlichen Räumen zu erschweren. Mit einem Seufzer der Erleichterung hatte man festgestellt, daß Barbara für den Herrscher nur ein Abenteuer war, das er sofort beendete, als er aus Regensburg wegzog.
So waren auch alle Wege in das kaiserliche Lager sofort verschlossen, als man Barbara in Sachsen erkannte. Man wollte sie unter keinen Umständen zum Kaiser vorlassen und erklärte ihr rundheraus, daß im Heerlager kein Platz für eine kaiserliche Mätresse sei.
Barbara aber wußte, was sie wollte, so schnell gab sie nicht auf. Sie lieh sich von einem Stallburschen Hose und Rock, band die langen blonden Haare zusammen und stülpte einen Hut darüber, vertauschte ihre zierlichen Schuhe mit groben Stiefeln, schwang sich aufs Pferd und ritt ungehindert durch die Wachen mitten ins Lager hinein, bis zum Zelt des Kaisers. Ohne Scheu schob sie die Vorhänge beiseite und fiel dem kranken, müden Mann in die Arme.
Als Karl sein Regensburger Liebchen erkannte und hörte, mit welchen Schwierigkeiten es zu kämpfen gehabt hatte, um zu ihm zu kommen, befahl er, daß Barbara bleiben sollte. Tag und Nacht umsorgte das junge Mädchen den Kranken, übersah dabei aber nicht, daß ihr auch die Gesunden schöne Augen machten. Und wenn der Kaiser sie nicht brauchte, verbrachte sie kurzweilige Stunden am Lagerfeuer, wo sie manchem jungen Mann den Kopf verdrehte. Es gefiel ihr, so viele vitale junge Burschen um sich zu haben, und sie selber berichtete in späterer Zeit darüber, daß sie einem jungen, strotzenden Fourier in dieser Zeit ihre Gunst geschenkt habe.
Der Kaiser war schnell gealtert. Gicht, Zuckerkrankheit, offene Beine und Nierensteine peinigten ihn, und die Ärzte ließen ihn zur Ader, so oft sie konnten, um ihn von den überschüssigen Säften, die den Körper bedrängten, zu befreien. Daneben setzte man Blutegel an, um dem Körper ebenfalls Schlechtes zu entziehen. Aber alle Therapien blieben erfolglos, weil Karl nicht einsehen wollte, daß die Hauptursache dieser Leiden in seinen unvernünftigen Essensgewohnheiten zu suchen war. Der Kaiser war unmäßig im Essen und Trinken, er konnte sich nicht beherrschen,

verschlang Unmengen fetten Fleisches, liebte Rindssuppen über alles, und andere Köstlichkeiten, von denen ihm die Ärzte dringend abrieten, mußten zu jeder Tages- und Nachtzeit serviert werden. Man kannte im ganzen Reich Karls Vorlieben, und so war man überall dort, wo er hinkam, bemüht, alles, was Küche und Keller bieten konnten, aufzutischen, um den Gaumen des Kaisers zu kitzeln. Hatte man selbst keine Leckerbissen zu bieten, so schickte man Boten in andere Landesteile, um von dort Delikatessen herbeizuschaffen. Selbst als sich der Kaiser schon todkrank in das Kloster San Yuste in Spanien zurückgezogen hatte, wo er das einfache Leben eines Mönches führen wollte, waren ganze Karawanen von der Küste her unterwegs, um ihn mit Spezereien zu versorgen. Karl V. aß sich buchstäblich zu Tode, sein Körper konnte das Übermaß an Genußmitteln nicht verkraften. Im Krieg gegen Moritz von Sachsen war er nicht mehr in der Lage, sein Pferd ohne Hilfe zu besteigen, das Reiten selbst wurde ihm zur ununterbrochenen Qual. Hämorrhoiden und Krampfadern plagten ihn so, daß er an verschiedenen wichtigen Terminen gar nicht mehr teilnehmen konnte. Karl war noch nicht fünfzig, aber ein durch und durch verbrauchter Mann.
Wie lange die junge Barbara Karl im Heerlager in Sachsen an Leib und Seele pflegte, ist unbekannt. Jedenfalls unternahm sie alles, um den in sich gekehrten Monarchen durch ihre Unkompliziertheit und Fröhlichkeit aufzuheitern, erzählte ihm von Regensburg und vom lustigen Leben und Treiben in der Stadt. Als sich sein Gesundheitszustand besserte, konnte sie nicht mehr im Lager bleiben. Bald aber stellte sich heraus, daß sie ein Kind erwartete, und für alle stand fest, daß nur der Kaiser der Vater dieses Kindes sein konnte. Man wollte nicht wahrhaben, daß das Mädchen ein sehr abwechslungsreiches Leben geführt hatte und daß sie nach ihrer Romanze mit dem Kaiser nach wie vor das Vergnügen suchte und auch fand. Sie wanderte von einer Hand in die andere, und auch als sie schon wußte, daß sie ein Kind bekommen würde, wechselte sie ihre Liebhaber wie die Hemden.
Wo der Knabe Jeronimo das Licht der Welt erblickte, ist nicht genau bekannt. Wahrscheinlich brachte Barbara diesen Sohn, der später Geschichte machen sollte, im Haus ihrer Großeltern in Regensburg zur Welt. Als Tag der Geburt gab die Mutter den 24. Februar 1547 an, den Geburtstag des Kaisers. Karl V. selbst

weilte zu dieser Zeit in Augsburg, wo er von seinen Räten erfuhr, daß Barbara Blomberg einem Knaben das Leben geschenkt habe. Ewig mißtrauisch, wie Karl V. war, zögerte er zunächst, irgend etwas zu unternehmen, wahrscheinlich war ihm die lockere Einstellung seines Liebchens auch schon verdächtig vorgekommen. Aber man konnte nie wissen, wie die Dinge lagen, das Kind konnte wirklich sein Sohn sein. Und der Kaiser hatte nur einen einzigen Sohn, Philipp. Wie sehr hatte er sich immer einen zweiten Sohn gewünscht, und nun lag dieses Kind Barbara Blombergs in der Wiege und war vielleicht sein natürlicher Sohn! Zweifel über Zweifel plagten den alternden Mann. Wäre es möglich, daß dieser Sohn einmal als männlicher Sproß der Familie die Stellung der Habsburger festigen würde? Der Kaiser entschloß sich, für Mutter und Kind Sorge zu tragen und sich um sie zu kümmern, das heißt, er erkannte Jeronimo als seinen natürlichen Sohn an. Barbara hatte ihr hochgestecktes Ziel erreicht, sie würde immer eine Verbindung zum Kaiser haben. Ihr Sohn war ein gutes Unterpfand.

Die Anerkennung des Kindes wurde nicht öffentlich bekanntgegeben, nur in einer geheimen Urkunde vermerkte man die Geburt des Sohnes, und der Kaiser achtete streng darauf, daß dieses Geheimnis zu seinen Lebzeiten nicht dem Volk preisgegeben wurde. Erst nach seinem Tod wurde Jeronimo offiziell zum Sohn Karls V. erklärt.

Das erste Jahr seines Lebens blieb das Kind wahrscheinlich unter der Obhut der Mutter in Regensburg, dann kamen Abgesandte des Kaisers, die Barbara aufforderten, ihnen den Knaben zu überlassen, es werde nicht zu ihrem Schaden sein. Der Kaiser wollte das Kind nach Spanien bringen lassen, denn er fand, daß es im Hause der Mutter nicht zu einem kaiserlichen Prinzen heranwachsen könne. Der Violinspieler Francisco Massi und dessen Frau sollten für das Kind sorgen, sie waren auf dem Weg nach Spanien, wo sie ihren Lebensabend verbringen wollten.

Der Kleine entwickelte sich prächtig, und bald war das blonde, schöne Kind der Liebling aller, die es sahen. Niemand wußte, woher der Junge stammte, denn Massi hatte dem Kaiser in die Hand versprechen müssen, Stillschweigen über die Herkunft des Knaben zu bewahren. Wie ein Bauernkind tollte Jeronimo mit den gleichaltrigen Spanierkindern herum, fröhlich und immer lachend. Als Massi starb, kam Jeronimo zu anderen Pflegeeltern,

zu Doña Magdalena de Ulloa und ihrem Mann. Auch sie hatte nicht erfahren, wer die Eltern des Kindes waren, und so kam sie auf den Gedanken, daß der Knabe aus einem Abenteuer ihres Mannes mit einem blonden deutschen Mädchen stammen müsse. Sie bestürmte ihren Mann zwar nicht mit dauernden Fragen, aber sie nahm sich liebevoll um das Kind an, und da sie selbst kinderlos war, wurde sie für Jeronimo zu einer wirklichen Mutter.
Die Jahre vergingen, und es wurde allmählich Zeit, daß der Knabe etwas lernte. Freiheitsliebend wie Jeronimo war, verbrachte er seine Zeit am liebsten bei den Pferden, die er wild und ohne Sattel ritt. Doña Magdalena versuchte ihn in ihrer behutsamen Art auch für andere Dinge zu interessieren, und obwohl alle die Überzeugung gewannen, daß er einen guten Geist habe, war es nicht leicht, ihn zu regelmäßigen Tätigkeiten zu bringen. Er sollte nicht nur die lateinische Sprache erlernen, auch die Vorstellungen der christlichen Religion waren ein Hauptthema, mit dem er sich zu beschäftigen hatte. Für das Kind war vieles, was man ihm beibrachte, unvorstellbar und geheimnisvoll, aber es wehrte sich nicht dagegen, sondern begann zu erkennen, daß es für sein zukünftiges Leben von Bedeutung sein würde. Spanien war der Wahrer der Christenheit, es gab kein anderes Land in Europa, das den christlichen Glauben so konsequent und fanatisch verteidigte und verbreitete. Jeronimo sah schon als Kind, wie überall im Land die Scheiterhaufen angezündet wurden und die »Ketzer« lichterloh brannten, er erfuhr von den Maßnahmen des Königs, von dem er nicht wußte, daß er sein Halbbruder war, wie man gegen die Ungläubigen vorzugehen hätte, um die Ketzerei mit Stumpf und Stiel auszurotten.
Der Kaiser selbst hatte sich müde und krank nach einem ununterbrochenen Leben auf Wanderschaft endlich nach Spanien zurückgezogen, um im Kloster San Yuste seine letzten Jahre zu verbringen. Er hatte es so eingerichtet, daß er seinen natürlichen Sohn Jeronimo aus der Ferne beobachten konnte, und wann immer es ging, erfreute er sich an dem munteren Knaben. Seiner Umgebung fiel schließlich das besondere Interesse des Kaisers an dem Jungen auf, und gar bald flüsterte und munkelte man, wer wohl dieses Kind in Wirklichkeit sein möge. Konnte es sein, daß Jeronimo ein Sohn des Herrschers war? Diese Vermutungen drangen bis Madrid an den Hof Philipps II. und führten dazu, daß der König den Knaben beobachten ließ.

Während ihr Sohn in Spanien heranwuchs, setzte Barbara Blomberg ihr lustiges Leben in Regensburg fort. Sie war bald wegen ihrer ausschweifenden amourösen Abenteuer in der ganzen Stadt bekannt, Vergnügen war zum Hauptziel ihres Lebens geworden. Daneben suchte sie sich immer wohlhabende Liebhaber aus, von denen sie hoffen konnte, finanziell gut ausgestattet zu werden. Die Kavaliere zeigten sich der ehemaligen Geliebten des Kaisers gegenüber großzügig, so daß Barbara ohne Sorgen leben konnte. Der Kaiser selbst leistete zu dieser Zeit noch keine Unterstützung, er sah wahrscheinlich keine Veranlassung, sich weiterhin um die Frau zu kümmern.

Als er allerdings in Spanien erfuhr, welch liederlichen Lebenswandel die Mutter seines Sohnes führte, beschloß er, einen passenden Mann für Barbara zu suchen. Das hätte sie wohl selbst ohne Schwierigkeiten zustande gebracht, aber Karl V. traute der Sache nicht so ganz. Seine Wahl fiel auf einen Mann, der Barbara schon aus der Zeit kannte, als sie den Kaiser in Regensburg becirct hatte, auf Hieronymus Piramus, einen Glücksritter, der sich sofort einverstanden erklärte, die ehemalige Mätresse des Kaisers zu heiraten. Die Familie Piramus hieß eigentlich Kegel, hatte aber ihren Namen, der Sitte der Zeit entsprechend, mehr schlecht als recht latinisiert.

Für Piramus war Barbara eine reizvolle Partie. Sie war immer noch eine begehrenswerte, blühende junge Frau, und außerdem sicherte ihr der Kaiser ab dem Tag der Verheiratung eine jährliche Rente zu. Die erste Zeit ihrer Ehe verbrachten die jungen Leute in Regensburg, dann wurde Piramus auf Befehl des Kaisers in die Niederlande versetzt. Er wollte Barbara möglichst aus ihrer Umgebung holen, um alle Verbindungen zu den früheren Abenteuern abzubrechen.

Zunächst sah es so aus, als wäre durch die Heirat aus der lebenslustigen, unsteten Barbara Blomberg eine gesittete Ehefrau geworden. Ihr Lebenswandel gab in moralischer Hinsicht keinen Anlaß zum Tadel, obwohl sie ein viel zu großes Haus führte. Die jährliche kaiserliche Apanage von 400 Talern reichte bei weitem nicht aus, um die Kosten für den luxuriösen Haushalt zu decken. Piramus alias Kegel war des öfteren auf Reisen, und Barbara nützte die Zeit, um sich ihrer alten Freunde liebevoll zu erinnern. Sie lebte mit ihrer Familie in Brüssel und hatte mittlerweile ihrem Mann zwei Söhne und eine Tochter geboren, die bezeichnender-

weise auf den Namen Karoline getauft wurde, eine dezente Erinnerung an ihren kaiserlichen Liebhaber.
Wann Philipp II. von Spanien das Geheimnis, das sich um den Bastard Jeronimo rankte, wirklich lüftete, ist nicht bekannt. Als der schöne Knabe nach einer Verfügung Karls an den Hof von Madrid kam, um dort als kaiserlicher Prinz, allerdings ohne den Status eines Infanten, erzogen zu werden, verfügte König Philipp jedenfalls persönlich, daß der Knabe sein Bruder sei und fortan den Namen Don Juan d'Austria tragen solle.
Mit dem Namen änderte sich auch der Lebensstil des Zwölfjährigen. Obwohl er schon bald der Liebling aller in Madrid werden sollte, lernte er auch die strenge spanische Zucht und Ordnung kennen, die der König von seinen Untertanen forderte, auch von seinem Bruder, der später einmal mit politischen Aufgaben betraut werden sollte. Schwere Probleme zeichneten sich für die Zukunft ab, die Mauren waren noch nicht besiegt, und die Türken schickten sich an, die Lehre des Islam mit Feuer und Schwert über den ganzen Mittelmeerraum zu verbreiten. Calvinisten und Protestanten stellten in den Niederlanden und im Reich die Gesetze des Katholizismus in Frage. Philipp suchte in seinem Bruder einen Mann heranzuziehen, der ihm treu zur Seite stehen konnte und auf den er sich verlassen wollte.
Für die Damen bei Hofe war der schöne Prinz, der alle mit seinem Charme gefangennahm, ein willkommener Jagd- und Spielgefährte. Und obwohl beide Brüder, Philipp und Don Juan, nicht nur im Alter unterschiedlich waren – der König war zwanzig Jahre älter –, sondern auch ihr ganzes Wesen und ihr Charakter keine Gemeinsamkeiten zeigten, entwickelte sich zwischen den beiden eine besondere Herzlichkeit und innere Zuneigung. Der König ließ sich von der heiteren Jugend seines Bruder gefangennehmen und nahm teil an den Festen und Spielen, die in den prächtigen Gärten veranstaltet wurden. Bald war das gesellige Leben am spanischen Hof weit über die Grenzen bekannt. Auch Philipp war zu dieser Zeit kein Kind von Traurigkeit, er war zum dritten Mal verheiratet und liebte seine kindliche Gemahlin Elisabeth von Valois sehr. Er freute sich, daß sich die französische Prinzessin hier in Spanien wohlzufühlen schien, ihr zu Ehren wurden Ballspiele veranstaltet, man lauschte den Vortragskünstlern, die in Anwesenheit des Königs und der Königin aus ihren Werken lasen, man haschte sich in den bunten Gärten beim Blin-

dekuhspielen, kurz, man war vergnügt und liebte das Leben. Der blonde Prinz, dem immer neue Spiele einfielen, stand dabei im Mittelpunkt, er versammelte die Damen um sich, und gar manche wäre glücklich gewesen, hätte Don Juan ihr seine Gunst geschenkt. Der junge Mann wollte sich aber nicht festlegen, alle Herzen sollten ihm weiterhin zufliegen, er mochte keine seiner Anbeterinnen vergrämen, indem er eine bevorzugte.

Barbara Blomberg lebte nun schon seit geraumer Zeit mit ihrer Familie in den Niederlanden und hörte nur selten etwas von ihrem fernen Sohn. Der Kaiser hatte ihr einen Betrag von 600 Golddukaten zugestanden, den sie allerdings vorerst noch nicht erhalten sollte, denn Karl ahnte, daß dieses Geld in kürzester Zeit vergeudet sein würde. Die 600 Gulden waren als Abfindung für eine kaiserliche Geliebte zwar nicht besonders viel, aber Barbara wußte, daß sie ein Pfand in Händen hatte, aus dem sie noch reichlich Kapital schlagen konnte.

Im Juni 1569 wurde sie durch einen Unglücksfall Witwe. Piramus war in Antwerpen mitten in der Stadt so unglücklich gestürzt, daß er sich beim Fallen den eigenen Degen in den Leib rammte, und obwohl man von allen Seiten versuchte, ihm zu helfen, verblutete er noch auf der Straße. Einige Tage darauf stürzte ihr älterer Sohn in einen offenen Brunnen und ertrank.

Jede andere Frau wäre nach diesen Unglücksfällen in tiefe Verzweiflung versunken; nicht so Barbara. Obwohl sie der niederländischen Sprache nicht mächtig war und auch noch wenig Beziehungen zu dem fremden Land entwickelt hatte, begann sie auf ihre Weise, das Leben zu meistern. Sie forderte als erstes das ihr versprochene Heiratsgeld ein, und die 600 Gulden wurden ihr auch tatsächlich ausbezahlt. Dadurch war sie für kurze Zeit eine wohlhabende Frau. Aber der Wohlstand währte nicht lange, denn Barbara stürzte sich wieder in das wilde Spiel, das sie schon vor der Eheschließung mit Hieronymus Piramus geliebt hatte. Bald kannte man ihren Namen in der ganzen Stadt, es sprach sich herum, wo man sich gut amüsieren konnte, ihr Haus wurde der Mittelpunkt von ausgelassenen Festen, die nur allzu oft in wahre Orgien ausarteten. Glücksspiele, bei denen man eine Frau für ein paar intime Stunden gewinnen konnte, zogen Lebemänner aus allen Teilen des Landes an, und Barbara selbst stand mit ihren reichen Lebenserfahrungen im Mittelpunkt des losen Treibens. Was kümmerte es sie, daß der König von Spanien sie aus der Ferne mit wahren Argusaugen beobachtete! Immerhin war sie die Mutter eines kaiserlichen Prinzen, der mittlerweile mit verantwortungsvollen militärischen Aufgaben betraut worden war. Seine ersten Lorbeeren hatte der junge Don Juan d'Austria im Kampf gegen die Mauren errungen, die immer noch den Süden Spaniens unsicher machten. Wie ein Prinz aus dem Märchen, nicht wie ein Krieger, war Don Juan in Granada erschienen. Einen roten Umhang über der Schulter, den blitzenden Helm mit dem weißen Federbusch unter dem Arm, so ritt er in seiner blinkenden Rüstung durch die Stadt, deren Straßen mit kostbaren Teppichen ausgelegt waren. Er hatte Granada und dessen schöne, glutäugige Frauen im Sturm erobert. Es wurde klar, daß Don Juan dem Wunsch seines Vaters nicht nachkommen konnte, der ihn für die geistliche Laufbahn bestimmt hatte. Die Damen kamen ihm allzu willig entgegen, das heiße Blut seiner Mutter begann in seinen Adern zu pulsieren, und so fiel Don Juan d'Austria in die offenen Arme der bezaubernden und begehrenswerten Margarita de Mendoza. Die Tochter aus dieser kurzen, heißen Liebe, Ana de Austria, allerdings erfüllte dann den Wunsch des Großvaters – oder mußte ihn erfüllen: sie wurde Äbtissin im Kloster Las Huelgas in Burgos.

Die Jahre gingen dahin, ohne daß es dem König von Spanien gelungen wäre, Barbara zum Besseren zu bekehren. Für den streng katholischen und moralisch denkenden Monarchen war es unannehmbar, daß die Mutter eines im ganzen Lande bekannten Helden eine liederliche Dirne sein sollte. Barbara trieb es immer ärger, selbst in den lockeren Niederlanden, wo amouröse Abenteuer zum guten Ton gehörten, wunderte man sich über derlei Ausschweifungen, und ihr Lebenswandel wurde zum Tagesgespräch. Barbara begnügte sich nicht mit den Freiern aus Brüssel und Antwerpen, sie bevorzugte besonders reisende Engländer, die in ihrem allseits bekannten Haus einkehrten und ab und zu auch einen Batzen Geld zurückließen.

Philipp II. sah sich gezwungen, sogar eine Ratsversammlung abzuhalten, in der beschlossen werden sollte, was mit Barbara weiter zu geschehen habe. Auch der Herzog von Alba, der gefürchtete Statthalter der Niederlande, war geladen worden, aber obwohl er sonst nicht vor brutalen Mitteln zurückschreckte, warnte er in diesem Fall den König, Barbara mit Gewalt aus den Niederlanden wegzuschaffen. Immerhin war die Frau die Mutter eines der bedeutendsten Heerführer der Zeit, ihr Sohn hatte die Türken, den ärgsten Feind der Christenheit, in einer gewaltigen Seeschlacht bei Lepanto im Jahre 1572 vernichtend geschlagen. Ganz Europa sprach von den Heldentaten des jungen Mannes, der mit unglaublicher Kühnheit und persönlicher Tapferkeit die Schlacht im Golf von Korinth gesucht und seine Soldaten mit den Worten angefeuert hatte: »Ob ihr sterben oder siegen werdet, tut eure Pflicht, und eine ruhmreiche Unsterblichkeit ist euch gewiß!«

Es mußten andere Mittel und Wege gefunden werden, um die Mutter Don Juans zur Vernunft zu bringen. Allen schien es die beste Lösung, wenn die Blomberg in ein spanisches Kloster gebracht wurde, wo man ihr schon Zucht und Ordnung beibringen wollte.

Aber so sehr sich Alba, ausnahmsweise gütlich, bemühte, Barbara von der segensreichen Einrichtung eines Klosters zu überzeugen, so wenig Erfolg hatte er. Sie lachte ihm bei seinen Vorhaltungen nur ins Gesicht und forderte immer mehr Geld vom spanischen König. Sie glaubte ein Anrecht auf ständige finanzielle Unterstützung zu haben, und der Herzog mußte ihr zähneknirschend die Gulden aus der Privatschatulle des Königs aushändigen. Er schrieb an Philipp, es sei genauso gut, als werfe man das Geld ins Wasser, wenn man es Barbara übergebe.

Und was man nicht für möglich gehalten hatte: Barbaras Lebenswandel wurde noch wüster, so daß niemand mehr, der auch nur das geringste auf seinen Ruf hielt, in ihrem Haus verkehrte. Nur Kupplerinnen und Lebemänner sah man ein- und ausgehen, das »Bäumchen-wechsle-dich-Spiel« vergnügte die Halbwelt, und wilde Gelage, die bis in die späten Morgenstunden dauerten, belästigten die Nachbarschaft. Barbara unternahm dazwischen Badereisen, aber nicht, um ihrer Gesundheit zu dienen, sondern um neue Kunden und Liebhaber an anderen Orten kennenzulernen und nach Antwerpen zu ziehen. Ihre beste Freundin war eine stadtbekannte Kupplerin, die in Antwerpen mehrere Bordelle besessen hatte und ihren ehemaligen Kunden nun Barbaras Haus empfahl.

Alle Hoffnungen lagen jetzt bei Albas Nachfolger in den Niederlanden, Don Luis de Requesens. Die Aufgabe, die man ihm übertragen hatte, war delikat und zugleich unendlich schwer. Requesens war ein Mann, der sich zu keinen unüberlegten Handlungen

hinreißen ließ, der wußte, daß man mit Güte und Milde mehr erreichen konnte als mit brutaler Gewalt. So wollte er gegen Barbara vorgehen. Aber auch er scheiterte an der Starrköpfigkeit und Unbeugsamkeit der Regensburgerin. Sie wies dem spanischen Statthalter kurzerhand die Tür, als er ihr Vorhaltungen machen und sie überreden wollte, ein spanisches Schiff zu besteigen.
Philipp II. wußte kaum noch einen Ausweg aus dieser gänzlich verfahrenen Situation. Nur einer blieb noch übrig, der mit Barbara sprechen konnte: Don Juan selbst.
Die Beziehungen Barbaras zu ihrem berühmten Sohn waren durch all die Jahre hindurch merkwürdig. Obwohl man ihr das Kind weggenommen hatte, verfolgte sie den Werdegang Jeronimos mit größtem Interesse. Wahrscheinlich steckte nicht nur Selbstsucht hinter dieser Aufmerksamkeit. Vielleicht liebte sie ihn wirklich. Natürlich verknüpften sich ihre finanziellen Interessen unmittelbar mit diesem Sohn, aber sie hatte im Laufe der Zeit eine innere Verbindung zu Don Juan d'Austria aufgebaut, sie hatte von seinen Siegen über die Mauren und über die Türken gehört und vernahm mit Stolz, wieviel Glück bei den Damen ihr schöner Sohn hatte. Von seinem Licht fiel auch etwas auf sie, und sie sonnte sich in seinem Glanz.
Auch Don Juan hielt Verbindung zu Barbara, nachdem er früher Doña Magdalena für seine Mutter gehalten hatte. Er berichtete ihr regelmäßig über sein Leben, erkundigte sich nach ihrem Gesundheitszustand und war in Sorge, wenn er allzu lange auf eine Antwort warten mußte. Er hatte an seine Mutter zwar keine Erinnerung mehr, fühlte sich aber trotzdem zu ihr hingezogen. Daß die ganze Familie Piramus alias Kegel von seiner Existenz profitierte, wußte er wahrscheinlich nicht; sein Halbbruder wurde auf Kosten des Königs von Spanien ausgebildet, und auch seine Halbschwester bekam als Aussteuer eine schöne Geldsumme aus Spanien. Philipp II. war kein knausriger Mann, er zahlte für das kurze Abenteuer seines kaiserlichen Vaters viel, vor allem um Barbara Blomberg mundtot zu machen.
Ob die »Bekehrung« der Mutter der einzige Grund für Don Juans Reise in die Niederlande war, ist nicht sicher. Nach der Rückkehr von der siegreichen Seeschlacht war er in Spanien stürmisch gefeiert worden. Der Papst beglückwünschte ihn, er hatte eine glänzende Zukunft vor sich. Aus der anonymen Rolle als Halbbruder Philipps II. war er plötzlich in das Rampenlicht der

Maria von Burgund Gemälde eines unbekannten Meisters

Maximilian I. Gemälde eines unbekannten Meisters

*Die erste Begegnung zwischen Friedrich III.
und Eleonore von Portugal. Gemälde von Pinturicchio*

Johanna die Wahnsinnige. Gemälde des Meisters der Magdalenenlegende

Philipp der Schöne. Gemälde des Meisters der Magdalenenlegende

Margarete von Österreich. Gemälde eines niederländischen Meisters

Karl V. mit seiner Ulmer Dogge. Gemälde von Jakob Seisenegger

*Die Wiener Doppelhochzeit 1515.
V. l. n. r.: Maximilian I., seine Enkelin Maria, Ludwig,
Wladislaw II. von Ungarn, Anna, Siegmund von Polen.
Holzschnitt von Albrecht Dürer*

Weltgeschichte getreten, und auf dieser Bühne wollte er weiter eine Hauptrolle spielen.
Aber plötzlich veränderte sich die Situation, vor allem das bis dahin hervorragende Verhältnis zu seinem Bruder. Alle Wünsche und Pläne, die Don Juan am Hofe von Madrid vortrug, wurden zwar mit höflichem Respekt gehört, stießen aber auf taube Ohren. Don Juan hatte viel für die Zukunft vor, er wollte mit einem gewaltigen Heer gegen England ziehen und Maria Stuart befreien, die im Gefängnis schmachtete. Sollte dieser Plan glücken, wollte er die schöne Königin heiraten und sich und Maria zum König und zur Königin von England krönen lassen. Vielleicht wäre Philipp II. die spätere Schmach der großen Niederlage gegen England, 1588, erspart geblieben, hätte er auf seinen kampferfahrenen Halbbruder gehört, der in der Schlacht gegen die Türken taktisches Können und eine richtige Einschätzung des Gegners bewiesen hatte. Außerdem behielt der Prinz auch in den gefährlichsten Situationen die Nerven und handelte kaltblütig. Man erzählte sich, wie er mitten im heftigsten Kampfgetümmel in der Schlacht bei Lepanto, als das Blut in Strömen floß und Rauchschwaden den Himmel verfinsterten, plötzlich in seiner goldenen Rüstung auf dem Flaggschiff erschienen war und mit zweien seiner Offiziere zum Klang von Querpfeifen eine Gaillarde getanzt hatte. Er war ein Teufelskerl, das wußten alle.
Philipp II. konnte diese Popularität seines Halbbruders nicht gelegen kommen. Vielleicht befiel ihn, den Tatenlosen, ein heimliches Gefühl des Neides und der Eifersucht, und er hatte kein Interesse an weiteren Ruhmestaten Don Juans. Es störte den spanischen König auch gewaltig, daß der Papst von seinem Bruder so begeistert sprach und sich nach allen Dingen erkundigte, die Don Juan plante und unternahm. Philipp brauchte keine Konkurrenz im eigenen Land und vor allem nicht am eigenen Hof.
So kam dem König die Gelegenheit recht, Don Juan als Statthalter in die Niederlande zu senden, einerseits, um den Kampf mit Wilhelm von Oranien aufzunehmen, andererseits, um seine Mutter zur Vernunft zu bringen. Man erwartete, daß der schöne blonde Prinz bei der Bevölkerung beliebter sein würde als die fremdartigen Spanier. Aber obwohl Don Juan sich diesem Volk hätte verwandt fühlen müssen, konnte der in Spanien erzogene Prinz dem niederländischen Lebensstil nichts abgewinnen, im Gegenteil, die Genußsucht der Menschen stieß ihn ab, und er be-

zeichnete die Männer und Frauen, die scharenweise betrunken durch die Straßen torkelten, als »herumwandelnde Weinschläuche« und schrieb in einem Brief nach Spanien, die Niederlande seien für ihn ein »Babylon des Ekels«. Er stand dem Lebenswandel des Volkes fassungslos gegenüber, und alle Vorstellungen, die er ursprünglich angestellt hatte, den Leuten mit Toleranz und Nachsicht, vor allem in religiösen Dingen, zu begegnen, waren für ihn in Frage gestellt. Ja, er wußte nicht einmal mehr, ob sein Bruder mit seiner drakonischen Strenge und seiner konsequenten Art, Sitte und Moral unter allen Umständen durchzusetzen, nicht doch recht hatte.
Statt glanzvolle Ruhmestaten zu vollbringen, schlug sich der Sieger von Lepanto in den letzten Monaten seines Lebens mit unerfreulichen Alltäglichkeiten herum und wurde schließlich auch noch von seiner eigenen Mutter besiegt.
Die einzige Begegnung zwischen Mutter und Sohn endete für beide in einer Katastrophe. Nervös und gespannt hatte Barbara dem Treffen mit ihrem berühmten Sohn entgegengefiebert, sie hatte ihr schönstes Kleid angelegt und beinahe ganz auf Rouge und Schminke verzichtet. Auf einem herrlichen Pferd ritt Don Juan d'Austria seiner Mutter entgegen, sprang ab und näherte sich gemessenen Schrittes der Frau, die er nur aus ihren Briefen kannte. Beide, Mutter und Sohn, suchten nach Worten und fanden schließlich nur nichtssagende Floskeln. Das Gespräch erstarrte, noch ehe es richtig begonnen hatte. Man hatte nach so langer Zeit und nach solch verschiedenen Lebenswegen keine Gemeinsamkeiten. Anstatt menschlichen Kontakt zu suchen, besann sich Don Juan seiner Mission und begann, Barbara Vorhaltungen wegen ihres Lebenswandels zu machen. Dabei vergaß er offenbar, das rechte Maß und die richtigen Worte zu finden, denn alles, was er sagte, erschien Barbara wie Hohn. Sie konnte seine schöne Gestalt und das markante Gesicht nicht mit diesen Moralpredigten in Einklang bringen. Alles in ihr sträubte sich, einer Übersiedlung nach Spanien zuzustimmen, sie wußte, daß man sie dort in ein Kloster stecken würde, aber sie wollte auch Don Juan gefällig sein. So versprach sie ihm in die Hand, das Schiff, das schon vor Anker lag, zu besteigen, das sie aus den Niederlanden wegbringen sollte. Aber Don Juan sollte doch nicht als Sieger aus diesem Kampf hervorgehen: Als sich der Sohn von der Mutter verabschiedet hatte und schon weggehen wollte, rief

Barbara ihm mit lauter Stimme nach: »Es war falsch, ihn den Sohn des Kaisers zu nennen!« Alle Gefolgsleute Don Juan d'Austrias hörten es. Wahrscheinlich war sich die Frau der Tragweite ihrer Worte nicht ganz bewußt, konnte nicht ahnen, welch innere Katastrophe dieser Ausspruch für den jungen Mann bedeutete, sie war viel zu erzürnt über ihn und über sich selber, hatte völlig die Fassung verloren und wollte ihm nur irgend etwas Böses antun.
Auf diese Bestätigung eines dauernden Zweifels hatten in Spanien aber schon viele gewartet. Nun hatte die eigene Mutter die kaiserliche Abstammung des Sohnes in Frage gestellt. Ein Leben lang hätte Don Juan kämpfen müssen, um diesen einen Satz zu entkräften.
Aber seine Stunden waren ohnehin gezählt. Er hatte in Paris, als Reitknecht verkleidet, seine letzte große Liebe kennengelernt, die Schwester des französischen Königs, Margarete von Valois. Sie war eine »femme fatale«, modern denkend inmitten der verderbten Gesellschaft, die sich um den König von Frankreich scharte. Sie wußte, was sie wollte, und als sie den braungebrannten, gutaussehenden blonden Mann sah, fühlte sie sich mit magischer Gewalt zu ihm hingezogen. Er war gekommen, sie hatte ihn gesehen, und beide waren besiegt.
Don Juans Abenteuer mit der gefährlichsten Frau Frankreichs war kurz und leidenschaftlich, und obwohl Margot, wie man sie nannte, ihre Liebhaber wie die Hemden zu wechseln pflegte – sie schlief mit Freund und Feind, wie es ihr gerade in den Sinn kam –, schien es doch, als ob der schöne Habsburger Prinz andere Saiten ihres Wesens zum Schwingen gebracht hätte. Auch Don Juan d'Austria kannte die Gefährlichkeit seines Spiels, er wußte, wie heimtückisch und grausam Margot ihre Liebhaber zu beseitigen pflegte, wenn sie ihrer überdrüssig geworden war, aber Gefahren dieser Art waren das, was Don Juan brauchte und oft auch suchte. Er war bis über beide Ohren verliebt und soll einem Freund gegenüber geäußert haben, daß die Schönheit Margots eher göttergleich als menschlich sei und daß sie daher die Seelen der Menschen eher verderbe als errette.
Als Don Juan in die Niederlande zog, ging er seinem Verderben entgegen. Man hatte einen Mörder gedungen, dem man im letzten Moment den Dolch entreißen konnte. Vielleicht aber hat es einen zweiten gegeben, den man nicht entlarvte und der dem

hoffnungsvollen, strahlenden Helden von Lepanto auf heimtükkische Weise kleine Portionen eines schleichenden Giftes in die Speisen mischte, so daß Don Juan d'Austria langsam dahinstarb. Ein einziges Mal konnte er die schöne Margot noch in die Arme schließen, als sie ihm in einer goldenen, mit rotem Samt ausgeschlagenen Sänfte in Namur begegnete. Sie waren ein schönes Paar, die dunkelhaarige, aufregende Frau und der blonde Prinz. Unter dem tosenden Beifall der Bevölkerung von Namur ritten die beiden Seite an Seite in die Stadt ein und verbrachten die wenigen Stunden, die für sie noch blieben, in einem riesigen Himmelbett, dessen Vorhänge mit Szenen aus der Schlacht bei Lepanto bestickt waren ...
Don Juan hatte den Auftrag erhalten, verschiedene niederländische Gebiete, die den Spaniern verlorengegangen waren, zurückzuerobern. Es gelang ihm noch, eine heißumkämpfte Zitadelle zu nehmen, dann befiel ihn wie aus heiterem Himmel ein heftiges Fieber. Es war nicht einmal eine Hütte in der Nähe, in die man den todkranken Prinzen hätte bringen können, nur ein unbenütztes Taubenhaus mitten auf einem Feld. Man reinigte es schnell, und von irgendwoher schleppte einer der Getreuen ein paar saubere Teppiche, auf die man den röchelnden Prinzen legte. Die Umstehenden wußten, als sie den von Lepanto phantasierenden Prinzen sahen, daß es für ihn keine Hoffnung mehr gab. In aller Eile suchte man nach einem Priester, der Don Juan mit den Sterbesakramenten versehen sollte. In einem lichten Augenblick wandte sich der Prinz an den Beichtvater mit der erschütternden Frage: »Ich nenne nichts auf der Welt mein eigen, nicht einmal eine Handbreit Erde. Wie sollte mich da nicht nach den weiten Gefilden des Himmels verlangen, Pater?«
Der Todeskampf war kurz. Halb bewußtlos empfing Juan die letzte Ölung und entglitt dieser Welt »fast unmerklich, wie ein Vogel, der am Himmel entschwindet«.
Ob Barbara zu diesem Zeitpunkt vom Tod ihres Sohnes etwas erfuhr, steht nirgends geschrieben. Sicherlich aber hörte sie von den Begräbnisfeierlichkeiten in Namur, von denen alle Welt sprach. Der Prinz war dort in voller Rüstung, den Hausorden vom Goldenen Vlies auf der Brust, in der Kathedrale aufgebahrt worden. Don Juan d'Austria war in einzelnen Provinzen der Niederlande sehr beliebt gewesen, und viele sahen seinen Tod als wirkliche Tragik für die Zukunft an. Stimmen wurden laut, die seinen un-

erklärlichen und überraschenden Tod dem König von Spanien in die Schuhe schieben wollten, man raunte sich zu, daß Philipp einen Mörder gedungen habe, um seinen beliebten und erfolgreichen Bruder zu vergiften. Wahrscheinlich aber ist Don Juan d'Austria an einem typhusähnlichen Fieber gestorben, für das es damals noch keine Medizin gab.
Bei der Nachricht vom Tod seines Halbbruders soll Philipp II. geweint haben. Er ordnete an, den letzten Willen Don Juans zu erfüllen und ihn im Escorial zur letzten Ruhe zu betten.
Große Schwierigkeiten galt es zu überwinden, um den Leichnam nach Spanien zu bringen. Herbststürme wühlten das Meer auf, und man konnte keinem Schiff den Sarkophag anvertrauen, wollte man nicht das Risiko eingehen, daß Mann und Maus und Leichnam in den Wellen versanken. Der Weg durch das feindliche Frankreich war ebenfalls verwehrt, so daß man zu einer List greifen mußte: Man zerstückelte den Toten, steckte die Leichenteile in die Satteltaschen von Pferden und verkleidete das Gefolge als einfache Reisende. Die Getreuen des Prinzen ritten auf diese Weise unbehelligt durch Frankreich. In Spanien angekommen, wurde der Tote mit königlichen Ehren neben der Capella Real, in der die spanischen Könige bestattet wurden, begraben.
Mit dem Tod ihres Sohnes waren für Barbara Blomberg die Vorrechte, die sie bis dahin als Mutter eines kaiserlichen Prinzen genossen hatte, noch lange nicht erloschen. Sie war nicht die Frau, plötzlich in das Dunkel der Anonymität zu tauchen. Sie hatte zwar das ihrem Sohn gegebene Versprechen gehalten und war auf einem spanischen Schiff in das Land ihrer Feinde gesegelt, innerlich aber war sie entschlossen, das Klosterleben, das man ihr bestimmt hatte, zu ihrem Vorteil zu gestalten.
Als sich die Pforten des Klosters von S. Cebrian de Mazote, das den Dominikanerinnen gehörte, hinter Barbara geschlossen hatten, verlangte sie vom König einen eigenen Haushalt, der ihr auch zugebilligt wurde. Damit hatte aber Philipp einen gewaltigen Fehler gemacht. Barbara in ihrem untrüglichen Instinkt fand sofort heraus, daß es in dem Nonnenkloster auch einen Mann gab, den Hausmeister und Pförtner, der noch dazu im Dienste ihres mittlerweile verstorbenen Sohnes gestanden hatte. Diesen Mann erkor sich Barbara, die nun auch schon die Fünfzig überschritten hatte, vor den Augen der gottesfürchtigen Klosterschwestern zum Liebhaber. Der Skandal war perfekt. Philipp II.

mußte erkennen, daß er dieser Frau nicht gewachsen war. Es hatte ein halbes Leben gedauert, bis er zu dieser Einsicht gekommen war, aber jetzt beschloß er endgültig, seine Pläne aufzugeben. Er schickte einen Boten in das Kloster und ließ der Äbtissin (der ob dieser Nachricht wahrscheinlich ein Stein vom Herzen fiel) mitteilen, daß Barbara sofort aus dem Kloster zu entlassen sei. Mit einem Seufzer der Erleichterung raffte Barbara Blomberg ihr Hab und Gut zusammen und bestieg das Pferd, das schon wartete, um sie in ein Haus an der Biskaya zu bringen, das ihr Philipp zur Verfügung gestellt hatte. Ihr Liebhaber half beim Umzug und bewunderte das kleine Landgut, auf dem sie in Hinkunft leben sollte. Dann bat er aber um seinen Abschied und ließ sich aus Barbaras offiziellen und privaten Diensten beurlauben. Das Klosterleben schien ihm wahrscheinlich weniger anstrengend als die Dienste, die sie von ihm forderte.
Zum ersten Mal in ihrem unsteten Leben gab sich Barbara ruhig, beinahe bürgerlich. Sie genoß es, daß die Familien der Umgebung sich zu einem Besuch bei ihr anmeldeten, um die Mutter des berühmten Helden von Lepanto persönlich kennenzulernen. Es hatte sich bald herumgesprochen, wer die unbekannte Dame war, die auf den königlichen Besitzungen lebte. Sie führte wieder, wie sie es immer gehalten hatte, ein großes Haus und forderte viel Geld von Philipp II. Aber diesmal sträubte sich der König nicht gegen ihre Forderungen, denn er sah, daß sie in geordneten Verhältnissen lebte. Gar mancher interessante Gast betrat ihr Haus, und Barbara erzählte jedem, der es von ihr wissen wollte, wie sehr sie ihren Sohn geliebt hatte, berichtete von seinen Heldentaten, als wäre sie dabei gewesen, und verschwieg wohlweislich die einzige wahre und wirkliche Begegnung mit ihm.
Aber auch ihre Tage waren gezählt. Barbara begann zu kränkeln und verlor jeden Sinn für Realität. Sie verfaßte ihr Testament und bedachte nicht, daß es eigentlich kaum etwas zu vererben gab. Als Haupterben setzte sie den König ein, der aber gleichzeitig auch die Versorgung ihrer Enkel und ihrer Schwiegertochter übernehmen sollte. Was Barbara hinterließ, waren allerdings hauptsächlich unbezahlte Rechnungen für Ärzte und Apotheker und andere Schulden. Da der todkranke spanische König als Haupterbe alles zu übernehmen hatte, mußte er ihr auch ein standesgemäßes Begräbnis zubilligen. Barbara wollte nicht als einfache Frau ins Grab gesenkt werden, sie hatte verfügt, daß

über ihrer Grabstätte ein Monument errichtet werden sollte, außerdem sollte eine große Zahl von Seelenmessen eine eventuelle Schuld, die sie durch ihren früheren Lebenswandel auf sich geladen hatte, tilgen.
Aber es kam alles anders. Nach einem halben Jahr schwerer Krankheit starb Barbara und mit ihr der Mythos, der sie zeitlebens umgeben hatte. Ihr wurde zwar ein ehrenvolles Begräbnis zuteil, an dem ihre Freunde, die sie in Spanien gewonnen hatte, in großer Zahl teilnahmen, und man bestattete sie im Kloster San Sebastian auf der kleinen Insel Monte de Hano im Atlantik, aber das Denkmal, das sie gefordert hatte, vergaß man bewußt.
Ein Jahr nach Barbaras Tod starb auch Philipp II. von Spanien, der die Hypothek, die ihm sein Vater mit dieser Frau hinterlassen hatte, mannhaft getragen hatte. Keiner am spanischen Hof wußte, warum auch ihre Enkel noch finanziell unterstützt wurden; die meisten der Kämmerer, die das Geld anwiesen, hatten den Namen Barbara Blomberg noch nie gehört. Die Zeit hatte den Mantel des Vergessens über eine kaiserliche Liebesaffäre gebreitet, die so viele Konsequenzen nach sich gezogen hatte.
Das Regensburger Mädchen ist in die Weltgeschichte eingegangen, aber nicht so, wie es ein Leben lang gelebt hat, dem sinnlichen Genuß und dem Vergnügen zugetan. Man wollte die Geliebte des Kaisers, die ihm einen heldenhaften Sohn geboren hatte, nicht im Zwielicht ihres obskuren Lebenswandels zeigen. Erst ein Blick hinter die Kulissen läßt erkennen, wie lange und wie heftig sie viele bedeutende Männer ihrer Zeit in Atem gehalten hat.

Andere mögen Kriege führen, du, glückliches Österreich, heirate!

FERDINAND I. UND ANNA VON UNGARN

Lange Schatten warf die Zukunft voraus. Das Weltbild der Menschen, die sich bis dahin im Schoße der Kirche geborgen gefühlt hatten, wankte. Christoph Kolumbus, der seefahrende Genuese, hatte Amerika entdeckt, und überall waren Abenteurer und Glückssucher unterwegs, um den Menschen des 16. Jahrhunderts neue Möglichkeiten zu zeigen, ihren Blick auf ferne Länder zu richten und alle bisher geglaubten Theorien in Frage zu stellen. Astronomen, Astrologen, Alchemisten, Philosophen forschen nach dem Unbekannten in der Natur, das nur darauf wartete, ans Licht geholt zu werden.
Aber auch im Inneren der Menschen selbst gärte es. Zweifel kamen auf, ob das, was die Kirche jahrhundertelang als absolute Wahrheit verkündet hatte, der einzig richtige Weg zum ewigen Heil sein sollte. Männer traten auf und wiesen neue Bahnen, beunruhigten mit ihren Theorien nicht nur den einfachen Christen, sondern auch den Kaiser. Es war schwierig, in diesen Tagen Herrscher zu sein; nur ein ungewöhnlicher Geist konnte die Probleme der Zeit erkennen und eine Lösung suchen.
Maximilian I. hätte die Fähigkeiten gehabt, der neuen Zeit die Stirn zu bieten, er war aufgeschlossen in allen Bereichen des Lebens und der Politik. Alles, was ihm fehlte, war das nötige Geld, um seine Interessen auch gebührend durchsetzen zu können. Sosehr er auch stets versuchte, seine finanziellen Verhältnisse zu verbessern, so schwierig war es für ihn, Geldgeber zu finden. Er hatte keine glückliche Hand in diesen Dingen. Mehr Geschick bewies er, wenn es galt, günstige Heiraten abzuschließen, eine Voraussetzung, um die Vormachtstellung des Hauses Habsburg für die Zukunft zu sichern. Seine beiden Kinder Philipp und Margarete hatte er nach Spanien verheiratet, seine Enkel sollten verwandtschaftliche Beziehungen zu halb Europa knüpfen. »Andere mögen Kriege führen, du, glückliches Österreich, heirate!« Ein Motto, das über den letzten Lebensjahren Maximilians ge-

schrieben stand. Gelang es ihm, seine beiden Enkel Karl und Ferdinand günstig zu verheiraten, so konnten sie das Riesenreich noch vergrößern.
Schon Maximilian selbst hatte durch seine erste Gemahlin einen reichen Gebietszuwachs – Burgund mit seinen Nebenländern – erzielt. Sein Sohn Philipp erbte durch eine unvorhergesehene Fügung des Schicksals Spanien, Neapel, Sizilien und damit auch die neuentdeckten Länder, die zur spanischen Krone gehörten. Nach dem frühen Tod Philipps waren minderjährige Kinder und eine geisteskranke Witwe zurückgeblieben. Maximilian als Haupt der Großfamilie traf weiterhin alle wichtigen Entscheidungen selbst. Das Weltreich, das in den Händen Juanas lag, war zu viel für einen einzelnen Menschen, nicht beherrschbar für einen Mann, eine Unmöglichkeit für eine gemütskranke Frau.
Der älteste Sohn Philipps, Karl, der in den Niederlanden aufgewachsen war, sollte Maximilians Erbe als Kaiser antreten. Karl hatte man bewußt in den Niederlanden erzogen, um aus ihm, in dessen Adern spanisches, burgundisches und österreichisches Blut floß, einen populären Herrscher zu machen. In seiner grüblerischen, bigotten Art hätte Karl aber wohl besser nach Spanien gepaßt, wo sein Bruder Ferdinand als Spanier erzogen werden sollte, der aber in den Niederlanden eher am Platze gewesen wäre. Dem vierten Kind aus der leidenschaftlichen Ehe zwischen Philipp dem Schönen und Johanna der Wahnsinnigen, dem jungen Ferdinand, schenkte man auch im Reich besondere Aufmerksamkeit. Im allgemeinen waren zwar später geborene Kinder nicht so interessant wie die Erstgeborenen, aber Philipp hatte nur diese beiden Söhne, so daß man immer zittern mußte, ob nicht einer eines plötzlichen Todes starb. Dann würde der andere in die Fußstapfen des Bruder treten müssen.
Ferdinand war am 10. März 1503 im spanischen Schloß Alcalá de Henares bei Madrid geboren worden und blieb lange Zeit zusammen mit seiner jüngsten Schwester Katharina in Spanien. Das fröhliche Kind war der Liebling seines Großvaters mütterlicherseits, nach dem er auch getauft worden war. Ferdinand von Aragon hatte keine besonders gute Beziehung zu seinem schönen Schwiegersohn gehabt, gar bald hatte er erkannt, daß Philipp ein machtgieriger, ziemlich rücksichtsloser, vor allem auf seinen Vorteil bedachter junger Mann war. Daß die Ehe seiner Tochter Juana nicht zum besten stand, war auch nicht zu übersehen.

Auch hier hatte der Tod Philipps so manchen Konflikt gelöst, bevor er zum Ausbruch gekommen war. Ferdinand sah deutlich, daß Juana auf keinen Fall die Regentschaft über Spanien antreten konnte. Einer der Söhne mußte der zukünftige König von Spanien sein. Für den Kaiser war es klar, daß der älteste Sohn Karl alle Macht in seinen Händen vereinigen würde, Ferdinand von Aragon allerdings hoffte auf seinen jüngeren Enkel.
Zunächst hatte man den kleinen Sohn und seine Schwester bei der Mutter gelassen, um ihr einen Trost zu gönnen. Als man aber sah, wie sehr sich Juana geistig und körperlich vernachlässigte, mußte man eine neue Obhut für die Kinder suchen.
Der junge Ferdinand wurde ganz im spanischen Sinn erzogen, er lernte Spanisch, Französisch, Italienisch und Flämisch. Schon bald erkannte man die große Aufgeschlossenheit des Knaben, der sich für Literatur und die schönen Künste interessierte. Dazu kam sein heiteres, sonniges Wesen, das im Gegensatz zu der eher mißtrauischen, verschlossenen Art seines älteren Bruders stand. Es gab Pläne, ihn mit einer französischen Prinzessin zu verloben, der Kaiser aber hatte anderes vor. Maximilian war mit dem Jagiellonenkönig Wladislaw II. von Ungarn (als König von Böhmen Wladislaw V.) übereingekommen, dessen Tochter Anna mit einem habsburgischen Prinzen zu vermählen; Maria, die Enkelin Maximilians I., sollte den jungen Ludwig, den Sohn Wladislaws, heiraten. Nach intensiven Verhandlungen von beiden Seiten wurde beschlossen, daß Maximilian stellvertretend für einen seiner Enkel die blutjunge Anna zum Altar führen, während ihr Bruder Ludwig Maria sein Ja-Wort geben sollte. Der Kaiser wußte nämlich zu dieser Zeit, man schrieb das Jahr 1514, noch nicht, welcher seiner Enkel die ungarische Prinzessin zur Frau bekommen sollte. Wladislaw setzte zwar alles daran, daß der zukünftige Kaiser Karl seine Tochter ehelichen sollte, aber Maximilian wollte noch einige Zeit verstreichen lassen, um die politischen Konstellationen abzuwarten und dann erst eine endgültige Entscheidung zu treffen.
Nachdem sich die beiden Herrscher geeinigt hatten, zog man mit großem Gefolge nach Wien, um dort 1515 die Doppelhochzeit zu feiern. Dieses Ereignis sollte als der erste Wiener Kongreß in die Geschichte eingehen. Die Chronisten berichteten von einem riesigen Fest, das mit eindrucksvollem Gepränge abgehalten wurde. Man verstand in dieser Zeit zu feiern, und die Lustbarkei-

ten dehnten sich über viele Wochen aus. In den Quellen findet man ausführliche und anschauliche Berichte über die Hochzeitsfeierlichkeiten: Der enge Vertraute Maximilians, Johann Spießhammer, der im Stil der Zeit seinen Namen latinisiert hatte und sich als Chronist Cuspinianus nannte, schildert in anschaulichen Worten das große Ereignis, das zu einem einmaligen Fest für Wien und den Kaiser werden sollte. Es war ein Treffen von drei mächtigen Herrschern, hinter dem das Ziel des Kaisers stand, die drei Länder Böhmen, Ungarn und Österreich durch ein Ehebündnis zu vereinen.
Die Könige aus Ungarn und Polen zogen zum Schloß Trauttmansdorff in der Nähe von Wien, wo die erste Zusammenkunft stattfinden sollte. König Wladislaw war schon sechzig Jahre alt und ließ sich in einer Sänfte tragen, während Anna in einem von sechs Schimmeln gezogenen Prunkwagen beim Schloß vorfuhr. Der polnische König hingegen, der Bruder Wladislaws, dem man Lebenslust und Frohsinn ansah, ritt auf einem edlen Roß, dessen Geschirr von Gold und Edelsteinen strotzte. Auch der junge Ludwig kam zu Pferde, umgeben von den Mächtigen des Reiches. Alles erwartete die Ankunft des Kaisers, viel Volk war gekommen, um das Schauspiel mit eigenen Augen sehen zu können, man hatte den weiten Weg aus Böhmen, Ungarn und Polen, ja selbst aus der Tartarei nicht gescheut, um das einmalige Fest miterleben zu können. Gaukler und Taschenspieler, Traumdeuter und Handleserinnen tummelten sich hier und unterhielten die Wartenden mit ihrer Kunst. Endlich ertönte von ferne heitere Musik, glänzende Reiter in blinkenden Rüstungen galoppierten heran, und dann sah man auch ihn, den Kaiser.
Maximilian war nicht mehr jung, als er zum glanzvollsten Fest des Jahrhunderts nach Wien kam. Er war sechsundfünfzig, und die Jahre hatten tiefe Furchen in seinem einstmals männlich schönen Gesicht hinterlassen. Jetzt aber strahlte er, als er seiner mit Gold und Purpur verzierten Sänfte entstieg. Er stand auf dem Höhepunkt seiner Macht, nach einem Leben voller Geldsorgen, voller Auseinandersetzungen mit dem französischen König, mit Bürgern und Bauern. Alles schien jetzt vergessen. Die Gesandten der mächtigsten Staaten Europas waren nach Wien gekommen, um ihm zu huldigen und die Hochzeit seiner Enkelin zu verschönern. Die Abgesandten Spaniens, Englands, Bayerns, Württembergs, Mecklenburgs und anderer Länder gaben dem Fest durch

ihre Anwesenheit ein feierliches Gepräge. Dazu kamen noch die Adeligen aus dem Reich und aus Österreich, die es nicht versäumen wollten, hier in Wien dem Kaiser die Ehre zu erweisen.
Nachdem Maximilian seiner Sänfte entstiegen war, ging er auf die Kinder zu und reichte ihnen freundlich die Hand. In lateinischer Sprache rief er laut aus: »Dies ist der Tag, den der Herr gesendet. Lasset uns freudig und fröhlich sein.« Als die große Menge des Volkes die Worte des Kaisers hörte, brach ein unwahrscheinlicher Jubel aus, die Kinder schmiegten sich an Maximilian, und Wladislaw konnte vor Rührung kein Wort herausbringen. Man war sich der bedeutungsvollen Stunde bewußt, die Zeichen der Zeit standen gut für eine endgültige Vereinigung der drei Länder im Osten. Freilich konnten die Anwesenden damals noch nicht erahnen, wie eng Böhmen und Ungarn in den nächsten vier Jahrhunderten mit dem Schicksal Österreichs verknüpft sein sollten. Die Weichen hiezu wurden bei der Wiener Doppelhochzeit gestellt.
Heiraten, bei denen die zukünftigen Eheleute gar nicht anwesend waren, entsprachen ganz dem Stil der Zeit. Wenn man bedenkt, daß es in den bedeutenden europäischen Herrscherfamilien durchaus üblich war, Söhne und Töchter im Kleinkinderalter zu verheiraten, kann man sich vorstellen, daß diese Eheschließungen immer durch Stellvertreter vorgenommen wurden. Die Kinder wuchsen heran, und erst wenn sie in der Lage waren, die Ehe tatsächlich zu vollziehen, machte man sie miteinander bekannt. Die betreffenden jungen Eheleute hatten dann überhaupt kein Einspruchsrecht mehr. Viele der Töchter wurden förmlich als Heiratsgut verschachert. Was spielte es schon für eine Rolle, wie die Brautleute aussahen oder ob sie zueinander paßten! Erstaunlicherweise gab es aber doch genügend junge Leute, die sich aneinander gewöhnten und sich in gewissem Maße auch sympathisch waren.
Die Doppelhochzeit von Wien war unter den gleichen Voraussetzungen vereinbart worden. Aber ein glücklicher Zufall wollte es, daß die zwölfjährige Anna zwar vorerst stellvertretend mit dem Kaiser selbst verheiratet wurde, dann aber einen Mann bekam, der im Alter gut zu ihr paßte. Zunächst aber mußten alle in Wien die langen und überaus prächtigen Zeremonien über sich ergehen lassen, und die wenigsten der Zuschauer dachten bei dem eindrucksvollen Schauspiel an die Menschen, die hier für ein Leben

lang miteinander verbunden wurden. Nach der ersten Unterredung im Schloß Trauttmansdorff, die über eine Stunde gedauert hatte, zog sich Maximilian nach Laxenburg zurück, während der König von Polen in Enzersdorf übernachtete. Der ungarische König blieb mit seinen Kindern in Trauttmansdorff. Am 17. Juli wurde in Schwechat eine Zusammenkunft angesetzt, dann erst zog man mit großem Gepränge in Wien ein. Cuspinianus berichtet:
»Aus der Stadt zogen dem Kaiser und den Königen auf eine Viertelmeile des Weges entgegen an tausend fünfhundert Bürger und Bürgersöhne, alle in Scharlach gekleidet; vor ihnen her ritten sechs mit ritterlicher Würde geschmückte Ratsherren in silbernem Harnisch, um die Fürsten im Namen der Stadt mit Gruß und Geschenken zu bewillkommnen. Nach diesen kamen fünfhundert deutsche Landsknechte mit langen Spießen und Handröhren, alle schön und gleich gekleidet. Bis an die steinerne Brücke vor dem Stubentor giengen sämmtliche Ordensgeistliche, die alle Heiligthümer ihrer Kirchen mit sich trugen. Diesen folgten Schulknaben in großer Menge, deren jeder ein mit dem ungarischen, polnischen und österreichischen Wappen bemaltes Fähnlein trug. Hierauf kam die übrige Clerisei von Wien, dann alle Studenten, Professoren und Doctoren der Universität, endlich die Zechen oder Handwerkszünfte mit ihren Fahnen, sechzig an der Zahl.«
Macht und Ansehen des Kaisers waren auf ihrem Höhepunkt angelangt. Maximilian empfing nun den Lohn für sein jahrzehntelanges Bemühen, das Habsburgerreich nach bestem Wissen und Gewissen zu beherrschen, Recht und Ordnung walten zu lassen und trotzdem der neuen Zeit, wenn auch nur in geringem Ausmaß, die Türen zu öffnen.
Nach den Vertretern des Volkes, des Adels, der Universität und der Handwerksleute folgten in dem farbenprächtigen Zug die Reitereien der verschiedenen Völker, Ungarn, Böhmen, Polen, Mährer, alle von ihrer Musik begleitet. Der österreichische Adel ließ es sich nicht nehmen, dem Kaiser die Ehre zu erweisen und war vollzählig erschienen, ebenso wie die Räte und Berater des Kaisers und der Könige. Der Kaiser und der König von Ungarn wurden in Sänften getragen, der König von Polen und Ludwig zogen es vor, auf prachtvollen Pferden durch das jubelnde Volk zu reiten. Die Damen, Anna von Ungarn und Maria, die Enkelin

Maximilians, fuhren in prächtigen Kutschen zum Dom St. Stephan, wo der Bischof von Wien, Georg von Slatkonia, über die Anwesenden den Segen sprach. Danach zogen sich alle in ihre Palais zurück, Maximilian, Wladislaw und die Kinder wohnten in der Burg, wo man sich von den Strapazen bei köstlichem Essen, einem edlen Tropfen und fröhlicher Musik erholte.

Am 22. Juli 1515 fand die eigentliche Vermählung im Stephansdom statt. Es war eine eindrucksvolle Feier, ganz nach den Vorstellungen der Zeit. Der Kaiser, die Könige Wladislaw und Siegmund von Polen sowie der junge Ludwig waren in golddurchwirkten Brokat gekleidet. Sie standen auf der rechten Seite, die beiden Bräute nahmen in der Mitte Platz. Als apostolischer Legat war der Kardinal von Gran gekommen, der päpstliche Nuntius, der Kardinal von Gurk und weitere vierzehn Bischöfe und Prälaten sollten den Segen Gottes für die beiden Ehepaare erflehen. Die Kirche war prachtvoll mit Blumen und Teppichen geschmückt, Kerzen erhellten das dunkle Gemäuer. Nachdem Maximilian vor dem Grabmal seines Vaters, Friedrichs III., den kaiserlichen Ornat übergezogen hatte, den man auf eine Million Gulden schätzte, ließ er sich mit der kleinen Anna von Ungarn trauen, stellvertretend für einen seiner Enkel.

Als Anna ihm einen kostbaren Blumenstrauß aus künstlichen Blüten überreichte, richtete der Kaiser folgende Worte an sie: »Wiewohl Wir itzt Euer Liebden das Wort gegeben, daß Ihr Unser Gemahlin seyn sollet, so ist doch solches geschehen im Namen Unserer beiden abwesenden Enkel und in der Meinung, Euer Liebden an einen von denselben zu vermählen, den Wir auch hiermit Euch ehelich versprechen. Und weil mein Enkel Carl die Königreiche Castillien und Arragonien, sein Bruder Ferdinand aber das Königreich Neapel zu erben und zu erwarten hat, so erklären und nennen Wir hiemit Euer Liebden eine Königin, und wollen Euch zu einer solchen gekrönet haben!«

Nach diesen Worten setzte Maximilian der jungen Anna die Krone auf.

Anschließend wurden Ludwig von Ungarn und Maria getraut. Ein allgemeines Lob des allmächtigen Gottes beschloß die Feier, bei der auch noch zweihundert Jünglinge zum Ritter geschlagen wurden.

Noch eine weitere Heirat wurde an diesem Tage feierlich begangen: der besondere Liebling des Kaisers, Siegmund von Dietrich-

stein, heiratete die schöne Barbara von Rottal. Der Kaiser selbst und der ungarische König führten die Braut zum Altar.
Das Fest der Vermählung war zwar vorüber, aber die Zeit der Feiern und Turniere noch lange nicht. Tagelang wurde gegessen und getrunken, mehr als dreihundert Speisen aufgetragen, der Wein floß in Strömen und die goldenen, mit Edelsteinen besetzten Pokale wurden nie leer. Erst am 29. Juli trennte man sich in herzlichster Freundschaft, am 3. August wurde in Neustadt ein offizieller Freundschaftsbund besiegelt.
Maximilian und Wladislaw sollten sich nicht mehr wiedersehen, denn schon ein Jahr später raffte der Tod den Ungarnkönig dahin. Sein Sohn Ludwig folgte ihm auf den Thron. Für den jungen König standen schwere Zeiten bevor, er hatte in einer verworrenen, unruhigen Zeit das Erbe seines Vaters angetreten. Die Türken stießen immer heftiger nach Westen vor, und jeder, der auf dem ungarischen Thron saß, wurde über kurz oder lang mit diesem gewaltigen Problem konfrontiert.
Die schönen Tage von Wien waren auch für die jungen Mädchen vorbei. Anna wurde nach Innsbruck gebracht, um sich auf die Ehe mit einem der Kaiserenkel vorzubereiten. Noch hoffte sie im geheimen auf Karl als Gemahl; von Ferdinand hatte sie bis jetzt nur wenig vernommen. Sie stellte sich ganz auf Karl ein, und ihr Bruder, König Ludwig II. von Ungarn, forderte geradezu die Einlösung des »Versprechens« von Wien. Seine Schwester sollte Karl, den Kaiser heiraten! Für beide, für Ludwig und Anna war es zunächst eine große Enttäuschung, als sie erfahren mußten, daß man für den jungen Kaiser eine andere Frau vorgezogen hatten. Anna wußte natürlich nicht, daß sie mit dem jüngeren Bruder eigentlich das große Los gezogen hatte, denn Ferdinand hatte nicht nur ein fröhliches und gewinnendes Wesen, er war zudem äußerst gebildet und fähig, eine Frau von ganzem Herzen zu lieben. Außerdem führte er ein wesentlich ruhigeres Leben als sein Bruder, der ständig in dem riesigen Reich unterwegs war, alle Unbilden des Reisens auf sich nehmen mußte und dabei schon in jungen Jahren seine Gesundheit einbüßte.
Ferdinand war von frühester Jugend auf gewöhnt, sich mit Büchern und Musik zu beschäftigen. Von seinem großen Lehrmeister Erasmus von Rotterdam hatte der junge Prinz viele Lebensweisheiten übernommen. Dazu kam ein reges Interesse an der Archäologie, der Geschichte und an allem, was seine Vorfahren

betraf. Er stellte eine Münzsammlung zusammen und begann nach Kunstschätzen, die im Besitz der Familie waren, Ausschau zu halten, um sie im geeigneten Rahmen aufzubewahren. Er war ein in weiten Dimensionen denkender junger Mann, ganz im Stil der Renaissance, ohne allerdings persönlich in den lockeren Lebenswandel, der damals herrschte, zu verfallen. Sein Leben war eher asketisch, Schwelgereien und vor allem Völlerei, an der sein Bruder beinahe zugrunde ging, verachtete er zutiefst. War Karl V. ein ungewöhnlich großer Esser und Trinker, der die auserlesensten Leckerbissen liebte und selbst noch in der Einsiedelei des Klosters St. Yuste in Spanien, die er selbst gewählt hatte, täglich die raffiniertesten Speisen genoß, so pflegte Ferdinand nur einmal am Tag zu essen. Obwohl er schon sehr früh sein Tagwerk begann – er stand im Morgengrauen auf –, aß und trank er nichts bis zu Mittag. Dann wurden ihm einfache Speisen serviert, denen er aber auch nur mäßig zusprach. Allerdings war Ferdinand ein toleranter Mensch und achtete die Gewohnheiten anderer. In persönlichen Dingen zwang er niemandem seinen Willen auf, er forderte auch nicht von seiner Familie dieses Maßhalten im Essen und Trinken. Sein zweiter Sohn, der den Namen des Vaters trug, war eher ein Genießer, der manchmal so lange aß und trank, daß ihn seine heilkundige Frau Philippine Welser anschließend kurieren mußte.

Ferdinand I. war wohl eine Ausnahme in einer lebensfrohen und sinnenfreudigen Zeit. Er wußte, daß er mit Anna von Ungarn versprochen war, und er hielt sich daran. Wenn andere Söhne aus allen Adelsschichten ihre galanten Abenteuer hatten – auch sein Bruder Karl –, so lebte der junge Prinz in völliger Keuschheit, was viele seiner Zeitgenossen nicht verstehen konnten. Die Renaissance hatte den menschlichen Körper wiederentdeckt; in Kunst und Literatur, in Liedern und Schwänken stand der Leib in seiner Schönheit, aber auch mit seinen Schwächen im Mittelpunkt. Man wollte auf der Erde, im Diesseits, alles erleben, was die Kirche den Gläubigen für das Jenseits versprach. Sitte und Moral waren in der Denkweise dieser Zeit überkommene Begriffe, man machte sich die Moralgesetze selber, gut war, was einem gut tat. So lebte nicht nur der Adel, auch das Bürgertum und selbst die Bauern hatten nicht mehr den drohenden Finger der Geistlichen vor Augen, man versuchte so viel wie möglich an irdischem Genuß zu erhaschen. Die Städte waren Zentren der

Lebenslust, und es galt für Bürger und Bürgerinnen nicht verwerflich, möglichst viele Liebhaber zu besitzen. Man sah nichts Schändliches in der Fleischeslust, im Gegenteil, die Literatur der Zeit rühmte geradezu besonders begehrenswerte junge Männer und Mädchen, die in der Liebeskunst erfahren waren. Man gestattete nicht nur den Männern ungewöhnlich viele Freiheiten, auch die Frauen mußten nicht mehr züchtig zu Hause sitzen und die Kinder hüten, auch sie genossen, wo immer und wann immer sich eine Gelegenheit bot.

In dieser turbulenten Zeit wuchs der junge Ferdinand heran, ohne sich vom Strudel der Sinnlichkeit mitreißen zu lassen, obwohl er, wie sich später herausstellte, durchaus zu großer Leidenschaftlichkeit fähig war. Aber das Mädchen seines Herzens war noch nicht gekommen, er vermißte nichts, wenn er sich nicht für die Frauen am spanischen Hof oder in den Niederlanden interessierte.

Karl und Ferdinand sollten sich erst im November 1517 in dem spanischen Dorf Mojados westlich von Valladolid persönlich kennenlernen. Man kann nicht sagen, daß sich die Brüder von Anfang an nahestanden. Es war Ferdinand, der den Bann brach, indem er seinem älteren Bruder, als sich dieser die Hände wusch, spontan ein Handtuch reichte. Es war nur eine Geste, zeigte aber doch, daß der Jüngere dem Älteren mit der Ehrfurcht entgegenkam, die ihm vom Alter und von seiner Position als zukünftiger Kaiser her gebührte.

Dabei stand es zu dieser Zeit noch nicht einmal fest, daß Karl wirklich als Nachfolger Maximilians Kaiser werden sollte. Die Sympathien einiger Mächtiger galten dem jüngeren Ferdinand. So versuchte auch Margarete, Karl dazu zu bewegen, zugunsten seines jüngeren Bruders auf den Thron zu verzichten. Ob dies der Grund dafür war, daß sich Karl innerlich von seiner Tante zurückzog, obwohl sie für ihn, solange er denken konnte, Ersatzmutter gewesen war, wissen wir nicht.

Natürlich versuchte auch Ferdinand von Aragon, der den jüngeren Enkel über alles liebte, seinen Einfluß geltend zu machen. Karl gab aber sehr deutlich zu erkennen, daß er unter gar keinen Umständen willens war, auf die Kaiserwürde zu verzichten, und auch Ferdinand akzeptierte die Einstellung des Bruders, vielleicht auch deshalb, weil er wissen mußte, daß er im Spiel um die Macht nicht ganz leer ausgehen würde. Schon Maximilian hatte

eine Teilung des Reiches vorgeschwebt, er hatte erkannt, daß Gebiete von solch riesigem Ausmaß niemals von einer Person regiert werden konnten. Obwohl er sich seinen Enkeln gegenüber wahrscheinlich nicht äußerte, gibt es genügend Hinweise dafür, daß er der Ansicht war, beide Enkel sollten das Weltreich erben, jeder nach seinen Ambitionen. Merkwürdigerweise war es für Karl selbstverständlich, daß er über Spanien und die überseeischen Gebiete regieren wollte; er hatte aber nicht die Absicht, auf Teile des heutigen österreichischen Gebietes zu verzichten. So wollte er vor allem die Herrschaft über Tirol ausüben, ein Land, das durch seine Silbervorkommen zu den reichsten Gebieten im Alpenraum gehörte. Freilich konnte Karl mit dem Silber kaum rechnen, obwohl er an allen Ecken und Enden Geld brauchte, um seine Wahl zum Kaiser gegen den König von Frankreich durchzusetzen, denn seit den Tagen Maximilians waren die Silberminen von Schwaz an die Fugger verpfändet, die jährlich 200.000 Gulden Einnahmen daraus bezogen. Der Schuldenberg, den Kaiser Maximilian hinterlassen hatten, war unübersehbar hoch, und weder Karl noch Ferdinand wußten, wie sie jemals die Gläubiger befriedigen sollten. Nur guter Willen und verschiedene Privilegien konnten vor größeren Unruhen bewahren.
Die Brüder einigten sich relativ rasch, welche Aufgaben sie in dem Weltreich übernehmen wollten, das ihnen der Großvater hinterlassen hatte. Ferdinand anerkannte Karl als Kaiser, und dieser teilte das Reich im Vertrag von Brüssel, 1522. Ferdinand wurde außerdem als Statthalter eingesetzt, das heißt, als Vertreter des Kaisers, wenn dieser außer Landes oder auf Kriegszügen war. Dadurch erhielt der jüngere Bruder eine Fülle von Macht, denn die österreichischen Gebiete des Reiches waren sprachlich ein geschlossenes Gebiet, das die Habsburger seit Generationen regierten. Karl hatte dem Bruder schließlich auch Tirol und die Vorlande übertragen; daß Böhmen und Ungarn das Reich im Osten abrunden würden, war im Jahr 1522 noch nicht vorherzusehen.
Freilich hatte Ferdinand nicht nur Länder übernommen, er war mit einer Bürde von weltgeschichtlicher Bedeutung beladen worden: mit dem Kampf gegen die Türken, den noch seine Kinder und Kindeskinder fortführen mußten. Viel Geld und noch mehr Blut kostete der Krieg gegen die Osmanen, die sich in ihrem Drang nach dem Westen von niemandem aufhalten lassen

wollten. Der junge König von Ungarn, Ludwig II., der als König keine eindrucksvolle Rolle spielte, da er zum Spielball zweier machthungriger Parteien geworden war und sich nie eindeutig entscheiden konnte, für wen er eigentlich war, verlor auf dem Schlachtfeld von Mohács 1526 sein Leben, ohne einen Erben zu hinterlassen. Seine junge Witwe Maria, die Schwester Karls und Ferdinands, versuchte in Ungarn noch einige Zeit mit geschickter Hand die habsburgischen Interessen zu vertreten, ohne es natürlich verhindern zu können, daß die Türken immer weiter nach Westen vorrückten und nur durch ein mächtiges Heer aufzuhalten waren.
Durch den Tod Ludwigs wurde der alte Traum der Habsburger, Ungarn und Böhmen zu erwerben, wahr, und gleichzeitig erfüllte sich auch menschliches Glück. Denn so sehr sich Anna, wahrscheinlich unter dem Einfluß ihres ehrgeizigen Bruders, gegen Ferdinand als Gemahl gestellt hatte, so glücklich wurde die Verbindung ein Leben lang.
Sie paßten gut zusammen, der eher zierliche, nicht allzu große Ferdinand mit seiner ausgeprägten Unterlippe, dem blonden Haar und den lebhaften, fröhlich dreinblickenden Augen, die Lebensmut und Güte ausstrahlten, und die kleine Königstochter. Die Zeitgenossen überbieten sich geradezu in der Lobpreisung ihrer äußeren Schönheit, und ein venezianischer Gesandter beschreibt sie als »bellissima, onestissima«. Ein Porträt aus dem Jahre 1521 zeigt ein zartes, rundliches Mädchengesicht mit einem kleinen, schönen Mund. Das rötlichblonde Haar und die blauen Augen, für eine ungarische Königstochter eher ungewöhnlich, hatte Anna von ihrer romanischen Mutter geerbt. Sie war auch nicht allzu groß, und so bildeten Ferdinand und sie ein ausgewogenes Paar.
Auch auf ihre geistige Ausbildung hatte schon ihr Vater Wladislaw Wert gelegt, und als Anna nach dem ersten Wiener Kongreß in Innsbruck weiter erzogen wurde, achtete man darauf, daß sie neben anderen weiblichen Fertigkeiten wie Handarbeiten und Sticken auch geistige Interessen pflegte. Ferdinand schätzte ihre politische Umsicht und ihr Geschick, im richtigen Augenblick das Richtige zu tun, ein Leben lang, er hörte gern auf ihren Rat, setzte sie, wenn er außer Landes war, als seine Vertreterin ein und betraute sie mit der Regentschaft, eine Auszeichnung, die nur wenigen Frauen von Herrschern zuteil werden sollte.

Nach den Jahren des Erwachsenwerdens in Tirol, die sie mit ihrer zukünftigen Schwägerin Maria verbracht hatte, mit der sie ihr ganzes Leben hindurch eine innige Freundschaft verbinden sollte, feierten Ferdinand und Anna im Jahre 1521 endlich wirklich Hochzeit. Die Stadt Linz war dazu ausersehen, den festlichen Rahmen für dieses große Ereignis zu bilden. Linz sollte auch in Hinkunft immer eine besondere Rolle im Leben Ferdinands spielen.

Anna wurde in feierlichem Zuge aus Tirol nach Linz gebracht, sehr zum Mißfallen der Tiroler, denn die Innsbrucker hatten sich von der Hochzeit des Kaiserenkels mit der Königstochter großen finanziellen Gewinn erhofft. Der Bräutigam brach aus dem Rheinland auf und nahm mit seinem Gefolge den Weg über Heidelberg nach Augsburg. Er reiste in erlauchter Begleitung; der Salzburger Erzbischof Matthäus Lang und Herzog Ludwig von Bayern gaben ihm die Ehre. In Augsburg veranstaltete Jakob Fugger für die hohen Herrschaften ein rauschendes Fest. Die Fugger hatten längst eine besondere Beziehung zu den Habsburgern, die auf Gegenseitigkeit beruhte: das Geld spielte hier wie dort die Hauptrolle. Danach zogen der Bräutigam und seine Getreuen weiter nach Regensburg, wo sie als Gäste des Bischofs verweilten. Zu Schiff setzten sie ihren Weg fort gen Linz und kamen am Dreifaltigkeitssonntag an.

Dicht gedrängt standen die Menschen am Ufer der Donau, um den Kaiserenkel zu begrüßen. Bischof Georg Slatkonia, der schon die Trauung in Wien vorgenommen hatte, holte den achtzehnjährigen Prinzen und seine Begleiter ab. Eine schier endlose Zahl von weltlichen und geistlichen Würdenträgern hatte den oft weiten Weg nach Linz nicht gescheut, um durch ihre Anwesenheit das Hochzeitsfest zu verschönern. So sah man unter den Gästen den Kardinal und Bischof von Trient, Bernhard von Cles, den Bischof von Laibach, Bischof Berthold Pistinger von Chiemsee, Johann von Brandenburg, Herzog Ernst von Bayern, seinen Bruder Herzog Wilhelm, Kasimir von Brandenburg, den kaiserlichen Gesandten Andreas de Burgo, den Probst von Preßburg, Hieronymus Balbi, der sich schon als Unterhändler bei den Heiratsplänen Karls V. einen Namen gemacht hatte, die Grafen von Gradisca und Siegmund Herberstein. Der Bruder der Braut, König Ludwig von Ungarn, war nicht erschienen, und auch seine Vertreter hatten nur zögernd den Weg nach Linz angetreten, brachten aber um so reichlichere Hochzeitsgeschenke mit. Der ungarische Adel stattete die Braut überreichlich mit Gold, Silber und Seidenballen, Perlen und Juwelen aus. Allein das Geschenk des Bischofs von Fünfkirchen soll einen Wert von 10.000 Dukaten besessen haben. Ferdinand hatte mit Anna nicht nur eine schöne, junge, liebenswürdige Braut bekommen, auch ihre Aussteuer konnte sich sehen lassen und besserte die beinahe leeren Kassen des Bräutigams gehörig auf. Ferdinand und sein Bruder Karl hatten ja noch für Jahre an den Schulden des Großvaters zu tragen.

Schon am Tag nach dem ersten Zusammentreffen der beiden jungen Leute – auch die Braut zählte achtzehn Lenze – nahm der Erzbischof von Salzburg, Matthäus Lang, die Trauung in der Pfarrkirche von Linz vor. Als hätte die Stadt das große Ereignis schon Jahre vorher geahnt, hatte man die Pfarrkirche nach dem großen Brand von 1509 vollkommen erneuern lassen, die dreischiffige Basilika erstrahlte in vollem Glanz.

Vielleicht war es Liebe auf den ersten Blick, was die Königskinder zusammenführte, und diese Liebe hielt bei beiden ein Leben lang an. Obwohl Ferdinand vorher keine besonderen Beziehungen zu Mädchen oder jungen Damen aus dem Adel gehabt hatte, war er von Anna vom ersten Augenblick an fasziniert. Was ihre Väter und Großväter als politische Eheschließung gedacht hatten, wurde zu einer echten Liebesheirat und im Laufe der Jahre zu einer der glücklichsten Ehen im Hause Habsburg. Auf die Vorhaltungen seiner Ratgeber, die Ferdinand überreden wollten, nicht ohne sexuelle Erfahrungen in die Ehe zu gehen, hatte der Prinz nur kurzerhand geantwortet: »Natura sagax satis docebit« (Die weise Natur weiß sich zu helfen). Und er sollte recht behalten, er brauchte keine vorehelichen Abenteuer, um mit seiner Anna glücklich zu werden. Im Laufe der Zeit schenkte ihm seine Gemahlin fünfzehn Kinder, die alle (bis auf zwei, die im Kindesalter starben) in einer harmonischen Familie aufwuchsen, weil die Eltern einander liebten.

Drei Tage lang wurde ununterbrochen gefeiert, eine Lustbarkeit löste die andere ab, und der Wein floß in Strömen. Die erlesensten Delikatessen waren nach Linz gebracht worden, um auch die verwöhnten Spanier aus Ferdinands Gefolge zufriedenzustellen. Alles hatte man bei den Speiseplänen bedacht, nur nicht, daß das Geschirr knapp werden könnte: Es gab eine solche Menge von

Köstlichkeiten für die riesige Zahl von Gefolgsleuten und geladenen Gästen, daß man sich aus dem benachbarten Steyr 200 Zinnschüsseln ausleihen mußte.
Nach dem üppigen Essen und reichlichen Trinken ergötzte man sich an vielfältigen Ritterspielen. Der Erzherzog galt in dieser Kunst als besonderer Experte. Er hatte nicht nur am spanischen Hof eine ganze Anzahl von ritterlichen Turnieren gesehen und selbst daran teilgenommen; in Burgund war er ein begeisterter Mitstreiter gewesen, und auch im deutschen Raum galt er als hervorragender Ritter. Am Linzer Hauptplatz waren Tribünen für die adeligen Herren und Damen errichtet worden, um die Turniere gut beobachten zu können. Schon damals galt der Hauptplatz von Linz, der sich fast bis zu den Ufern der Donau zog, als einer der schönsten in den österreichischen Ländern. Von der Schmalseite her ritten nun in bunter Folge die Kämpfer auf ihren prächtig geschmückten Pferden ein. Der Jubel kannte keine Grenzen, wenn ein siegreicher Ritter sich vor den Ehrengästen verneigte. Aber der Wein, den sowohl die Gäste als auch die Österreicher wie Wasser in sich hineingegossen hatten, hätte das prunkvolle Fest beinahe zu einer Bluthochzeit werden lassen. Vielleicht unterschätzten die Spanier, die mit Ferdinand gekommen waren, die österreichische Mentalität und glaubten sie weniger hitzig als das südländische Temperament: Mitten in den Festlichkeiten begannen einige Spanier ihre österreichischen Gastgeber zu provozieren und zum Kampf auf Leib und Leben herauszufordern. Sie ließen ihr Ansinnen öffentlich am Rathaus anschlagen, und als die österreichischen Kontrahenten auf diese Aufforderung nicht reagierten, um die fröhlichen Feiern nicht durch einen blutigen Kampf zu stören, schmähten die Spanier die Österreicher und bezichtigten sie der Feigheit.
Nun mußten die Einheimischen, ob sie wollten oder nicht, handeln. Sebastian von Losenstein wurde dazu auserwählt, die Ehre seiner Landsleute wiederherzustellen und den Kampf aufzunehmen. Er wich mit geschickter Taktik den Attacken seines Gegners so lange aus, bis der Südländer Anzeichen von Müdigkeit zeigte. Dann schlug Losenstein zu, gab seinem Pferd die Sporen, daß das Tier ganz nahe an das Roß des Spaniers herankam. Das Pferd Losensteins war abgerichtet und verbiß sich sofort in das des Spaniers. Losenstein selbst schwang einen Bihänder (ein langes, schweres Schwert) mit solcher Wucht auf den Helm des

Gegners, daß das Metall wie Zunder zerbrach. Mit dem nächsten Schlag hätte der Österreicher dem Gegner den Kopf vom Leibe getrennt, wäre nicht Ferdinand schnell dazwischengesprungen. Die Spanier wußten nun, daß sie sich nicht als großmäulige Fremde aufzuführen hatten, daß sie, wollten sie nicht nach der Hochzeit mit Gewalt aus der Stadt gejagt werden, sich wie Gäste zu verhalten hatten und das Gastrecht nicht mißbrauchen durften. Auch den Österreichern war durch die Tat Losensteins Genugtuung gegeben.
Auf die Hochzeitsfeierlichkeiten von Linz folgten unruhige Zeiten für den jungen Ehemann. Die Türken bedrohten erneut die Ostgrenze des Reiches. Nach dem Fall von Belgrad wandte sich Ludwig von Ungarn hilfesuchend an seinen Schwager, aber der Kaiser hatte weder Truppen noch Geld, um ein schlagkräftiges Heer gegen den Feind aufstellen zu können. In ganz Europa verkannte man die Gefahr, die von den Osmanen drohte, und nach Aussagen eines Zeitgenossen gab es keine Hoffnung, denn ein jeder wartete, bis ihm »selbst die Wand heiß« wurde.
Für Ferdinand sollte der Kampf gegen die Türken zur Lebensaufgabe werden, die ihn aber zugleich seinen Ländern, in die er als Fremder gekommen war, näherbrachte. Er sah seine Bestimmung darin, die österreichischen Gebiete und damit letztlich das ganze Abendland vor diesen Feinden zu schützen und versuchte sein Bestes, um seinen neuen Staat zur Zufriedenheit aller zu regieren.
Seine Frau Anna stand ihm, wo immer es ging, mit Rat und Tat zur Seite. Er trennte sich selten von ihr, nur wenn es unumgänglich notwendig war. Selbst auf schwierigen und gefahrvollen Reisen begleitete sie ihn, und allen kam dies so ungewöhnlich vor, daß verschiedene Ratgeber des Erzherzogs und späteren Kaisers ihren Herrn daraufhin ansprachen. Man meinte, es sei eine teure Angelegenheit, wenn die Gemahlin des Herrschers ihrem Mann immer Gesellschaft leiste. Denn Anna reiste selbstverständlich nicht allein, ihre Kammerfrauen und Bediensteten bildeten ein umfangreiches Gefolge. In einer Zeit, die den Reisenden wenig Annehmlichkeiten bot, vor allem einer jungen Frau, die beinahe immer in gesegneten Umständen war, war es notwendig, daß wenigstens die Diener und Dienerinnen mitzogen. Natürlich kostete dies alles Geld, und die Kassen Ferdinands waren meist bedenklich leer. Aber er nahm allen Vorwürfen die Spitze, wenn es um

seine geliebte Frau ging und meinte, « es sei besser, die Unkosten auf seine Gattin zu verwenden als auf Buhlerei».
So oft es ging, kehrte das Herrscherpaar in Linz ein. Ferdinand hatte die Burg als Witwensitz für seine Schwester Maria ausbauen lassen. Annas erstes Kind kam hier zur Welt, und vier Jahre später wurde in Linz der zweite Sohn Ferdinand geboren, der Lieblingssohn des Kaisers und wohl auch seiner Frau, die darauf bestanden hatte, einen Sohn nach dem Vater zu nennen. Der erstgeborene Sohn war aus Verehrung für den berühmten Großvater Maximilian getauft worden. Jedes Jahr erwähnen Urkunden den Aufenthalt Ferdinands und seiner Familie in der Stadt an der Donau, hier fand er Ruhe und Geborgenheit vor den Türken oder vor der Pest in Wien. Die Burg hatte man komfortabel ausgestattet, Ferdinand hatte für Anna eigens ein Badezimmer einrichten lassen und befohlen, das Prunkbett der Bianca Maria Sforza, der zweiten Gemahlin Maximilians, von Innsbruck nach Linz zu bringen. Es ist bezeichnend, daß Ferdinand, der als Kind nie eine eigentliche Familie kennengelernt hatte, ein rührender Ehemann und fürsorglicher Vater war, der sich ständig persönlich um das Wohl von Frau und Kindern sorgte. So ließ er sich über die Ausbildung seiner beiden älteren Söhne genau informieren und überwachte, wenn er anwesend war, ihre Aufgaben. Die Prinzen wurden auch nicht von privaten Lehrern erzogen, sie besuchten in Innsbruck eine Art öffentliche Schule, wo sie mit anderen Kindern zusammenkamen, um so Kontakt zum Volk zu finden. Außerdem ließen Ferdinand und Anna die beiden ältesten Söhne schon sehr bald in den wichtigsten Sprachen ihrer Länder unterweisen, Deutsch, Böhmisch, Polnisch und auch Latein standen auf ihrem Tagesprogramm. Berühmte Lehrer wurden engagiert, um den Kindern eine umfassende Bildung zu vermitteln. Es spricht vom Weitblick und der Weltoffenheit sowohl Ferdinands als auch Annas, daß beide eine ausgezeichnete Ausbildung all ihrer Kinder als Grundlage für ein erfülltes Leben betrachteten. Liebe und Vertraulichkeit sprechen aus den Briefen, die die Eltern während ihrer Abwesenheit an die Kinder richteten, sie erkundigten sich nach vielem, was auch andere Eltern wissen wollen, und gaben Ratschläge, wo sie vonnöten waren. Besonders der zweitgeborene Sohn Ferdinand bekam später die große Güte und Milde seines Vaters zu spüren, als er fürchten mußte, daß seine heimliche Ehe mit der Augsburger Bürgerstoch-

ter Philippine Welser zum Konflikt im Kaiserhaus führen würde. Zwar hat Ferdinand zeit seines Lebens seine Schwiegertochter nie zu Gesicht bekommen, seinem Sohn gegenüber zeigte er sich aber von einer Toleranz, die uns heute noch in Erstaunen versetzt.

Anna war für Ferdinand trotz der düsteren Wolken am politischen Himmel der ruhende Pol im Strudel der Zeit. Als sie am 27. Januar 1547 in Prag starb, ging für Ferdinand ein Teil seines Wesens verloren. Er ließ sich den Bart nicht mehr scheren, und sein Leben wurde noch genügsamer und karger. Nur bei offiziellen Anlässen zeigte er nach wie vor Prunk und Prachtentfaltung, weil er wußte, daß seine Völker das von ihm erwarteten. Er zog sich immer mehr zurück und berief seine beiden älteren Söhne in politische Ämter.

Noch auf dem Totenbett suchte er die Verbindung mit seiner geliebten Frau. Als tiefgläubiger Mensch wußte er, als er sein Ende nahen fühlte, daß es nicht mehr lange dauern würde bis zu einen Wiedersehen im Jenseits. Annas Bild und ihr Gebetbuch sollten ihm im Tode helfen, den Weg zu ihr zu finden.

Höher als eine Königskrone

ERZHERZOG FERDINAND UND PHILIPPINE WELSER

Die Stadt Augsburg prangte im Festgewand, von den spitzgiebeligen gotischen Häusern, die den großen Hauptplatz säumten, wehten bunte Fahnen. Man erwartete den Kaiser und sein Gefolge.
Unter den Städten Süddeutschlands war Augsburg etwas Besonderes. Es konnte nicht nur auf eine weit über tausend Jahre alte Geschichte zurückblicken, hier war schon seit langer Zeit große Politik gemacht worden, hierher kamen die Kaiser und Könige, wenn wichtige Dinge zu beratschlagen waren, und die freie Reichsstadt war stolz auf ihre hohen Gäste. Die Lage zwischen dem Norden und dem umstrittenen Süden bot so manche Gelegenheit, Konflikte auf dem Verhandlungswege zu beseitigen, hier konnte man sich friedlich näherkommen, ohne gleich zum Schwert greifen zu müssen. Die beiden einflußreichsten Handelshäuser im süddeutschen Raum, ja man könnte beinahe sagen, des deutschen Reiches, hatten hier ihren Sitz und beherrschten von Augsburg aus die halbe damals bekannte Welt. Die Fugger und Welser waren nicht nur in Italien und Spanien ein Begriff, man kannte sie bis hinüber ins ferne Amerika oder am »Ende der Welt«, in Hinterindien, dort, wo der Pfeffer wuchs. Und mit diesen Gewürzen, mit neuen Nahrungsmitteln und unbekannten Farbstoffen schufen sich die beiden Handelsgeschlechter einen so immensen Reichtum, daß es ihnen möglich war, in die große Politik einzugreifen und die Wahl Karls V. zum Kaiser durchzusetzen.
Viel hatte der junge Karl von seinem Großvater geerbt, Länder in allen Teilen der Welt, aber kein Geld. Aber das war es, was die Kurfürsten sehen wollten, alle waren bestechlich, und man war sich einig darüber, daß derjenige Herrscher des Reiches werden sollte, der am meisten zu bieten hatte, der die offenste Hand hatte. Der französische König Franz I. war an der Kaiserkrone mehr als interessiert, er setzte alle Hebel in Bewegung, um als

Franzose Kaiser in einem Reich zu werden, das einst Karl der Große regiert hatte. Franz sah sich im Geiste schon als Nachfolger Karls und zahlte an die Kurfürsten beinahe jede Summe, zumindest so viel, daß er glaubte, er habe ihre Stimmen in der Tasche.
Er hatte die Rechnung ohne die Fugger aus Augsburg gemacht. Die Handelsherren blickten mit Mißtrauen in die Zukunft, sollte Franz I. Herrscher über das Heilige Römische Reich werden. Sie sahen ihre Handelsplätze in ganz Europa gefährdet und unternahmen alles, um eine Wahl des französischen Königs zu verhindern. Die Kurfürsten hatten zwar ihren Preis, aber es gelang den Fuggern, sich »ihren« Kaiser zu kaufen.
Karl vergaß es den Fuggern nie, was sie für ihn getan hatten, und er hegte stets eine Vorliebe für die schöne Stadt am Lech. Allerdings: seine Schulden den Fuggern gegenüber konnte er zeit seines Lebens nicht zurückzahlen.
Aber auch die Welser waren einflußreich in der Reichspolitik, trieben regen Handel mit dem Kaiserhaus und stundeten so manche Summe. Beide, Fugger und Welser, besaßen hohes Ansehen weit über die Grenzen hinaus, und wären die Zustände im Reich denen in Italien vergleichbar gewesen, so wären beide Geschlechter längst in den Adelsstand erhoben worden und man hätte sie zu den bedeutendsten Fürsten des Reiches zählen müssen.
Die Welser allerdings waren viel zu sehr mit ihren Handelsgeschäften beschäftigt, als daß sie sich um Standeserhöhungen oder ähnliches hätten kümmern mögen. Bartholomäus Welser, das Haupt der Familie, war ein äußerst geschäftstüchtiger Mann, der offenbar schon mit dem Rechenstift in der Hand zur Welt gekommen war. Er lebte und starb für die Firma, hatte seine Augen überall und übersah dabei trotzdem, daß seine schöne Nichte es sich nicht entgehen lassen wollte, von einem Erker des stattlichen Hauses aus einen Blick auf den bunten, festlichen Zug zu werfen, der durch die Straßen der Stadt zog. Philippine winkte mit einem Taschentuch und zog sich erschreckt in das Zimmer zurück, als sie erkannte, daß der junge Erzherzog Ferdinand, der zweite Sohn des Kaisers, besonders lange und intensiv zu ihr heraufgeblickt hatte.
Er war ein schöner junger Mann, mit blondem Haar und kurz gestutztem Bart, der Schwarm vieler Mädchen im ganzen Land, ein Mann, den man nicht so schnell vergaß. Auch Philippine war

von ihm beeindruckt, obwohl sie es sich zunächst selbst nicht eingestehen wollte, sie, die so manchen Freier abgewiesen hatte und nun die erste Jugendblüte schon hinter sich hatte. Sie war eine ungewöhnlich reizvolle junge Frau, groß, schlank und mit goldblondem Haar, das sie der Sitte der Zeit entsprechend unter einem feinen Netz verborgen hatte. Ihre Haut war von außergewöhnlicher Zartheit, und die Zeitgenossen wußten zu berichten, daß man, wenn sie roten Wein trank, ihn durch die feine Haut des Halses schimmern sah. Das Faszinierendste an ihr aber waren sicherlich die Augen, an denen man erkennen konnte, welch kluger Geist in dem schönen Kopf verborgen war.
Philippine war in Augsburg ein begehrtes Mädchen, und so mancher junger Mann hätte viel darum gegeben, sie als Frau heimführen zu können. Aber der Richtige war für Philippine noch nicht gekommen, auch ihr Vater, der Bruder von Bartholomäus, konnte sie nicht zu einer Heirat bewegen, so daß man in der Familie schon insgeheim fürchtete, sie werde als alte Jungfer ihre Tage beschließen. Dies war vor allem eine Sorge für ihren Oheim, der als Junggeselle gehofft hatte, wenigstens einen geschäftstüchtigen jungen Mann in die Familie zu bekommen, da sein Bruder Franz so gar nicht an den Geschäften interessiert war, sondern sich lieber den schönen Künsten widmete. Philippine selbst war die einzige in der weiten Familie, die Kaufmannsblut geerbt zu haben schien. Schon in früher Kindheit war sie oft Gast in den Kontoren gewesen und hatte sich bei Bartholomäus über die Handelsverbindungen und das Leben in der großen Welt erkundigt. Sie war der Liebling ihres Onkels, und er half ihr, wo er nur konnte. Nur in einer, in der wichtigsten Sache ihres Lebens konnte sie auf seine Hilfe nicht rechnen: als sie erkannt hatte, daß ihr der Sohn des Kaisers über alle Maßen gefiel, und als sie bemerkte, daß auch sie Ferdinand nicht gleichgültig war.
Auf den jungen Erzherzog übte Philippine von Anfang an eine ungewöhnliche Anziehungskraft aus. Vielleicht war er von ihrem Anblick schon in Augsburg gefangen gewesen, sicher aber, als er sie bei ihrer Tante Katharina von Loxan in Böhmen wiedertraf. Vergessen waren seine vielen kurzen Abenteuer mit den Schönen des Reiches, vergessen war sein Vorsatz, sich nicht die über alles geliebte Freiheit rauben zu lassen. Er fühlte, daß Philippine kein kurzes Abenteuer war, sie war die Frau fürs Leben. Und er mußte alles daran setzen, diese Ehe möglich zu machen.

Ferdinand war des öfteren Gast auf Schloß Bresnic in Böhmen bei Katharina von Loxan, einer Schwester der Mutter Philippine Welsers gewesen. Katharina war eine moderne Frau, die wußte, was sie wollte, die erkannt hatte, daß es günstig war, mit dem Kaiserhaus Handel zu treiben und das gesellige Leben zu pflegen. Und daß auch die Söhne und Töchter des Kaisers zu den Gästen zählten, war beinahe eine Selbstverständlichkeit. Ihr Haus galt als gesellschaftlicher Mittelpunkt, viele Besucher kamen zu allen Jahreszeiten und wurden von der immer noch schönen Schloßherrin aufs freundlichste empfangen und aufs köstlichste bewirtet
Was ihre Nichte Philippine bewogen hatte, die Tante im fernen Böhmen zu besuchen, weiß man nicht. Wahrscheinlich wurde sie von ihren Eltern aus Augsburg weggeschickt, um eine andere Umgebung kennenzulernen. Von allem Anfang an fühlte sich Philippine bei Katharina sehr wohl, sie war von der unbekannten Tante mit ungewöhnlicher Herzlichkeit aufgenommen worden und genoß das so anders geartete Leben.
Eines Tages meldeten Boten die Ankunft des Kaisersohnes Ferdinand auf Schloß Bresnic. Alles, was an Köstlichkeiten in Küche und Keller vorrätig war, wurde aufgetragen, Ferdinand, ein ausgesprochener Feinschmecker, liebte es, in festlichem Rahmen zu speisen. Als Ferdinand Philippine erblickte, konnte er keinen Blick von ihr wenden, und als er von Katharina von Loxan erfuhr, daß Philippine ihre Nichte aus Augsburg sei, da stand ihm wieder das Bild vor Augen, das er nie vergessen hatte: er sah das Mädchen im Erker des herrschaftlichen Hauses stehen und seinen bewundernden Gruß erwidern.
Eine Romanze begann, die für beide zur großen Liebe ihres Lebens werden sollte. Bald war es klar, daß sie für immer zusammenbleiben wollten, obwohl die Standesschranken schier unüberwindlich schienen. Ferdinand war der Sohn des Kaisers und Philippine trotz ihres Reichtums nur eine Bürgerliche. Aber für ihn gab es nur einen Gedanken: er wollte und konnte Philippine nicht zu seiner Geliebten machen, er wußte, daß er sie ein Leben lang um sich brauchte, er bewunderte ihre Liebenswürdigkeit, war erstaunt über ihre Ernsthaftigkeit, mit der sie über die verschiedenen Probleme der Zeit mit ihm sprach, und gebannt von ihrer Schönheit.
Die einzige Hoffnung lag darin, daß Ferdinand nicht der älteste

Sohn des Kaisers war und in der Erbfolge erst an zweiter Stelle rangierte. Sein Bruder Maximilian sollte dereinst die Kaiserkrone tragen und damit die ganze Verantwortung für das riesige Gebiet in Deutschland und in den Ländern, die seine Mutter Anna von Ungarn dem Vater mit in die Ehe gebracht hatte. Er, Ferdinand, würde vom kaiserlichen Vater zwar auch mit einzelnen Gebieten bedacht werden, aber die Hauptlast würde auf den Schultern seines Bruders ruhen. Was sollte also gegen eine Heirat mit der schönen Augsburgerin sprechen, außer die althergebrachten Standesvorschriften, die dem jungen, verliebten Ferdinand wie ein Überbleibsel aus grauer Vorzeit vorkommen mußten!

So schnell er entschlossen war, Philippine die Hand fürs Leben zu reichen, eine so lange Bedenkzeit bat sie sich aus. Sie war kein impulsiver Mensch, sie mußte alle Für und Wider prüfen, obwohl ihr Herz ihr sagte, daß Ferdinand der Mann war, auf den sie in Augsburg so lange gewartet hatte. Jetzt war er gekommen, der Märchenprinz, aber sie wollte seinem Drängen nicht ohne gründliche Überlegung nachgeben. Sie hatte viele Bedenken, die aber nicht alle um ihre eigene Person kreisten: sie bedachte auch die Folgen einer heimlichen Heirat für ihre Familie und ihr Handelshaus. Wie würde der Kaiser den Welsern gegenüber reagieren? Vielleicht würde sein Zorn nicht nur auf ihr Haupt fallen, sondern die ganze Familie ins Unglück stürzen. Aber auch sie erkannte schließlich, daß es für sie nur einen Weg gab: den zum Traualtar.

Bald schon wurde Frau Loxan in den Plan eingeweiht, wonach die Hochzeit des Erzherzogs mit der Welserin auf Schloß Bresnic stattfinden sollte. Nur die wirklich engsten Vertrauen und Freunde Ferdinands erfuhren von der bevorstehenden Hochzeit, für die ein verschwiegener Priester gesucht wurde. Aber auch hier stellten sich Ferdinand und Philippine ungeahnte Probleme in den Weg; jeder Geistliche scheute sich davor, gegen die Anordnungen des obersten kaiserlichen Herrn zu verstoßen und sich aufs schlimmste mit ihm zu verfeinden. Schließlich aber erklärte sich der Beichtvater Katharinas bereit, die heimliche Eheschließung mitten in der Nacht durchzuführen.

Die Kapelle des Schlosses war nur schwach erleuchtet, als das Brautpaar um Mitternacht eintrat, umgeben von wenigen Freunden. Draußen tobte der Sturm, es war eiskalt in dieser Januarnacht des Jahres 1557, als die beiden jungen Leute sich vor dem

Kruzifix das Ja-Wort gaben. Keine Musik spielte, keine große Gesellschaft war Zeuge der Hochzeit des Kaisersohnes. Die Zeremonie dauerte nur wenige Minuten, dann wurden schnell die Kerzen gelöscht, die verdächtigen Gerätschaften beiseite geräumt, die wenigen Menschen verließen in großer Hast die Kapelle, und nach einer halben Stunde erinnerte nichts mehr an das, was sich hier abgespielt hatte, eine Handlung, die zu den großen Seltenheiten in der Geschichte gehörte. Nur eine Urkunde bezeugt die Eheschließung, in der es heißt: «... Erzherzog Ferdinanden im monat januari anno 1557 beschehene eheversprechung mit frauen filipina».

Vor dem Hofstaat des Schlosses von Bresnic wurde die Ehe geheim gehalten, Ferdinand schlich durch eine Tapetentür in die Kemenate seiner Frau, und Frau von Loxan gab ihm Zeichen, wenn er die Zimmer Philippines ungehindert verlassen konnte. Wohl fiel der Bewohnerschaft des Schlosses und auch den Leuten aus Ferdinands Umgebung auf, daß der Erzherzog oft und lange auf Schloß Bresnic weilte, aber man schrieb diese Vorliebe für das böhmische Schloß den guten Jagdmöglichkeiten und der vorzüglichen Küche zu. Nicht zuletzt munkelte man auch über eine besondere Neigung des jungen Mannes zu der charmanten Gastgeberin, denn Frau von Loxan galt immer noch als eine sehr begehrenswerte Frau. Und so wollten die Gerüchte nicht verstummen, daß Ferdinand viele Gründe habe, oft nach Bresnic zu reiten. Den eigentlichen Anlaß aber erriet man nicht, auch nicht, als Philippine ein Kind erwartete. Die Mode der damaligen Zeit mit den weiten Gewändern und der hochgegürteten Taille verbarg eine Schwangerschaft beinahe vollständig. Anders ist es auch nicht möglich, daß man auf Schloß Bresnic nicht bemerkte, daß Philippine in gesegneten Umständen war.

Das erste Kind des Paares wurde in aller Heimlichkeit um Mitternacht des Veitstages 1558 geboren. Nur die allerengsten Vertrauten konnten Philippine bei der lange dauernden Geburt Trost zusprechen und ihr mit allerlei Heilkräutern Linderung ihrer Schmerzen verschaffen. Endlich kam ein kräftiger Sohn zur Welt. Nun galt es, einen Weg zu finden, das Kind ins Schloß einzuschmuggeln. Außerdem war es nötig, daß sich Philippine, so bald es irgendwie möglich war, dem Gesinde ganz gesund zeigte. Frau von Loxan kam auf die Idee, den Knaben als Findelkind auf den Stufen des Schlosses auszusetzen. Sechs Tage nach der Geburt

wurde daher der älteste Sohn des Erzherzogs, der Enkel des Kaisers, zwischen zwei Türen »für ehelich« gelegt. Der Torhüter fand das Kind, Frau Philippine erklärte sich bereit, den Buben an Kindes Statt anzunehmen, und der Kaplan Jacob de Sterlowitz taufte ihn auf den Namen Andreas. Wenige wußten von dieser merkwürdigen Geschichte, der Sohn Ferdinands hatte nur Taufpaten, die in das Geheimnis um seine Geburt eingeweiht waren: Ladislaus von Sternberg, der Gemahl einer Tochter Katharinas von Loxan hielt den Knaben über das Taufbecken; außer ihm waren noch Ferdinand von Loxan, der Burghauptmann von Bresnic, und Philippines Diener Josef Hohenwarter anwesend. Als die Zeremonie zu Ende war, faßte man eine Urkunde ab, die von der Taufe Zeugnis gab und von den Anwesenden unterzeichnet wurde. Erst Wochen später war es Ferdinand möglich, zu seiner Frau zu eilen und sein erstes Kind auf den Arm zu nehmen.
Bald nach diesem Ereignis entschloß sich Ferdinand, seine kleine Familie auf einer anderen Burg unterzubringen. 1560 übersiedelte Philippine mit ihrem Sohn und ihrer getreuen Dienerschaft nach Bürglitz, einem idyllisch gelegenen Schloß, das Ferdinand eigens für sie hatte herrichten lassen. Er wollte seiner Frau einen besonders schönen Aufenthaltsort bieten, der nicht allzu fern von Prag gelegen war und doch weit genug entfernt, um nicht ständigen Gerüchten Anlaß zu geben. In seiner fürsorglichen Art war es dem Erzherzog gelungen, seiner Frau das zu schenken, wonach sie sich die Jahre auf Schloß Bresnic gesehnt hatte: ein eigenes Reich mit einer Aufgabe als Schloßherrin.
Eines aber hatte Ferdinand nicht bedacht, als er Schloß Bürglitz für Philippine auswählte: die Burg war seit alters her ein berüchtigtes Gefängnis, wo die Gefangenen unter schlechtesten Bedingungen im Kerker schmachteten. Kaum einer konnte die Burg als Lebender verlassen. Als Philippine eines Tages zufällig auf einem Spaziergang an den düsteren Gelassen vorbeikam, erblickte sie entsetzt zwei abgezehrte Gestalten hinter den Kerkerfenstern. Nach diesem schrecklichen Erlebnis konnte sie auf Schloß Bürglitz ihres Lebens nicht mehr froh werden. Sie erkundigte sich nach den Gefangenen und erfuhr, daß die beiden wegen ihres Glaubens hier schon seit Jahren eingekerkert waren. Einer von ihnen, Jan Augusta, war Bischof der böhmischen Brüdergemeinde, der zweite, Jakob Bilek, war ebenfalls ein Sektierer. Der Kaiser hatte die Abkehr der beiden von ihrem – wie er sagte –

»Irrglauben« gefordert, und als die beiden es ablehnten, sie in die finsteren Kerker von Bürglitz werfen lassen.
Kaiser Ferdinand war immer ein Mann des Ausgleiches gewesen, und so handelte er auch, wenn es galt, religiöse Entscheidungen zu treffen. Er akzeptierte die Haltung der Landesfürsten, die sich für den Protestantismus entschieden hatten. »Cuius regio, eius religio« hieß die Parole, und Ferdinand stellte sich keinem in den Weg, der sich an diesen religiösen Kompromiß hielt. Nur den böhmischen Sektierern stand er feindlich gegenüber. Er duldete nicht, daß sie weiterhin in Böhmen ihre Lehren verbreiteten, und als sie seine Anordnungen mißachteten, ließ er sie verfolgen und ihre Rädelsführer in den Kerker werfen.
Die beiden Gefangenen von Schloß Bürglitz hatten sich vehement den Anordnungen des Kaisers widersetzt und deshalb die ganze Härte des Gesetzes zu spüren bekommen. Um so schwieriger war das Unterfangen Philippines, den beiden böhmischen Brüdern ihr Schicksal zu erleichtern, konnte sie sich doch selbst auf gar keinen Fall an den Kaiser wenden, da Ferdinand gerade um diese Zeit durch einen Zufall von der heimlichen Eheschließung seines Sohnes erfahren hatte.
Wäre der Kaiser ein weniger toleranter Mann gewesen, hätte die Lage Philippines bedrohlich werden können. Hundert Jahre zuvor hatte die Augsburger Baderstochter Agnes Bernauer, die Albrecht, der Sohn des Bayernherzogs Ernst, gegen den Willen des Vaters geheiratet hatte, ihr Leben auf dessen Geheiß eingebüßt; man hatte die »Metze« in der Donau bei Straubing ertränkt. Es wäre auch Erzherzog Ferdinand unmöglich gewesen, seine Frau und sein Kind vor etwaigen Schergen des Kaisers zu schützen. Aber dieser war aus anderem Holz geschnitzt als weiland der Bayernherzog. Er hatte selbst mit seiner Frau Anna eine glückliche Ehe geführt und wollte, nach anfänglichem Zorn, dem Lebensglück seines Sohnes nicht im Wege stehen. Sehr bald gelang es den Getreuen des Erzherzogs, den Kaiser zu besänftigen, und sie versuchten, ihn dazu zu bewegen, die Situation mit seinem Sohn zu besprechen. Ferdinand lehnte das allerdings zunächst strikt ab.
Um die vollständige Verzeihung des kaiserlichen Vaters zu erreichen, verfaßten Ferdinand und Philippine ein Schreiben an den Kaiser, in dem sie ihn inständig baten, den tiefen Ungehorsam zu verzeihen, und gestanden, »größlich« gegen die Majestät gehandelt zu haben. Diese Urkunde ist mit dem 23. Juli 1559 datiert.

Zunächst ließ der Kaiser nichts von sich hören, im August allerdings gewährte er die lang erhoffte Verzeihung in einem in Augsburg abgefaßten Schreiben. Ferdinand I. teilte seinem Sohn mit, daß er Philippine in Gnaden aufnehmen wolle, daß aber die Eheschließung für alle Zeiten geheim gehalten werden müsse. Freilich wurden von der Geheimhaltung einige Personen ausgenommen, so gab es schon genügend Mitwisser; die Verwandten, vor allem die Brüder, wollte der Kaiser selbst einweihen. Diese zeigten weniger Verständnis und reagierten mit Empörung. Inwieweit sie allerdings dadurch ihre Zukunftspläne vorbereiteten, bleibt dahingestellt. Wenn nämlich die Ehe vor der Welt verborgen bleiben sollte, dann konnten auch keine Kinder Ferdinands Erbansprüche geltend machen. Die Länder, die Ferdinand einmal besitzen sollte, würden nach seinem Tod auf alle Fälle an die Habsburger Nebenlinien zurückfallen, um dann neu aufgeteilt werden zu können.
Kaiser Ferdinand wußte jetzt zwar über alles, was die Familie seines Sohnes betraf, Bescheid, er gewährte aber Philippine und ihren Kindern keine Audienz, obwohl er im Jahre 1561 eine Urkunde unterschrieb, in der bestätigt wurde, daß die beiden Söhne Ferdinands mit einer jährlichen Rente von 30.000 Gulden ausgestattet werden sollten. Daß der Kaiser seine Schwiegertochter nie sehen wollte, obwohl ihm sicherlich nur das Beste über sie berichtet worden war, entspricht ganz dem Stil der Zeit. Es war im 16. Jahrhundert so gut wie undenkbar, daß sich Bürgerliche, auch wenn ihre Anliegen noch so wichtig waren, dem Kaiser näherten. Alle Probleme wurden von den Räten, die den Kaiser umgaben, an ihn herangetragen, so daß der Herrscher kaum jemals mit Vertretern des Volkes in Berührung kam. Das Hofzeremoniell tat ein übriges, um den Kaiser vor dem Umgang mit gewöhnlichen Sterblichen zu schützen. Daher wurde auch bei der eigenen Schwiegertochter und Mutter der kaiserlichen Enkel keine Ausnahme gemacht. Mochte der Sohn mit einer Bürgerlichen glücklich werden, die Tore des Palastes auf dem Hradschin in Prag blieben jedenfalls für sie geschlossen.
Im Volk erzählte man sich die rührendsten Geschichten, wie Philippine incognito mit ihren beiden Söhnen bis zum Kaiser gelangt wäre, sich diesem zu Füßen geworfen und seine Verzeihung erfleht hätte. In Wirklichkeit hat Philippine Welser den Kaiser nie kennengelernt, und es hätte auch ihrer Einstellung nicht entspro-

chen, sich dem Herrscher so demütig zu nähern. Trotz all ihrer Ängste und Zweifel war sie sich immer ihrer großbürgerlichen Herkunft bewußt.
Daß der Erzherzog endlich eine Audienz beim Vater bekam, ist anzunehmen. Angeblich hat dieses entscheidende Treffen, bei dem sich Vater und Sohn wahrscheinlich zum letzten Mal gegenüberstanden, in Linz stattgefunden. Die längst notwendig gewordene Aussprache endete schließlich mit einer Versöhnung. Ferdinand fühlte wieder Hoffnung, daß der Kaiser später, wenn ihm die Zeit reif schien, die Forderung nach Geheimhaltung der Ehe aufgeben würde. Dieser sehnlichste Wunsch des Erzherzogs sollte aber nicht mehr in Erfüllung gehen, denn der Kaiser starb überraschend, ohne mit dem Sohn noch einmal über dieses Thema gesprochen zu haben.
Philippine Welser lebte weiterhin mit ihren Kindern auf Schloß Bürglitz, von allen geachtet und geehrt. Am 7. August 1562 wurden die Zwillinge Philipp und Maria geboren, äußerst schwache Kinder, und es bestand wenig Hoffnung, daß die beiden die ersten Lebenstage überstehen würden. Die damals schon fünfunddreißigjährige Philippine war durch die Geburt sehr mitgenommen, und es dauerte lange, bis sie wieder ihr gewohntes Leben aufnehmen konnte. Allerdings kränkelte sie ab dieser Zeit und konnte ihre volle Schaffenskraft nie mehr finden. Sie war von Jugend auf gewöhnt gewesen, mit beiden Beinen im Leben zu stehen und überall kräftig zuzupacken, wo es notwendig war. Sie überließ den Hausstand nicht den Bediensteten, kümmerte sich selbst um alles, wollte über jede Einzelheit, die auf Schloß Bürglitz geschah, informiert werden und war bekannt dafür, daß sie selber kochte und aufdeckte, wenn sie Freunde erwartete. Bald wurden ihre Kochkunst, aber auch ihre Gastfreundlichkeit im ganzen Land gerühmt, sie kredenzte den Gästen oft Speisen, deren Rezepte sie sich selbst ausgedacht oder die sie schon aus Augsburg mitgebracht hatte.
Damals bedeutete es große Mühe, sich selbst um das leibliche Wohl der Gäste zu kümmern. Man war verwöhnt im Essen und Trinken, und Gastmähler mit vierzig Gängen bildeten durchaus keine Seltenheit. Philippine Welser notierte ihre Einfälle beim Kochen in einem kleinen Büchlein, das bis heute erhalten ist und durch das man in die Kochkunst des 16. Jahrhunderts Einblick bekommen kann. Dabei fällt auf, daß sie beim Kochen schon

recht fortschrittlich dachte, vor allem was die Fastenspeisen betrifft. Sie hatte auch eine ganz bestimmte Ordnung in ihren Rezepten, beschrieb zuerst die Torten und endete mit den Fastenspeisen. Die klare Aufgliederung in dem Oktavbüchlein zeugt von einem systematischen Geist und von einem Gefühl für Ordnung und Einteilung. Bei vielen Rezepten hat sie, wie viele Hausfrauen, Bemerkungen dazugeschrieben, einige bezeichnete sie als »fast gut«. Ihre eigenen Lieblingsspeisen hat sie nicht besonders gekennzeichnet, vielleicht hat sie die Rezepte dazu gar nicht notiert. Auch was der Erzherzog bevorzugt hat, ist leider nicht vermerkt. Um einen Eindruck von der Kochkunst im 16. Jahrhundert zu vermitteln, seien hier zwei Rezepte aus dem Kochbuch der Welserin erwähnt:

Seite 87: »Wenn due willst einen Hecht einmachen, so nimm zwei Petersilien-Wurzeln und sechs Zwiebeln und schütte selbe in einen Hafen mit zwei Maß Wasser darin. Siede sie durch zwei Stunden; nimm sodann die Wurzeln mit den Zwiebeln heraus, gebe eine Schnitte gebähtes Brod dazu, treibe dieses gut durch einander und gebe diese Brühe etwas Essig, Safran, Zucker und Pfeffer bei. Darnach setze den Hecht ins Wasser, und wenn er schier gesotten ist, so gieße das Wasser vom Fische weg und gieße die Brühe über selben; laß ihn so eine gute Stunde lang dünsten, so soll er gut und recht sein.«

»Schwarze Torte zu machen. Man muß acht bis vierzehn Birnen nehmen, je darnach sie groß oder klein sind, und selbe auf einer Gluth wohl braten, daß dieselben aber nicht verbrennen, sondern blos fein weich werden. Ferner muß man einen guten Quittenapfel nehmen und selben ebenso wie die Birnen anfänglich auf der Gluth, darnach in der Gluth fein weich braten. Die Quitte bedarf dazu viel längerer Zeit, weil sie herber als die Birne ist. Sind nun beide gebraten, so entferne deren Schalen und Kerne und lege sie in ein etwa ein Seidel haltendes Gefäß, welches zur Hälfte mit Milch gefüllt ist. dazu gieb neun Eier mit dem Dotter und den Eiweiß, ferner Zucker, lieber mehr denn weniger – letzteren magst du dabei nicht sparen –, ferner eine halbe Maß gestoßene Mandeln, wobei du sehr acht haben mußt, daß keine bittern darunter sind. Dies alles wird durch das Sieb getrieben und darnach Zimmtrinde, Gewürznelken, Pfeffer, Ingwer, ebenso auch Muscatnuß nach Belieben zugeben und auf einem dünnen Teiglein, so einem Papier gleich sieht, aufgetragen; ein Überguß von

Rosenwasser, Eiweiß und Zucker darüber gegossen; die Torte wird gut.«
Selbst die Fastenspeisen bereitete Philippine so zu, daß keiner ihrer Gäste den Eindruck hatte, allzu sehr auf die gewohnten Genüsse verzichten zu müssen. Das Fasten wurde in dieser Zeit noch streng beachtet, die Regeln der Kirche befahlen zu bestimmten Zeiten strenge Abstinenz, während anderer Monate die Einschränkung bestimmter Speisen. Es war aber allgemein üblich, die verbotenen Fleischspeisen durch besonders köstliche Fischgerichte zu ersetzen. Vielleicht hatte man erkannt, daß allzu großer Fleischgenuß auf die Dauer schädlich sein konnte, vor allem aber auch die Fleischsuppen, die man auf den Tisch brachte. Viele Krankheiten, die in dieser Zeit vor allem die Wohlhabenden plagten, waren auf falsche oder einseitige Ernährung zurückzuführen. Gicht, Krampfadern, Rheumatismus und andere Leiden, die man durch ausgewogene Ernährung verhindern oder zumindest lindern hätte können, vergällten den Menschen Jahre ihres Lebens. Man wußte zu wenig über den Körper und die menschliche Natur, die Medizin steckte in den Kinderschuhen, und dem Aberglauben war Tür und Tor geöffnet. Man mußte sich meist selbst helfen oder auf Salben und Kräutertränke zurückgreifen, deren Rezepte über Generationen überliefert wurden. Vielfach hatten diese Medizinen eine verblüffende Wirkung, und die Frauen, die Pulver und Tropfen mischten, wurden zum Teil hoch geachtet, oft aber auch als geheime Hexen verdächtigt und verfolgt.
Auch Philippine beschäftigte sich zeitlebens mit der Zubereitung von heilenden Elixieren und Kräutertees. Sie verband auch wunde Stellen selbst und legte Salben und lindernde Binden auf. Schon bald verbreitete sich ihr Ruf in der Umgebung des Schlosses, Männer und Frauen, meist arme Leute, kamen zu ihr und suchten Rat und Trost. Sie wußten, daß die Herrin auf Schloß Bürglitz ein Ohr für alle Anliegen und auch eine offene Hand hatte. Da Philippine in ihrem eigenen Haushalt sehr wohl zu wirtschaften verstand, hatte sie dank der Großzügigkeit ihres Mannes auch die Möglichkeit, die bitterste Not in der Bevölkerung zu mildern. Die Beschäftigung Philippines mit der Heilkunst war allerdings nicht ganz ohne Gefahr. Seit dem Ende des 15. Jahrhunderts hatte sich die Vorstellung von den heilkundigen Frauen grundlegend geändert. Hatte man jahrhundertelang

Hebammen und Ärztinnen, die von Ort zu Ort zogen, anerkannt und als Schmerzenslinderer geachtet, so kamen diese Frauen mit Beginn des 16. Jahrhunderts in Verruf. Ärztinnen klagte man an, im Bunde mit dem Teufel zu sein, Hebammen, die sehr oft auch über Verhütungsmittel Bescheid wußten, hielt man für arge Hexen, die Gottes Willen durchkreuzen wollten. Philippine mit ihrer Schönheit, ihrer Klugheit und Heilkunst mochte wohl als Hexe gelten. Ihre reiche Herkunft bot ihr aber einen gewissen Schutz. Nur einmal, in einem Brief des späteren Kaisers Maximilian II., fällt das Wort »Brekin«, also Zauberin, im Zusammenhang mit seiner Schwägerin.

Für die Bewohner der Gegend um Schloß Bürglitz jedenfalls war die Frau des Erzherzogs eine Helferin in der Not, und alle waren tief betrübt, als nach dem Tod des Kaisers Ferdinand als Herrscher von Tirol eingesetzt wurde und mit seiner Familie nach Innsbruck zog.

Für Philippine war es nicht leicht, aus einer Gegend und von Menschen wegzugehen, die sie liebgewonnen hatte, die ihr Schutz und Geborgenheit gewährt hatten. Hier hatten auch ihre Zwillinge nach heftigem Husten und hohem Fieber ihr kurzes Leben beendet. Philippine selbst war durch den Tod der von ihr umsorgten Kinder so mitgenommen, daß man Mühe hatte, ihr Leben zu erhalten. Die beiden kleinen Toten wurden zunächst auf Schloß Bürglitz begraben, wenig später jedoch erließ der kaiserliche Großvater einen geheimen Befehl, wonach die beiden Leichen nach Prag überführt und als Kinder eines habsburgischen Erzherzogs zwar heimlich bei Nacht, aber doch in der kaiserlichen Gruft beigesetzt werden sollten. Trotz des Schmerzes um seine Kinder war diese Handlung seines Vaters für Ferdinand ein Zeichen, daß auch seine geliebte Gemahlin einst aus dem Dunkel der Anonymität an das Licht der Öffentlichkeit an seiner Seite würde treten können.

Das Jahr 1567 brachte im Leben der beiden Eheleute die einschneidende Wende. Schon vorher hatte es sich abgezeichnet, daß der zweitgeborene Sohn nach dem Tod des Vaters mit der Herrschaft über Tirol betraut werden würde. Für den Erzherzog war mit dieser Regentschaft eine Aufgabe gekommen, der er sein zukünftiges Leben widmen konnte. Als Zweitgeborener war er bis dahin nicht nur durch seine heimliche Heirat im Schatten seines Bruders Maximilian gestanden; bis zu diesem Zeitpunkt hatte

er als Statthalter von Böhmen wenig Pflichten zu erfüllen gehabt, die seinem Leben einen echten Sinn hätten geben können.
Als Ferdinand nach Tirol ging, um sein neues Land und seine Bewohner kennenzulernen, war es ihm klar, daß er durch seine unstandesgemäße Heirat in seinem neuen Land auf Schwierigkeiten stoßen würde. Und wie es vorherzusehen war, forderten die Tiroler Landstände Ferdinand auf, sich von Philippine zu trennen. Sie schlossen sich den vorderösterreichischen Ständen an, die mit einer Enterbung der Söhne Ferdinands drohten. Es war für den Erzherzog nicht leicht, alle davon zu überzeugen, welchen Schatz Philippine für ihn und später auch für das Land Tirol darstellte. Erst ihr selbst gelang es, alle Vorurteile gegen diese Heirat auszuräumen und arm und reich für sich zu gewinnen.
Als Wohnsitz für seine Familie hatte der Erzherzog nach langer gründlicher Wahl Schloß Ambras ausersehen, das von Innsbruck aus leicht zu erreichen war und das er schon 1563, also vier Jahre vor dem Eintreffen Philippines, den Erben des Georg Schurff von Schönwert abgekauft hatte. Noch heute ist Schloß Ambras durch seine Lage ein sehenswerter Herrensitz; Ferdinand baute es zu einem der großartigsten Schlösser seiner Zeit aus. Der Erzherzog war von Jugend auf ein besonderer Freund der schönen Künste gewesen, er suchte, wo er nur konnte, den Umgang mit Künstlern und Gelehrten, und so ist es nicht verwunderlich, daß er für Ambras bedeutende Baumeister seiner Zeit beauftragte, die alte Anlage in neuem Glanz erstehen zu lassen. Es gibt zeitgenössische Berichte, die in überschwenglicher Sprache von der Schönheit des Besitzes sprechen. Ein Begleiter Herzog Karl Friedrichs von Jülich und Kleve, Pighius, berichtete in seinem Werk »Hercules prodigius« von einem Aufenthalt in Innsbruck und auf Schloß Ambras im Jahre 1574. Er schreibt über Ambras folgende Zeilen:
»Von hier ritten wir nach dem Sommeraufenthalte des Erzherzogs Ferdinand, nicht weit außerhalb der Stadt, der den dreifachen Villen der alten Römer an Pracht und Größe in nichts nachsteht; er liegt auf einer Anhöhe, unter den höchsten Bergkuppen im Innthale, und besitzt ringsum viele und ausgedehnte Anlagen. Denn außer den Maierhöfen und Scheunen steht auf dem Hügel ein Schloß, einem zierlichen Palaste vergleichbar und in der herrlichsten Lage, mit fürstlichem Hausrathe und mit Bildern ausgestattet, wie man ein solches nur in den prächtigsten

Städten sucht. Ferdinand ließ diesen Wohnsitz, der ihm und seinem Hofstaate als Sommeraufenthalt überaus bequem ist, erbauen.«
Es gab weite Hallen und Speisesäle, Lustgärten mit exotischen Tieren, Weingärten und Frauengemächer, die besonders anheimelnd wirkten. Philippine besaß, eine Seltenheit zur damaligen Zeit, ein eigenes Badezimmer mit einer geräumigen, in den Boden eingelassenen Kupferbadewanne und schönen Holzvertäfelungen. Der Erzherzog selbst, ein begeisterter Sammler von Kuriositäten und Kostbarkeiten aller Art, ließ eine Kunst- und Wunderkammer einrichten, die noch heute in ihrer originalen Aufstellung zu besichtigen ist. Zur Erheiterung seiner Gäste ließ er in einer Rotunde einen Holztisch zimmern, unter dem durch Wasser getriebene Räder angebracht waren. Saß man nun zu fortgeschrittener Stunde um den Tisch, so war es ein besonderer Spaß für Ferdinand, die Räder in Bewegung setzen zu lassen und den Tisch mit den Gästen zu drehen; einige Damen und Herren werden dieses Vergnügen wohl nicht unbeschadet überstanden haben.
Für das große Schloß war natürlich auch umfangreiches Gesinde notwendig, und hatte Philippine auf Schloß Bürglitz bisher eher in bescheidenem Rahmen gelebt, so stand ihr jetzt ein kleines Heer von guten Geistern zur Seite. Das bedeutete für sie allerdings nicht, daß sie den ihr gesteckten Rahmen als heimliche Gemahlin des Erzherzogs verließ. Sie zeigte sich zwar auch in der Residenz in Innsbruck, aber immer in geziemendem Abstand, obwohl man allenthalben in Tirol über die wahren Hintergründe Bescheid wußte und Philippine als rechtmäßige Gattin des Erzherzogs schließlich anerkannte. Schon bald merkte man, welch guter Geist mit Philippine Welser in Tirol eingezogen war, denn wie auf Schloß Bürglitz begann Philippine sich um die Kranken, Gebrechlichen und Armen im Land zu kümmern. Sie besuchte die ärmlichen Hütten der Bauern, die in Not geraten waren, half ihnen mit Geld und gutem Zuspruch, munterte die Verzagten auf und achtete immer darauf, nicht nur die augenblickliche Not zu lindern, sondern daß die Leute das Gold, das sie ihnen geschenkt hatte, auch so einteilten, daß sie allmählich aus ihrem Elend herausfinden konnten. Sie leitete die Menschen an, selbst etwas zu tun, ihr Kaufmannsblut sagte ihr, daß nur dann eine Besserung der sozialen Lage der Bauern und Kleinhäusler eintreten könnte,

wenn diese Leute, so gut es ihnen möglich war, aktiv für ihre Zukunft arbeiteten und planten.
Natürlich hatte sie auch die finanziellen Mittel zur Verfügung, helfen zu können, denn Ferdinand bedachte sie reichlich. Mehrmals machte er ihr bedeutende Geldgeschenke und fragte immer wieder nach, ob Philippine mit dem Geld, das er ihr zukommen ließ, auch wirklich ihr Auskommen habe. Daneben schenkte er ihr Schloß Ambras mit den umliegenden Dörfern, 1577 das Landgericht Stubai, außerdem die Herrschaften Königsberg, Salurn und Hörtenberg. Philippine selbst kaufte das Schildlehen Hohenburg bei Igls. Sie war, da Ferdinand ihr außerdem zwischendurch noch Geldgeschenke machte, eine reiche Frau. Diese kleineren Anweisungen vermerkte er mit folgendem Text: »was wir ir liebden aus gnaden on ir begeren gemacht.«
Auch die Familie Philippines, die sich im Laufe der Zeit am erzherzoglichen Hof eingestellt hatte, versorgte Ferdinand in außerordentlich großzügiger Weise, obwohl die Brüder Philippines eher charmante Schmarotzer waren. Schon ihr Vater, den Ferdinand bald nach seinem Einzug in Tirol zum Freiherrn von Zinnenburg gemacht hatte, war dem Kaufmannsstand nicht zugetan und hatte das Erbe seines Bruders Bartholomäus Welser nicht angetreten. Seine Söhne zeigten einen Hang zum lustigen Leben und scharten sich um den Erzherzog, der jedem einen Posten am Hofe zuteilte. Er verstand sich außerordentlich gut mit den Brüdern seiner Frau und merkte wahrscheinlich gar nicht, wie sie immer wieder Geld von ihm forderten. Freilich unterhielten sie Ferdinand mit ihren Späßen und derben Sprüchen, mehr hatten sie aber nicht zu bieten. Der Vater Philippines weilte allerdings nicht am Innsbrucker Hof, er hatte eine Vorliebe für Ravensburg, wo er allein lebte, nachdem er sich von seiner Frau Anna getrennt hatte, die ihm einen unehelichen Sohn nicht verziehen hatte. Anna Welser, die Schwester Frau von Loxans, zog schon bald zu ihrer Tochter, beschäftigte sich mit dem Herstellen von heilkräftigen Arzneien und bewohnte schließlich ein Schlößchen am linken Innufer, die Weiherburg, die sie sich selbst gekauft hatte.
Daß Philippine eine überaus beliebte Herrin auf Schloß Ambras war, zeigte sich darin, daß alle Angehörigen ihres Gesindes gerne für sie arbeiteten und, wenn Not am Mann war, mehr als ihre Pflicht taten. Philippine ihrerseits bedankte sich durch viele überraschende Aufmerksamkeiten, gab den Leuten mehr Geld, als ih-

nen zustand, und beschenkte sie zu allen Gelegenheiten. Eine besonders gelungene Überraschung war es jedesmal, wenn sie einer jungen Braut am Hochzeitstag ein eigens entworfenes und angefertigtes Brautkleid schicken ließ. In den Archiven findet man heute noch die Rechnung eines Schneiders, der auf dem Papier ein Guthaben der Herrin von Ambras für eine stattliche Anzahl von Hochzeitskleidern vermerkt.

Man wußte im ganzen Land, daß Philippine für die Notleidenden stets ein mitfühlendes Herz hatte, und so wandten sich viele, die die Hoffnung schon aufgegeben hatten, an sie. Es hatte sich schnell herumgesprochen, welchen Einfluß sie auf Ferdinand ausübte. Auch Adelige suchten ihre Vermittlung, wenn sie beinahe Unmögliches vom Erzherzog erreichen wollten. Viele dieser Bittschriften sind noch erhalten, und man liest mit Erstaunen, wie vertrauensvoll die Leute an Philippine geschrieben haben. Die Anreden der Briefe zeigen die Stellung, die man ihr in Tirol einräumte. Die Bittgesuche beginnen vielfach mit »Durchlauchtigste Fürstin Philippine von Österreich«, oder sie sind nur an das »Fräulein Philippine« gerichtet, manche aber tragen die vertrauensvolle Anrede: »Ferdinand und Philippine«.

Es waren Jahre des Glücks, die Philippine mit ihrem Manne in Tirol verlebte, nur getrübt durch ihren nicht allzu guten Gesundheitszustand. Seit der Geburt der Zwillinge war sie immer leicht kränklich, und diese Anfälligkeit verstärkte sich, vielleicht auch durch das rauhere Klima Tirols, immer mehr, je älter sie wurde. Und obwohl sie sich von Jahr zu Jahr mehr mit der Heil- und Arzneikunst beschäftigte, so daß sie in der Lage war, vielen Kranken zu helfen und Schmerzen zu lindern, vermochte sie gegen ihre eigenen Beschwerden nichts auszurichten. Vielleicht war an ihren vielfachen Leiden auch die üppige Nahrung schuld, denn auch Ferdinand litt von Zeit zu Zeit an Erkrankungen des Magens. Es wurde fett und schwer gekocht, und jeder auf Schloß Ambras aß Unmengen. Nicht nur bei den häufigen Gastmählern bogen sich die Tische, auch im Familienrahmen waren Delikatessen wie Austern keine Seltenheit. Und da beide, sowohl Philippine als auch der Erzherzog, diese Spezialität besonders liebten und die Austern sicherlich nicht frisch waren, wenn sie den langen Weg nach Tirol hinter sich hatten, kann man verstehen, daß beide nach dem Genuß der Schalentiere jedesmal krank waren, wie der Leibarzt Philippines berichtet. Sie waren aber

trotz des gehörig verdorbenen Magens nicht so vernünftig, auf die Austern zu verzichten. Ferdinand vertraute auf die Heilkünste seiner Frau und ließ sich von ihr wieder gesund pflegen. Er konnte ohne ihre guten Ratschläge nicht leben und kehrte einmal sogar Hals über Kopf aus einem Türkenfeldzug nach Hause zurück, weil er sich krank fühlte und die Nähe Philippines vermißte. Das Verlassen des Heeres wurde ihm von seinem Bruder, dem späteren Kaiser Maximilian II. sehr übel vermerkt, ja, Maximilian sah nicht einmal in seinem Bruder den Schuldigen, sondern sprach davon, daß Ferdinand von der »Brekin« in einen Zauberbann geschlagen sei. Maximilian ging sogar so weit zu wünschen: »Ich wollte die ›brekin‹ stäcke in einem Sack. Gott verzeih' mir's, wenn ich Unrecht thue.«
Viele bekannte Heilkundige und Gelehrte hatte Ferdinand an seinen Hof nach Innsbruck geholt, und es war wohl ganz im Interesse seiner Frau, daß auch Ärzte nach Tirol kamen, die an den Universitäten von Padua und Bologna studiert hatten. Italien war in der medizinischen Forschung führend, man ging hier schon daran, Leichen zu sezieren und die Ergebnisse für die Lebenden auszuwerten. Viele Gelehrte an den Universitäten wehrten sich gegen den Aberglauben der vergangenen Jahrhunderte und forderten ein neues, modernes Denken über die Funktionen des menschlichen Körpers. Diesen Überlegungen standen die überkommenen Meinungen der katholischen Kirche und der Aberglaube im Volk, der von Generation von Generation überliefert wurde, im Wege. Aber jeder Arzt in Deutschland, der mehr und besser ausgebildet sein wollte, zog an eine der berühmten italienischen Universitäten, wenn er die Mittel hiezu zur Verfügung hatte.
Zusammen mit ihren Leibärzten, an deren erster Stelle Dr. Handsch stand, der in Böhmen geboren war und auch in Italien studiert hatte, versuchte Philippine ihre Kenntnisse zu erweitern und legte eine Rezeptsammlung an, die heute noch erhalten ist. Durch ihre intensive Beschäftigung mit dem kranken menschlichen Körper erweiterte sie ihre Erfahrungen so sehr, daß es ihr oft gelang, Kranke zu heilen. Philippine legte auf Schloß Ambras eine eigene Apotheke an, in der sich alle ihre Heiltränklein und Salben befanden.
Nur für sie selbst schien kein Kraut gewachsen, denn je älter Philippine wurde, desto mehr litt sie an fieberhaften Erkrankungen,

an einem beklemmenden Gefühl in der Brust und an geschwollenen Beinen. Ihr Leibarzt Dr. Handsch hielt sehr viel von Badekuren und legte dem Erzherzog nahe, mit Philippine nach Karlsbad zu reisen. In Begleitung des Arztes machten beide die vorgeschriebene Kur, wobei vor allem der Sauerbrunn Philippine eine kleine Linderung ihrer Beschwerden brachte. Doktor Handsch schrieb über den Karlsbader Aufenthalt ein eigenes Tagebuch, worin er die Krankheit Philippines genau beschreibt und auch über die Heilmethoden der damaligen Zeit berichtet. Ins Gericht ging er dabei mit den Methoden, die die Frauen bei fieberhaften Erkrankungen anwandten; er bezeichnete es als Dummheit, wenn man Kranke mit hohem Fieber mit Federbetten bedeckte und so die Temperatur noch steigerte. Als Arzt hielt er ganz und gar nichts von diesen Schwitzkuren, er verließ sich lieber auf Aderlässe und Purganzien. An die heilende Wirkung des Aderlasses glaubte man schon lange, obwohl er nicht wenigen, ohnehin schon geschwächten Menschen den Tod gebracht hatte. Vor allem Frauen ließ man nach endlos langen Geburten noch so ausgiebig zur Ader, bis sie keine Lebenskraft mehr hatten. Es dauerte Jahrhunderte, bis die Ärzte von dieser Methode abkamen und einsahen, daß hoher Blutverlust eher schädlich als nützlich sei.

Wenn auch die Karlsbader Kuren Philippine nicht heilen konnten, so trugen sie doch dazu bei, daß sie sich, wenn auch nur für kurze Zeit, besser fühlte. Und es ist erstaunlich, was sie alles leistete und wie sie das Leben sowohl in Ambras als auch am Innsbrucker Hof beeinflußte. Die Liebe und Fürsorge für Ferdinand ließen sie nie müde werden, alles zu unternehmen, damit er sich wohl und geborgen fühlen konnte. Aber auch der Erzherzog las seiner Gemahlin jeden Wunsch von den Augen ab und war immer und überall bemüht, ihr zu zeigen, wie sehr er sie und ihre Liebe brauchte. Und obwohl »bella Filippina«, wie sie lange von ihren Zeitgenossen genannt worden war, im Laufe der Jahre viel von ihrem körperlichen Reiz eingebüßt hatte, war Ferdinand noch immer von ihr fasziniert, von ihrer Fürsorglichkeit und ihrem Wesen in Bann geschlagen, obwohl schwere Versuchungen an ihn herangetreten waren. 1572 war Ferdinands Schwester Katharina, die in ihrer Ehe mit dem König von Polen äußerst unglücklich gewesen war, kinderlos gestorben, und die polnischen Adeligen boten dem Erzherzog die Krone von Polen an, nachdem König

Sigismund II. im August, wenige Monate nach seiner Frau, gestorben war. Es war für Ferdinand die einzige Chance in seinem Leben, je eine Königskrone tragen zu können, und man kann sich vorstellen, daß ihm dieser Wunsch der Polen viele schlaflose Nächte brachte. Dabei wäre seine Entscheidung leicht gefallen, hätte man von polnischer Seite nicht gleichzeitig die Auflösung seiner heimlichen Ehe gefordert, denn Polen wollte legitime Nachfolger von einer standesgemäßen Ehefrau haben.
Der Antrag der Polen erregte in Tirol großes Aufsehen. Aus den Äußerungen der tirolischen Gesandten geht eindeutig hervor, wie beliebt Philippine inzwischen in ihrer neuen Heimat geworden war. Obwohl man fürchtete, daß sie das Land verlassen könnte, sprachen die Gesandten unverhohlen aus, was alle fühlten und dachten: sie gaben den Polen zu bedenken, daß Ferdinand ohne Philippine nicht leben könne, daß er sie unbedingt mitnehmen müsse, damit sie immer um ihn sei, »wenn er mit Schwachheit des Leibes beladen sein sollte«, daß »Ihre Gnaden ihm fleißig aufwarte, wie Seine fürstliche Durchlaucht selbes gewohnt sei. Ueberdies sei sie auch still, fromm und gottesfürchtig und habe sich in Böhmen und in des Erzherzogs Erblanden stets so rühmlich und wohl gehalten, sei so geliebt worden und in so hohem Ansehen gestanden, daß auch im Königreiche Polen niemand sich über selbe zu beschweren haben werde.«
Trotz dieser eindeutigen Worte, die die Vertreter Tirols über Philippine sprachen, bestanden die polnischen Adeligen auf ihrer Forderung nach Auflösung der Ehe. Wie lange Ferdinand brauchte, um seinen Entschluß zu fassen, weiß man nicht genau, aber man kann ohne weiteres vermuten, daß ihm sein häusliches Glück, sein innerer Friede mehr wert waren als alle Kronen dieser Erde. Er hatte sich schon einmal entschieden, und auch jetzt konnte keine Verlockung ihn von diesem Entschluß abbringen. Er wollte für immer bei Philippine bleiben, und er wollte auch weiterhin das Land Tirol regieren.
So schlug der Erzherzog schließlich die Krone Polens aus, und am 12. Dezember 1575 wurde Kaiser Maximilian II. zum König von Polen proklamiert. Tage später ernannte eine Gegenpartei den Wojwoden von Siebenbürgen, Stephan Báthory, zum Herrscher des Landes.
Es gab sicherlich für Ferdinand noch andere Überlegungen, warum er nicht einer unsicheren Zukunft entgegengehen wollte.

In Tirol hatte er die anfänglichen Schwierigkeiten überwunden und führte nun in Innsbruck das Leben eines Renaissancefürsten in italienischer Manier. Feste und Feierlichkeiten, Fastnachtsspiele und Turniere, Armbrustschießen und Ringelstechen, Mummereien und Tänze, Verkleidungsscherze und jahreszeitliche Theaterstücke wechselten einander ab, und der Erzherzog war nicht nur Veranstalter all dieser Geselligkeiten, sondern immer eine Hauptperson, wenn es galt, irgendeinen Schabernack auszudenken. Er trat in allegorischen Szenen als Jupiter auf, engagierte Vortragskünstler, die die Gesellschaft mit schwülstigen Gedichten erfreuten und beschenkte je nach Gelegenheit die Umstehenden, so daß für Ferdinand das Leben ein einziges Fest war. Und obwohl Philippine meist nur stille Zuschauerin bei all den Lustbarkeiten war, trat sie doch einmal in Erscheinung, als es um das Armbrustschießen ging. Merkwürdigerweise waren die Damen den Herren in dieser Disziplin überlegen; ein Zeitgenosse vermerkt in seinem Tagebuch, daß er am 13. Juli 1570 an einem Armbrustschießen teilgenommen habe, wo zwei Gewinne zur Wahl standen: ein Becher im Wert von 22 Gulden und ein Ring im Wert von sechs Gulden. Philippine und auch ihre Tante Katharina von Loxan, die nun auf Ambras wohnte, nahmen an der Veranstaltung teil, und Philippine gewann das Armbrustschießen und somit den goldenen Becher vor Katharina von Loxan, die Zweite wurde. Alle anwesenden Herren hatten keine Chance gegen die zielsicheren Damen.
Auch die kirchlichen Feiertage wurden am Hofe des Erzherzogs und in Ambras gebührend begangen, Messen und Gebetsstunden wurden abgehalten, und damit auch das leibliche Wohl nicht zu kurz kam, hatte Philippine einen genauen Speiseplan, der wohldurchdacht auf das jeweilige Fest abgestimmt war. Zu Weihnachten kam ein köstlicher Christbraten auf den Tisch, zu Ostern wurden nach den langen Fastentagen Einladungsschreiben an die Adeligen des Landes geschickt und diese gebeten, »das heilige grab hüten zu helfen.« Nach der anstrengenden Nachtwache schmeckten allen das »neu geweihte Fleisch und die Fladen« ganz besonders. Da man all die Gäste weder auf Schloß Ambras noch in der Residenz in Innsbruck unterbringen konnte, suchte man nach geeigneten Herbergen in der Stadt. Die Zahl der Gäste entsprach dem Lebensstil des Erzherzogs, je mehr kamen, desto lieber war es ihm, obwohl er selbst es fast immer vorzog, in klei-

nem Rahmen zu speisen, meist nur in Gesellschaft von Philippine und deren Tante.

Es war ein buntes Leben und Treiben, das zu dieser Zeit in Innsbruck herrschte, Fremde kamen und gingen, Zuschauer und Gäste vermischten sich, und Ferdinand mußte immer wieder dafür Sorge tragen, daß es nicht zu allzu großen Raufhändeln kam, wenn die Leute voll des Weines in ihre Herbergen taumelten. Der Wein floß in Strömen, nicht nur auf Schloß Ambras, wo jeder der Besucher zunächst einmal seine Trinkfestigkeit beweisen mußte, indem er in einem eigens dafür ausgestatteten Raum in einer Felsenhöhle, dem »Heiligtum Bacchus«, einen Becher in Form eines Fäßleins auf einen Zug leeren mußte. Der Becher umfaßte einen halben Liter Wein, und wenn es dem Gast gelang, ihn auszutrinken, ohne abzusetzen, dann wurde er in das Verzeichnis der Trinker eingetragen, was eine ausgesprochene Ehre bedeutete. Auch die Damen mußten sich dieser Probe unterziehen und versuchen, ein Glas in Schiffchenform auf einmal auszutrinken. Allerdings war man bei den Damen gnädig: das Schiffchen faßte nur einen Viertelliter. Hunderte Gäste unterzogen sich dieser Trinkprobe, viele von ihnen wurden in das Verzeichnis eingetragen, auch Philippine selbst schrieb 1567 nach bestandener Probe in die Liste: »Ich hoff' zu gott. ph. w.«

Ferdinand selbst hatte eine Vorrede zu diesem Trinkbüchlein verfaßt:

»Im 1567 jar, den letzten tag januarii, ist dem schloß zue Ambras von wegen erzaigung guetter freuntschafft, guetwilligkait und gesellschafft auf gericht worden, das ain yeder so in gemelt schloß Ambras kombt ain glaß wie ein vässlein gestalt mit vier geschmeltzten raiflein mit wein in ainem trunkh austrinkhen soll und seinen namen zuer gedechtnus in dises buech schreiben, welcher aber solches in ainem trunkh nit endet sonder absetzet, dem soll es widerumb voll eingeschenkt werden auch aus dem schloß nit weichen bis er solchen trunkh wie obgemelt vollendet hat, das solle also dises schloß und glaß gerechtigkait sein und bleiben. Deßgleichen und obgemelter massen solle auch ain yede frav und jungfrav ain cristallin glaß, wie ain schiff in ainem trunkh auszuetrinken verbunden und verpflicht sein . . .«

Philippine hatte mit den Gästen ihres Mannes alle Hände voll zu tun, denn obwohl ihr Hofstaat aus Edelleuten, Lakaien, Kammerdienern, Edelfräulein, Trabanten und Jägern, Damen zu ihrer persönlichen Bedienung, aus Küchenpersonal und Stallmeistern bestand, war sie stets die alleinige Herrscherin über ihr Reich. Ihr unterstanden auch die Personen, die zur Belustigung des Erzherzogs in Ambras gehalten wurden, Riesen und Zwerge, Schwarzkünstler und gefangene Türken; daneben versammelte man hier auch hervorragende Wissenschaftler, Maler und Bildhauer. Waren keine Gäste auf Schloß Ambras zu erwarten, so wurden trotzdem jeden Tag 24 Speisen gekocht, die in drei Gängen serviert wurden. Ein Bericht aus dem Jahre 1571 gibt Auskunft darüber, wieviel Fleisch allein pro Tag verkocht wurde. So liest man dort: 900 Pfund Fleisch, das Wild noch nicht dazugezählt; an Fasttagen wurden 100 Pfund Schmalz in Töpfen und Pfannen zerlassen, an den übrigen Tagen 50 Pfund. Die Küche auf Schloß Ambras war dank Philippines Kochkunst weit über die Grenzen Tirols bekannt, selbst der Kurfürst von Sachsen schickte seinen Leibkoch nach Tirol, damit dieser hier an Ort und Stelle das Pastetenkochen erlerne.

In ihrer liebenswürdigen Art beriet Philippine auch ihr Gesinde, sich mit vielen nützlichen Dingen zu beschäftigen, und ging dabei mit gutem Beispiel voran. Bekannt waren ihre Stickereien, von denen noch heute einige erhalten sind. Aber auch Ferdinand verbrachte seine Stunden auf Ambras nicht nur mit lauten Trinkgelagen, er entwickelte im Laufe der Jahre immer mehr eine Vorliebe für handwerkliche Tätigkeiten. Er ließ auf Schloß Ambras eigene kleine Werkstätten einrichten, in denen er selbst schöne Gegenstände aus Gold und Silber goß; daneben versuchte er sich in der Drechslerkunst und war ein begabter Glasbläser. Da er zeit seines Lebens als begeisterter Jäger das Waidwesen liebte, interessierten ihn vor allem Gewehre und Jagdgeräte. Sein Schlosser Diring unterrichtete ihn in der Herstellung von Radschlössern und Gewehrrohren, und Ferdinand erwies sich als geschickter und gelehriger Schüler. Er versuchte, alles zu erlernen, und scheute auch nicht lästigen Rauch und große Hitze. Stieg Philippine ab und zu in die Werkstätten hinunter, so konnte sie in dem dichten Qualm oft nicht Handwerksmeister und erzherzoglichen Gemahl unterscheiden. Sie warnte Ferdinand vor dem allzu intensiven Rauch, er aber schlug alle wohlgemeinten Ratschläge in den Wind und betätigte sich mit ungewöhnlicher Leidenschaft auch als Schmied. Dabei verlor er im Laufe der Zeit seinen Geruchssinn fast vollständig.

Die beiden Söhne wuchsen ohne Probleme heran, sie erwiesen sich als sportliche junge Männer, die überall gern gesehen waren. Ihr Vater versuchte, sie allmählich in die Gesellschaft einzuführen, obwohl er kaum Hoffnung haben konnte, daß sein Bruder, Kaiser Maximilian II., den Makel ihrer Geburt eines Tages übersehen werde, und unternahm alles, um für Andreas und Karl eine gebührende Stellung zu finden. Es gelang ihm, seinen älteren Sohn dem Papst, Gregor XIII., als Bischof und schließlich als Kardinal vorzuschlagen.
Zunächst allerdings war die Anerkennung seiner Ehe durch Gregor notwendig, denn ohne sie war es für Andreas unmöglich, irgendwelche kirchlichen Weihen zu erreichen. Der Papst machte es Ferdinand nicht leicht, die nötigen Beweise für die Rechtmäßigkeit seiner Eheschließung zu erbringen. Die Unterschrift des Kaplans unter der Heiratsurkunde war dem Papst zu wenig, er verlangte noch ein zweites gültiges Zeugnis von einer vertrauenswürdigen Person, die bei der heimlichen Heirat anwesend gewesen war. Zum Glück lebte die Tante Philippines, Katharina von Loxan, noch, und sie gab gerne die Versicherung ab, daß sie Zeugin der Eheschließung auf Schloß Bresnic gewesen war. Aufgrund dieser beiden Aussagen willigte Gregor schließlich ein, die Heirat des Erzherzogs anzuerkennen, und verlangte keine offizielle Eheschließung von Ferdinand und Philippine, wie er ursprünglich gefordert hatte. Ferdinand wollte nichts von einem solchen Ansinnen wissen, hätte dies doch ein Eingeständnis bedeutet, daß er und Philippine viele Jahre in »wilder Ehe« gelebt hätten. Da Gregor Philippine wegen ihrer allseits bekannten Frömmigkeit und ihres untadeligen Wesens schätzte, handelte er menschlich und christlich zugleich und setzte sich über die starren Traditionen hinweg. Er erklärte die auf Schloß Bresnic geschlossene Ehe als rechtskräftig und entband den Erzherzog und Philippine auch von der Geheimhaltung. Nach Jahrzehnten des Versteckenspielens konnte der Landesherr von Tirol jetzt offiziell seine Gemahlin überall hin mitnehmen. Philippine hatte in der folgenden Zeit immer ein gutes Verhältnis zum Papst, sie erfreute ihn durch kleine Geschenke, und Gregor erweiterte dafür die Absolutionsgewalt ihres Beichtvaters und schickte ihr einen geweihten Rosenkranz.
Weit über die Grenzen Tirols hinaus war der Ruf der Landesmutter gedrungen, und alle, die sie kannten, liebten und verehr-

ten Philippine als einen gütigen und liebenswerten Menschen und als anerkannte Landesfürstin. Sie hatte keine Feinde im Adel und im Volk, selbst innerhalb der kaiserlichen Familie war man nun bereit, der Schwägerin entgegenzukommen. Vor allem zwei Schwestern Ferdinands suchten den Kontakt mit Philippine. Magdalena und Helena waren, der Sitte der Zeit entsprechend, von den kaiserlichen Eltern für das Kloster bestimmt worden; sie verbrachten ihr Leben im Damenstift in Hall in Tirol. Kurz nach dem Eintreffen Philippines in Tirol war eine herzlich gehaltene Einladung an die beiden Königinnen – diesen Titel trugen sie offiziell – ergangen. Nach anfänglichem Zögern traten Helena und Magdalena die Reise nach Ambras an und wurden dort sehr freundlich und liebenswürdig empfangen. Nach einem Abend voll Kurzweil und anregender Unterhaltung verließen beide Schwestern Schloß Ambras; Philippine hatte ihr Herz durch ihre ungezwungene Art und ihre Herzlichkeit erobert.

Daß die beiden königlichen Schwestern Philippine als rechtmäßige Gemahlin des Erzherzogs anerkannt hatten, erregte beim Adel in den befreundeten Ländern Aufsehen und bewirkte gleichzeitig, daß Einladungen an Ferdinand und Philippine aus Bayern und Ferrara kamen. Es kümmerte bald niemanden mehr, daß Kaiser Maximilian II. sich immer noch hinter einer Wand des Ablehnung verschanzte; die Öffentlichkeit dachte anders als der Herrscher. Der Herzog von Ferrara, Alphons, war von Philippine verzaubert, er machte ihr, wo es ging, kleine Geschenke, und sie bedankte sich mit selbst hergestellten Preiselbeerkonfitüren, die sie in kleinen Fäßchen überbringen ließ. Als Gegengeschenk schickte der Herzog gut abgerichtete Jagdhunde an Philippines Gemahl.

Philippine nahm auch oft und gern die Gelegenheit wahr, Ferdinand auf seinen Reisen zu begleiten, und dort, wo das fürstliche Paar auftauchte, flogen ihm die Herzen zu. Die Kunde von der romantischen Liebesgeschichte hatte sich weit über die Grenzen Tirols hinaus verbreitet, und überall war man neugierig, die Frau zu sehen, der es gelungen war, den Kaisersohn über Jahrzehnte hinweg zu verzaubern. Außerdem sprach man ebenso von Philippines Mildtätigkeit, ihrem Mitleid mit den Armen und ihrer Heilkunst, die sie jedem angedeihen ließ, der von Schmerzen geplagt war.

Man verehrte und liebte sie und beobachtete mit Sorge ihren im-

mer schlechter werdenden Gesundheitszustand. Die Fieberanfälle häuften sich und wurden immer heftiger, an manchen Tagen rang sie nur noch nach Luft und konnte keiner Tätigkeit mehr nachgehen. Verzweifelt versuchten die Ärzte, ihr Linderung zu verschaffen, man gab ihr alle möglichen Tränklein und verordnete Purganzen, aber nichts tat mehr seine Wirkung. Philippine erkannte ihren Zustand und wußte, daß ihre Tage auf Erden gezählt waren. Für sie selbst barg der Tod keinen Schrecken, aber sie wußte, welches Leid sie mit ihrem Sterben dem über alles geliebten Mann zufügen würde. Deshalb versuchte sie, so lange es nur irgendwie ging, ihr Leiden vor ihm geheim zu halten. Sie bereitete ihm wie eh und je die besten Speisen selbst zu, leistete ihm, obwohl es ihr schwer fiel, Gesellschaft, suchte ihn zu erheitern, wenn es sie auch übermenschliche Kräfte kostete. Sie wollte ihm auf gar keinen Fall die Freude an seinen Unterhaltungen nehmen.
Vielleicht war es ihre übermäßige Selbstbeherrschung, die Ferdinand nicht erkennen ließ, in welchem Zustand sich seine Frau befand. Möglicherweise hatte er sich auch an ihre jahrelange andauernden Unpäßlichkeiten gewöhnt und bemerkte die bedenkliche Veränderung ihres Gesundheitszustandes nicht. Erst als sie bei der Beisetzung ihrer geliebten Gefährtin und Tante Katharina von Loxan beinahe zusammenbrach, gingen dem Erzherzog die Augen auf.
Frau von Loxan war am 13. April 1580 nach langer Krankheit gestorben, und ihr Tod bedeutete für Philippine, daß auch ihr Abschied von der Welt nahe sei. Sie nahm noch an einem großen Fest in Innsbruck teil, konnte sich aber bei den Darbietungen nur noch mit Mühe aufrecht halten. Ihre vertrauten Ärzte ließen sie zur Ader und schwächten sie dadurch nur noch mehr. Ferdinand, den der Gedanke an den Tod seiner treuen und geliebten Lebensgefährtin wie ein Blitz aus heiterem Himmel getroffen hatte, wich nicht mehr von ihrem Krankenlager, das zu ihrem Sterbebett werden sollte.
So wie Philippine stets gelebt hatte, unauffällig und fromm, ging sie aus dieser Welt, ohne langen Todeskampf, mit sich, ihrer Familie und mit ihren Getreuen versöhnt, nahm sie Abschied und versprach, auch im anderen Leben auf Ferdinand zu warten. Ihr Testament bedachte Witwen und Arme in Tirol, die noch lange Jahre um ihre Wohltäterin trauerten, denn ihr Tod hatte viele är-

mer gemacht: Ferdinand hatte seine innigst geliebte Frau verloren, ihre Söhne eine verständnisvolle und treusorgende Mutter, ihr Gesinde eine vorbildliche Herrin, ihre Freunde eine hochverehrte Frau und das Land Tirol die »Liebhaberin aller betrübten Herzen«.

Ein Herz und dennoch eine Krone

FRANZ STEPHAN UND MARIA THERESIA

Jahrelang hatten Kaiser Karl VI. und seine Gemahlin Elisabeth Christine auf Kinder gewartet. Alles mögliche hatte der Kaiser schon ausprobiert, als er merkte, daß seine von ihm sehr geliebte Frau Schwierigkeiten hatte, einem Thronerben das Leben zu schenken. Wunderkuren mußte die »weiße Lisl«, wie sie der Kaiser wegen ihres berühmt schönen Teints liebevoll nannte, über sich ergehen lassen, und man befragte selbst Hellseher und Quacksalber, wann sich der ersehnte Kindersegen einstellen würde. Als jemand eine Weinkur empfahl, war der Kaiser Feuer und Flamme, was zur Folge hatte, daß Elisabeth Christine, die bisher nur mäßig dem Wein zugesprochen hatte, sich an übermäßigen Alkoholgenuß gewöhnte. Als zusätzliche Animation ließ Karl VI. die ehelichen Schlafzimmer mit amourösen Bettszenen ausmalen.
Obwohl er also wirklich nichts unversucht ließ, dauerte es doch verhältnismäßig lange, bis das heißersehnte Kind in der Wiege lag. Nach acht Jahren konnte der Kaiser dem Volk von Wien die Geburt eines strammen Buben melden. Der Jubel war groß, wußte man doch allenthalben um den bisherigen Kummer des Herrscherpaares.
Alles schien nun in bester Ordnung zu sein, für einen männlichen Nachfolger war gesorgt, nun konnten getrost die Mädchen ihren Einzug in die Familie halten.
Das Glück der Eltern dauerte nur kurz. Der kleine Leopold hatte bald nach der Geburt zu kränkeln begonnen, die Ärzte standen mit ratlosem Gesicht vor dem kleinen Bettchen und konnten nicht verhindern, daß der Tod den ersten Sohn Karls VI. nach wenigen Monaten hinwegraffte.
Als sich der größte Schmerz gelegt hatte, vertraute man auf Gott und die Zaubermittel und sagte sich, daß die Kaiserin noch jung sei und nun, da der Bann einmal gebrochen war, noch etliche Kinder gebären könnte. Elisabeth Christine war auch bald wieder

guter Hoffnung, aber das Kind, das am 13. Mai 1717 das Licht der Welt erblickte, war ein Mädchen. Auch in den folgenden Jahren stellten sich bei der kaiserlichen Familie nur Mädchen ein, und nach vielen enttäuschten Hoffnungen auf einen männlichen Nachfolger mußte Karl VI. erkennen, daß es das Schicksal nun einmal bestimmt hatte, daß er nur Vater von Töchtern sein sollte. So freudig die erste Tochter von den Eltern begrüßt worden war, so enttäuscht war man Jahr für Jahr bei der Geburt ihrer Schwestern. Hatte man beim ersten Schrei Maria Theresias der Magna Mater Austriae in Mariazell ein Kind aus purem Gold gestiftet, so war man in den darauffolgenden Jahren schon wesentlich zurückhaltender.

Die Taufe der ersten Tochter war ein Freudenfest gewesen. Maria Theresia sollte im Rittersaal der Hofburg das Sakrament empfangen. Der Kaiser hatte durch Boten eigens Wasser aus dem Jordan bringen lassen, daneben stand eine Phiole mit dem Blut Christi für die Zeremonie bereit, ein Dorn aus der Krone und ein Nagel, mit dem die Füße Jesu durchbohrt gewesen waren. Tiefe Frömmigkeit zeichnete den Kaiser und seine Gemahlin aus, sie waren überzeugt, daß alles, Freud und Leid, vom allerhöchsten Herrn geschickt sei und daß man ein Kind von den ersten Tagen an in seine Hände legen mußte.

Maria Theresia wuchs in der Wiener Hofburg als fröhliches Kind heran, beinahe unbeschwert, wurde sie doch von ihrem Vater, dem Kaiser, in keiner Weise mit politischen Dingen belastet. Er wartete noch immer auf einen Sohn, den er dann nach allen Regeln der Kunst schulen konnte.

Die kleine Resl, wie das Mädchen in der Familie gerufen wurde, war bald der Liebling des Wiener Volkes, mit ihrem seidenweichen blonden Haar, den tiefblauen, strahlenden Augen und ihrer zarten, hellen Haut, einem Erbstück ihrer Mutter. Wenn es nur möglich war, entwischte sie aus der Hofburg, mischte sich unters Volk und sprach in drolliger, kindertümlicher Weise. Die Leute waren entzückt, wenn sie erkannten, mit wem sie gerade plauderten, Resl war natürlich und lebhaft, kein Wunder, daß alle Herzen ihr zuflogen. Sie hatte das Glück, eine wohlbehütete, harmonische Kindheit verleben zu können. Ihre Eltern liebten einander, und diese gegenseitige Achtung und Zuneigung spürten auch die Kinder. Obwohl das immer noch herrschende spanische Hofzeremoniell wenige Freiheiten für die Kinder gestattete, gab es

doch in der Privatsphäre des Kaiserhauses eine Art Familienidyll. Es wurde getanzt und gelacht, gescherzt und mit den Kindern gespielt, wann immer die Eltern Zeit fanden.
Das Problem der Erbfolge allerdings wurde mit den Jahren zunehmend drängender. Karl VI. machte sich zwar immer noch Hoffnungen auf einen Sohn, aber er mußte sich eingestehen, daß diese Hoffnungen von Mal zu Mal trügerischer wurden. Nach langen Beratungen mit seinen Ratgebern rang er sich dazu durch, ein Gesetz zu erlassen, das die Erbfolge seiner ältesten Tochter Maria Theresia garantieren sollte. Aber der Kaiser ahnte damals schon, daß er wohl ein Erbfolgegesetz für seine Länder ausarbeiten konnte, daß er aber unbedingt die Zustimmung der wichtigsten Fürsten Europas brauchte, um diesem Gesetz auch Gültigkeit zu verschaffen. Nur wenn alle anderen in Europa die Unteilbarkeit der österreichischen Länder und die Erbfolge seiner Tochter akzeptierten, würde Maria Theresia nach seinem Tod die Chance haben, anerkannt und in Frieden herrschen zu können. Frankreich hatte ihn im Spanischen Erbfolgekrieg um die Thronfolge in Spanien gebracht, der französische König galt seit jeher als Gegner Habsburgs, und Karl hatte auch die neuen Mächte genau im Auge, die die Vormachtstellung im deutschen Gebiet anstrebten. Preußen war nicht zu unterschätzen, und wie die Zukunft zeigen sollte, hatte Karl mit seinen Überlegungen nur allzu recht.
Karl VI. erkannte bald, daß er sein Gesetzeswerk, die »Pragmatische Sanktion«, niemals gegen den Willen der Herrscher rund um das habsburgische Gebiet durchsetzen konnte, und so unternahm er vorsichtige diplomatische Schritte, die dazu führten, daß alle die Pragmatische Sanktion unterschrieben, aber wahrscheinlich, als die Tinte noch nicht getrocknet war, schon daran dachten, wie sie im Falle eines Falles alles für null und nichtig erklären könnten.
Es waren leere Versprechungen, die sich in Luft auflösten, als Karl VI. plötzlich und überraschend im Jahre 1740 starb. Niemand aus der Familie hatte damit gerechnet, daß der lebensfrohe und, wie man allgemein meinte, gesunde Kaiser so schnell seine Augen für immer schließen würde. Vor allem seine schwangere Tochter Maria Theresia, die nun die Erbin des Habsburger Reiches geworden war, traf der Tod ihres Vaters wie ein Blitz aus heiterem Himmel. Sie war völlig unvorbereitet, die Regierungsgeschäfte zu übernehmen. In tiefer Trauer trat sie vor den Rat

Karls VI. und gab mit tränenerstickter Stimme den Tod des Kaisers allgemein bekannt. Es war eine außerordentlich schwierige Situation für die junge Frau, und bei mehr als einer Gelegenheit war sie der Resignation nahe.
Eine Stütze aber hatte sie, auf die sie sich blindlings verlassen konnte: ihren geliebten Mann Franz Stephan von Lothringen.
Die Liebesgeschichte der beiden liest sich wie ein Roman. Maria Theresia war als Erbtochter des Kaisers eine begehrte Partie gewesen, viele Fürstensöhne hatten auf die Hand der schönen Habsburgerin gehofft, aber sie hatten keine Chancen. Der zukünftige Mann Maria Theresias lebte bereits am Hof in Wien und war beinahe ein Mitglied der Familie geworden. Er war als vierzehnjähriger Knabe von seinem Vater Herzog Leopold von Lothringen nach Wien geschickt worden, als Ersatz für seinen Bruder Leopold Clemens, der kurz vor der Abreise an den Schwarzen Blattern erkrankt und daran gestorben war. Dieser lothringische Prinz hatte als besonders begabt gegolten, und es war ihm der Ruf eines Wunderkindes vorausgegangen. Sein Vater hatte mit dem Kaiser vereinbart, daß Clemens in Wien die große Welt kennenlernen und hier den letzten Schliff bekommen sollte. Nach seinem Tod hoffte Leopold, daß der Kaiser auch seinen zweiten Sohn Franz Stephan huldvoll aufnehmen würde. Im Hintergrund standen natürlich Überlegungen über eine mögliche Heirat mit der Erbtochter Maria Theresia. Aber so offen wollte er dem Kaiser seine Karten noch nicht zeigen.
Franz Stephan wurde in aller Form bei der kaiserlichen Familie angemeldet, die sich zu dieser Zeit zur Krönung in Prag aufhielt. Mit einer riesigen Aussteuer und vielen guten Ratschlägen und Ermahnungen schickte der Vater den Prinzen auf die Reise. Allein zwölf Dutzend Paar weißer Handschuhe gab man Franz Stephan mit, dazu kamen Berge von Tafelsilber, eine Unzahl modischer Kleidungsstücke und auch eine regelrechte Studienbibliothek mit 74 Bänden aller Art und aller Wissensgebiete. Der Prinz sollte in Wien seine Bildung erweitern, Geographie, Geschichte, Grammatik und Politik studieren, aber auch Erbauliches lesen und über Fragen der Rechtswissenschaft Bescheid wissen.
Allerdings: die Sitten und Gewohnheiten am Kaiserhof waren anders, als Leopold sie sich vorgestellt hatte. Karl VI. war, wie die meisten seiner Habsburger Vorfahren, ein leidenschaftlicher Waidmann. Sein Jahresplan richtete sich im wesentlichen nach

den Balzen und Jagdzeiten. Kaum war das Weihnachtsfest vorbei und das neue Jahr ins Land gezogen, da wurde schon zur Reiherjagd geblasen, dann folgte der Schnepfenabschuß, in den Monaten darauf stellte die lustige Jagdgesellschaft den Wildsäuen nach, und Hasen, Rehe und Hirsche boten reichlich Abwechslung für die begeisterten Jäger in der Umgebung des Kaisers. Viele Jagdfreunde freuten sich, wenn Karl VI. eine persönliche Einladung in die Umgebung Wiens bringen ließ, aber trotz der großen Jägerrunde fehlte dem Kaiser ein persönlicher Jagdkumpan, der für ihn durch dick und dünn kroch.

Als Franz Stephan die kaiserliche Familie in Prag kennenlernte, schloß ihn besonders der Kaiser sofort ins Herz. Er fand den jungen Mann äußerst sympathisch, vielleicht weil er selber einen eigenen Sohn entbehren mußte und froh war, jetzt wenigstens einen kleinen Ersatz gefunden zu haben. Eintragungen im Tagebuch des Kaisers berichten darüber. Am 12. August 1723 stehen folgende Zeilen: »Prinz Lothringen lustig«, oder »Bürst ganzen Tag wie gestern, Prinz Lothringen da, herzig 14 Jahre alt« ... »Prinz ist lustig, brav schoß.«

Franz Stephan war in eine Familie gekommen, deren Mitglieder sich zwar prächtig verstanden, die aber, zumindest nach außen hin, noch im Hofzeremoniell verfangen war. Der Prinz aber übersprang diese Hürde mit der Unbekümmertheit seiner Jugend und seinem sprichwörtlichen Charme. Er redete, wie ihm »der Schnabel gewachsen« war, und nahm sich auch vor den kaiserlichen Gastgebern kein Blatt vor den Mund.

Besonders die Töchter Karls VI. waren von dem jungen Gast hingerissen, er war natürlich und lustig wie sie selber, und so fanden sie in ihm einen idealen Freund und Kameraden. Die damals sechsjährige Maria Theresia amüsierte sich über die Späße des Prinzen, zu denen er immer und überall aufgelegt war, und bald wurde er der liebste Spielgefährte der Erzherzogin.

Schon bald erkannte Karl VI., daß er in dem immer fröhlichen Burschen einen geeigneten Jagdgefährten gefunden hatte, dem kein Weg zu weit und kein Tier zu schnell war. Kaum hatte der Kaiser den Plan zu einer neuen Jagd entwickelt, wurde schon Franz Stephan informiert und gefragt, ob er trotz seiner Studien auch Zeit für die Jagd habe. Und der Prinz hatte selbstverständlich immer Zeit, wenn es darum ging, den öden und langweiligen Unterricht zu unterbrechen. Bald waren er und der Kaiser als

Jagdgespann so berühmt, daß sie einen Rekord an Trophäen verbuchen konnten.
Der Vater im fernen Lothringen ahnte nicht, daß der Sohn kaum zum Studieren kam. Zu vielfältig waren die Ablenkungen und Abwechslungen. Franz Stephan fand auch keinen Sinn darin, andere Sprachen oder gar Latein zu lernen, ihm genügte das, was er konnte, und das war ein Mischmasch von Deutsch und Französisch. Wenn der spätere Kaiser und Gemahl Maria Theresias Briefe schreiben mußte, war dies jedesmal eine kleine Katastrophe für ihn, und seine Frau mußte die Briefe auf Rechtschreibfehler hin korrigieren und setzte manchmal unter ein Schreiben einen launigen Kommentar. Wahrscheinlich dürfte Franz Stephan auch in diesem Kauderwelsch gesprochen haben, einer Mischung aus seiner Muttersprache Französisch und der Sprache seiner neuen Heimat, die er allerdings nie richtig erlernte.
Als Leopold von Lothringen merkte, daß die Briefe seines Sohnes noch nach Jahren vor Fehlern strotzten, machte er ihm ernsthafte Vorhaltungen. Franz Stephan las die Briefe seines Vaters genau und gelobte Besserung, aber dann wurde zur nächsten Jagd geblasen, und die guten Vorsätze hatte der Wind mit sich davongetragen.
War aber eine Prüfung angesetzt, dann zeigte es sich, daß der Prinz keineswegs unintelligent war, denn er bestand die Examina zum Erstaunen aller immer mit überraschend guten Beurteilungen. Der gesunde Menschenverstand half ihm oft, Probleme zu lösen, die manch anderer nur durch intensive Studien enträtseln konnte.
Nach dem Tod seines Vaters mußte Franz Stephan nach Lothringen zurückkehren, um die Regierungsgeschäfte zu übernehmen. Maria Theresia war in der Zwischenzeit zu einem blühenden jungen Mädchen herangewachsen, und die bedeutendsten Prinzen Europas rüsteten sich zum Wettstreit um die Hand der schönen Habsburgerin. Gerüchte machten die Runde an den Höfen von Paris, London und Berlin, Beauftragte der Könige fragten beim Kaiser an, und auch der greise Prinz Eugen fühlte sich bemüßigt, die Kaisertochter unter die Haube zu bringen. Der Einfluß des Türkensiegers war beträchtlich, und er konnte beim Kaiser viel erreichen. Eugen entwickelte einen überraschenden Plan: Maria Theresia sollte den Sohn des Preußenkönigs Friedrich Wilhelm I. heiraten, den jungen Friedrich. Sein Vater hatte ihn

mit drakonischer Strenge erziehen lassen, und so war aus dem gutaussehenden Prinzen ein eher zurückhaltender junger Mann geworden. Als ihm die Heiratspläne seines Vaters zu Ohren kamen, war er nicht abgeneigt. In diesem Sinn äußerte sich Friedrich Generalleutnant Grumblow gegenüber in einem eher persönlichen Brief. Auch wenn es nur ein Plan war, eine Verbindung zwischen den Habsburgern und Hohenzollern herzustellen, sah der spätere Preußenkönig Friedrich II. doch eine günstige Konstellation für die Zukunft Europas, wenn er Maria Theresia und seine ältere Schwester den Prinzen von Wales ehelichte. Die daraus entstehenden politischen Verbindungen hätten ein massives Bollwerk gegen Frankreich ergeben.
Aber es kam alles ganz anders, als Prinz Eugen und Friedrich geplant hatten. Dabei hatte Friedrich sogar einmal die weite Reise nach Wien unternommen, wenn man ernst zu nehmenden Gerüchten Glauben schenken darf, um Maria Theresia von Angesicht zu Angesicht anschauen zu können. Er wollte nämlich, mißtrauisch wie er nun einmal war, nicht die Katze im Sack kaufen, und die Prinzessin sollte ihm auch gefallen. Er soll von dem Anblick des jungen Mädchens hingerissen gewesen sein, so daß er sicherlich nichts gegen die Eheschließung einzuwenden gehabt hätte. Aber plötzlich dachte man am preußischen Hof ganz anders. Wer zuerst Bedenken geäußert hatte, ist unklar, aber auf einmal war man skeptisch gegenüber den Habsburgern; Preußen brauchte einen männlichen Erben, und der Kaiser war nur von Frauen umgeben. Nach den Vorstellungen der Zeit glaubte man, daß aus einer solchen Familie nur Töchter kommen würden. So zerschlug sich der Plan einer Verbindung der beiden Herrscherhäuser, noch ehe er ans Licht der Öffentlichkeit getragen worden war.
Die Geschichte Europas hätte ganz anders ausgesehen, wären die beiden, Friedrich II. und Maria Theresia, miteinander im Ehebett gelegen und sich nicht feindlich auf dem Schlachtfeld gegenübergestanden. Ob allerdings die Habsburgerin mit dem nüchternen, oft unkonzilianten Friedrich glücklich geworden wäre, ist höchst fraglich.
Friedrich II. konnte Maria Theresia nie ganz vergessen. Auch in den Jahren, als sie einander erbittert bekämpften, achtete Friedrich die Herrscherin. Sie war für ihn nicht die persönliche Feindin, und er sprach nie abfällig über sie. Etwas von seiner jugend-

lichen Zuneigung zu ihr war in seinem Innersten übrig geblieben. Sie war für ihn »die Frau mit dem Herzen eines Königs«. Und ein solcher Ausspruch bedeutete viel für einen Mann wie Friedrich.
Maria Theresia hingegen, die von den geheimen Verhandlungen nichts erfahren hatte, haßte Friedrich wie die Pest. Nie fand sie ein gutes Wort für ihn oder zeigte nur einen Funken Verständnis für seine Politik. Für sie persönlich war es ein großes Glück, vielleicht das größte in ihrem Leben, daß aus dem Plan Prinz Eugens nichts geworden war, denn sie hatte von frühester Jugend auf eine Schwäche für den leichtlebigen lothringischen Prinzen, und wahrscheinlich konnte sie sich keinen anderen Mann vorstellen als Franz Stephan.
Wie es also schien, war die Ehe der beiden eine ausgemachte Sache, und an den Fürstenhöfen Europas hatte man sich bereits damit abgefunden, daß die älteste Tochter des Kaisers in festen Händen war. Alles war gut, solange Franz Stephan in Wien weilte und den Kaiser tagtäglich zu Gesicht bekam. Als er aber nach Lothringen abreisen mußte, spürte Karl VI. Zweifel in sich aufsteigen, ob er seine Tochter und Nachfolgerin wirklich an einen Mann verheiraten sollte, der nichts war und auch wenig hatte. Karl wußte, daß Lothringen ständig von Frankreich bedrängt wurde und hatte dem jungen Mann vorsorglich einen erfahrenen Freund und Beschützer mitgegeben, den Grafen Neipperg, der vor allem darauf achten sollte, daß der junge Mann in seinem Überschwang nichts Unbedachtes und Unvernünftiges unternahm, weder seine Gesundheit gefährdete noch seinen guten Ruf in Gefahr brachte.
Franz Stephan begann damit, die Lage in seiner Heimat zu sondieren. Er unternahm eine Reise nach Brüssel und von dort nach England. Georg II. empfing ihn sehr freundlich und war begierig, etwas über Wien zu erfahren. In seiner ungezwungenen Art berichtete der junge Herzog über das Leben und Treiben im Kaiserhaus, ohne aber auf große politische Probleme einzugehen. Als die Tage in England vorüber waren, kündigte sich der lothringische Prinz in Berlin an, um dem preußischen König und seinem Sohn die Aufwartung zu machen. Hier konnte Franz Stephan mit eigenen Augen sehen, was es hieß, eine ungeliebte Frau heiraten zu müssen, nur weil der Vater dies so wollte. Gerade als er in Berlin war, wurde die Verlobung Friedrichs mit Prinzessin

Elisabeth Christine von Braunschweig-Wolfenbüttel bekanntgegeben. Noch vor dem Verlobungstag soll Friedrich geäußert haben, er wolle sich lieber das Leben nehmen, als die Braunschweiger Prinzessin zu heiraten.
Unruhig kehrte Franz Stephan nach Lothringen zurück. In den langen Monaten des Getrenntseins hatte er erkannt, daß ihm Maria Theresia mehr bedeutete als bloß eine Gefährtin aus der Jugendzeit, daß er mehr für sie spürte als brüderliche Sympathie. Jetzt aber war er weit weg, und es kamen ihm Zweifel, ob auch sie seine Gefühle erwiderte oder ob ein anderer, Bedeutenderer, Reicherer ihre Hand erringen würde.
Gottlob wußte Franz Stephan nichts von den neuen Plänen Prinz Eugens, der unermüdlich um die Sicherheit und den Fortbestand des Habsburgerreiches besorgt war. Kaum hatte sich die Verbindung mit Preußen zerschlagen, da plante er eine Heirat Maria Theresias mit dem Prinzen von Bayern. Mit allen Überredungskünsten versuchte der greise Feldherr den Kaiser zu überzeugen. Aber Karl war sich nicht im klaren, was er tun sollte, und ging einer Entscheidung immer wieder aus dem Weg. Was sollte er tun? Es war ihm nicht entgangen, daß Maria Theresia eine besondere Zuneigung zu Franz Stephan entwickelt hatte, und auch er sah in dem Prinzen den idealen Schwiegersohn. Aber er war nicht nur Vater, sondern vor allem auch Kaiser. Und als solcher hatte er seine Pflicht für das Land zu erfüllen, genauso wie seine Tochter, die Erbin des Riesenreiches. Er ließ Franz Stephan wieder nach Wien kommen und bot ihm die Statthalterschaft in Ungarn an. Der Prinz, der gehofft hatte, als Schwiegersohn begrüßt zu werden, war von dem Empfang in Wien bitter enttäuscht, vor allem, als er erfuhr, daß er nicht in der Hauptstadt bleiben sollte, sondern im finsteren Schloß von Preßburg leben mußte. Aber immerhin war er seinem »Reserl« näher, und optimistisch, wie er sein Leben lang war, sah er die Vorteile, die sich aus der geringen Entfernung ergeben mußten. Schnell hatte man verschiedene Leute aufgetrieben, auf die sich die Verliebten verlassen konnten, welche die Briefe, die Maria Theresia an ihren Franzl schrieb, auch wirklich heimlich überbrachten und gleich auf Antwort warteten.
Ab und zu durfte Franz Stephan auch nach Wien kommen, aber er konnte natürlich nie mit der Angebeteten in einem Zimmer allein sein. Eine Anstandsdame mußte mindestens zugegen sein.

Aber die von Maria Theresia von Kindheit an geliebte »Aja« Gräfin Charlotte Fuchs, die Fuchsin, wie sie die Erzherzogin liebevoll nannte, drückte immer wieder ein Auge zu und hörte weg, wenn die beiden ein paar sehr private Worte miteinander tauschten. Auch die Mutter Maria Theresias unterstützte ihre Tochter, wo sie nur konnte.

Am Kaiserhof sprach man gern und viel über die Romanze der Erzherzogin, und es war auch für den englischen Gesandten Robinson kein Geheimnis, daß Maria Theresia unsterblich in Franz Stephan von Lothringen verliebt war. Der Gesandte schrieb in seinem Tagebuch:

»Trotz ihrer starken Seele hegt sie eine zärtliche Liebe zu dem Herzog von Lothringen. Des Nachts sieht sie ihn im Traume und am Tage unterhält sie ihre Hofdame nur über ihn, so daß es nicht wahrscheinlich ist, daß sie den Mann jemals vergessen wird, den sie für sich geboren glaubt. Und nie wird sie denjenigen vergeben, welche sie in Gefahr brachten, ihn zu verlieren.«

Für seine Liebe mußte Franz Stephan große Opfer bringen. Er verlor die Krone seines Landes, aber er gewann das Herz einer großen Frau. Über seinen Kopf hinweg hatte der König von Frankreich entschieden, daß Franz Stephan auf Lothringen verzichten und daß Stanislaus Leszczyński, der ehemalige polnische König und Schwiegervater Ludwigs XV., in Lothringen regieren solle. Er hatte sein Land an den sächsischen Kurfürsten August III. abgeben müssen. Franz Stephan aber bot man das Großherzogtum Toskana an, das nach dem Aussterben der Medici frei geworden war.

Das europäische politische Karussell hatte sich wieder einmal gedreht und war bei Franz Stephan stehen geblieben, der jetzt handeln mußte. Sein eigenes Land sah er für alle Zeiten verloren, denn nach dem Tode Leszczyńskis sollte Lothringen endgültig an Frankreich fallen. Ludwig XV. hatte sein Ziel erreicht; der länderlose Prinz, der sich um die Hand der Tochter des bedeutendsten Herrschers in Europa bewerben wollte, mußte zusehen, daß er wenigstens etwas bekam, wollte er nicht wie ein Bettler vor dem Kaiser erscheinen. Für Franz Stephan war die Entscheidung längst gefallen, er war keine Kämpfernatur, und so nahm er an, was man ihm bot. In seinen Gedanken und Träumen hatte er nur ein Ziel vor Augen, und das hieß Maria Theresia. In einem Gartenhaus im Wiener Neustädter Schloßpark fiel endlich die so

lang herbeigesehnte Entscheidung: Maria Theresia war mit Franz Stephan allein, und sie gestanden einander ihre Liebe.
Der Kaiser sah ein, daß sein Zögern zu nichts führte. Und als Mitte Januar 1736 Franz Stephan offiziell beim Kaiser erschien und um die Hand seiner Tochter anhielt, kam es zwar zu einem ernsten Gespräch unter vier Augen, dann aber drückte Karl VI. seinen Jagdgefährten und liebsten Freund ans Herz und gab seiner Freude Ausdruck.
Das Verlöbnis wurde nun offiziell bekannt gegeben, zur Freude und Genugtuung des Wiener Volkes, das der jungen Thronfolgerin den richtigen Mann fürs Leben wünschte. Und wem ihr Herz gehörte, das war mittlerweile allen bekannt. Danach mußte sich der Bräutigam aus Wien verabschieden und wieder in sein Schloß in Preßburg ziehen. Die folgenden Wochen bis zur Hochzeit waren ausgefüllt von unermüdlichen Überlegungen, wie die Hochzeit der Kaisertochter würdevoll und prunkvoll ausgerichtet werden sollte. Briefe gingen täglich von Preßburg in die Wiener Hofburg, jetzt war es den jungen Leuten endlich offiziell erlaubt, einander zu schreiben. Liebe und innige Verbundenheit sprechen aus diesen Zeilen. Am 9. Februar 1736, drei Tage vor der Hochzeit, schrieb Franz Stephan an seine Braut:
»In diesem augenblick erhalte Ich EW. Lbd. gnädiges schreiben welches mir in meiner entfernung nicht von geringen trost ist, dann ich versichern kann, das mir die Täge unerträglich seynt, wo ich die freüd nicht habe meiner allerliebsten braut mich zu füssen zu legen. Von welchem mich nicht consoliren könnte, wann nicht beständig dahin gedenckete, das ich die gnad haben werde, sontags bey denen Augustinern einander näher und in Vollkommenheith meines Vergnügen zu sehen.«
Kaum hatte Maria Theresia den Brief in Händen, als sie auch schon zur Feder griff, um ein Antwortschreiben aufzusetzen:
»Was man gern tuth macht kheine ungelegenheit, indeme recht von hertzen auf Eüer liebden so obligeante und complimentose brief antworte, wüntsche eine glickliche reis und guttes wetter, hoffe das dises die letzte sein wird, die Eüer liebden ohn ihrer so ergebenen braut machen werden, die allzeit verbleibe
Eüer liebden
getreüeste braut
Maria Theresia
Wien den 10. Februariji 1736«

Am Schluß folgte noch ein ganz unzeremonielles: »Adieu mäusl«.
Der letzte Brief Franz Stephans erreichte Maria Theresia einen Tag vor der Hochzeit:
»Preßburg, den 10. Februar
Ew. Lbd. binn wohl höchstns obligirt für die Gnad meine Zeilen so güthigst zu beantworthen; diese werden die letzten seyn, meiner allerliebsten Braut mich schrifftlich zu füssen zu legen, indeme morgigen Tags von hier abzureisen und übermorgen zur erwünschten Zeit einzutreffen gedenke, worzu alle augenblicke zehle und bis zu diesem beglückten in unruh und sorgen seyn werde.«
Die Hochzeit der Kaisertochter sollte an einem Sonntag in der Augustinerkirche stattfinden. Dicht drängte sich das Volk in den Straßen, durch die Bräutigam und Braut fahren mußten, man scheute nicht Wind und Februarkälte, heißer Wein wurde aus großen Töpfen, die man über offenem Feuer erwärmt hatte, für die wartende Menge ausgeschenkt. Der Bräutigam trug ein mit Silber besticktes Mantelkleid, dazu einen weißen Hut mit prächtigen weißen Federn, weiße Schuhe und ebensolche Strümpfe. In der kalten Februarsonne glänzte die Kette mit dem Goldenen Vlies, dem habsburgischen Hausorden, die er um den Hals trug. Wie er so einherschritt, mit seinem gewinnenden Lächeln, in seiner Jugendlichkeit, da war man sich einig: Maria Theresia bekam einen schönen Mann zum Gemahl.
Die Erzherzogin glänzte und funkelte in der Sonne, ihr über und über mit Perlen und Edelsteinen besticktes Kleid war ein kleines Kunstwerk, das die schlanke Gestalt der Braut noch besser zum Ausdruck brachte. Ihre engste Vertraute, die Gräfin Fuchs, war dazu auserkoren worden, die lange Schleppe zu tragen.
Der Hochzeitszug war überaus prächtig, die höchsten Würdenträger des Reiches waren erschienen, um der Kaisertochter an ihrem schönsten Tag die Ehre zu geben. Nach Rang und Namen geordnet, schritt man hinter dem Kaiser und der Kaiserin. Nur einen sah man nicht in den festlichen Reihen: den alten Prinzen Eugen. Er hatte sich mit einer fadenscheinigen Ausrede entschuldigen lassen. In Wirklichkeit war er mit der Heirat aus politischen Gründen ganz und gar nicht einverstanden. Aber was kümmerte dies Maria Theresia und Franz Stephan, als beide strahlend vor Glück am Altar, dem Ziel ihrer jahrelangen Wünsche standen? Als die Erzherzogin vom päpstlichen Nuntius gefragt

wurde, ob sie willens sei, den Herzog von Lothringen zu ehelichen, da schaute sie nur kurz zu ihrem Vater, und als dieser nickte, antwortete sie mit einem lauten, festen, freudigen »Ja«. Um neun Uhr abends begann das Hochzeitsmahl, das im Komödiensaal der Burg stattfand. Darauf folgte ein kurzes familiäres Beisammensein in der »Retirada« (den Privatgemächern) des Kaisers, und dann geleiteten der Kaiser und die Kaiserin Maria Theresia und Franz Stephan ins Brautgemach.
Nur zu bald folgten auf die ersten unbeschwerten Wochen die Probleme des Alltags. Vor allem Franz Stephan mußte sehen, wie er sich eine bessere Position schuf, denn das Wohlwollen der Wiener Bevölkerung war kurzlebig, und bald mäkelte man, daß die Kaisertochter einen Herrn Niemand, einen »Herzog ohne Land« geheiratet habe.
Das Schicksal wollte es, daß die ersten beiden Kinder, die Maria Theresia zur Welt brachte, auch wieder Mädchen waren. Die Wiener Bevölkerung begann, böse Witze über Franz Stephan zu reißen, und alle fürchteten, daß in der Zukunft wieder kein Sohn in der Habsburger Wiege liegen werde.
Zeugte Franz Stephan schon keinen Sohn, so bestand doch die Möglichkeit, daß aus ihm ein bedeutender Feldherr werden könnte, so wie einst sein Großvater, der berühmte lothringische Herzog Karl V., der Wien im letzten Moment vor den Türken gerettet hatte. Der Kaiser schickte seinen Schwiegersohn also in den Türkenkrieg, der immer noch in Ungarn schwelte, aber Maria Theresia in ihrer Furcht, dem geliebten Mann könne ein Leid zustoßen, lag ihrem Vater mit flehentlichen Bitten in den Ohren, er möge Franz Stephan nach Hause zurückbeordern, und Karl VI. konnte seiner Tochter, wie so oft, nicht widerstehen.
Eine neue Aufgabe wartete auf den Schwiegersohn: Das Großherzogtum Toskana war verwaist, und Maria Theresia und ihr Gemahl mußten sich im Winter auf die beschwerliche Reise in den Süden machen, nach Florenz. Die beiden kleinen Kinder waren bei den Großeltern in Wien zurückgeblieben. Auf dieser Reise würde endlich der ersehnte Thronerbe gezeugt werden, dies hoffte das junge Paar. Die ganze Familie nahm Anteil am intimsten Eheleben der beiden, und der Kaiser schrieb an seine Tochter, nachdem er erfahren hatte, daß auf Schloß Porcia in Kärnten das Ehebett zusammengebrochen war:

». . . wünschte, daß nie ein größeres Unglück geschehe, um so mehr, als dieser Bruch, wohl etwan zu einer neuen Ganzmachung (welches Gott gebe) wird vielleicht geholfen haben. Denn in der Eng von ein Bett werden wohl artliche casus vorbeigegangen sein; nur moderato und das Übrige segne Gott.«
An anderer Stelle schreibt er nach Florenz, nachdem Maria Theresia ihm mitgeteilt hatte, sie vermute, wieder schwanger zu sein: »Sollte es auch jetzt nicht sein, so wird es mit Gottes Segen vielleicht in der Ruhe zu Florenz nicht lange ausbleiben. Nur nicht zu fleißig und sich Zeit lassen.«
Der Sohn, auf den die ganze Familie sehnlichst wartete, war das Hauptthema in der Wiener Hofburg. Und wirklich hatte Maria Theresia mit ihren Ahnungen recht gehabt, aber das Schicksal wollte es, daß Karl VI. die Geburt des so sehnlichst gewünschten Enkels nicht mehr erleben sollte. Er starb ganz plötzlich im Oktober 1740. Zurück blieb eine junge Frau, hochschwanger, die völlig überraschend die Regierungsgeschäfte übernehmen sollte, eine Frau, die sofort einer Welt von Feinden gegenüberstand. Inmitten der ärgsten Bedrängnis brachte sie am 13. März 1741 endlich den ersehnten Kronprinzen, den späteren Kaiser Joseph II., zur Welt. Die Stimmung der Wiener schlug sofort wieder zugunsten des Kaiserpaares um, Transparente zierten die Wände der öffentlichen Gebäude, auf denen zu lesen war:

»Das war ein G'schrei
Heut nacht um drei.
Man hat ka Ruah,
Vivat der Bua!«

»Zur Gesundheit unserer Königin,
Gelts, Brüderl, die soll leben,
Wie auch ihr Schatz, Prinz Lotharing,
Der bringt uns Prinzen z'wegen.«

Das ganze Land befand sich in einem Freudentaumel, vergessen war die heftige Kritik, die man an Franz Stephan geübt hatte. Die Geburt des Thronerben hatte die Stellung Maria Theresias in ihren Erbländern gefestigt, das Geschlecht der Habsburger würde, wenn auch mit lothringischem Blut vermischt, nicht aussterben.
Zwar ging die Kaiserkrone dem Hause Habsburg für einige Jahre verloren, da der Kurfürst von Bayern, Karl Albrecht, die Unter-

stützung der Kurfürsten gefunden hatte und als Karl VII. gewählt wurde, aber nach heftigen Kämpfen und nach dem Tod des Bayern konnte sich Maria Theresia mit dessen Nachfolger Maximilian Joseph einigen; im Austausch gegen sein von den Österreichern erobertes Land versprach er, seine Stimme dem Gemahl Maria Theresias zu geben. So konnte Franz Stephan im September 1745 zum römisch-deutschen Kaiser gekrönt werden.
Im fünften Monat schwanger, fuhr Maria Theresia ohne großes Gefolge nach Frankfurt, um die Krönung des geliebten Mannes mitzuerleben.
Obwohl Franz Stephan als Kaiser mehr eine Repräsentationsfigur als ein echter Herrscher war, nahm er doch seine Aufgabe ernst, seiner Frau vor allem in finanziellen Dingen mit Rat und Tat zur Seite zu stehen. War er auch kein gottbegnadeter Politiker, von den Finanzen eines Landes verstand er sehr viel. Er machte die Toskana zu einem blühenden, reichen Staat und verdiente persönlich so viel Geld, unter anderem durch Kriegslieferungen, daß er seiner ständig mit Geldnöten ringenden Frau ab und zu durch einen Kredit unter die Arme greifen konnte.
Maria Theresia wurde im Laufe der Zeit zu einer großen Politikerin und echten Landesmutter. Ihr Leben war ausgefüllt von den politischen Aufgaben, aber auch von privaten Sorgen, die sich durch die sechzehn Kinder ergaben, die sie ihrem Franzl in all den Ehejahren schenkte. Es war eine Großtat, daß sie die schwierigen Probleme lösen konnte, während sie ständig in anderen Umständen war und von einem Wochenbett ins andere ging. Eiserner Wille und unglaubliche Selbstdisziplin standen hinter ihren Leistungen, sie ließ sich niemals gehen, das berichteten Diplomaten aus aller Herren Länder an ihre Herrscher. Der venezianische Gesandte Capello schrieb über das tägliche Leben der Kaiserin: Sie stehe früh am Morgen auf (zwischen 5 und 6 Uhr) und teile sich ihre Andachtsübungen (von denen sie keine ausfallen ließ) und die Regierungsgeschäfte so ein, daß ihr noch genügend Zeit zur Zerstreuung und Erholung bleibe.
Obwohl sie die Spaziergänge in den Gärten und das Spiel in den Abendgesellschaften eingeführt habe, verwende sie doch nur wenig Zeit darauf und unterbreche solche Zerstreuungen stets durch Gespräche mit den Ministern oder durch Audienzen für ihre Untertanen. Es sei daher nicht zu verwundern, daß es keinen Untertanen gebe, der sich nicht mit Freuden für eine so große

Fürstin opfern würde, und daß kein Ausländer, selbst wenn er ihr feindlich gesinnt sei, sich ihr nahe, ohne von ihren herrlichen Gaben in Erstaunen versetzt und besiegt zu werden.
Bei all ihrer Arbeit blieb ihr aber immer noch Zeit für ihre Kinder, denen sie mit Rat und Tat zur Seite stand. Viele Briefe, in denen sie den manchmal schon erwachsenen Söhnen und Töchtern Ratschläge für alle Bereiche des Lebens gab, zeugen von der engen Verbundenheit Maria Theresias mit ihrer Familie.
Die Liebe war ein Grundzug in ihrem Wesen und machte die Kaiserin-Königin zu einer menschlich warmen Frau. Ihrem Mann war sie ein Leben lang treu, obwohl sie nach einigen Ehejahren erkennen mußte, daß ihr Franzl auch noch ganz gerne anderen Frauen tief in die Augen blickte. Sie tolerierte in ihrer streng moralischen Art zwar nicht die Seitensprünge ihres Mannes, aber sie machte auch keine Staatsaffären daraus. Vielleicht war sie auch zu beschäftigt, um sich immer und überall so wie in früheren Zeiten um ihren Mann zu kümmern, den sie im Laufe der Jahre als «ihren Alten» bezeichnete. Sein früher, völlig überraschender Tod im Jahre 1765 war die Katastrophe ihres Lebens, obwohl sie vorher schon einigen ihrer Kinder ins Grab nachgeschaut hatte. Maria Theresia legte die schwarze Witwentracht bis an ihr eigenes Ende nie mehr ab. Mit Franz Stephan waren Fröhlichkeit und Freude für immer von ihr gegangen. Zurück blieb eine alternde, einsame Frau auf dem Habsburger Thron.

»Es war der beste Ehestand, der immer gefunden werden konnte«

JOSEPH II. UND ISABELLA VON PARMA

Errötend beugte sich der österreichische Erzherzog Joseph über die Hand seiner zukünftigen Frau Isabella von Parma. Sie standen einander zum ersten Mal gegenüber, der gutaussehende älteste Sohn Maria Theresias und die reizende Prinzessin von Parma. Aber endlich brachen launige Bemerkungen des Kaisers den Bann, und Joseph betrachtete seine entzückende junge Braut unverhohlen. Er konnte die Augen nicht von dem Mädchen wenden, das er sich in vielen langen Träumen vorgestellt hatte. Ihre Anmut und ihr natürlicher Charme übertrafen noch bei weitem seine Phantasien. Joseph hatte noch nie ein schöneres und liebenswürdigeres junges Mädchen gesehen. Bis jetzt hatte er von Isabella nur ein Porträtmedaillon gekannt, das in der Liebesgeschichte, die man sich an den Höfen Europas erzählte, die Hauptrolle spielte. Angeblich, so wollte es die Politik des Kaiserhofes von Wien, hatte sich der junge Kronprinz unsterblich in dieses Bild der Prinzessin verliebt, so daß er nur die oder keine zur Gemahlin begehrte. Man hatte die rührende Geschichte bewußt erfunden, um diplomatischen Schwierigkeiten auszuweichen, die sich zwangsläufig ergeben hätten, da Joseph sich über die ihm zugedachte Prinzessin von Neapel abfällig geäußert hatte. In seinem jugendlichen Freimut hatte der älteste Sohn des Kaiserpaares rundheraus erklärt, er gedenke unter gar keinen Umständen, die häßliche Neapolitanerin zu heiraten. Was blieb also den Diplomaten der Kaiserin anderes übrig, als sie und Joseph mit einem Trick aus der peinlichen Affäre zu ziehen und das Märchen von dem Wunder-Medaillon zu erfinden? Sicherlich hatte auch noch der Großvater Isabellas die Hände im Spiel, immerhin kein geringerer als Ludwig XV., der in der Liebe ausreichend Bescheid wußte und sich keine bessere Verbindung für seine Lieblingsenkelin vorstellen konnte als den habsburgischen Thronfolger.
Wahrscheinlich war Maria Theresia und Franz Stephan ein Stein

vom Herzen gefallen, als sie bemerkten, wie wirkungsvoll das romantische Märchen gewesen war und wie man überall die geplante Heirat mit der Prinzessin von Neapel vollkommen vergessen hatte. Für das Kaiserpaar war es unbedingt wichtig, an den bedeutenden Fürstenhöfen einen guten Leumund zu haben, galt es doch, außer Joseph noch eine große Zahl von Habsburger Prinzen und Prinzessinnen standesgemäß und möglichst vorteilhaft zu verheiraten.
Als die Wahl auf Isabella von Parma gefallen war, hatte man, abgesehen von den politischen Vorteilen, die sich aus einer solchen Verbindung mit Frankreich ergaben, sicherlich keinen schlechten Griff getan, denn das junge Mädchen erregte nicht nur durch seine ungewöhnliche Schönheit Aufsehen, sondern es besaß auch sonst viele Vorzüge. Schon früh bemerkte ihre Umgebung die außerordentliche musikalische Begabung Isabellas, und der Vater schenkte ihr die beste Geige, die jemals in Cremona gebaut worden war. Der Violinlehrer Isabellas war hingerissen von ihrem Talent und ihrer tiefen Musikalität. In kürzester Zeit beherrschte die Prinzessin das Instrument meisterlich. Daneben beschäftigte sich das junge Mädchen mit vielen wissenswerten Dingen, die manchmal gar nicht recht ihrem Alter entsprachen. Sie widmete sich intensiv philosophischen Betrachtungen und konnte sich stundenlang grüblerisch mit Problemen auseinandersetzen, die man selten an eine junge Prinzessin herangetragen hatte. Isabella interessierte sich im besonderen auch für schwierige mathematische Aufgaben und erstaunte ihre Umgebung, aber auch die Gelehrten am Hofe von Parma durch ihr ausgeprägtes logisches Denken und ihren Hang zum Abstrakten. Natürlich waren sich alle darüber einig, daß all die Studien, denen sich die Prinzessin widmete, nicht den allgemeinen Interessen eines jungen Mädchens entsprachen, das sich hauptsächlich auf die zukünftige Ehe vorbereiten sollte. Aber Isabella war eben ganz anders als die anderen, das wußte und akzeptierte man in Parma.
Mit diesen ungewöhnlichen Gaben ausgerüstet, wäre die Prinzessin eine ideale Frau und Partnerin für den hochbegabten Sohn Maria Theresias gewesen, der in vielem seiner Zeit voraus war, hätte die Prinzessin nicht von Kindheit an einen unbezwingbaren Hang zur Schwermut gehabt, verbunden mit einer ausgeprägten Todessehnsucht. Wahrscheinlich rührte diese depressive Lebenseinstellung von der mütterlichen Seite her. Elisabeth Louise war

zwar die Lieblingstochter Ludwigs XV. gewesen, hatte aber schon als Kind mit offenen Augen das unmoralische Treiben am französischen Hof mit angesehen und die Schmach mitgefühlt, die ihre geliebte Mutter Maria Leszczyńska erdulden mußte, als sie neben der mächtigen Mätresse ihres Vaters, Madame Pompadour, am Hofe in Versailles dahinwelkte. Ohne gefragt zu werden, ob sie einverstanden sei, war Elisabeth Louise dann an einen Mann verheiratet worden, dem sie nicht eine Spur von Gefühl entgegenbringen konnte. Man hatte für sie den Bruder des spanischen Königs, Don Felipe, ausgesucht, der ihr in seinem Wesen und durch sein Äußeres zuwider war und in dessen Armen sie jedesmal wieder zu Eis erstarrte. Die französische Prinzessin fühlte sich am Hofe von Madrid, wo sie zuerst leben mußte, zu einer Marionette degradiert und konnte auch in Parma, wohin die Familie schließlich übersiedelte, kein glückliches Leben im Kreis ihrer Kinder führen. Ein Leben lang bedauerte sie diese Ehe, zu der sie gezwungen worden war, und hätte sich gerne in ein Kloster zurückgezogen, wenn dieses Kloster nur in Frankreich gestanden wäre.
In dieser düsteren Stimmung wuchs die junge Isabella auf, an einem Hof, wo das spanische Hofzeremoniell wie vor Jahrhunderten zelebriert wurde, wo die Dienerinnen und Diener dem Herrscher die Speisen noch auf Knieen überreichen mußten. Am Hofe Don Felipes war die Zeit stehen geblieben, neue Ideen hatten hier keinen Platz.
Je traditionsbewußter die Familie lebte, desto mehr faszinierten die Schriften der italienischen und französischen Philosophen die junge Isabella, und wo immer sie konnte, las sie mit Begeisterung die Werke der neuesten Literatur. Alles, was hier geschrieben stand, war mit den überalteten Ideen, die am Hofe von Parma ihren Niederschlag gefunden hatten, nicht in Einklang zu bringen. Für Isabella tat sich eine eigene Welt auf, und sie fühlte, daß eine neue Zeit ihre Schatten vorauswarf. Sie konnte freilich nicht ahnen, daß der Mann, den die Diplomaten der Königshöfe für sie erwählt hatten, dieser Zeit seinen Stempel aufdrücken, daß Joseph II. den Sprung in die Zukunft wagen würde.
Der älteste Sohn Maria Theresias, der Thronfolger, war ein junger Mann voll Kraft und Schönheit, dessen markantes Gesicht von der sanft gebogenen Nase beherrscht wurde, die ihm ein überaus männliches Aussehen verlieh. Faszinierend aber waren

die ausdrucksvollen Augen, deren Farbe von intensivem Blau bis zum kalten Eisgrau wechseln konnte. Zeitgenossen bezeichneten den jungen Mann als »einen Prinzen von nicht alltäglichem Wert, seine Meinung erhält Gewicht durch gute Gesinnung und höchste Klugheit«. Seine Mutter, die Kaiserin, sah es als eine Hauptaufgabe in ihrem arbeitsreichen Leben an, dem Kronprinzen eine besonders intensive Erziehung und Ausbildung zuteil werden zu lassen. Mit großer Sorgfalt wählte sie daher die Erzieher und Lehrer Josephs aus, und sie achtete persönlich darauf, daß ihr Sohn mit Liebe, aber auch mit Strenge erzogen wurde.
Der Kronprinz war sich schon als Kind seiner besonderen Stellung innerhalb der Familie bewußt. Er verstand es bei vielen Gelegenheiten, es seinen Geschwistern zu zeigen, wer später einmal in dem großen Reich regieren würde. Sie hatten ihn schon von Anfang an zu respektieren, und vielfach beklagten sich die Geschwister deshalb über seine Arroganz und Kälte. Wenn Maria Theresia diese Seite ihres ältesten Sohnes entdeckte, tadelte sie ihn aufs schärfste. Die Kaiserin kümmerte sich trotz ihres anstrengenden politischen Alltags persönlich um jedes einzelne ihrer zahlreichen Kinder. Auch an Joseph schrieb sie Briefe, in denen er oft hart von ihr gemaßregelt wurde. Die Kaiserin sparte auch nicht mit Ratschlägen an die Erzieher, Joseph die Peitsche zu geben, wenn sie glaubten, der junge Erzherzog habe eine so drakonische Züchtigung verdient.
Besonderen Wert legte die Kaiserin auf die persönliche Hygiene ihrer Kinder. So gab sie Anweisungen, daß die Söhne und Töchter täglich früh und abends den Mund und die Hände und wöchentlich einmal die Füße zu waschen hätten, daß sie fleißig gekämmt werden müßten und daß jegliche Veränderung wie Flekken oder Schmerzen den Ärzten angezeigt zu werden habe. Außerdem sollte der Zahnarzt zweimal in der Woche kommen, am Dienstag und am Freitag, um dem Erzherzog Joseph sorgfältig die Zähne zu putzen und sie zu versorgen.
Die Lehrer, die sich um den heranwachsenden Erzherzog bemühten, hatten keine beneidenswerte Aufgabe. Obwohl der junge Mann sehr leicht lernte, war er doch häufig von einem empörenden Unwillen, wenn es darum ging, Dinge zu erarbeiten, die ihn nicht interessierten. Ein Hauptärgernis waren dabei immer wieder die Sprachen. Nur widerwillig ließ sich Joseph dazu bewegen, Französisch zu lernen, obwohl es die Sprache aller Ge-

bildeten war. Zeit seines Lebens machte er kein Hehl aus seiner Aversion gegen Französisch, er stand schon als junger Mann auf dem Standpunkt, daß die Sprache des Volkes das Deutsche und der Herrscher verpflichtet sei, die Sprache seiner Untertanen zu sprechen. Als Kaiser konnte er dann seinen Neigungen und Antipathien freien Lauf lassen; er lehnte mehrmals Bitten um Unterstützungen ab, die in französischer Sprache abgefaßt waren.
Freilich forderte man von dem jungen Erzherzog zu viel an Wissen und Gelehrsamkeit. Die Kinder am Kaiserhof wurden mit Fakten und Zahlen überhäuft, und gerade der Kronprinz sollte allen als leuchtendes Vorbild vorangehen. Betrachtet man den Lehrplan, so kann man sich kaum vorstellen, wie ein normales Kind das alles bewältigen sollte. Maria Theresia wachte streng darüber, daß die Regeln, die sie für ihre Kinder aufgestellt hatte, auch tatsächlich eingehalten wurden.
Für die beiden ältesten Kinder, Maria Anna und Joseph, kamen zu ihrem üblichen Lernpensum noch repräsentative Aufgaben. Sie sollten schon sehr bald lernen, in der Öffentlichkeit zu stehen und die Kaiserfamilie zu vertreten.
Es gibt viele Briefe der Kaiserin, in denen sie sich ausführlich mit den Details der Erziehung ihrer Kinder beschäftigt, wo sie ihre Ansichten klar darlegt, die aber alle in einem tief verwurzelt sind: in der Religion. Maria Theresia verlangte von ihren Kindern einen streng religiösen Tages- und Jahresablauf, regelmäßige Beichten und Bußen, den täglichen Besuch der Messe, Andachten und Gebete. Sie achtete unerbittlich darauf, daß alles, was die Ausübung der Religion betraf, strikt eingehalten wurde. Möglicherweise war die starre und unkonziliante religiöse Erziehung durch die Mutter der Grund dafür, daß Joseph sich in seiner späteren Entwicklung so sehr gegen die katholische Kirche stellte. Der ewige Konflikt mit der Kaiserin in Glaubensfragen war für Joseph II. nicht zu lösen.
Joseph sollte nach Maria Theresias Willen und Vorstellung ein vollkommener Herrscher werden. Das Benehmen des jungen Mannes wurde ständig korrigiert und seine Haltung verbessert, er durfte über Abwesende nicht sprechen und wurde ununterbrochen kontrolliert.
Wie es Joseph dann doch fertigbrachte, sich gegen die geplante neapolitanische Heirat durchzusetzen, mutet beinahe seltsam an. Wahrscheinlich waren aber auch den kaiserlichen Eltern selbst

schon Zweifel gekommen. Man ergriff also gern die Gelegenheit, die sich bot, als Graf de Stainville, der französische Botschafter, dem Kaiserpaar das Angebot machte, Joseph mit der Enkelin Ludwigs XV. zu vermählen.

Die Kaiserin verstand es sehr klug, einen reichen Brautwerber zu finden, der die Eheschließung mit Isabella »per procurationem« in Italien durchführen und anschließend die Braut heimholen sollte. Fürst Liechtenstein sah es als große Ehre an, daß die Wahl Maria Theresias ausgerechnet auf ihn gefallen war, und er stellte einen regelrechten Hofstaat zusammen, der mit ihm nach Italien ziehen sollte. Dabei durften auch der Seelsorger, der Leibarzt und der Koch nicht fehlen. Im Dom von Padua wurde die Trauung in Abwesenheit des Bräutigams durch seinen Stellvertreter feierlich vollzogen, und Isabella nahm innerlich Abschied von ihrer Jugendzeit. Sie beschenkte alle, die ihr nahestanden, mit persönlichen Dingen, alle sollten sie in Erinnerung behalten, auch wenn sie einmal Kaiserin sein sollte.

Der königliche Großvater aus Frankreich hatte sich mit einem großzügigen Hochzeitsgeschenk eingestellt. Er ließ der Braut eine komplette Aussteuer aus dem teuersten Leinen und aus Seide, alles mit kostbaren Spitzen verziert, übersenden. Auch die Großmutter schickte der Enkelin drei wunderschöne Mäntel aus weichem dunklem Samt, die in ihrer Pracht ausgesuchte Kunstwerke der Schneiderei darstellten.

Noch bevor sein Sohn und die Kaiserin aus Wien abfuhren, um in Schloß Laxenburg mit Isabella zusammenzutreffen, setzte sich der Kaiser mit seinem Gefolge in Bewegung und erwartete die Prinzessin in Stuppach in Niederösterreich. Als Fanfaren die Ankunft der jungen Braut ankündigten, eilte der Kaiser zu Fuß den Wagen entgegen, die in einer riesigen Staubwolke auf das Schloß zufuhren. Dem goldbestückten Prunkwagen entstieg die Prinzessin, blaß und erschöpft von der langen Reise, aber dennoch entzückend anzusehen. Noch bevor Isabella vor dem Kaiser in einen offiziellen, tiefen Hofknicks versinken konnte, schloß Franz Stephan das Mädchen völlig unkonventionell und väterlich liebevoll in die Arme. Dann hielt er sie etwas von sich entfernt, um sie bewundernd betrachten zu können. Auch Isabella fiel wohl ein Stein vom Herzen, als sie bemerkte, daß sie das Wohlgefallen des Kaisers gefunden hatte.

Die Kaiserin und Joseph trafen erst um die Mittagszeit in Laxen-

burg ein, da Maria Theresia eine wichtige Sitzung nicht hatte verschieben können. Als sie Isabella von weitem kommen sah, ging sie ohne großes Zeremoniell auf die Schwiegertochter zu, umarmte sie und machte es so dem verlegenen Mädchen leicht, über die ersten Begrüßungsfloskeln hinwegzukommen.
Joseph, der neben der Kaiserin stand, sah zu, wie seine Mutter die Braut begrüßte und wurde abwechselnd blaß und rot. Er konnte sich kaum aus seiner Erstarrung lösen, als die Reihe nun an ihm war, Isabella willkommen zu heißen. Er hatte noch nie, so schien es ihm, ein schöneres Mädchen gesehen. Isabella war eine faszinierende Erscheinung, mit ihrem dunklen Haar, den großen ausdrucksvollen Augen und dem makellosen Teint. Aber auch Joseph war ein schöner junger Mann, wenn er sich auch merkwürdig steif und unbeholfen benahm.
Nachdem man sich etwas ausgeruht und mit gutem Appetit gespeist hatte, fuhr die Gesellschaft von Laxenburg nach Wien zurück, wo Isabella im Schloß des Prinzen Eugen, im Belvedere, Quartier bezog. Hier sollte sie die Honneurs machen und die Damen und Herren der Wiener adeligen Gesellschaft empfangen und kennenlernen.
Zur großen Überraschung der Prinzessin erschien Joseph schon am nächsten Vormittag incognito im Schloß Belvedere, um seine Braut näher und vor allem privat kennenzulernen. Nachdem sich die erste Schüchternheit bei beiden gelegt hatte, wurden die Gespräche lockerer, man war einmal neckisch, dann wieder ernsthaft und philosophisch.
Je öfter Joseph seine Braut besuchte, um so mehr wuchs seine Zuneigung zu ihr. Das, was sein Ajo, Graf Batthyány, bei dem zurückhaltenden Wesen seines Schützlings nie für möglich gehalten hatte, war nun eingetreten: der Kronprinz hatte sich bis über beide Ohren verliebt! Und ein gütiges Schicksal hatte es gewollt, daß die Dame seines Herzens seine eigene Braut war. So war also das Gerücht wahr geworden, das die Kaiserin überall hatte ausstreuen lassen: daß der Thronfolger in Liebe zu Isabella von Parma entbrannt sei.
Aber Joseph war ein durch und durch ehrlicher junger Mann. Er mußte, bevor er Isabella zum Altar führte, mit dieser unwahren Geschichte, die sie beide zusammengeführt hatte, Schluß machen. Er bekannte Isabella, daß seine angebliche Verliebtheit nur ein politischer Schachzug gewesen war, um aus der Affäre mit

der neapolitanischen Prinzessin herauszukommen. Aber er gestand Isabella auch, was er nun für sie fühle und daß sie genau die Frau sei, die er suche und brauche.
Joseph war bis dahin den Frauen gegenüber spröde und abweisend gewesen. Niemand konnte sich an irgendeine Affäre mit einem Mädchen erinnern, der Prinz galt als keuscher Jüngling, als »ägyptischer Joseph«, wie man ihn in Hofkreisen heimlich nannte. Aber nun hatte Gott Amor ihm einen Pfeil mitten ins Herz geschossen.
Wie stand es aber um Isabella? Konnten die glühenden Liebesschwüre ihres Bräutigams sie wenigstens etwas aus ihrem Schneckenhaus locken, oder war es für sie unmöglich, in der kurzen Zeit des Kennenlernens ihre Reserviertheit aufzugeben? Wahrscheinlich war es für Isabella sehr schwierig, überhaupt ihr Herz an jemanden zu verlieren, allzu sehr war sie mit ihrer Person und der Melancholie beschäftigt, die sie ein Leben lang gefangen hielt. Diese Schwermut stand ihr entscheidend im Wege, und so konnte sie an der Seite des Kronprinzen, der sie vergötterte, und am Wiener Hof, wo man alles daran setzte, der Prinzessin die verlorene Heimat zu ersetzen, nicht glücklich werden. Isabellas Mutter hatte dem heranwachsenden Mädchen gegenüber nie ein Hehl daraus gemacht, wie sehr sie ihren Mann abgelehnt hatte, ja jeden engeren Kontakt mit ihm verabscheute. Dazu kam, daß Isabella überzeugt war, nicht lange zu leben. Aus dieser Todesahnung entwickelte sich allmählich eine Todessehnsucht, der sie nicht entrinnen konnte.
Die Hochzeit des Erzherzogs mit der Prinzessin von Parma wurde mitten in den Wirren des Siebenjährigen Krieges mit Preußen zu einem überwältigenden Fest. Isabella saß in einem Prachtwagen, der innen und außen mit reinem Silber beschlagen war, wie eine wirkliche Prinzessin aus dem Märchen, in ihrem wunderbar schönen Brautkleid, geschmückt mit kostbaren Edelsteinen, die die Kaiserin persönlich ihrer Schwiegertochter geschickt hatte. Nur ab und zu huldvoll winkend, mit einem kleinen Lächeln im Gesicht, fuhr die Braut durch die dicht gedrängte, jubelnde Menschenmenge, gefolgt von einem großen Stab von Offizieren und Edelknaben, vom Belvedere aus zur Augustinerkirche. Die Zahl der schaulustigen Wiener war so groß, daß der Wagen mit der Braut nur im Schrittempo vorwärts kommen konnte. Die Fahrt dauerte deshalb über drei Stunden. Die Kirche

war aufs prächtigste geschmückt worden, kostbare Gobelins hingen von den Wänden, dreitausend Kerzen erhellten das dunkle Kirchenschiff und ließen die Fülle der Blumen durch ihr flakkerndes Licht noch farbenprächtiger erscheinen.
Einige Zeit vor Isabella war die große kaiserliche Familie eingetroffen, und der junge Bräutigam wartete voller Ungeduld. Als der Wagen mit der Prinzessin endlich eintraf, ging der Kronprinz ihr entgegen, öffnete den Wagenschlag und half Isabella beim Aussteigen. Die Menge der Schaulustigen und geladenen Gäste teilte sich, das Brautpaar schritt durch den langen Gang der festlich geschmückten Kirche bis zum Altar.
Bevor noch der Geistliche den Bund der beiden besiegelte, segneten der Kaiser und die Kaiserin Joseph und Isabella, dann wurden die entscheidenden Fragen gestellt: ob Joseph den in Parma geschlossenen Ehebund anerkennen und rechtfertigen wolle. Nachdem er kurz einen Blick auf seine Eltern geworfen hatte, antwortete er dem Nuntius: »Approbo et ratificio!« Auch die Braut bestätigte die Eheschließung »per procurationem«. Die feierliche Brautmesse, die nun folgte, endete mit dem »Te deum«, und als der letzte Ton des vielstimmigen Gotteslobes verklungen war, herrschte einen Moment lang ergriffenes Schweigen.
Nach der Eheschließung wurde Isabella durch einen geheimen Gang von der Augustinerkirche zur Hofburg geführt. Scharen von Gratulanten ließen sich bei den Frischvermählten anmelden, machten entweder Joseph allein oder Isabella, viele aber den beiden gemeinsam ihre Aufwartung. Diener trugen Berge von Geschenken weg, um sie zu drapieren und zu sortieren. Damen kamen, die Isabella noch nie vorher gesehen hatte, um die zukünftige Kaiserin zu umarmen und ihr Glück zu wünschen, alle namhaften Persönlichkeiten verneigten sich vor Joseph, brachten ihm ihre persönlichen Glückwünsche entgegen. Erst am Abend um neun Uhr begann das erlesene Hochzeitsmahl in den festlich geschmückten Räumen der Hofburg. Zum ersten Mal wurde das goldene Tafelservice aufgedeckt, ein Geschenk der kaiserlichen Eltern an das Brautpaar. Der Kaiser und die Kaiserin thronten unter einem prachtvollen Baldachin, neben ihnen saßen auf Ehrenplätzen die Brautleute. Auf der anderen Seite der Tafel hatten die Geschwister Josephs und die lothringischen Verwandten Platz genommen.
Von all den köstlichen Speisen, die gereicht wurden, aß Isabella

bloß einen Höflichkeitsbissen, an den alten Weinen nippte sie nur. Die Aufregungen des Tages waren zu groß für ein junges Mädchen gewesen, das fern der Heimat stundenlang umschwärmter und umjubelter Mittelpunkt sein mußte. Alle waren von der Prinzessin verzaubert, nicht nur ihr frisch angetrauter Gemahl. Auch die neuen Verwandten, die Geschwister Josephs, brachten ihr genauso wie der Kaiser und die Kaiserin Liebe und Zuneigung entgegen. Vor allem ihr neuer Schwager, Karl Joseph, ein knapp fünfzehnjähriger Jüngling, konnte den Blick nicht von der entzückenden Braut seines Bruders wenden.
Die allgemeine Aufregung steigerte sich, als der Kaiser und die Kaiserin das Ende des Hochzeitsmahls verkündeten und die junge Braut in ihre Gemächer geleiteten. Maria Theresia hatte sich selbst um die Räume der jungen Frau gekümmert und ihre Hofarchitekten angewiesen, die Gemächer gemütlich und hell auszustatten. Sie ahnte, daß Isabella von ihrer südländischen Heimat her an helle, luftige Räume gewöhnt war, und so sollte sie ähnliche Möglichkeiten auch in der Wiener Hofburg finden. Bevor sich Maria Theresia von Isabella verabschiedete, nahm sie das vor Aufregung bleiche junge Mädchen noch einmal mütterlich in die Arme und bat es, lieb zu Joseph zu sein.
Der junge Bräutigam stand mittlerweile unschlüssig in seinen Zimmern, zögerte und wußte nicht, ob er in das Brautgemach gehen sollte oder nicht. Und wie immer in schwierigen Situationen war es sein alter Ajo, Graf Batthyány, der dem Kronprinzen Mut machte. Er wünschte Joseph alles Glück der Erde, dann schob er ihn sacht zur Tür, öffnete sie, und Joseph blieb nichts anderes übrig, als in Isabellas Schlafgemach einzutreten.
Sie waren allein, unerfahren und – todmüde. Joseph ging zum Bett seiner jungen Frau, küßte sie und fiel in ihre Arme. Aber sie waren von den Anstrengungen und Aufregungen des Tages zu erschöpft; Seite an Seite schliefen sie friedlich ein.
Die Hochzeitsfeierlichkeiten gingen noch tagelang weiter, und überall, wo sich das schöne Paar zeigte, scholl ihm Jubel und Begeisterung entgegen. Auch die Geschwister Josephs hatten Isabella ins Herz geschlossen, nur die älteste Schwester Maria Anna sah sich plötzlich durch Josephs Frau in den Hintergrund gedrängt, da Isabella ab jetzt die Repräsentationspflichten wahrnehmen würde, die bis jetzt die Erzherzogin ausgeübt hatte.
Besonders aber fühlte sich Maria Christine, die Lieblingstocher

der Kaiserin, zu ihrer schönen Schwägerin hingezogen. Noch bevor sie Isabella persönlich kennengelernt hatte, war sie schon mit Josephs Braut in engem Briefwechsel gestanden. Als dann die langersehnte Brieffreundin leibhaftig in Wien eintraf, gab es für Maria kein Halten mehr. Sie umarmte und küßte Isabella leidenschaftlich und versicherte ihr, wie sehnsuchtsvoll sie Josephs Braut erwartet habe.
Maria Christine war, wie die Kaiserin selbst, am 13. Mai (1742) geboren und hatte sich zu einem ausgesprochen hübschen und aufgeweckten jungen Mädchen entwickelt, das so manchem Verehrer den Kopf verdrehte. Mimi oder Mizzerl, so wurde sie am Kaiserhof liebevoll gerufen, war ein spontaner und herzlicher Mensch und fühlte von Anfang an eine tiefe Sympathie für ihre schöne, aber ganz anders geartete Schwägerin. Vielleicht schlug Mimi zunächst das beinahe exotische Fluidum der Schwägerin in Bann, der Reiz des Neuen. Doch dann bemerkte sie, daß auch Isabella ihr äußerst freundschaftliche, ja liebevolle Gefühle entgegenbrachte, und so begann ein reger Briefwechsel, in dem sich die beiden jungen Menschen ihre geheimsten Wünsche und Gedanken mitteilte. Täglich gingen Briefe hin und her, und manchmal fürchtete Isabella, daß Joseph auf den engen Kontakt mit der Schwägerin eifersüchtig werden könnte. Aber der junge Ehemann wußte viel zu wenig über die Neigungen und Wünsche seiner von ihm vergötterten Frau, er kannte auch den Inhalt der schwärmerisch geschriebenen Briefe nicht, die seine Schwester täglich von Isabella erhielt.
Wie intensiv und innig das Verhältnis der beiden Frauen wirklich war, läßt sich im Rückblick nur schwer beurteilen. Viele Historiker meinen, daß Mizzi für Isabella weit mehr bedeutet habe als ihr angetrauter Ehemann, aber liest man die Briefe, so muß man wohl Konzessionen an den Stil der Zeit machen. Alles, was uns heute erotisch vorkommt, entsprach noch durchaus den guten Sitten, auch Komplimente intimer Art und schwärmerische Liebesbeteuerungen. Man konnte seine Gefühle einem lieben Menschen voll und ganz kundtun, ohne irgendwelche Hintergedanken zu haben. So sollte man wohl auch die Korrespondenz der beiden jungen Frauen sehen. Freilich verheimlichte Isabella nie, daß sie immer eine gewisse Scheu und Angst vor dem körperlichen Kontakt mit ihrem Mann hatte. Daraus ließe sich die Herzensfreundschaft mit Mizzi gut erklären. Isabella fand zu Joseph

nie denselben Zugang wie er zu ihr, sie sah in der körperlichen Liebe etwas Unzüchtiges und wahrscheinlich Unmoralisches. Vielleicht hatte Joseph in seiner Verliebtheit und seinem intensiven Verlangen zu wenig Rücksicht auf die Unerfahrenheit seiner jungen Frau genommen, die täglich aufs neue vor dem ununterbrochenen sinnlichen Begehren ihres Mannes zurückschreckte. Sie konnte ihm nicht sagen, daß sie in seinen Armen wenig empfand, denn Gespräche über solch intime Dinge waren zwischen Eheleuten nicht üblich. Joseph glaubte auch, seine Frau zufriedenzustellen, er lebte in einer Scheinwelt des Glücks, fühlte sich zufrieden und vom Schicksal begünstigt und merkte nicht, wie Isabella an seiner Seite allmählich dahinwelkte und sich immer enger an seine Schwester anschloß, bei der sie jederzeit Verständnis und Trost fand. So schrieb Isabella nach dem Tod der zwölfjährigen Erzherzogin Johanna und nach den langen Trauerfeierlichkeiten am Wiener Hof, die die ohnehin nicht sehr widerstandsfähige junge Frau zermürbt hatten:
»Hab Geduld mit mir, Mimi, ich bin sehr verrückt. Liebe mich trotzdem und lebe wohl; ich umarme Dich. Richte einen freundlichen ›guten Abend‹ an die Vasquez aus, aber zeige ihr nicht meine Briefe und Zettel, ich soll Dir ja nicht so viel schreiben, aber wohin mit Leid und Freud, wenn man nicht ersticken will? Sei nicht allzu bös, wenn ich düstere Gedanken äußere, Du weißt nicht, kannst es nicht wissen, wie sehr ich unter einem gewissen Zwang leide. Es ist nicht Untreue, wenn ich mich bisweilen nach dem letzten Ziel sehne. Das ist nicht flatterhaft.« – Dann folgt ein Zitat in französischer Sprache aus einem neuen Lustspiel:
»Moi devenir volage? Belle Lisette, votre doute m'outrage.
Ich flatterhaft? Schöne Lisette, Euer Zweifel beleidigt mich.«
Nach einer Halsentzündung, die ihr Mann glücklich überstanden hatte, schreibt sie an die Freundin in ihrem komischen deutschen Kauderwelsch:
»Der Ertzhertzog ist wieder ganz gesunt und Du kannst Dich einbilden, wie frohe ich bin; daß were warhaftig kein Spass gewesen, wen es so gedauert hette. Adieu, so starck als Dich liebe, so habe ich doch gestern empfunden, daß der Ertzhertzog gehet vorhero.«
Isabella verkroch sich immer mehr in ihr Schneckenhaus, je intensiver und öfter sie ihr Mann begehrte. Durch ihre Art der Abweisung hoffte sie auch Joseph dazu zu bringen, seine Leiden-

schaft zu bezähmen. Für sie war Liebe etwas ganz anderes als für ihren stürmischen Mann, und in ihrer verträumten Art fühlte sie sich allein gelassen und unverstanden.
Es dauerte nicht lange, und Isabella wurde von einer Melancholie befallen, die niemand am Wiener Hof außer Mimi verstehen konnte. Alle bemühten sich um die junge Frau, sie brachten Geschenke, um sie aufzuheitern, die Kaiserin selbst widmete ihr Stunden ihrer kostbaren freien Zeit, Joseph kümmerte sich ständig um sie, aber keinem gelang es, Isabella wirklich fröhlich zu machen. Alles, was um sie herum geschah, registrierte sie wohl und beobachtete es, ohne aber innerlich wirklichen Anteil zu nehmen. Inmitten der lebenslustigen, lauten Hofgesellschaft, inmitten der großen kaiserlichen Familie wirkte sie wie eine Puppe. Das Leben am Hof strengte die zarte Isabella aufs Äußerste an. Das Kaiserpaar war in Wien ungemein populär und beliebt, wahrscheinlich auch deshalb, weil sich das ganze Familienleben vor der Öffentlichkeit abspielte. Maria Theresia bezog die Wiener in ihr tägliches Leben mit ein, so schien es jedenfalls dem Volk; alle Festlichkeiten wurden vor dem Volk und mit dem Volk begangen, der kleine Mann in der Stadt wußte, wo sich die Herrscher zu jeder Stunde des Tages aufhielten, man sah ihre Ausfahrten in den reichverzierten Kutschen, man lachte und weinte mit ihnen und man betete für sie an den Galatagen – das waren alle Festtage der Familie, Geburts- und Namenstage und selbstverständlich die Hochzeitstage. Wenn Hoftrauer angeordnet wurde, dann fanden weder in Wien noch in den Städten und Dörfern der übrigen Kronländer festliche Veranstaltungen statt. Maria Theresia wurde von ihren Untertanen für eine tapfere, außergewöhnliche Frau gehalten, und in dieser Verehrung übersah die Bevölkerung so manches, was das Bild der Kaiserin hätte weniger glanzvoll erscheinen lassen können.
Maria Theresia und Isabella waren schon rein äußerlich die größten Gegensätze. Die Kaiserin, durch ihre sechzehn Geburten und ihre Liebe zum reichlichen Essen im Laufe der Jahre füllig geworden, thronte im Hofwagen in ihrer ganzen Vitalität, das mütterliche Gesicht, in dem die strahlend blauen Augen immer noch frisch in die Welt blickten, von üppigem blondem Haar eingerahmt. Daneben saß die zerbrechliche, grazile Isabella mit ihrem ebenmäßigen zarten Gesicht, von glänzendem pechschwarzem Haar umrahmt, die dunklen, melancholisch blicken-

den Augen immer etwas in die Ferne gerichtet, als suchten sie im weiten Nichts ihr Ziel.
Vielleicht war es der Gegensatz zu seiner starken, vitalen Mutter, der Joseph an Isabella so fesselte. Er konnte an ihr nichts entdecken, das ihn nicht bis zur Besinnungslosigkeit reizte, ihr schlanker, biegsamer Körper versetzte ihn immer aufs neue in einen Taumel der Sinne, ihre Augen, ihre Zähne, ihr Busen berauschten ihn, selbst ihre etwas zu breit geratenen Hände mit den zu kurzen Fingern fand Joseph nicht unschön, ja er bezeichnete dieses Manko als besonders liebenswert an der sonst fehlerlosen Schönheit. Längst war aus dem keuschen Joseph ein nimmermüder Liebhaber geworden, der von nichts anderem beherrscht wurde als von der Liebe zu seiner jungen Frau. Isabella aber konnte ihm nicht folgen. Sie sah in der körperlichen Leidenschaft immer mehr das Sündige und erklärte sogar ihrem Beichtvater gegenüber, daß körperliche Lust wohl nur etwas Schlechtes sein könne. Der Priester suchte Isabella zu beruhigen, aber vergebens. Dazu kam, daß sie instinktiv Angst vor einer Schwangerschaft hatte. Sie glaubte sicher zu wissen, daß sie die Geburt eines Kindes nicht überstehen würde. Joseph ahnte von den düsteren Gedanken seiner jungen Frau wahrscheinlich nichts, denn Isabella offenbarte sich nur ihrer Herzensfreundin Mimi, der sie lange Briefe mit ihren Todesvorstellungen schrieb. Die Schwägerin versuchte in jedem Antwortbrief, Isabella aufzumuntern und sie ins Leben zurückzuführen:
»Wohin bist Du, die Herrlichste, Klügste, Beste in Deiner Mutlosigkeit vor dem Eheleben schon gekommen? Wie tief von aller weiblichen Seelenhoheit herabgesunken? Welches Mißtrauen gegen Gott selbst, nicht nur gegen Deine Lebens- und Leidenskraft! Und denkst Du nicht daran, welchen Kummer Du denen bereitest, die Dich wahrhaft lieben? Auch Joseph liebt dich und wird kaum ohne Dich leben können, was aber drohst Du mir an? Die Du angeblich am meisten und ›bis zur Anbetung‹ geliebt hast? Isabella! Wenn Du nicht willst, daß ich an Dir völlig irre werde, wenn Du mich nicht glauben machen willst, daß es nur die Freude an schönen, klangvollen Worten war, die Dich die liebevollen Briefe an mich schreiben ließ, dann erspare mir das tiefe Leid über Deine verzweiflungsvolle Stimmung. Was würde die Kaiserin von Dir denken, Isabella, die Dich über alles und mehr als uns alle liebt, wenn ich, der Du allerdings am meisten zumu-

ten darfst, versucht bin, Dich für höchst unbeständig in Deiner Liebe und für ausgesprochen flatterhaft zu halten?«
Das junge Paar war sieben Monate verheiratet, als man endlich vermuten konnte, daß Isabella sich in gesegneten Umständen befinde. Und je mehr die Übelkeit sie plagte, um so hoffnungsvoller war die Kaiserfamilie, daß sie einem gesunden Prinzen das Leben schenken würde. Der werdenden Mutter wurden alle nur erdenklichen Vorrechte eingeräumt, sie mußte geschont werden, sie war nun einmal nicht so robust wie die Kaiserin, die ihre Kinder beinahe wie nebenbei bekommen hatte. Nur bei ihrer letzten Tochter Marie Antoinette hatte Maria Theresia Probleme gehabt, nach den Entbindungen von den übrigen Kindern hatte sie schon nach einer Woche das Kindbett verlassen, um sich wieder ihren Staatsaufgaben zu widmen.
Die Schwangerschaft brachte für Isabella viele Unannehmlichkeiten mit sich. Sie litt unter heftigem Kopfweh, erbrach sich vor allem in der ersten Zeit mehrmals täglich und war von einer lähmenden Müdigkeit befallen. Der Leibarzt der Kaiserin, van Swieten, der Isabella ständig im Auge behielt, verordnete als Allheilmittel Aderlässe und bedachte dabei nicht, daß Isabella wahrscheinlich ohnedies an Blutarmut litt.
Die Entbindung dauerte lange und war äußerst kompliziert, für Isabella eine beinahe nie endenwollende Qual. Selbst die Kaiserin hatte eine schlechte Vorahnung, als endlich die Wehen bei der Schwiegertochter einsetzten. Joseph wich nicht von Isabellas Bett, um ihr durch seine Anwesenheit die schwersten Stunden zu erleichtern. Er hielt ihre Hand und versuchte sie zu trösten. Aber Isabella lieferte sich ganz ihrem Schmerz aus und war wahrscheinlich selbst überrascht, daß sie, als man ihr das Kind, ein Mädchen, in den Arm legte, noch am Leben war. Sie hatte fest geglaubt, daß die Geburt des Kindes für sie den sicheren Tod bedeuten würde.
Alle waren froh und glücklich, daß das Martyrium der jungen Frau vorüber war, wenn man auch auf einen Thronfolger gehofft hatte. Aber man tröstete sich mit der Jugend des Ehepaares und der Aussicht auf weitere Kinder.
Es dauerte sehr lange, bis sich Isabella von den Schrecken der Geburt erholt hatte. Man umsorgte sie in rührender und aufopfernder Weise und versicherte immer wieder, wie froh man über das süße Prinzeßchen sei, das auf den Namen der Großmutter

getauft werden sollte. Der Kaiser selbst hatte Isabella getröstet, indem er seine Freude über die glückliche Geburt zum Ausdruck brachte und der jungen Mutter versicherte, daß sie – er und Maria Theresia – auch mit einer Prinzessin angefangen hätten.
Erst nach sechs Wochen war Isabella kräftig genug, um in der Augustinerkirche an einem Dankgottesdienst teilzunehmen. Während der Zeremonien, die sich lange hinzogen, war die Prinzessin ständig einer Ohnmacht nahe. Schwangerschaft und Geburt hatten das seelische Gleichgewicht der jungen Frau noch mehr erschüttert. Isabella wußte, daß all die Schrecknisse ihr immer wieder bevorstehen würden, mindestens so lange, bis sie einem Thronerben das Leben geschenkt hatte. Man erwartete von ihr einen Sohn, und das schon möglichst bald! Sie mußte wieder schwanger werden und fürchtete doch nichts so sehr auf der Welt wie das!
In ihrer seelischen Not band sich die Erzherzogin immer mehr an ihre Freundin Mimi, die sie zwar nicht ganz verstehen konnte, ihr aber, wo es nur ging Trost zusprach. Isabella schrieb in dieser Zeit folgende bezeichnende Zeilen an sie:
»Was ist des Mannes Macht über die Frau? Was ist überhaupt Macht? An Mächtigen und Machthabern wird man gewahr, daß Macht keiner Rechtfertigung bedarf, sie wird ohneweiters anerkannt, so lange sie feststeht. Geschieht es aus Ordnung oder Billigung der Gewalt, die sie durchsetzt? Es ist so schwer zu ergründen. Ach, um wieviel schwieriger ist es, Klarheit über das Machtverhältnis zwischen Mann und Frau zu erlangen. Das Übergewicht, welches dem Manne die Ehe verleiht, wird zweifelhaft, wenn die Bereitschaft der Unterlegenen im geringsten aufgehoben oder gestört wird. Bei sinnlicher Unterordnung fehlt die Kontrolle des Geistes, das sittliche Bewußtsein scheidet aus; es sind zweifelhafte Berechtigungen, die der Trieb erbringt.«
Je mehr sich aber Isabella ihrem Mann zu entziehen versuchte, desto begehrenswerter fand sie Joseph, und so war es beinahe selbstverständlich, daß Isabella bald wieder ein Kind erwartete. Alle waren sich jetzt darin einig, das konnte nur der sehnlichst erwartete Sohn sein! Messen wurden für die junge Mutter gelesen, Wallfahrten unternommen, Andachten abgehalten. Isabella mußte sich schonen, so gut sie konnte, und durfte nicht mehr an allen gesellschaftlichen Veranstaltungen teilnehmen. Ihr war das nur recht, denn sie fühlte sich auch dieses Mal nicht wohl. Dazu

kam, daß Joseph sich ihr noch intensiver widmete, sie noch glühender begehrte als jemals zuvor und sie in keiner Weise schonte. Als sich dann eine Fehlgeburt einstellte, haderte der junge Mann mit sich und seinem Schicksal, denn er schrieb seinem leidenschaftlichen Ungestüm einen Großteil der Schuld am jähen Ende der Schwangerschaft zu.
Auch der Kaiser und die Kaiserin waren sich darin einig, daß Joseph zu hitzig gewesen war und ermahnten ihn, das nächste Mal rücksichtsvoller zu der werdenden Mutter zu sein. Aber es waren nur Empfehlungen, die die Kaiserin nicht direkt aussprach. Als aber Isabella nach einer kurzen Schwangerschaft von nur wenigen Monaten abermals eine Fehlgeburt hatte, ließ Maria Theresia ihren Sohn höchst offiziell kommen und sprach mit Joseph über dieses heikle Thema in offenen Worten. Die Kaiserin nahm sich wie immer bei ihren Kindern kein Blatt vor den Mund und erklärte Joseph frank und frei, es sei im Staatsinteresse notwendig, daß sich der Erzherzog im Falle einer neuen Schwangerschaft Zurückhaltung auferlegen müsse. Es war für Joseph hart, die Vorwürfe der Mutter zu hören und sich gleichzeitig einzugestehen, daß sie recht hatte. Aber immer wenn er sich vornahm, Isabella nicht zu nahe zu kommen, empfand er aufs neue ihren unwiderstehlichen Reiz, und er konnte nicht anders, als in ihre Arme zu fallen.
Maria Theresia forderte viel von ihrem Sohn: Er mußte ihr in die Hand versprechen, seine Frau in Ruhe zu lassen, sobald sie wieder in gesegneten Umständen sei.
Die Depressionen, in die Isabella immer mehr verfiel, wurden durch die Fehlgeburten noch verstärkt. Sie sprach in ihren Briefen an Mimi von Todesahnungen, und an ihrem Geburtstag, dem 1. Januar, äußerte sie sich gegenüber den Gratulanten, die ihr freudig gestimmt Glück wünschen wollten, daß sie das kommende Lebensjahr nicht vollenden werde. Alle, die sie gern hatten – und das war vor allem die kaiserliche Familie –, wollten diese »Phantasien«, wie sie Isabellas Stimmungen nannten, nicht wahrhaben. Man hielt die Todessehnsucht der jungen Frau für eine Folge der beiden mißglückten Schwangerschaften und hoffte, daß mit der körperlichen Genesung auch eine innere Erholung eintreten würde. Aber ihr Lebenswille war am Verlöschen.
Aus dem zunächst spielerischen Gedanken an den Tod war im Laufe der Zeit eine Manie geworden, ihr Denken und ihre Sehn-

sucht waren darauf gerichtet, diese Welt möglichst bald verlassen zu können. Niemand, nicht einmal Mimi, war in der Lage, Isabella von dieser fixen Idee abzubringen. Und als die junge Frau merkte, daß sie wieder ein Kind erwartete, war sie absolut sicher, daß sie die Geburt nicht überleben werde. Sie schrieb zu Neujahr an ihre Freundin und Vertraute einen langen Brief, der ihre tiefe Depression verrät:

»Möge Dir das neue Jahr Glück bringen, das Du ersehnst, meine Sehnsucht kennst Du. Nur Du kennst Sie, Vertraute meiner trauernden Seele. Ich werde dieses begonnene Jahr bestimmt nicht überleben! Ich fühle meine Lebenskraft mit zunehmender Deutlichkeit schwinden. Die Wechselwirkung zwischen Geist und Körper wird verhängnisvoll, wenn eines von beiden schwer erkrankt. Der kranke Körper wirkt lähmend auf die Seele, die kranke Seele unheilvoll auf den Körper. Ich fürchte mit dieser Schwermut auf die keimende Seele der Leibesfrucht zu wirken, die meine stete Unruhe ausmacht. Ich habe so große Angst, daß es abermals fehlgehen könne, da ich mir viel zu wenig Schonung gönnen kann. Ich habe so wenig Hoffnung, das zu erfüllen, was man von mir so beständig verlangt. Es scheint mein Verhängnis, die teuersten Menschen, die mir ihr Vertrauen geschenkt haben, enttäuschen und, was noch viel furchtbarer ist, Gott, meinen erhabenen Schöpfer und Herrn enttäuschen zu müssen. Wenn Du ehrlich bist, teuerste Schwester, mußt Du zugeben, daß ich vollständig versagt habe, denn man legt einzig und allein auf die Fähigkeiten Wert, deren ich zu ermangeln scheine, wie sich nun gezeigt hat. Die Kaiserin hat sich sechzehnmal gesegneten Leibes gefühlt, ein einziges Mal, bei der Jüngsten, Antoinette, war es mit schmerzvollem Unbehagen verbunden, wie sie mir gestand. Wo ist der Segen, den mein armer Leib fühlen soll? Die erste Frucht hat sich so lang als möglich dagegen gewehrt, meinen gemarterten Leib zu verlassen, die zweite Frucht ist ihm nur allzu rasch entflohen und die dritte? Warum macht sie mich so bange? Aber ich will Dich verschonen, teuerste Mimi, und Dich nicht mit den Todesgedanken beunruhigen, die Du mir nicht verzeihen zu können glaubst. Sei meinetwegen ohne Sorge, Gott wird mit mir nach seinem Willen verfahren. Ich baue auf Seine Gnad und Huld, auf des ewigen Königs Gnad und Huld. Um aber zu Dir zurückzukehren, der ich ein glückliches Neujahr zu wünschen begonnen habe, Gott gewähre Dir alles Gute und Schöne, das dieses Leben gesunden Frauen zu bieten vermag. Du bist unter einem glücklicheren Stern geboren, an dem gleichen Maitag wie die Kaiserin fünfundzwanzig Jahre zuvor. Ich weiß nicht, ob du zu ähnlicher Größe und ähnlichem Glück ausersehen bist wie Maria Theresia, unsere gottbegnadete Mutter, aber eines fühle ich mit seherischer Kraft, Du wirst ein glücklicheres Los als ich haben: Du wirst nicht einen Thronerben und künftigen römischen Kaiser gebären müssen. Es ist Dir der sächsische Prinz Albert als Gatte bestimmt, er wird dich auf den Händen tragen. Er wird Dich nicht so leidenschaftlich lieben wie der Erzherzog mich liebt, aber Dich auch nicht zwingen, ihm einen Leibeserben zu schenken, wenn es Dir zu schwer fällt und Deiner Gesundheit oder gar Deinem Leben schadet. Ich weiß dies, wie ich vieles voraussehe, liebe Schwester, vor allem, daß meine Kleine, des Erzherzogs Resl, mir bald, sehr bald im Tode nachfolgen wird, wie ich meiner geliebten Mutter nachfolge.«

Isabella war wieder in anderen Umständen, das hatte sich bald wie ein Lauffeuer herumgesprochen. Endlich! Und diesmal mußte alles gutgehen. Der Hof war in Aufregung, jeder kümmerte sich um die werdende Mutter, sprach ihr Mut zu und ermahnte sie ständig, sich, wo immer es ging, zu schonen. Sie brauchte absolute Ruhe, jede Aufregung sollte von ihr ferngehalten werden, das war der strikte Befehl der Kaiserin. Mit Argusaugen betrachteten die kaiserlichen Eltern ihren Sohn, er mußte vernünftig sein und sein gegebenes Versprechen halten. Joseph bezeichnete die für ihn unerträgliche Situation als unfreiwilligen Zölibat, aber er hatte sich selber vorgenommen, diesmal nicht wieder schwach zu werden, obwohl er vom Sinn der Enthaltsamkeit immer noch nicht ganz überzeugt war, berichteten doch so manche Männer, daß der eheliche Verkehr während der Schwangerschaft für Mutter und Kind gedeihlich gewesen sei. Joseph hatte aber seiner Mutter in die Hand versprochen, Isabella nicht zu berühren, und das einmal gegebene Versprechen wollte er nicht brechen, dazu war er Manns genug. Die Kaiserin mußte schließlich wissen, was in solchen Situationen zuträglich sei, schließlich hatte sie so vielen Kindern das Leben geschenkt!

Aber alles kam anders, als man es sich am Wiener Hof vorgestellt hatte. Wieder einmal gingen die Kindsblattern um, eine fürchterliche Seuche, der schon einige Kinder Maria Theresias zum Opfer gefallen waren. Joseph selbst hatte die Blattern überlebt und

war daher vor jeder Ansteckung gefeit. Nicht aber seine junge Frau.
Als sich die ersten Krankheitssymptome bei Isabella einstellten, war die Bestürzung und Verzweiflung groß. Van Swieten, der sofort bei Beginn der Krankheit zugezogen worden war und der so oft der Kaiserin und ihrer Familie mit Rat und Tat zur Seite gestanden hatte, bot alle Möglichkeiten seiner ärztlichen Kunst auf, um die junge Frau vor dem Ärgsten zu bewahren. Joseph bat den Arzt flehentlich, alles nur Menschenmögliche zu versuchen. Der Erzherzog wich nicht vom Krankenlager seiner über alles geliebten Frau. Mit Bestürzung nahm er die Veränderungen in ihrem schönen Gesicht wahr, er gönnte sich keinen Schlaf, wischte der Fiebernden den Schweiß von der Stirn und hielt Tag und Nacht Wache an ihrem Bett. Allmählich bildeten sich schwarze Pusteln und entstellten das makellose Antlitz der jungen Frau.
Nach langandauernden, heftigen Fieberanfällen brachen die Wehen über den geschwächten Körper herein. Isabella brachte nach sechsmonatiger Schwangerschaft wieder ein Mädchen zur Welt, das nur zwei Stunden lebte. Ein in aller Eile herbeigerufener Priester verabreichte dem Kind die Nottaufe. Die Verzweiflung am Kaiserhof war unbeschreiblich. Die von allen so sehr geliebte Isabella verfiel immer mehr, und der junge Ehemann wußte in seinem Kummer nicht aus noch ein. Er schwor alle heiligen Eide, was er alles stiften wollte, wenn ihm nur Isabella erhalten bliebe. Sie war sein ganzes Glück!
Obwohl es alle für das Beste hielten, wenn Joseph nicht in der Nähe der Kranken blieb, ließ er es sich doch nicht nehmen und hatte für die gutgemeinten Ratschläge nur taube Ohren, ja wahrscheinlich hörte er gar nicht zu, wenn jemand mit ihm sprach. Er wachte auch noch an der Seite seiner sterbenden Frau, als sich der einst so schöne Körper schon aufzulösen begann. Man mußte sich mit Essig getränkte Taschentücher an das Gesicht drücken, um den Gestank im Sterbezimmer aushalten zu können. Aber immer noch hoffte Joseph auf ein Wunder. Er konnte und wollte es nicht glauben, daß ihm seine geliebte Frau für immer entrissen werden sollte.
Isabella hörte und sah von all den Dingen, die rund um sie vor sich gingen, fast nichts mehr. Ihre Gedanken kreisten um die kurz bevorstehende Erlösung durch den Tod. Aber noch jetzt, als sie diese Welt schon fast verlassen hatte, quälten sie die Gedan-

ken, wie sehr sie mit ihrem Körper gesündigt hatte. Auch Joseph konnte sie nicht beruhigen, und so waren die letzten Worte, die der verzweifelte Ehemann von ihr vernahm: »Grâce à Dieu! Mein ganzer Körper brennt, denn ich habe mit dem ganzen Körper gesündigt. Das Nessushemd der Sünde, cher ami!«
Fassungslos mußte man den weinenden Joseph von der Toten wegführen. Für ihn gab es keine Tröstung, sein ganzes Lebensglück war ihm genommen worden.
Joseph überwand diesen Schicksalsschlag nie mehr. Die zweite Heirat, die er aus Staatsräson einging, wurde zu einer Tragödie für seine zweite Frau, da Joseph an der häßlichen bayerischen Prinzessin Maria Josepha überhaupt kein Interesse zeigte, ja die Ehe mit ihr nicht einmal vollzog. Sein Herz blieb für immer bei seiner schönen Isabella in der Kapuzinergruft, ein Teil seines Wesens war mit ihr gestorben; sie hatte seine Liebe mit ins Grab genommen.

Ein Märchen wurde wahr

ERZHERZOG JOHANN UND ANNA PLOCHL

Bunt war das Leben und Treiben in der Haupt- und Residenzstadt geworden, nachdem endlich der Erzfeind Europas, Napoleon, weit weg auf die Insel St. Helena im stürmischen Atlantik verbannt worden war und keine Gefahr mehr von ihm drohen konnte. Ein Aufatmen war durch die von ihm besetzten Länder gegangen, endlich schien es, als würde die alte Ordnung wieder einkehren können, und man hoffte auf eine lange Friedenszeit. Allerdings war Europa durch den »kleinen Korsen« allzu sehr in Unordnung geraten, Napoleon hatte Könige abgesetzt und anderen, meist Angehörigen seiner eigenen Familie, dafür die Krone aufgesetzt. Nun mußte das entstandene Chaos entwirrt werden, und jeder sollte zu seinem Recht kommen.
So wollten es zumindest die Mächtigen, die in Wien zusammengekommen waren, um am grünen Tisch die Länder neu aufzuteilen. Der russische Zar war als besonders prominenter Gast erschienen, hatte doch Rußland mit seiner konsequenten Verteidigungsstrategie Napoleon als erstes zum Scheitern gebracht. Auch der König von Preußen vergrößerte die illustre Runde, eine ganze Reihe von kleineren Fürstentümern hatte ihre Vertreter gesandt, und der Beauftragte Englands hatte ein gewichtiges Wort mitzureden. Die große Politik allerdings wurde in raffiniert-geschickter Weise von zwei Männern ausgehandelt, die schon lange im Rufe standen, Glücksritter zu sein. Frankreich hatte einen Mann gesandt, der alles überlebt hatte, was die letzten Jahrzehnte mit sich gebracht hatten: Als Abbé in einem Kloster hatte Talleyrand angefangen, die Revolution hatte ihn stark gemacht, auch Napoleon konnte auf ihn nicht verzichten, und nun saß er als mächtiger Verhandlungspartner in Wien und bestimmte zusammen mit seinem Kollegen, dem in Deutschland geborenen Fürsten Metternich, der für den eher tatenlosen österreichischen Kaiser Franz die Regierungsgeschäfte führte, die weitere Politik in Europa.

Man war nicht nach Wien gekommen, um nur einige Wochen Besprechungen zu führen, Wien bedeutete für die Monarchen Zerstreuung, Abwechslung, delikates Essen und vor allem Vergnügungen aller Art. Metternich hatte es verstanden, eine Atmosphäre zu schaffen, die die lange Kriegszeit vergessen ließ, wo eine Attraktion die andere jagte, die bekanntesten Kapellen mit den berühmtesten Kapellmeistern aufspielten, wo die Ballsäle in tausend Lichtern funkelten und die Damen jünger und schöner kaum irgendwo zu finden waren. Tagte man auch manchmal am Tage, so ließ man sich nicht davon abhalten, die Nächte durchzutanzen, um sich dann geraume Zeit von den Strapazen zu erholen. Wien hatte alles aufgeboten, was es zu bieten hatte, die Angehörigen des Kaiserhauses, aber auch die anderen bekannten Fürsten machten sich eine Ehre daraus, die ausländischen Gäste in jeder Weise zufriedenzustellen. Und Metternich, der genau rechnete, wußte, daß man vieles, vielleicht alles erreichen konnte, fing man es nur geschickt an. Einladungen und Cercles wechselten mit Ausfahrten in die Praterauen; zur Unterhaltung des russischen Zaren, der ein besonderer Freund der Wienerinnen war, fanden sich die reizendsten Mädchen ein. Hier genoß Zar Alexander das süße Leben in vollen Zügen, so daß allmählich der Eindruck entstand, daß der Zar von Rußland »für alle liebe«. Dabei war auch sein Verhandlungspartner Fürst Metternich kein Kostverächter, er holte sich sein Vergnügen, wo immer er es fand, obwohl er eine schöne, charmante Frau besaß. Während des Wiener Kongresses war der Freizügigkeit Tür und Tor geöffnet, und vielfach wußten die Herren die Namen der Damen nicht, mit denen sie sich eine ganze Nacht amüsiert hatten. Ein Abenteuer war eben ein Abenteuer, und kaum wurde es Tag, war es auch schon vergessen.

Für die Damen der etablierten Gesellschaft war es nicht schwierig, sich ebenfalls bestens zu amüsieren. Die strengen Maßstäbe der Moral, die zur Zeit Maria Theresias aufgestellt worden waren, gehörten längst der Vergangenheit an, und so manches Komteßchen verschwand mitten aus dem Ballgeschehen ins Chambre-Séparée. Die Damen wetteiferten miteinander in Toiletten und Schmuck, tiefer wurden die Dekolletés, glühender die Blicke der Verehrer. Samt und Seide rauschten und knisterten in den Ballsälen, und die Brillanten glitzerten mit den Kerzen um die Wette.

Was hinter den verschlossenen Türen geschah, davon konnte die Wiener Bevölkerung nur träumen. So manche Geschichte wurde hinter vorgehaltener Hand erzählt, und so manches schöne Mädchen hoffte auf das ganz große Glück. Wie mußte es da, inmitten des lasterhaften Lebens, einem Manne zumute sein, der Ehrlichkeit, Treue und das einfache Leben schätzte, der sich aber sein Leben nicht gestalten konnte, wie er wollte, da er als Erzherzog geboren worden und dadurch zwangsläufig den Gesetzen der Hocharistokratie unterworfen war? Was für Millionen erstrebenswert erschien, war ihm eine Belastung ein Leben lang.
Erzherzog Johann, nach dem Schutzheiligen von Florenz, dem heiligen Giovanni benannt, war als dreizehntes Kind des Großherzogs der Toskana Leopold und seiner Gemahlin Maria Ludovica am 20. Januar 1782 in der prachtvollen Stadt am Arno, in Florenz, zur Welt gekommen. Es war ein kalter Wintertag, als der gesunde Knabe mit den strahlend blauen Augen seinen ersten Schrei tat. Sein Vater, der spätere Kaiser Leopold II., war ein ungewöhnlicher Mann, der jüngere Bruder Kaiser Josephs II. und ein Sohn Maria Theresias und Franz Stephans von Lothringen. Und Maria Ludovica erwies sich als echte Mutter für die vielen Kinder, so daß alle, so lange sie in Florenz lebten, eine unbeschwerte Kindheit verbringen konnten. Das Leben im Palazzo Pitti, am Hof in Florenz war eher gutbürgerlich und entsprach nicht den Vorstellungen, die man davon hatte, wie Fürstenkinder erzogen werden sollten. Leopold selbst hatte Erziehungsrichtlinien für seine Kinder erstellt, und die Kinderfrauen waren angewiesen, sich genau an diese Vorschriften zu halten. Es gab keine Verweichlichung und kein Verhätscheln, die Kinder bekamen vor dem sechsten Lebensjahr weder Fleisch noch Süßigkeiten; Brot, Gemüse und Obst bildeten die tägliche Nahrung. Vergehen wurden von den Eltern mit Härte geahndet, wobei Leopold und Maria Ludovica aber immer durchblicken ließen, wie sehr sie die Kinder liebten. Leopold haßte es ganz besonders, wenn jemand log, und deshalb forderte man von den Kindern immer und überall die Wahrheit. Viel lernte Johann von seinem hochbegabten Vater, zu dem er eine außerordentliche Beziehung entwickelte, vielleicht, da er immer im Schatten seiner sechs älteren Brüder stand. Er fühlte sich wohl in den Laboratorien, die sich Leopold eingerichtet hatte, um seinen naturwissenschaftlichen Studien nachgehen zu können. Leopold experimentierte mit allen mögli-

chen Dingen und weihte seinen Sohn in viele Geheimnisse der Naturwissenschaft ein. Staunend sah der Knabe durch das Mikroskop auf Gegenstände, die mit freiem Auge kaum sichtbar waren. Die Untersuchungen seines Vaters faszinierten ihn, und wahrscheinlich legte der Großherzog damals schon den Grundstein für das Interesse seines Sohnes an technischen Geräten aller Art.

Leopold gelang es, in Florenz das Erbe seines geschäftstüchtigen Vaters Franz Stephan zu erhalten und es zum Wohl der eigenen Familie, aber auch zum Segen für das Volk zu vermehren. Er schuf in Florenz ein Gemeinwesen, das seiner Zeit weit voraus war und nicht durch große Revolutionen reformiert, sondern leise und behutsam in eine neue Zeit geführt wurde. Auch dies hat Johann mit wachen Augen gesehen und sich eingeprägt. Er war es wahrscheinlich, der am meisten von allen Kindern Leopolds von seinem Vater lernte und dies im Laufe seines Lebens auch nie vergaß.

Leopold war, wie sein Bruder Joseph, seiner Zeit in seinem Denken und seinen Ideen voraus. In seinem Glaubensbekenntnis, das er im Jahr der Französischen Revolution niederschrieb, finden sich Sätze von einer Weitsichtigkeit, die nur ein großer Geist entwickeln kann. So schrieb er einmal: »Ich glaube, daß der Souverän, selbst der erbliche, nur der Delegierte des Volkes ist.« Oder: ». . . daß jedes Land ein Grundgesetz oder einen Vertrag zwischen dem Volk und dem Souverän haben soll, welches die Autorität und die Macht des letzteren beschränkt.« Leopold trat für die Gewaltentrennung ein, außerdem sollte der Souverän verpflichtet werden, alljährlich dem Volk Rechenschaft über die Gelder zu geben, die er ausgegeben hatte. Ganz im Sinne der demokratischen Verfassung forderte Leopold eine neutrale Gerichtsbarkeit, in die sich der Landesherr nicht einmischen dürfe. Für Leopold war das einzige Ziel der Gesellschaften und Regierungen das Glück des einzelnen.

Wahrscheinlich führte Leopold mit seinem jüngsten Sohn lange und interessante Gespräche, die der Knabe sicherlich nicht zur Gänze verstand. Aber die Worte seines Vaters blieben ihm ein Leben lang nachhaltig in Erinnerung, und Johann versuchte später in der Steiermark das nachzuvollziehen, was sein Vater in der Toskana schon vorgelebt hatte.

Die Mutter Johanns, Maria Ludovica von Spanien, hatte sich dem Lebensstil ihres Mannes untergeordnet, obwohl sie in ihrer

Kindheit und Jugend Luxus und Üppigkeit gewohnt gewesen war. Was für Leopold an seiner Gemahlin eine Tugend war, bezeichnete die Schwägerin Maria Ludovicas, Maria Christine, allerdings als totale Unterordnung unter die Wünsche ihres Bruders. Sie berichtete in eher überraschter Weise über die Frau Leopolds: »Sie hat keinen Willen, weder den anderen gegenüber noch weniger gegen ihren Gemahl. Sie ist sanft, zuvorkommend, gefällig für alle Welt ... mit einem Wort, sie ist geschaffen zu dem, was sie ist und in jeder Beziehung das Glück meines Bruders.« Ihren Bruder beschrieb sie so: »Ein guter Gatte der besten Frau, hat er, ohne mehr die leidenschaftliche Liebe zu besitzen, ein Vertrauen zu ihr, das noch schmeichelhafter ist und immer länger dauert als jenes Gefühl, das nur auf die äußere Erscheinung gegründet ist.«

Viele Jahre lang war die Ehe von Johanns Eltern glücklich und vorbildlich, Leopold berichtete selbst einem Vertrauen, daß er noch drei Jahre vor Johanns Geburt seiner Frau absolut die eheliche Treue gehalten habe – bis plötzlich, wie ein Blitz aus heiterem Himmel, die Tänzerin Livia Raimondi in das Leben der Familie trat. Der 39jährige Großherzog verliebte sich unsterblich in die dunkelhaarige Schönheit, er wollte sie in Florenz immer um sich haben und schenkte ihr daher einen kleinen Palazzo. Als die Familie nach dem Tod Josephs nach Wien ging, ließ Leopold seine Mätresse nachkommen, die einstweilen einem Sohn das Leben geschenkt hatte. Die sanfte Maria Ludovica arrangierte sich aber auch mit der Geliebten ihres Mannes und hegte keine Haßgefühle gegen Livia, ja, sie soll sogar freundschaftlich mit ihr verkehrt haben.

Das Leben am Hof von Florenz war für Johann aber auch nicht ohne Probleme. Er als jüngster unter den Buben mußte vieles einstecken, und schon bald erkannte er, daß in einer Fürstenfamilie nur der Erstgeborene alle Rechte hatte. Und in seinem Fall kam nach dem ersten noch der zweite und dann der dritte und dann noch einer, und am Ende, ohne Sitz und Stimme, er, der kleine, unbedeutende Johann, der ein Leben lang in dieser Rolle zufrieden sein sollte. Hier war es nicht wesentlich, wer der Intelligenteste, der Gescheiteste war, bedeutend war der Tag der Geburt. So war es nun einmal in den Kaiser- oder Fürstenfamilien. Vielleicht hätte der Vater auch diese Erbfolge geändert, wäre ihm ein längeres Leben beschieden gewesen; so aber, nach dem plötzlichen

Tod Leopolds im Jahre 1792, stand in der Erbfolge sein ältester Sohn Franz an der Spitze des Habsburgerreiches, nachdem 1790 schon der Oheim, Kaiser Joseph II., kinderlos gestorben war.
In diesem Jahr 1790 übersiedelte die große Familie von Florenz nach Wien, und das Leben aller änderte sich von Grund auf. War es in Florenz für die Kinder und Jugendlichen möglich gewesen, auch mit der einfachen Bevölkerung in Kontakt zu kommen, so gab es hier in Wien die immer noch starren Schranken des höfischen Zeremoniells. Immerhin war Leopold nun als Nachfolger seines Bruders Kaiser und mußte wenigstens ein Minimum an Etikette wahren. In Florenz war es möglich gewesen, alle möglichen Leute kennenzulernen, ihre schwierigen Arbeitsbedingungen zu sehen und mit ihnen zu fühlen und manchmal auch mitzuleiden. Dort hatte Johann erlebt, was es heißt, tagtäglich um den Lebensunterhalt kämpfen zu müssen und hatte sich vielleicht damals schon vorgenommen, einmal etwas für die einfachen Leute zu tun.
Der Abschied von Florenz fiel dem achtjährigen Buben nicht leicht. Noch viel später erinnerte er sich, daß er bitterlich geweint hatte, als er seine Geburtsstadt verlassen mußte. Bald schon wurde aber dieses Gefühl von neuen Erlebnissen verdrängt. Mit Staunen sah Johann die hohen Berggipfel, deren ewiges Eis in der Sonne glänzte, er ging mit offenen Augen und Ohren durch die Welt und bemerkte, daß es auch woanders als in Florenz schön sein konnte und daß die Leute in dem fremden Land und in den unbekannten Städten und Dörfern von ungewöhnlicher Freundlichkeit waren. Der Weg führte die kaiserliche Familie durch die Steiermark, jene Landschaft, die für Erzherzog Johann schicksalhaft sein sollte.
Die Zeit, die nun folgte, war durch den frühen Tod beider Eltern überschattet. 1792 bestieg sein um vierzehn Jahre älterer Bruder Franz den Thron, der es überhaupt nicht verstand, mit den Geschwistern menschliche Bande zu knüpfen. Er betrachtete sich ausschließlich als oberster Herr, dem alle zu gehorchen hatten. Erzherzog Johann äußerte sich später über das Verhalten seines Bruders: »Wir wurden beinahe vergessen, man begann, uns Kleinere und meine Schwestern entfernt zu halten.« Auch die Lehrer für die Geschwister des Kaisers waren so ausgesucht worden, daß sie alle zu willenlosen Menschen erziehen sollten. Erzherzog Johann charakterisierte sie so: »Jede Äußerung, welche mit den An-

sichten, die man als Gesetze ansah, nicht übereinstimmte, wurde gerügt, ja geahndet und alles angewendet, um den Geist zu drükken und einzuschüchtern.« Wahrscheinlich hatte Kaiser Franz schon frühzeitig erkannt, daß sein viel jüngerer Bruder Johann wesentlich mehr Qualitäten aufwies als er selber, und aus diesem Gefühl der geistigen Benachteiligung heraus versuchte er, dem Bruder das Leben schwer zu machen.
Für den Kaiser war aber nicht nur der Bruder suspekt. Alles, was ihm nach Reformen, Vorboten einer Revolution aussah – und in seinem Mißtrauen vermutete er in jedem Andersdenkenden einen verkappten Revolutionär –, wurde im Keim erstickt. Mit seinem ausgeklügelten Polizeisystem verfolgte er Künstler und Wissenschaftler genauso wie Freimaurer und Literaten.
So konnte es nicht ausbleiben, daß er seinen um viele Jahre jüngeren Bruder Johann, aber auch Erzherzog Karl, der nach dem tragischen Tod des Bruders Leopold in Laxenburg – der junge Mann war bei einem durch einen Feuerwerkskörper verursachten Brand ums Leben gekommen – nach Franz die zweite Stelle in der Thronfolge einnahm, verdächtigte und bespitzeln ließ. Wahrscheinlich konnte Franz in seiner ewig argwöhnischen Art nicht mehr ruhig schlafen, da er ständig fürchtete, daß seine Brüder irgend etwas gegen ihm im Schilde führten. Ihm stand seine eigene Unzulänglichkeit, die schon sein Onkel, Kaiser Joseph, erkannte hatte, als man Franz als »Kaiserlehrling« nach Wien geschickt hatte, immer und überall im Wege. Und seine Erzieher taten ein übriges, diese Tatenlosigkeit noch zu unterstützen. Gar bald hatte der äußerst aktive Kaiser Joseph erkannt, daß sein Neffe und Nachfolger eigentlich ein fauler und unbegabter Kerl war. Aber durch die uralten Hausgesetze der Primogenitur, wonach der älteste Sohn die Kaiserkrone tragen sollte, ob er dazu befähigt war oder nicht, waren auch dem reformfreudigen Joseph die Hände gebunden, und er konnte nichts tun, als den Neffen so gut wie eben möglich für sein Kaiseramt vorzubereiten. Die völlig anders gearteten Brüder mußten zusehen und hinnehmen, was sie von ihrem kaiserlichen Bruder aufoktroyiert bekamen. Obwohl Johann dem ältesten Bruder in seinem Äußeren sehr ähnlich war – beide waren mittelgroß und sehr schlank und hatten strahlend blaue Augen und hellblondes Haar –, entwickelte er eine tiefe innere Beziehung zu seinem Bruder Karl, der sich schon früh Sporen auf militärischem Gebiet erworben hatte. Der Bruder war

äußerlich eher unansehnlich, hatte schwarzes Haar und dunkle Augen, aber seine Fähigkeiten machten ihn zu einem hervorragenden Feldherrn, der seinen kaiserlichen Bruder völlig in den Schatten stellte, was natürlich Franz ebenfalls nicht verkraftete. Er sah sich aber, da er selbst überhaupt nicht in der Lage war, eine Armee zu führen, auf Karl angewiesen und konnte ihn nicht so schikanieren wie seinen jüngsten Bruder Johann.
Auch dieser sollte das Kriegshandwerk von der Pike auf lernen, aber nicht so wie die anderen Erzherzöge, die wohl im Heer dienten, aber immer in einer Position waren, die es ihnen erlaubte, ein angenehmes Leben zu führen. Befehlen sollten sie einmal und nicht dienen wie ein gemeiner Soldat. Nicht so Johann: er wurde in die Breitenfelder Kaserne gesteckt und dort wie der gemeinste Rekrut behandelt, sinnlos schikaniert und traktiert, mußte sich die üble Behandlung gefallen lassen, die der, wie er sagte, »bornierte« Josef Graf Kinsky sich für die allgemein Dienenden ausgedacht hatte. Johann empörte sich innerlich gegen die Behandlung und den Ton, die in der Kaserne gang und gäbe waren, ohne auch nur das geringste ändern zu können. Er fühlte mit den einfachen Menschen, denen es bisweilen noch schlechter ging als ihm, denn er wurde wenigstens nicht körperlich gezüchtigt, wenn irgend etwas zur Unzufriedenheit Kinskys verlaufen war.
Erzherzog Johann schrieb über diese Zeit in der Kaserne:
»Es sollte der Unterricht so lange als möglich ausgedehnt werden, damit er so lange als möglich dauere, den ganzen Witz darin setzend, mich die Schule für den dümmsten Rekruten ohne Barmherzigkeit durchgehen zu lassen und mich ebenso zu behandeln. Es war darauf abgesehen, mich mürbe zu machen und alles, was in mir Selbständigkeit andeutete, niederzudrücken. Daher auch die Grobheiten aller Art, wenn ich mir nicht alles und genau merkte und so zu wiederholen imstande war... Vormittags auf der Reitschule auf dem kalten feuchten Sand einzeln, dann in einem Zug wie der Gemeinste mit den schweren Waffen hingestreckt und abgerichtet. Da lernte ich die Qual kennen, welche der arme, rohe Rekrut leiden muß, bis derselbe das Gewehr gerade balancieren lernt wie bei der Infanterie, so bei der Kavallerie. Auf einem Kommißpferd mußte ich die Reitschule machen, dann zwischen zwei Rotten mich hineingestreckt drükken, stoßen, etc. lassen. Wenn ich auch nicht wie die armen Re-

kruten Prügel und Strafen erhielt, so hatte ich dafür Ausstellungen (d. i. Zurechtweisungen) jeder Art und auf eine Weise zu erdulden, die mich empörte.«
Der Widerspruchsgeist Johanns sollte durch diese Behandlung gebrochen werden; Franz brauchte keine denkenden und weitblickenden Berater, er baute auf seine Polizei und auf die Tradition.
Zum jugendlichen Enthusiasmus kam bei Johann noch eine reiche Phantasie. Als er den Schweizer Historiker Johannes von Müller kennengelernt hatte, entdeckte Johann, daß das eigentliche Land seiner Träume nur die Schweiz sein konnte. Müller berichtete von seinem Heimatland in glühenden Worten, obwohl er beinahe ein ganzes Leben außerhalb der Schweiz verbracht hatte, und der junge Johann ließ sich mitreißen. Sehnsucht nach diesem Land befiel ihn, und als er im Jahre 1800 eine Reise nach Tirol unternahm, entdeckte er auch dort die erträumte wunderbare Landschaft mit der reinen Luft und war hingerissen von der ehrlichen, einfachen Bevölkerung, die er als »groß, wohlgestalt, stark und schön, noch nicht verdorben, ehrlich und gescheit« bezeichnete. Der Kontrast zu den Personen, die ihn am Kaiserhof in Wien ständig umgaben, muß zwar groß gewesen sein, aber es schwingt doch ein Teil jugendlichen Überschwangs mit, wenn Johann den Wunsch äußerte, daß ein Bursche zwischen zwanzig und dreißig Jahren nach Wien gebracht werden solle, »der unverheiratet, groß und wohlgewachsen wäre, von gutem sittlichem Betragen, Alpenhirte, der die Sennerei gut versteht, als Käs- Schmalz- Butter- Erzeugnis, (und) der auf dem Alpenhorn blasen kann . . .« Johann wollte dem Alpenmenschen, der im Tirolergarten in Wien Folklore vorführen und ihn vor allem alpenländisch unterhalten sollte, achtzehn Gulden bezahlen, und außerdem sollte der Bursche mit ihm »auf Schweizer Art« leben. Auf welch erbitterten Widerstand dieser groteske Wunsch bei seinem Bruder stieß, kann man sich vorstellen. Nicht genug: Johann wollte ausgestopfte Tiere aus Tirol und gesammelte Mineralien in einer Art Museum ausstellen, um der Wiener Bevölkerung zu zeigen, wie anders es sich auf dem Lande lebte.
Es war für Johann natürlich selbstverständlich, daß er sich während des Tiroler Aufstandes 1809 hinter die freiheitsliebenden und nach Freiheit strebenden Tiroler stellte und somit zu einem Rebellen gegen seinen Bruder wurde. Dazu kam, daß er von Kai-

ser Franz immer dorthin gestellt wurde, wo er zwangsläufig eine Niederlage erleiden mußte. In der Führung größerer Militäreinheiten völlig unerfahren, schickte man ihn gegen das strategisch hervorragend operierende Heer Napoleons. In den Schlacht bei Hohenlinden in der Nähe von München erlitt er eine vernichtende Niederlage.
Johann war zutiefst deprimiert und suchte die Schuld am Tod so vieler tapferer Männer bei sich selbst und seinem Unvermögen. Er war von Natur aus nicht zum Kämpfen geboren, das Wohl des Landes lag ihm mehr am Herzen als glänzende Siege im Augenblick. Er ging mit offenen Augen durch die Welt und sah, was Österreich und die Länder der Monarchie dringend brauchten. Es war nicht notwendig, neue Länder zu erwerben, wichtig war, den Lebensstandard der einfachen Bevölkerung zu heben und endlich zu erreichen, daß nicht nur die Wohlhabenden aus dem vollen schöpfen konnten, so wie sie dies über Jahrhunderte getan hatten.
Mit der Zeit wurde Erzherzog Johann zum Anwalt des »kleinen Mannes«, zum Fürsprecher für Bauern und Handwerker, er wurde das, was sein Onkel Joseph auch angestrebt, aber nie erreicht hatte. Ihn erboste es innerlich, wenn er sehen mußte, wie in Wien sinnlose Verschwendung großer Geldsummen an der Tagesordnung war, wenn Angehörige der Kaiserfamilie das Geld mit vollen Händen aus dem Fenster warfen; er mußte an die kleinen Leute und ihre Existenzsorgen denken und hatte nur ein einziges Ziel: durch Energie und durch sein Wissen der Bevölkerung zu helfen. In seinem Tagebuch berichtete er über den Luxus, den sich seine Schwägerin, die Frau seines Bruders Erzherzog Karl, leistete, nachdem die Familie das große Erbe Herzog Alberts von Sachsen-Teschen angetreten hatte, der mit einer Tochter Maria Theresias verheiratet und kinderlos geblieben war.
»24. Dez. 1823 ... als wir in das Zimmer meiner Schwägerin gingen und ich Zimmer an Zimmer durchging, keinen Fleck im Hause mehr fand, wie ich es gekannt, alles von einer Pracht und einem solchen Aufwand gemacht sah, da wurde es mir fremd, ich fand mich so einsam und keinen frohen Blick konnte ich mehr machen. Ich dachte, der alte Herr hat so viel verwendet, nichts stehet mehr davon. Izt ist alles umgekehrt, verändert und unendliches Geld ausgegeben. Wieviel ist da von so kurzer Dauer, der Mode unterliegend. So schön, so ausgesucht, daß ich nicht

wußte, wo mich hinzustellen noch hinzusetzen. Es stand vor mir das Elend meiner Kinder im Gebirge, wo manches kaum mehr einen guten Rock hat. Da zog es mir das Herz zusammen, Gott, hätte ich das Geld, was da stecket! Wieviele Tränen getrocknet, wieviele Mißmutige wieder aufgerichtet, wieviele wieder meinem guten Kaiser gewonnen! Doch still davon, solche Gefühle sind der Hauptstadt fremd. Ich habe sie in meinen Bergen gefunden, mit diesen bin ich dem hiesigen Leben fremd geworden. Ach, mein Brandhof mit seinen glatten Zimmern und Wänden ist auch warm, ist auch rein, ist auch schön und wer vorbeigeht sieht ihn dort gerne an. Hätte ich noch so ein großes Einkommen, ich würde diesen doch nicht anders bauen. Es sind gar so viele, die brauchen und jetzt ist es nicht an der Zeit zu solchen großen Aufwand. Die Menschheit will Hilfe und dies muß man nicht höhnen, dadurch, daß man soviel baut...«

Dieser Mann, der schon in seiner Jugendzeit erkannt hatte, wo seine wahren Aufgaben zu finden waren, konnte keine Frau fürs Leben in der Wiener Hofgesellschaft finden, so sehr sich auch der Kaiser bemühte, ihm eine der Schönen und Wohlgeborenen in seiner Umgebung schmackhaft zu machen. Er machte sich einfach nichts aus Gesellschaften, Flirts und Tanzereien; dabei zählte er zu den begehrtesten Junggesellen am Hof. Er hatte, ohne ein ausgesprochen schöner Mann zu sein, ein ansprechendes Äußeres, leuchtend blaue Augen beherrschten das schmale Gesicht, und die schlanke, elegante Gestalt wirkte anziehend. Aber allmählich erkannte man in Wien, daß Johann zum – wie man glaubte – normalen Leben nicht geboren sei. Zwar brachte man dem Hagestolz, der mit dreißig noch unvermählt war, eine gewisse Sympathie entgegen, aber man verstand ihn nicht. Er zog es vor, sein Vergnügen in den Bergen zu suchen, hielt sich wochenlang fern von der Hauptstadt in der Steiermark auf und unternahm mit seinen Getreuen Wanderungen, auf denen er viel für sein späteres Wirken entdeckte. Er nahm sich vor, die Landwirtschaft zu reformieren und vor allem die Leute unterweisen zu lassen, wie sie mit den Mitteln, die ihnen zur Verfügung standen, mehr erreichen könnten. Johann hatte sehr bald erkannt, daß eine harmonische Verbindung von gesundem Bauerntum und sinnvoller Industrie zum Wohle des Landes geraten würde. Auf seinen Reisen durch die Steiermark kehrte er in Dorfwirtshäusern ein, setzte sich mitten unters Volk und hörte sich an, was die

Leute auf dem Herzen hatten. Bald war der Erzherzog so beliebt und bekannt, daß die Musik aufspielte, wenn man wußte, er würde kommen. Freude herrschte überall, wo er auftauchte, und er schwang so manchen Abend das Tanzbein auf den rohen Bretterböden der Gasthäuser bis spät in die Nacht.
In seinem Tagebuch finden sich folgende Worte:
»Sinn für die Natur ist eine seltene Sache. Es ist ein so herrlich Ding die Einsamkeit. Man ist sich wiedergegeben. Und dann die Anschauung der Natur! Welcher Trost, welches Licht! Wie ist man dann befreit von allem irdischen Schlamme, wie gestimmt zu ernster Arbeit, zu größtem Fleiß! Da könnte ich vieles leisten, vieles liefern, was in der Stadt im Keime in mir erstickt war. Welcher Vergleich, wenn ich (in in der Stadt) aus meinem Fenster sehe und nach meinen Bergen blickend an mein Leben denke, zwischen meinem Leben hier und mitten in den Bergen. Hier alles dem Zwang und Förmlichkeiten untergeordnet, die nicht aufzugeben sind, die sein müssen, aber einem, der die Natur gesehen, in ihr gelebet hat, sie kennet, immer unerträglicher werden; nichts als Lärm, eitles Treiben, Zerstreuung, nichtig Streben, Genuß, Herzlosigkeit, Selbst und Scheelsucht, niedrige Kniffe; da verlernet sich das Gute, da erstickt es in diesem Schlamme. Ein elendes nichtig Leben in dieser sogenannten großen Welt, keine reine Luft, nichts von allem dem, was die Natur so schön machet, alles künstlich, alles klein, wie vieles tot! Welcher Abstand gegen meine Berge; dort hat der Schöpfer mit einfachen Zügen die einfachesten Gesetze geschrieben, die jeder fühlt, wenn sein Herz zur Einfalt zurückkehrt.«
So war es kein Zufall, daß er sich in ein Mädchen vom Land, die schöne Postmeisterstochter von Aussee, verliebte und den Kampf seines Lebens für sie und seine Liebe kämpfte. Zwar konnte er nicht ahnen, als er das junge Mädchen im Jahr 1819 kennenlernte, daß er die Frau fürs Leben gefunden hatte. Es wäre für Johann wahrscheinlich ein leichtes gewesen, Anna Plochl zu seiner Mätresse zu machen, aber das war nicht seine Art. Er hielt nichts von Geliebten und heimlichen Frauen, er spielte mit offenen Karten. Und dazu gehörte auch eine Liebe, die er öffentlich bekennen konnte, auch wenn dies Kampf gegen Kaiser und Tradition bedeutete.
Was Anna Plochl beim ersten Zusammentreffen mit dem Erzherzog empfunden haben mag, wissen wir nicht. Wahrscheinlich

nicht allzu viel; sie war mit Freundinnen unterwegs, als sie Johann mit seinem Gefolge begegnete. Man war in der Ausseer Gegend an hochgestellte Persönlichkeiten gewöhnt, die sich hier zur Jagd oder zum Fischfang einfanden.
Anna war ein Kind des Ausseer Landes, am 6. Januar 1804 geboren. Sie hatte noch eine ganze Reihe von Geschwistern, und ihre Jugend war nicht gerade einfach, weil sie als Älteste ihre jüngeren Geschwister aufziehen mußte, nachdem ihre Mutter bei der Geburt des dreizehnten Kindes gestorben war. Wahrscheinlich wirkte Anna, als Johann sie kennenlernte, auch reifer als die anderen Mädchen ihres Alters, da sie schon frühzeitig Verantwortung hatte tragen müssen. Das Leben war nicht leicht für die Familie gewesen, einige der Geschwister starben früh an Unglücksfällen oder an »Auszehrung« (Schwindsucht), und Anna erlebte mit, wie man die Brüder und Schwestern zu Grabe trug. Aber trotz allem war sie ein fröhliches Mädchen mit einem ansteckenden Lachen, das das Herz des Erzherzogs sofort eroberte, ob er wollte oder nicht.
Für Johann war das Bekenntnis zu Anna das wichtigste Ereignis in seinem abwechslungsreichen Leben, so bedeutend, daß er seine Liebesgeschichte selbst niederschrieb, in einem Buch, dessen Original in den letzten Kriegstagen 1945 vernichtet wurde oder verloren ging. »Der Brandhofer und seine Hausfrau« hat er seine und Annas Geschichte genannt, ein Zeitdokument, das von einem Chronisten nicht schöner und eindrucksvoller hätte geschrieben werden können.
Natürlich konnte man in Wien am Kaiserhof nicht ahnen, was sich in der fernen Steiermark ereignet hatte. Da Johann die meiste Zeit von Wien abwesend war, munkelte man hinter vorgehaltener Hand alles mögliche und unmögliche über das verborgene Liebesleben des Erzherzogs, über seine Abenteuer mit Sennerinnen auf den steirischen Almen; man wollte zahlreiche uneheliche Kinder Johanns gesehen haben, die ihrem Vater wie aus dem Gesicht geschnitten seien. Aber alles, was man sich einfallen ließ, entsprang der Phantasie der Damen am Wiener Hof.
Um viele Wochen des Jahres auf dem Land leben zu können, hatte sich Erzherzog Johann den Brandhof am Seebergsattel gekauft, ein Anwesen, das er nach den neuesten Erkenntnissen der Landwirtschaft gestalten ließ. Hier verbrachte er die schönsten Stunden, hier konnte er inmitten der steirischen Landschaft ganz

Mensch sein. Hierher kamen auch seine engsten Freunde, die Kammermaler Loder und Gauermann und sein Privatsekretär Johann Zahlbruckner. Auch diese Männer waren begeisterte Bergsteiger und Wanderer und schufen unzählige Bilder, deren Motive fast immer aus der steirischen Landschaft geholt waren.
Auf einer dieser Wanderungen am Toplitzsee kam es dann zur schicksalhaften Begegnung mit Anna. Die Männer hatten sich einen Kahn genommen, um über den See zu rudern und die idyllische Landschaft in vollen Zügen genießen zu können. Fast hatten sie das Seeufer erreicht, als sie vier junge Mädchen erblickten, die am See entlangspazierten, weiß gekleidet, mit goldbordierten grünen Miedern, die ihre jugendlich schlanken Gestalten noch mädchenhafter erscheinen ließen, weißen Strümpfen und grünen Hüten. Kein Wunder, daß die Männer versuchten, ihr Boot am Ufer des Sees zu vertäuen, um sich mit ihnen zu unterhalten. Etwas verlegen kam ein Gespräch in Gang, allmählich aber wich die Schüchternheit der Mädchen, als sie merkten, daß die vornehmen Herren die Gegend und den See gut kannten. Man ging ein Stück des Weges miteinander, und Erzherzog Johann suchte auffällig oft das Gespräch mit der jungen Postmeisterstochter Anna Plochl. Das Mädchen war von einer herzerfrischenden Natürlichkeit, erzählte so manche lustige Geschichte, über die sich Johann amüsierte, und so wanderen sie bis zum Grundlsee, wo die Herren schon erwartet wurden. Erzherzog Johann lud die Begleiterinnen zum Ladner ein, wo der Wirt bereits eine Tafel vorbereitet hatte. Nach der Mahlzeit ergriffen die Musikanten ihre Instrumente und spielten zum Tanz auf. Wenn auch der Erzherzog in Wien die großen Bälle gemieden hatte, so ließ er in den Dorfwirtshäusern selten einen Tanz aus. Er beherrschte die steirischen Tänze bald so gut, daß er stolz verkündete, er tanze schon so gut wie ein einheimischer »Bua«.
Obwohl Johann hier in dem Wirtshaus am Grundlsee mit allen Mädchen tanzte, nutzte er doch jede Gelegenheit, um Anna länger im Arm halten, mit ihr sprechen zu können. Für Johann war es wahrscheinlich Liebe auf den ersten Blick. Das Mädchen hatte sein Innerstes aufgewühlt, so daß er in der kommenden Nacht kaum Schlaf fand. In seinen Aufzeichnungen schilderte er sie folgendermaßen:
»Schlank gewachsen, über die mittlere Größe, in schönster erster jungfräulicher Blüthe, sprach ihr Gesicht jeden durch das Ge-

präge der Unbefangenheit und Gemüthlichkeit an; ein schönes braunes Auge, was wir Gebürgsbewohner mit gamsauget bezeichnen, dessen ruhiger Blick die Bescheidenheit, und jene Anspruchslosigkeit und Aufrichtigkeit, die nicht erlernet werden kann, dabey fromm und brav, von einer trefflichen Mutter für das praktische Leben, für die Bestimmung zu einer guten Hausfrau erzogen, von den damals lebenden 8 das liebste Kind des braven Vaters. So war damals das Mädchen; noch hatte nichts ihr Leben getrübet und keine nähere Berührung mit der Welt dem zarten, arglosen, wohlwollenden Gemüthe bittere Gefühle die Menschen betreffend, erwecket.«

Als Johann spürte, daß das Mädchen ihm nicht mehr aus dem Sinn gehen würde, wollte er wissen, ob Anna trotz ihrer Jugend schon gebunden sei. Beim nächsten Zusammentreffen stellte er dem Mädchen die Frage, ob es einen Herzallerliebsten habe. Als Anna überrascht meinte, daß ihr Herz noch völlig frei sei, sagte Johann zu ihr: »Dann, da niemand Unrecht geschieht – seien Sie mir gut.«

Es konnte in der Gegend nicht verborgen bleiben, daß Johann immer wieder die Nähe der Postmeisterstochter aus Aussee suchte, daß er, wo immer er Gelegenheit fand, mit Anna zusammentreffen wollte, wenn zwischen den einzelnen Begegnungen auch oft Monate lagen. Und allmählich verstärkte sich das Gerücht, daß Anna Plochl die Geliebte Erzherzog Johanns geworden sei. Auch Johann mußte erkennen, daß er das Mädchen kompromittieren würde, setzte er seine Besuche weiter fort, ohne eine entscheidende Erklärung abzugeben. Dabei wurde er sich selbst immer mehr darüber klar, daß er Anna als seine Frau heimführen wollte, koste es, was es wolle, Er wußte allerdings, daß das Kampf mit seinem kaiserlichen Bruder und der habsburgischen Familientradition und bittere Konflikte bedeuten würde.

Wenn sich schon Johann über so vieles hinwegsetzen mußte, so wollte er doch die Sitten und Gebräuche des Ausseer Landes wahren. Daher sprach er im August 1820 mit Annas Vater ein ernstes Wort von Mann zu Mann und erklärte dem Postmeister, wie ernst es ihm mit Anna sei. Romantisch wie ein verliebter Jüngling schnitt sich Johann, damals immerhin bereits 38 Jahre alt, auf einem Ball, der ihm zu Ehren gegeben wurde, eine Haarlocke ab, überreichte sie Anna und bat sie, ihm auch eine Locke als Zeichen ihrer Zuneigung zu schenken.

Doch gemeinsame Stunden waren selten für die beiden. Allzuoft mußte Johann in der Hauptstadt Dinge erledigen, die ihm sein Bruder auflud, er hatte sich um vieles zu kümmern, und die Zeit, die ihm für sein Privatleben blieb, war spärlich bemessen. Es vergingen Monate der Einsamkeit für Anna, Monate, in denen sie vielleicht an der Liebe des Erzherzogs zu zweifeln begann, aber dann kam er doch wieder zurück und versicherte ihr seine Zuneigung. Meist waren sie auch nicht allein, und so konnte man die Augenblicke zählen, in denen sie wenigstens ein paar verliebte Worte miteinander wechseln konnten. Der Erzherzog war in seiner ruhigen, eher zurückhaltenden Art auch kein ausgesprochen stürmischer Liebhaber. Bei einem Zusammentreffen Ende August 1821 nahmen Anna und Johann gemeinsam an der Hochzeit des Pflegers von Stift Admont teil. Zum Abschied packte Anna ihren Hochzeitsbuschen für Johann ein, und diese Geste drückte alles aus, was sie für ihn empfand.

Wahrscheinlich wäre es noch lange zu keiner entscheidenden Wende im Verhältnis der beiden gekommen, hätte nicht Johann im Herbst 1821 eine schwere Verletzung erlitten. Am Brandhof hatte ihn ein Stier angefallen und ihn zwischen den Schulterblättern arg verwundet. Wochenlang war Johann von unerträglichen Schmerzen geplagt und dazu verurteilt, sich ruhig zu verhalten. In dieser Zeit dachte er wahrscheinlich lange nach, über sich, sein Tun und Lassen und über Anna. Von allen möglichen Skrupeln und Zweifeln hin und her gerissen, kam er in den langen, qualvollen schlaflosen Nächten zu dem Schluß, daß er sein Leben von Grund auf ändern müsse.

Alle Gedanken des Erzherzogs kreisten um seine Beziehung zu Anna. Wie konnte er dieses Problem lösen? Finanzielle Schwierigkeiten kannte Johann nicht, außerdem war er nach dem Tod seines Onkels Albert von Sachsen-Teschen, der ihn in seinem Testament mit 200.000 Talern bedacht hatte, zu einem reichen Mann geworden und in der Lage, vieles zu verwirklichen, was ihm schon lange vorgeschwebt hatte. Er ließ den Brandhof umbauen und kaufte in Vordernberg ein Radwerk, welches das Eisen, das man am steirischen Erzberg abbaute, verarbeiten sollte. Jetzt wollte er sich endlich ein Herz fassen und zu seinem Bruder, dem Kaiser gehen, ihm alles gestehen und ihn um die Heiratserlaubnis bitten. Denn auch Annas Vater begann allmählich ungehalten zu werden, da im Ausseer Land die Gerüchte nicht verstummen wollten, daß Anna die heimliche Geliebte des Erzherzogs sei. Der Postmeister hatte selber die Absicht, noch einmal zu heiraten, zuvor wollte er aber, daß seine älteste Tochter einen braven Mann bekam.

Wieviel Überwindung es Johann gekostet haben mag, sich in die Hofburg zu begeben, kann man sich vorstellen. Denn längst schon hatte der Erzherzog erfahren, daß man in Wien über seine Liebe Bescheid wußte, daß der Staatskanzler Metternich Anna und ihre Familie bespitzeln ließ und stets auf der Lauer lag, um etwas zu entdecken, das sich gegen sie verwenden ließ. Es waren nicht sehr freundliche Dinge, die über die Familie Plochl nach Wien übermittelt worden waren, und Metternich hatte gezielt vorgebaut, um dem Kaiser einen negativen Eindruck von dem jungen Mädchen zu vermitteln.

Lange hatte Kaiser Franz gehofft, seinen Bruder doch noch standesgemäß verheiraten zu können. Bei einem Aufenthalt in Salzburg sollte Johann mit einer württembergischen Prinzessin verkuppelt werden, aber obwohl Johann jeden Tag mit dem Kaiser und der Prinzessin im selben Wagen ausfahren mußte, machte er nicht die geringsten Anstalten, der Prinzessin außer den obligaten Höflichkeitsfloskeln auch nur etwas mehr Aufmerksamkeit zu schenken. Sein Herz gehörte längst dem Mädchen aus der Steiermark. Anna war auf die Bitte Johanns hin heimlich nach Salzburg gekommen, und beide verbrachten hier eine schöne Zeit.

Am 5. Februar 1823 fand die Unterredung des Erzherzogs mit dem Kaiser statt. Johann hatte sich lange auf die Aussprache vorbereitet, und was Franz hier zu hören bekam, war wie eine Lebensbeichte. Johann erklärte frank und frei, daß es nie seine Absicht gewesen sei, irgendwie und irgendwann gegen den Kaiser zu agieren, daß Franz kaum einen treueren Untertanen habe als ihn und daß es sein unbedingter Herzenswunsch sei, die junge Anna Plochl als seine Ehefrau heimzuführen.

Der Kaiser unterbrach ihn nicht. Erst als Johann sich alles vom Herzen geredet hatte, fragte er, wie der Bruder sich ein Leben mit der Postmeisterstochter vorstelle, was er für Pläne für sich und seine zukünftigen Kinder hege. Er gab zu bedenken, daß die Verwandten Annas aus dieser Verbindung Nutzen ziehen könnten, und schließlich war Franz äußerst interessiert daran, wie seine neue Schwägerin aussehe und welches Leben sie führe.

Glücklich darüber, daß der Bruder der Sache nicht von vornherein ablehnend gegenüberstand, berichtete Johann ausführlich über die reizende, fröhliche und gütige Art Annas, über ihren Liebreiz und tadellosen Charakter.
Der Erzherzog hatte vorsorglich einen Entwurf einer schriftlichen Ehegenehmigung mitgebracht und überreichte dem Kaiser das Schriftstück. Franz wollte es sorgsam studieren und es dem Bruder anschließend übermitteln.
Am 4. April ließ der Kaiser Johann nochmals zu sich rufen und überreichte ihm die offizielle Heiratserlaubnis, die wie ein Brief abgefaßt war. Sie enthielt folgende Zeilen:
»Für die Beruhigung Deines Gewissens von mir erbetene eheliche Verbindung mit der Jungfrau Anna Plochl von Aussee in Steiermark, ertheile ich hiemit meine Zustimmung jedoch nur unter der ausdrücklichen Bedingniß daß dadurch weder ihr noch den aus dieser Ehe entstehenden Kindern ein Anspruch von was immer für eine Art auf Deinem Namen Stand und Versorgung von Seite des Österreichischen Staates und von Seite unseres Hauses erwachsen dürfe.
Wien den April 1823
Franz.«
Wäre Johann jünger gewesen, hätte er wahrscheinlich sofort, nachdem er die Urkunde in Händen hielt, einen Priester gesucht, um endlich heiraten zu können. Aber er war nicht mehr zwanzig, sein Blut rollte weniger hitzig durch die Adern, und so wollte er noch einige Zeit ins Land ziehen lassen, um nur ja nichts zu übereilen. Er wußte, wie schwer es Franz gefallen war, sich gegen Metternich und die Hofkamarilla durchzusetzen und dem Bruder die Erfüllung seines Lebenswunsches zu ermöglichen. Jetzt wollte er auf den Kaiser etwas Rücksicht nehmen und nicht sofort den Hochzeitstermin bekanntgeben.
Aber Johann kannte seinen wankelmütigen Bruder offensichtlich nicht gut genug, denn kaum wurde es am Hof bekannt, daß der Erzherzog nun doch das Mädchen seiner Wahl heiraten durfte, da begannen die Mühlen der Intrigen zu mahlen. Man sah es als Affront an, daß eine Postmeisterstochter die Schwägerin so vieler Erzherzoge und Erzherzoginnen sein sollte, als Blamage für das altehrwürdige Haus Habsburg, als Skandal! Und alle waren sich darin einig, daß etwas dagegen geschehen mußte. Es gab nur wenige bei Hofe, die die Haltung Johanns bewunderten, zu ihm

hielten und nicht in die allgemeine Empörung einstimmten. Aber auch für diese Getreuen war es schwierig, öffentlich für den Erzherzog einzutreten; zu infam war die Gerüchtemacherei, so daß mancher verstummte, der die Haltung Johanns verteidigen wollte.
Schritt für Schritt arbeitete man gegen seinen Heiratsplan und versuchte mit allen Mitteln, die Hochzeit zu verhindern. Auch Leute, die sich sonst nie den Kopf zerbrachen und die sich von einem hohlen Vergnügen zum anderen kutschieren ließen, begannen nun lautstark darüber zu diskutieren, was aus den Kindern des Erzherzogs einmal werden sollte. Kamen Johann solche Überlegungen zu Ohren, so antwortete er lakonisch, daß er keine Erzherzoge erziehen wolle, und da die Kinder einmal nicht seinen Namen führen und seinem Stand angehören würden, würde er sie bürgerlich erziehen, damit sie zu allen fähig sein konnten, »so daß sie, da ich etwas Vermögen habe und noch zu ersparen hoffe, ihren Vater segnen werden, daß er keinen Hochmuth hatte noch so ein Esel war, etwas für sie zu suchen, was sie nur unglücklich gemacht hätte.«
Man war aufs neue empört über diese Äußerung und wandte sich an den Kaiser, er möge die Heiratserlaubnis rückgängig machen. Am 9. Mai war Erzherzog Johann erneut beim Kaiser, der ihn darüber unterrichtete, was man bei Hofe über ihn und die Postmeisterstochter erzähle. Der Erzherzog blieb jedoch bei seinem Vorsatz, Anna zu heiraten, und man vertagte das Gespräch auf Ende August. Johann hoffte, daß sich die erregten Gemüter bis dahin beruhigt haben würden und er dann in Ruhe heiraten könne. Die Hochzeitsvorbereitungen liefen schon seit Juni, aber Johann mußte bald erkennen, daß der Kaiser zwar seine einmal gegebene Heiratserlaubnis nicht rückgängig machen konnte, daß er seinem Bruder aber dennoch alle möglichen Schwierigkeiten bereiten würde. Es wurden Nachforschungen über Anna angestellt, und ein Mann aus Graz, dem Johann zuvor Gutes getan hatte, lohnte diese Wohltaten, indem er infame Dinge über Johanns Braut berichtete. Und da er über den Lebenswandel Annas denn doch nicht so viel zusammenlügen konnte, erwähnte er in seinen Briefen nach Wien, wie gering Annas Schulbildung sei und stellte sie in seinen Ausführungen auf die Stufe einer gemeinen Bauerndirne. Dem Erzherzog trieb es die Zornesröte in die Wangen, wenn er bei einem Besuch in Wien wieder von den vielen

schmutzigen Gerüchten hörte – und sie wurden ihm unter dem Siegel der Vertraulichkeit und echten Freundschaft natürlich alle im Detail zugetragen. Aber je mehr er merkte, wie unendlich verlogen die Gesellschaft um den Kaiser war, desto mehr beschloß er, auf gar keinen Fall von dem Mädchen zu lassen. Er brauchte einen frischen, aufrichtigen Menschen um sich, den er aus vollem Herzen lieben konnten.
Die neuen Widerstände hatten sich noch nicht bis in die Steiermark durchgesprochen. Daher glaubte man, als Anna und ihr Vater Erzherzog Johann auf dem Brandhof besuchten, das Mädchen sei zur Hochzeit abgereist. Hier mußte Johann seiner geliebten Braut und dem Vater reinen Wein einschenken und bekennen, daß die Intrigen bei Hofe gegen sie seien und daß er jetzt unter keinen Umständen den Schritt zur Heirat wagen könne. Vater Plochl zeigte offenen Unmut. Er, der rechtschaffene Postmeister, konnte die Welt nicht mehr verstehen, hatte er doch dem Erzherzog grenzenlos vertraut und geglaubt, Johann liebe seine Tochter offen und ehrlich wie ein Mann aus dem Volke. Aber jetzt konnte Jakob Plochl nur noch vermuten, daß sich der Erzherzog genauso wie andere hohe Herren mit seiner Tochter bloß vergnügen wolle. Einer war eben doch so wie der andere, und in seiner Einfalt sah er Anna schon zum allgemeinen Gespött werden.
Im September wurde Johann abermals zum Kaiser geladen. Dort teilte ihm Franz mit, daß er in der gewissen Sache noch Zweifel habe, daß er fürchte, Johann könnte unglücklich werden. Der Erzherzog fragte daraufhin den Kaiser, ob er Informationen über das Mädchen habe, und Franz antwortete ihm: nur gute. Als Johann die zwiespältige Haltung seines Bruders bemerkte, sah er dem Kaiser fest ins Auge und erklärte ihm, daß er seit 1799 keine gute Stunde mehr gehabt habe, daß Sorge, Kummer, Gefahr und Selbstverleugnung jeder Art ihn umgeben hätten und daß, obwohl er von so vielen Leuten alle Unannehmlichkeiten habe hinnehmen müssen, doch einer immer da gewesen sei, der ihn nie gekränkt habe: und das sei er, der Kaiser. Und Johann versprach seinem Bruder in die Hand, »dermalen und auf unbestimmte Zeit vom Heirathen nichts zu reden«.
Nach dieser so bedeutsamen Unterredung sah Erzherzog Johann nur noch eine Möglichkeit, Anna nicht zu verlieren: er wollte sie als seine »Hausfrau« nach Vordernberg kommen lassen, koste es,

was es wolle. Anna würde er von seinen redlichen Absichten überzeugen können, und auch der Vater mußte seine Einwilligung geben. Johann konnte ohne das Mädchen nicht mehr sein und wollte es auch nicht mehr. Der Kaiser konnte von ihm viel verlangen, aber letztlich lag es an ihm, an Johann selbst, wie er sein Leben in der Zukunft gestalten wollte. Hier, in seinem Haus in Vordernberg, sollte sie die Oberaufsicht über alle Wirtschaftsgeschäfte führen.
Anna erklärte sich mit dem Plan des Erzherzogs einverstanden. Zu sehr liebte sie den rechtschaffenen Mann, in dessen markantem Gesicht Spuren der Entsagung und des Kummers immer deutlicher zu erkennen waren. Wie gerne war sie bereit, die Tage Johanns aufzuhellen und ihm in seinem Haus schöne Stunden zu bereiten. Erzherzog Johann schreibt in seinem »Brandhofer« über seine Gefühle in den Stunden vor dem Eintreffen Annas, wie ein verliebter Jüngling, der auf sein Mädchen wartet. Aber so sehr er sie herbeisehnte, so wußte er doch, daß das Leben, das sie beide erwartete, für ihn eine nie endenwollende Qual sein würde. In seinen Träumen malte sich Johann die Fahrt des geliebten Mädchens durch die wunderschöne steirische Heimat aus und schrieb:
»Auf einmal wieder in die Enge, bis sie plötzlich in dem lieben engen Vordernberg sich befinden werden, wo Haus an Haus sich reihet; da wird des Schauens kein Ende seyn, bey jedem Ofen, bey jedem Haus, bis plötzlich der Wagen vor einem Hause stehen wird; da gehet die Thüre auf, die Freunde empfangen sie, und der treue Radmeister (:denn dießmal wird wohl bey ihm das Herz Meister werden:) wird mit Thränen im Auge, ja Thränen der Freude, Thränen des Dankes zu Gott, seine redliche Hand darreichen und was sagen, wenn er es herauszubringen vermag. Bis dahin wird er den ganzen Tag in beständiger Unruhe herumziehen, Stiegen auf, Stiegen ab, zu Peball und wieder zurück, im Garten, im Ofen, im Stall, auf die Wiesen und weiß Gott wo. Mehr zu schreiben vermag ich nicht, denn jezt erwarte ich mein Liebstes – und dann ist des Schreibens ein Ende – Gott lob.«
Das Haus in Vordernberg war auf Hochglanz gebracht, alle Räume liebevoll und ihrem Zweck entsprechend eingerichtet: im Parterre befand sich das Speisezimmer, das dem Erzherzog zugleich als Schreibzimmer diente, daneben lag ein kleines Schlafzimmer, von dem aus man über einen schmalen Gang in einen

Kanzleiraum gelangen konnte, wo die Schreiber ihren Platz hatten. Sonst gab es in dieser Etage nur noch die Küche mit den Vorratskammern, die mit einheimischen Früchten und Gemüse reichlich gefüllt waren. Der Oberstock war für die Gäste reserviert, hier sollten auch Anna und das weibliche Gesinde wohnen.

Endlich hörte man aus der Ferne Hufschlag, der sich dem Haus näherte, und der so lang ersehnte Wagen hielt vor der Tür. Johann trat vor den Augen aller auf Anna zu, und mit Tränen in den Augen begrüßte er sie: »Gottlob, daß Sie da sind, hier ist unser Haus, welches Sie nun betreten, um es nie mehr zu verlassen.« Auch Annas Vater war mitgekommen, er wollte sich davon ein Bild machen, wie seine Tochter im Haus des Erzherzogs wohnen werde. Es war für Johann reichlich schwer gewesen, den Vater von seinen ehrlichen Absichten zu überzeugen. Als aber Jakob Plochl das Haus und den zu Tränen gerührten Mann sah, vergaß er all seinen Argwohn und verließ am nächsten Tag beruhigt Vordernberg.

Man kann sich vorstellen, wie die üblen Gerüchte nun neu aufflammten, denn jetzt hatten die Klatschmäuler besondere Nahrung: der Erzherzog war nicht davor zurückgeschreckt, seine Geliebte sogar offiziell in sein Haus zu nehmen! Die allgemeine Empörung über diesen Skandal war riesengroß, Johann und seine »Mätresse« waren in Wien Tagesgespräch in den Salons und den diversen Cercles. Welche Qualen der Erzherzog und wahrscheinlich auch Anna durchlitten, unter einem Dach und doch getrennt zu wohnen, konnte sich keiner vorstellen, der glaubte, über diese beiden Menschen den Stab der Moral brechen zu müssen. Immer wieder zeigten die Briefe, die Johann an Anna während einer längeren Abwesenheit von Vordernberg schrieb, wie sehr er sie liebte.

Am 5. Jänner 1824 schrieb Johann: »Es ist besser, die Leute kennen es Dir an, was Dir abgehet, als daß dieses etwas anderes sagen könnte. Ersteres ist der beste Gegenbeweis, gegen manches was dumm geredet wurde und die Besseren freut es gewiß, daß Du mich schon angewohnt bist, glaube ich, aber es wird noch mehr werden. Je länger wir uns kennen werden, je mehr die Herzen sich öffnen und verstehen, je mehr Du aus meiner Erfahrung schöpfen (wirst), desto mehr wirst Du Dich entwickeln, aber auch desto inniger an dem hängen, der Dir sein Herz gegeben, dann wird das Getrenntseyn immer schwerer werden. So bitter mir es ist, so giebt mir doch meine Liebe zu Dir und die Überzeugung Deines Werthes eine Ruhe, welche mich fähig machet, jedem unter das Gesicht zu tretten und entweder zu schweigen oder trocken die Wahrheit zu sagen. Lasse uns künftiges Frühjahr, Sommer und Herbst beysammen zubringen. Das wird noch mehr die anderen überzeugen, wie richtig ich geurtheilt. Ich werde Dich einmal daran erinnern.«

Obwohl Erzherzog Johann oft wochenlang von Vordernberg abwesend war, bestand die innige Beziehung der beiden weiter, so oft sie konnten, sprach einer dem anderen in den Briefen Mut zu, und beide versicherten immer wieder ihre Liebe. So schrieb Anna am 15. Oktober 1824 in ihrer rührend unbeholfenen Orthographie:

»Lieber guter Herzensmann!

Wie hart wahr mir diesmahl daß Scheiden von Dir; o Gott, wie gerne häte ich mich in waß imer verstekt, wenn ich nur bey Dir in Wien auch se(in) könte, wenigstens doch in Deinen freyen Stunden! Hier ist mir alles, alles wie tod, (w)an Du nicht (d)a bist. Überhaupt diesmahl ver(mi)ße ich Dich ga(r) so hart, den mir ist, als ginge mir etwaß... Ich bitte Dich, bleibe mir nur so threu, wie Du es bi(s) jezt warst, laße mir Dich ja nicht entrheißen! Auch, wüßte ich nur schon, wie alles geht bey Dir thraußen; schreibe mir ja recht bald und alles, auch das Geheimste! Daß bin ich aber so überzeigt, daß Du aufrichtig gegen mich (bi)st, welches mich aber auch Dich gar (so) li(ebmac)ht. Ich bin seit Deiner Abreise n(icht) aus (d)em Hauß gekomen, als heut(e) (werde) ich zur Schraglin, Steierin, Bra(nt)stetterin gehn, welche alle eine herzli(che) Freude da(r)über zeigten, besonders der gute Schr...
Lieber guter Mann, mit dem mir hiergelaßenen Geld werde ich vermuthlich nicht so lange ausg(efo)lgen, bis du kömst, den ich zahlte gestern den Kaufman hiermit 59 f 18 x, dan den Fleischhauer mit 48 f 25 x, hernach Deinen Hut mit 5 f, hernach werde ich auch hübsch waß brauchen, um daß zu kaufen, waß ich fürn Brandhof schiecken muß. Ich werde Dich wohl noch um 100 f. W. W. bitten, wenn Du es leicht entbehren ka(nn)st; schiecke mir es gleich durch den Sandner. Die Pebalin befindet sich noch imer... Auch sagte mir heute Peintiner, da(ß) (die) Weinmeisterin auch besser wird. Den Heren Vater werde ich heute wegen de(n) Pferden schreiben. Lebe recht... Schreibe nu(r) durch

Sandner . . ., den ich fre(ue) mich schon gar so, etwaß von Dir zu bekomen! Auch vergeße die Weintrauben nicht mitzuschiecken, oder waß Du sonst hast für mich, den recht ist mir alles undbrauche(n) kan ich auch alles. Mir geht es mit meinem M(a)g(e)n auch wiede(r) so zimlich gut. Wünsche nur recht herzl(ich), daß Du auch recht frisch und gesund bleibst thraußen und recht oft an Deine Alte denkst! Welches gewis(ß) auch thut
Deine dich inig liebenth(e)
Tausen(t) K(ü)ß(e) und herzliche Umarmun(gen)
am 15 ten Oktober (1)824«
Die Jahre gingen dahin, ohne daß Johann die Lage Annas zu ändern vermochte. In Wien glaubte man immer noch, daß der Erzherzog die »Bauerndirn« eines Tages satt haben und sich zu einer standesgemäßen Partie entschließen würde. Es gab nur ganz wenige in seiner Familie, die seinen Entschluß respektierten. Und der Kaiser? Er stand wahrscheinlich wie immer zwischen zwei Fronten, er konnte sich nicht für das eine und auch nicht für das andere entscheiden. In seiner tatenlosen Lethargie hoffte er auf die Einsicht Johanns oder auf ein Wunder. Vielleicht kannte der Erzherzog seinen Bruder wirklich und wußte, daß nur immerwährende Beharrlichkeit Franz zum Nachgeben bringen konnte, denn nur so sind die sechs Jahre Wartezeit zu verstehen, die Johann auf sich nahm, ohne dem Bruder ständig mit seinem Problem in den Ohren zu liegen.
Inwieweit die Hausgemeinschaft in Vordernberg rein platonischen Charakter hatte, wird man nie ergründen können, denn sechs Jahre waren auch damals für zwei Liebende eine Ewigkeit, und Versuchungen ergaben sich beinahe täglich, ja stündlich. Johann allerdings behauptete ein Leben lang, daß er Anna in den sechs Wartejahren nicht berührt habe, und auch von Anna gibt es nicht die geringste Bemerkung, daß der Erzherzog einmal schwach geworden wäre. Lediglich der Privatsekretär Johanns machte eine dunkle Andeutung, indem er behauptete, daß in Vordernberg eine »Hochzeit des Gemüts und redlicher Worterfüllung vor Gott« stattgefunden habe. Außerdem fügte er hinzu, daß Gott alles Redliche segne.
Wie immer die Situation wirklich war; sie konnte auf keinen Fall so bleiben, das wußte der Erzherzog nur zu genau. Denn allzu oft wurde die lebensfrohe und vitale Anna von geheimnisvollen Krankheiten befallen, die sie wochenlang ans Bett fesselten, und

bei denen sich die herbeigerufenen Ärzte keinen Rat wußten. Daß viel körperlicher Schmerz seelische Ursachen haben kann, darüber wußte die Medizin der damaligen Zeit noch wenig. Und obwohl Erzherzog Johann immer wieder versuchte, Anna auf den Reisen, auf die er sie mitnahm, zu zerstreuen, schien sie doch viel von ihrer Heiterkeit eingebüßt zu haben.

1824 begleitete sie den Erzherzog nach Wien, wo sie natürlich niemanden der kaiserlichen Familie kennenlernte; selbst seinem Bruder Karl wagte Johann nicht, Anna offiziell vorzustellen. Auch 1828 weilte Anna mit Johann in Wien, wo der Erzherzog mit dem Kaiser an einer feierlichen Fronleichnamsprozession in Laxenburg teilnahm. Es war selbstverständlich, daß Anna nur einen Platz unter den Zuschauern bekam, allerdings stand sie so, daß sie den Kaiser selbst sehen konnte. Aber auch Franz suchte das Mädchen unter den im Spalier stehenden Menschen. Vielleicht war dieser Blick auf Anna doch der letzte Anlaß, daß der Herrscher sich endlich entschloß, dem Bruder die langersehnte Heiratserlaubnis zu geben. Denn am 6. Februar 1829 rief er den Erzherzog plötzlich zu sich und befahl ihm gleichsam, »der Sache durch des Priesters Segen ein Ende zu machen«. Wahrscheinlich hörte Johann nur die hastig gesprochenen Worte seines Bruders und achtete nicht mehr weiter auf die Bedingungen, die Franz an diese Heirat knüpfte. Johann sollte jedes öffentliche Aufsehen vermeiden, die Eheschließung mußte geheim bleiben. Johann durfte Anna nicht offiziell als seine Frau bezeichnen. Aber was kümmerten ihn diese Vorschriften, wußte er doch, daß sein privates höchstes Lebensziel endlich in Erfüllung gehen konnte. Mit Zitronensaft als Geheimtinte schrieb er sofort an Anna einen Brief, den nur sie dechiffrieren konnte, denn Johann fürchtete die Geheimpolizei Metternichs. Er teilte ihr mit, daß sie alles zur Hochzeit am Brandhof vorbereiten solle.

»L: B: Weib, ich bin ganz verwirrt – erst nach ein paar Tagen wird alles in Ordnung kommen. Freude greifet so wie Leid an. Wisse also, theure liebe Nani, Gott war und ist mit uns. Der Kaiser hat das Testament, kurz alles gelesen, hat mich wie ein Vater über alles ausgefragt, sein Jawort gegeben, es schriftlich bestättigt, mich ermahnet, es bald zu thun, aber vor der Welt zu schweigen. Was wollen wir mehr? – Was alles gesprochen wurde, mündlich auf dem Brandhof. Dein Vater, der izt bey Gott ist, wird sehen, daß ich mein Wort gelöset. Nun also höre: ich gehe den 13.–14. über Zell, wo ich meine Andacht verrichte, auf den Brandhof; dort bey Ruhe und Nacht wirst du vor Gott mein rechtmäßig Weib. – Sorge für gar nichts – die Stolla der Klosterfrauen nimm mit – mache ja nichts auffallendes mit Einpacken von Kleidern, denn es darf niemand etwas wissen. Ich werde für den Geistlichen sorgen – Gott wie soll ich danken – welch guter Herr, jetzt schlafe ich nach 6 Jahren einmal eine ruhige Nacht. Gott mit dir;«

Wahrscheinlich glaubte Anna ihren Augen nicht zu trauen, als sie den Brief über eine Flamme hielt, um ihn entziffern zu können. Als sie sich endlich wieder gefaßt hatte, griff sie sofort zu Feder und Tinte und antwortete dem Erzherzog, daß sie am 13. am Brandhof eintreffen werde:

»Ich kan gar mich nicht fassen über den Inhalt E(urer) K(aiserlichen) H(oheit) Schreiben vom 6ten welches mir eben Heute und Zwahr jetzt Abends um 8 Uhr zukam, Freude – und – mein Gott ich weiß gar nicht waß alles bestürmt mein Herz – es ist mir noch alles unglaublich – der gute gute Herr und Kaiser auf den Knien möchte ich ihm danken – ich will bethen, recht fleißig bethen, sonst kan ich für jezt nichts thun.–«

Wie es der Kaiser wollte, wurde die Hochzeit in aller Stille vollzogen: Erzherzog Johann, in Jagdtracht gekleidet, ging langsam, um elf Uhr nachts, als es am Brandhof still und stockfinster war, in die Kapelle, zündete selbst die Kerzen an und wartete, daß der Priester mit Anna käme. Nur zwei Trauzeugen waren noch eingeweiht, Huber und Zahlbruckner. Als der Dechant von Lorenzen, Philipp, mit Anna erschienen war, stand dem letzten Schritt zum persönlichen Glück der beiden nichts mehr im Wege. Die Trauungszeremonie war kurz, aber eindrucksvoll, der Priester schlang die Stola um die Hände des ungleichen Paares und flehte den Segen des Allmächtigen auf die beiden Menschen hernieder, die so lange und so beharrlich auf diesen Augenblick gewartet hatten. Sie blieben noch Minuten vor dem Altar knien, dann erhoben sich alle, Johann löschte die Kerzen aus, und die drei Getreuen wünschten Gottes reichsten Segen. Johann begleitete Anna bis zu ihrer Zimmertür, nahm von ihr Abschied, wahrscheinlich wie an jedem anderen Tag, und begab sich in seine Stube. Er war innerlich viel zu aufgewühlt, um diese langersehnte Nacht mit seiner jungen Frau zu verbringen. Denn er konnte, wie er selbst schrieb, kein Auge zutun.

Der Erzherzog fühlte sich wie neugeboren. Sein alter Schaffensdrang war wieder erwacht, er konnte seine Frau offiziell nun überallhin mitnehmen. Sie bezogen zusammen das Haus in Graz, und Anna begleitete ihn, so oft es ging, auf seinen zahlreichen Reisen. Seine Ideen wurden von der Bevölkerung angenommen, Neuerungen in der Landwirtschaft, die er oft selbst vorpraktizierte, überzeugten die Bauern, daß durch neue Methoden mehr Ertrag und Gewinn zu erzielen seien. Johann verstand es, die Errungenschaften der Wissenschaften dem »kleinen Mann« auf dem Lande plausibel zu machen, er trat für bessere Verkehrsverbindungen ein und wurde zu einem Vorkämpfer der Eisenbahnverbindungen zwischen der Haupt- und Residenzstadt Wien und Graz. Freilich beobachteten die Metternichschen Spitzel das Leben und Wirken Johanns mit Argusaugen, sie konnten aber nichts finden, was gegen Kaiser und Staat gerichtet gewesen wäre. So versuchte man nur, Johann von wichtigen politischen Entscheidungen fernzuhalten und zu verhindern, daß der »heimliche König der Steiermark« seinen Machtbereich noch weiter ausdehnen konnte.
Um Anna kümmerte man sich nicht weiter am Wiener Hof. Man hatte sie und die Tatsache, daß der Erzherzog diesen für viele unbegreiflichen Schritt getan hatte, zur Kenntnis genommen und sich auf ein Stillhalteabkommen geeinigt.
Erst im Sommer 1830 änderte sich die Position Annas entscheidend, als Johann seinen kaiserlichen Bruder auf der Rückreise von Laibach besuchte. Bei diesem eher familiären Treffen äußerte der Kaiser plötzlich den Wunsch, seine Schwägerin kennenlernen zu wollen. Am 28. Juni erschien Anna vor dem Kaiser, verbeugte sich tief und küßte ihm die Hand; Franz ließ sie gewähren. Freilich bedeutete diese huldvolle Aufnahme noch nicht, daß Erzherzog Johann Anna offiziell und überall als seine Frau vorstellen durfte. Erst 1833 gab Franz dem Bruder die Erlaubnis, seine Ehe bekanntgeben zu dürfen.
Nun konnte Erzherzog Johann auch versuchen, den Stand seiner Gemahlin zu ändern. Natürlich war er bei diesem Unterfangen, das sehr viel Fingerspitzengefühl erforderte, ebenfalls auf die Hilfe des Kaisers angewiesen und letztlich auch auf die Zustimmung Metternichs. Anna sollte in den Adelsstand erhoben werden, aber einzig und allein deshalb, damit sie in den Kreisen ihres Mannes verkehren konnte; dazu war zumindest der Freiherren-

stand nötig. Und Franz erklärte sich wider Erwarten schnell bereit, aus dem Brandhof ein Freigut zu machen. Anna sollte »von Brandhofen« heißen und auch berechtigt sein, ein eigenes Wappen zu führen.
Jetzt war es für sie möglich, ihre kaiserlichen Verwandten der Reihe nach kennenzulernen. Der Höhepunkt ihres bisherigen Lebens allerdings war sicherlich, als sie mit Johann an der Seite durch die langen, weitverzweigten Gänge der Hofburg schritt, um dem Kaiser nun auch offiziell vorgestellt zu werden. Tief beugte sie das Knie vor dem kaiserlichen Paar, aber die Kaiserin Karoline Augusta hob Anna Plochl, die Freiin von Brandhofen, auf, zog sie an sich und küßte sie herzlich auf beide Wangen.
Es sollte für Anna die letzte Zusammenkunft mit dem kaiserlichen Schwager gewesen sein, denn kurz darauf erkrankte Franz und erholte sich nicht mehr. Sein ältester Sohn Ferdinand, das schwächste Glied in der Reihe der Nachfolger, trat die Herrschaft über ein nur scheinbar ruhiges Reich an, in dem es aufgrund der jahrelangen Unterdrückung brodelte wie in einem Vulkan. Ein liberaler Herrscher, volksnah und aufgeklärt, wie es Johann zeit seines Lebens gewesen war, wäre vonnöten gewesen, um den heranbrausenden Sturm des Jahres 1848 zu verhindern. Aber wieder einmal trat das alte Gesetz der Primogenitur bei den Habsburgern in Kraft, das nicht die Fähigkeiten eines Nachfolgers berücksichtigte, sondern einzig und allein das Vorrecht der Erstgeburt. Und wieder einmal war ein schwacher, handlungsunfähiger, ja sogar kranker Mann auf den Thron seiner Väter gelangt, der von Anfang an auf Ratgeber und Einflüsterer angewiesen war. Und ein Erzherzog Johann wurde dazu bestimmt, in Europa herumzureisen und die ausländischen Fürsten zu empfangen! Metternich war immer noch an der Macht, obwohl Graf Kolowrat in den letzten Lebensjahren von Kaiser Franz immer mehr an Einfluß gewonnen hatte.
Der Staat schien in ein Chaos zu schlittern, am Hof bekämpfte jeder jeden, und dazwischen zogen Metternich und Kolowrat ihre Intrigenfäden. Wahrscheinlich war Johann froh, nicht in Wien mitmischen zu müssen, und so oft er Zeit hatte, zog er sich auf seine steirischen Güter oder auf sein Schloß in Südtirol, nach Schenna bei Meran, zurück. Hier war er glücklich inmitten seiner vertrauten Umgebung und mit Anna. Sie hatten alles erreicht, was sie sich wünschten, nur ein Kind, ein Nachkomme hatte sich

im Laufe der zehnjährigen Ehe noch nicht eingestellt, obwohl Anna schon verschiedene Kuren in Gastein und anderen Heilbädern unternommen hatte, um endlich Mutter zu werden. Schließlich hatten sich die beiden damit abgefunden, daß ihnen von Gott kein Kind mehr geschenkt werden würde. Der Erzherzog war mittlerweile 56 Jahre alt geworden und suchte im geheimen die Schuld an der Kinderlosigkeit seiner Ehe bei sich selbst und seinem fortgeschrittenen Alter, als Anna in Gastein von Übelkeit befallen wurde und die Ärzte eine Schwangerschaft diagnostizierten. Überglücklich übersiedelte das Erzherzogspaar sofort nach Wien, um nur ja jedes Risiko für die werdende Mutter auszuschließen. Anna sollte in den kommenden Monaten in besten Händen sein. Die Zeit des ungeduldigen Wartens schlich langsam dahin, das freudige Ereignis wurde von beiden herbeigesehnt, und Johann wich kaum von Annas Seite. Und gerade, als er zu einem Diner bei Kaiser Ferdinand geladen war, ließ sich ein Diener melden, der dringend den Erzherzog zu sprechen wünschte. Aufgeregt teilte er Johann mit, daß bei Anna die Wehen eingesetzt hätten. In großer Sorge eilte der Erzherzog ans Bett seiner Frau, hielt tröstend ihre Hand und versuchte ihr in ihrem Schmerz beizustehen. Die auch schon fünfunddreißigjährige Frau litt schreckliche Qualen, Ärzte und Hebammen versuchten alles, um die Geburt zu beschleunigen, aber erst in den Morgenstunden des 11. März 1839 stand die Entbindung unmittelbar bevor, und Johann ging in den Nebenraum, um nicht zu stören. Die folgenden Minuten wurden für den Menschen, der immer gewohnt gewesen war, zu helfen, wo Not am Mann war, zur Ewigkeit; er hörte die geliebte Frau schreien und stöhnen und mußte hier tatenlos auf und ab gehen und warten! Der Ruf der Hebamme. »Ein großes Kind, ein Knabe!« brachte für den Erzherzog die Erlösung. Er stürzte ins Zimmer, nahm seinen Sohn auf den Arm und trug ihn zu einem Christusbild. In innigem Gebet verweilte er hier und flehte die Gnade des Himmels auf den so lange erwarteten Sohn herab. Dieses Kind »sollte ein treuer Knecht werden, ein Vertreter der Wahrheit, eine Freude der Menschheit«, das war der sehnlichste Wunsch des Vaters.
Matt und bleich lag Anna in den Kissen, sie war nur mehr ein Schatten ihrer selbst, so hatte sie die schwere Geburt mitgenommen. Obwohl sie das Kind selbst stillen wollte, mißlangen alle Versuche, und Johann besorgte sofort eine Amme. Schon am

nächsten Tag sollte die Taufe des Stammhalters stattfinden, so wollte es der Vater. Die junge Mutter war zu schwach, um aufzustehen. Das Kind wurde nach dem verstorbenen Kaiser Franz genannt, als Taufpate hatte Johann seinen Bruder Ludwig gebeten, dem er von Kindheit an sehr zugetan war. Schlicht wie alles im Leben Johanns war auch die Taufzeremonie seines einzigen Sohnes, dem nur vier Namen gegeben wurden: Franz Ludwig Johann Baptist.
Wie sehr sich Anna vor der Geburt des Kindes gefürchtet haben muß, beweist ein kleiner Zettel, auf den sie in den letzten Wochen vor der Entbindung ihr Testament geschrieben hatte:
»Erspartes ganzes Vermögen von mir, welches ich von Wildhäuten in wenigen Jahren einnahm – das heurige kam schon in die Verrechnung. Meine Angehörigen alle empfehle ich der Gnade und der Liebe meines edlen guten Mannes, möchte er aus Liebe für mich sie nicht dem Elend Preis geben – ich kann ihm seine Liebe nur durch Gebeth ersetzen – Tausend Dank für alles.
Deine Anna, welche dich im Geiste wie im Leben nie verlassen wird – und bey Gott für dich bethet.«
Der kleine Franz sollte das einzige Kind Erzherzog Johanns bleiben. Die Freude der Bevölkerung vor allem in der Steiermark war groß, als man erfahren hatte, daß der Herzenswunsch des Erzherzogs endlich in Erfüllung gegangen war. Von überall her trafen die aufrichtigsten Glück- und Segenswünsche für Eltern und Kind ein. Auch ein Schreiben Metternichs war darunter. In ganz ungewohnt ungekünstelter und eher persönlicher Art übermittelte der alte Fürst seine Glückwünsche. Metternich schrieb unter anderem, daß er als alter Praktiker wisse, was man »während der Aktion (gemeint ist die Geburt) zu leiden habe«. Wer konnte dies als Außenstehender besser wissen als er? Der Kanzler hatte immerhin in drei Ehen zwölf eheliche Kinder in die Welt gesetzt, wie viele er in seinen unzähligen Mesalliancen gezeugt hatte, wußte wohl nicht einmal er selber.
Obwohl Erzherzog Johann für sich selber keine besonderen Vergünstigungen bei Hofe gesucht hatte, begann er schon bald mit dem alten Kanzler Gespräche über die Position seines Sohnes zu führen. Natürlich war Johann von Anbeginn klar, daß das Kind von allen habsburgischen Erbansprüchen ausgeschlossen werden würde, aber der Vater wollte trotz alledem einen geeigneten Titel und damit auch eine gewisse Stellung für diesen so lange erhoff-

ten Sohn. Alle möglichen Überlegungen wurden angestellt, man dachte an vieles und verwarf noch mehr, schließlich fand der greise Kanzler selber einen Weg und schlug den Titel eines »Grafen von Meran« vor, da Erzherzog Johann, der Vater, die Alpen, Tirol und seine Menschen so liebte. Außerdem sollte Franz eine Dotation des Staates erhalten, und Metternich stellte sogar in Aussicht, daß der junge Mann einmal in den Herzogsstand erhoben werden könnte. Was den Kanzler auf einmal zu so großzügigen Angeboten bewog, mag dahingestellt bleiben. Vielleicht erkannte der Fürst im Jahre 1845, als der Sohn Erzherzog Johanns zum Grafen von Meran erhoben wurde, daß seine Uhr am Kaiserhof bald abgelaufen, daß sein System endgültig zum Scheitern verurteilt war, vielleicht hoffte er auch auf die Hilfe des populären Erzherzogs, wenn sein Stern untergegangen war.
Johann hatte jedenfalls erreicht, daß sein Sohn in der Aristokratie des Reiches einen Platz einnehmen konnte, daß er für alle Welt gesellschaftsfähig war, daß er nicht der Sohn der Postmeisterstochter aus Aussee blieb, sondern als einziger Sproß des Erzherzogs anerkannt wurde. Vielleicht hatte Erzherzog Johann geglaubt, daß man zugleich mit seinem Sohn seine geliebte Frau zur Gräfin von Meran erheben werde, aber so weit ging Metternichs Liberalität nun auch wieder nicht. Daher konnte Johann nur hoffen, daß die Zeit kommen würde, wo sich ein anderes Denken durchsetzte.
Das Jahr 1848 schien mit seiner Revolution alles das zu bringen, was man in Europa schon so lange herbeigewünscht hatte: die Abdankung Metternichs, die geistige und soziale Befreiung und eine Herrschaft des intellektuell hochstehenden Bürgertums. Die bedeutendsten Männer ihrer Zeit waren in Frankfurt in der Paulskirche zusammengekommen, um hier einen Mann zum Reichsverweser zu wählen, den man weit über die Grenzen hinweg kannte, schätzte und liebte: Erzherzog Johann, nicht »weil«, sondern »obwohl« er ein Adeliger war. Schon bald aber mußte er in Frankfurt erkennen, daß er hier am falschen Platz war. Er war nicht der Mann, der den Geist der Revolution verwirklichen konnte, und daher zog sich Johann wieder beinahe resignierend nach Österreich, in seine geliebte Steiermark zurück.
Auch in Wien hatten sich die Verhältnisse verändert. Ferdinand hatte zugunsten seines Neffen Franz Joseph auf den Thron verzichtet, und der junge Kaiser sah sich mit seinen achtzehn Jahren

vor schwierigen, beinahe unlösbaren Aufgaben. Es war eine freundliche Geste seinem Großonkel gegenüber, daß Franz Joseph schon bald nach der Rückkehr Erzherzog Johanns nach Graz beschloß, Anna in den Grafenstand zu erheben und ihr den Titel einer Gräfin von Meran, Freiin von Brandhofen zu verleihen; sie durfte ein eigenes Wappen führen, das in einem Feld auf einem Hügel den Brandhof zeigen sollte; Steinadler und Gemsen stellten die Schildhalter dar. Außerdem sollte der Wahlspruch des Wappens lauten: »Sic Deus mecum, quid contra me.« (Wenn Gott mit mir ist, wer ist dann gegen mich?)

Je älter Erzherzog Johann wurde, desto unentbehrlicher wurde ihm seine Frau: sie übernahm die Verwaltung seiner Güter, sie beschäftigte sich zusehends mehr mit sozialen Aufgaben – auf ihre Veranlassung hin wurde in Graz das St. Anna-Kinderspital gegründet. Und obwohl der große Altersunterschied des Ehepaares sich natürlich im Alter immer stärker hätte bemerkbar machen können, glich sich Anna ihrem Manne an. Gemeinsam unternahmen sie viele Reisen, und sie war immer zur Stelle, wenn er sie brauchte. Johann war noch ein ungewöhnlich rüstiger Mann, als er die Siebzig schon überschritten hatte. So oft es ihm möglich war, ging er auf die Jagd und unternahm lange Wanderungen in den Bergen. Jedem stand er mit Rat und Tat zur Seite, der seine Hilfe brauchte, das wußte man im ganzen Land. Erzherzog Johann war schon zu Lebzeiten zu einer Legende geworden, er war der Mann, der ein Märchen wahr gemacht hatte, durch seinen Willen und seine Liebe. Sein Tod am 11. Mai 1859 erschütterte nicht nur das Volk, das ihn geliebt hatte. Auch Kaiser Franz Joseph und Kaiserin Elisabeth erkannten, daß mit ihm eine große Persönlichkeit des Kaiserreiches dahingegangen war. Der Erzherzog fand zunächst im Mausoleum in Graz seine letzte Ruhestätte, auf seinen eigenen Wunsch hin wurden seine Gebeine aber nach neun Jahren nach Schenna in Südtirol überführt, wo auch seine Gemahlin einmal zur Ruhe gebettet werden sollte. Anna Plochl starb 1885, sechsundzwanzig Jahre nach ihrem Mann, in Aussee. Man brachte den Leichnam der Gräfin von Meran in einem Trauerzug nach Südtirol, wo sie für immer an der Seite des geliebten Erzherzogs ruht.

Liebe im verborgenen

FRANZ JOSEPH UND SEINE FRAUEN

Er war einfach, bescheiden, arbeitsam, ein Beamter wie tausend andere in seinem Staat. Er war distanziert freundlich, nicht besonders leutselig, kein großer Mäzen, kein erfolgreicher Feldherr. Und doch war und ist er *der* Habsburger Kaiser schlechthin, ein Mann, der wahrscheinlich gerade durch seine Korrektheit, seinen Arbeitseifer und seine Unauffälligkeit dem Volk näher stand als mancher andere Herrscher, dem mehr Erfolg beschieden war als ihm. Franz Joseph ist nicht tot, er lebt in den Bauten, die er in der ganzen Monarchie hat errichten lassen, in der Beamtenschaft, in den Wiener Kaffeehäusern, in den Wienerliedern weiter. Er hat der Monarchie eine Prägung gegeben, die man auch heute noch in den ehemaligen Kronländern findet. Er war der letzte große Vertreter der Kaiseridee, die mit ihm zu Grabe getragen wurde.
Was war es, was Franz Joseph unsterblich machte? Zahlreich sind die Möglichkeiten, die man untersuchen könnte, warum ausgerechnet er diese Faszination ausübte. Sicherlich war sein Wesen dazu angetan, die Menschen zu überzeugen, daß er nur das Beste für den Staat im Sinn habe. Und sicher machte ihn auch seine überaus lange Regierungszeit zu einer Institution, die jeder ohne Widerspruch hinnahm. Aber auch sein Privatleben, seine romantische Liebesbeziehung zur legendären »Sisi«, seine allgemein bekannte Freundschaft zur »gnädigen Frau« Katharina Schratt ließen das Volk mitleben, mitlieben und mitleiden. Durch all die menschlichen Probleme, mit denen sich der Kaiser herumschlagen mußte, durch seine tiefe Enttäuschung über seinen einzigen Sohn und dessen tragischen Selbstmord, durch den Mord an seiner von ihm über alles geliebten Frau wurde der Kaiser zum Mann aus dem Volk, zum Kaiser für das Volk.
Schon früh in seiner Jugend wurde Franz Joseph bewußt gemacht, welch hohe Verantwortung und Aufgabe auf ihn warteten. Seine Mutter Sophie setzte alles daran, ihn zum einzig mög-

lichen Nachfolger seines kranken Onkels Ferdinand aufzubauen. Für sie stand es schon sehr bald fest, daß nicht ihr eigener Mann Franz Karl der zukünftige Kaiser sein würde, sondern ihr ältester Sohn Franz Joseph, und sie verfolgte ihren Plan konsequent und erfolgreich. Franz Joseph wurde schon als Kind für seine spätere Aufgabe erzogen und hatte daher nur drei Jahre eine Aja, die Baronin Louise Sturmfeder, die in ihrem Schützling wirklich das Kind sehen durfte. (Alle Habsburger hatten in ihrer Kinderzeit eine Aja oder einen Ajo. Dieses merkwürdige Wort kommt aus dem Portugiesischen und bedeutet so viel wie Tantchen oder Onkelchen.) Louise Sturmfeder war selbst kinderlos, sie hatte ihren Verlobten in den napoleonischen Kriegen verloren und nahm sich um den jungen Prinzen mit der ganzen Güte ihres liebevollen Herzens an. Sie kannte genau die Grenzen zwischen Bewahren und Wagen und setzte sich gegen alle abergläubischen Regeln der Kindererziehung durch. Selbst der alte Kaiser Franz, der Großvater Franz Josephs, vermochte nicht, ihrem Urteil zu widersprechen, er akzeptierte ihre Entscheidungen. Als sich der kleine Bub einmal an einer Tischecke arg angeschlagen hatte, wollte der Großvater alle Möbelstücke aus dem Kinderzimmer entfernen lassen, die Ecken und Kanten hatten. Die Reaktion der Baronin war geradezu klassisch: Sie antwortete dem Kaiser: »Jawohl, Majestät, besser wäre allerdings, Sie würden den Erzherzog in einen gepolsterten Schrank sperren.«
Franz Joseph zeigte schon früh ganz bestimmte Charakterzüge. Er hatte einen fast unkindlichen Drang zur Ordnung, er konnte nicht sehen, wenn irgendwelche Spielsachen nicht auf dem vorgesehenen Platz lagen. Sein ganzes zukünftiges Leben sollte von dieser Ordnungsliebe beherrscht werden, sein späteres politisches Handeln war von ihr gekennzeichnet, aber auch in seiner Privatsphäre mußte ein bestimmtes System für ihn erkennbar sein.
Der junge Mann ging seinen Weg zum Kaiserthron ernst und konsequent, beraten und unterstützt von seiner zielstrebigen Mutter. Für Sophie gab es keinen höheren Wert als die Monarchie in ihrer althergebrachten Form, mit ihrer Tradition und ihren Werten. Die alte Ordnung, die durch das Chaos, das Napoleon in Europa hinterlassen hatte, gestört worden war, sollte durch ihren Sohn wiederhergestellt werden.
Franz Joseph bestieg den Thron der Habsburger in einer schwierigen Zeit. Neue Ideen durchfluteten das Land, Unabhängig-

keitsbestrebungen der Kronvölker wühlten das Staatsgefüge auf, Revolutionäre fanden die Sympathien breiter Volksschichten. Nur ein untadeliger Kaiser konnte den langsam zerbröckelnden Staat ein letztes Mal zusammenhalten. Man brauchte eine Person, an der man sich orientieren konnte, ein Leitbild, das erkennen ließ, daß das Ende der Monarchie noch nicht gekommen war.
Konnte ein Achtzehnjähriger ein starkes Band um die Länder schlingen, die nach ihrer Freiheit strebten? Franz Joseph war von allem Anfang an fest entschlossen, den Staat seiner Väter zu retten, und mit der ganzen Kraft seiner Jugend stürzte er sich in diese schier unlösbare Aufgabe. Und obwohl er gleich zu Beginn seiner Regierung zu den Waffen greifen mußte, war das Ziel seines Lebens, immer den Frieden zu suchen und zu erhalten.
Franz Joseph war ein gutaussehender junger Mann, als er den Kaiserthron bestieg, blond und schlank. Alles, was ihm zum persönlichen Glück fehlte, war eine passende Gemahlin. Auch hier hatte seine Mutter ihre ganz bestimmten Vorstellungen. Sophie war selbst eine Wittelsbacher Prinzessin, und so lag bei ihr der Gedanke nahe, ihren Sohn ebenfalls mit einer Wittelsbacherin zu vermählen. Ihre Nichte Helene, Tochter des bayerischen Herzogs Max in Bayern, schien die richtige Frau zu sein, ihrem Sohn auch als Kaiserin mit Rat und Tat zur Seite zu stehen. Ohne daß die beiden jungen Leute sich kannten, wurde ein Verlobungstermin in Bad Ischl im Salzkammergut vereinbart. Aber es kam alles anders, als es die Mutter wollte. In allen Dingen hörte Franz Joseph auf Sophie; aber in dieser Herzensangelegenheit wollte er für sich selbst entscheiden.
Die Familien trafen sich wie geplant im schönen Salzkammergut, aber nicht »Néné« wurde die Auserwählte, sondern ihre jüngere, völlig ahnungslose Schwester Elisabeth. Franz Joseph war von »Sisis« Liebreiz, ihrem natürlichen Wesen und Temperament fasziniert und dachte nicht daran, Helene zu nehmen. Elisabeth willigte auf den Antrag des Kaisers hin ein, seine Frau zu werden, obwohl sie erst fünfzehn Jahre alt und wahrscheinlich in den jungen Kaiser nicht verliebt war. Vielleicht schmeichelte es ihrer Eitelkeit, daß der mächtige Kaiser von Österreich-Ungarn sie zur Frau haben wollte. Beide jungen Leute waren sich der Tragweite dieses Entschlusses wohl kaum bewußt, sie dachten nicht darüber nach, was es bedeutete, ein Leben lang den schwierigen Weg zu

gehen, der auf einen Kaiser und eine Kaiserin in der damaligen Zeit der Wirren und Unsicherheit wartete. In seiner spontanen Verliebtheit konnte und wollte Franz Joseph nicht erkennen, daß das Mädchen, das er sich als Gemahlin erwählt hatte, überfordert sein könnte.
Die Fahrt der jungen Braut nach Wien glich einem Triumphzug, kilometerweit säumte das Volk das Donauufer und jubelte dem schönen jungen Mädchen zu. Dabei wäre Elisabeth im Strudengau fast ums Leben gekommen, als ihr Schiff in den berüchtigten Strudel geriet und kenterte, so daß die zukünftige Kaiserin sich nur mit Mühe und tropfnaß ans Ufer retten konnte.
Tausende und Abertausende Wiener säumten die Donaulände, als Elisabeth auf ihrem Schiff sichtbar wurde. Der junge Kaiser stand am Kai und wartete. Unter dem Jubel der Bevölkerung sprang Franz Joseph auf das einfahrende Schiff, und, ohne auf das Protokoll zu achten, nahm er seine Sisi in die Arme und küßte sie vor aller Welt; ein junger Mann, der glücklich war, endlich sein geliebtes Mädchen im Arm zu halten! Das war es, was die Wiener liebten, einen Kaiser aus Fleisch und Blut; seine jugendlich sympathische Erscheinung vermochte mehr zu bewirken als sämtliche politischen Bestrebungen. Dazu kam die ungewöhnlich bezaubernde Braut, ein Paar wie dem Bilderbuch entstiegen, jung, schön, romantisch und glücklich.
Aber die Tage der Rosen dauerten nicht lange. Franz Joseph hatte nicht bedacht, wie schwer es sein würde, seine junge Frau, die völlig unkonventionell aufgewachsen war, mit dem am Wiener Hof herrschenden Zeremoniell vertraut zu machen. Er selber bemühte sich liebevoll um Elisabeth, aber seine Mutter schlug nicht immer den geeigneten Ton an, wenn es darum ging, der Schwiegertochter klar zu machen, welche Aufgaben und Pflichten sie zu erfüllen hätte. In ihrer jugendlichen Art lehnte sich Sisi auch, wo sie nur konnte, gegen Sophie auf und machte es dadurch Franz Joseph schwer, den richtigen Standpunkt zwischen seiner geliebten Frau und seiner Mutter, der er alles, auch den Thron, verdankte, zu finden. Nur widerwillig akzeptierte Elisabeth das auf die Minute genau geregelte Leben, sah, daß ihr Mann von früh bis spät am Schreibtisch zubrachte und konnte seine gewissenhafte und pflichtbetonte Art nicht verstehen. Sophie ihrerseits beharrte eisern auf ihren Prinzipien und wollte der jungen Frau keine Konzessionen machen. Die beiden Frauen wa-

ren in ihrem Wesen und in ihren Auffassungen viel zu verschieden, als daß es jemals eine Verständigungsmöglichkeit für sie geben konnte. Beide liebten Franz Joseph, jede auf ihre Weise; aber auch diese Gemeinsamkeit konnte die abgrundtiefe Kluft nicht überbrücken, die sich zwischen ihnen aufgetan hatte.
Nur eine konnte als Siegerin aus dem immerwährenden Kampf hervorgehen, und da Sophie von Anfang an die besseren Voraussetzungen mitbrachte, resignierte die junge Schwiegertochter schließlich. Die Kaiserin zog sich zurück, aus der Öffentlichkeit, von ihren Kindern, aus Wien, aus einer Welt, die, wie sie glaubte, ihr feindselig gegenüberstand – und auch von Franz Joseph. Nur dort, wo sie echte Sympathien spürte, konnte sie etwas leisten: in Ungarn. Vielleicht durch ihre Vorleserin Ida von Ferenczy beeinflußt, entwickelte sie eine besondere Vorliebe für dieses stolze, freiheitsliebende Volk, und es drängte sie, ihm zu helfen. Sie überzeugte nicht nur den Kaiser, sondern auch die rebellischen Anführer der Ungarn, daß es sinnvoll sei, sich mit Österreich zu einigen und einen Ausgleich zu akzeptieren. Ungarn sollte weitgehende Unabhängigkeit erreichen, aber im großen Verband der Monarchie bleiben. Durch ihren Einfluß auf den Kaiser gelang Elisabeth dieser politische Schachzug, der schließlich zum Ausgleich mit Ungarn führte. 1867 wurde Franz Joseph in Budapest feierlich zum König von Ungarn gekrönt, gleichzeitig mit ihm Elisabeth zur ungarischen Königin. Bisher waren die Königinnen immer erst einige Tage nachher gekrönt worden. Möglicherweise wäre es zum Segen der brüchigen Monarchie gewesen, hätte sich Elisabeth nicht so bald und so endgültig aus dem öffentlichen Leben und aus der Politik zurückgezogen. Aber sie konnte nur dort etwas leisten, wo ihr Gefühl angesprochen wurde. Alles übrige war für sie uninteressant. Sie resignierte und zog sich in ihre private Welt zurück, die vor allem aus ihrer eigenen Person und ihrer Schönheit bestand.
Anfänglich verließ sie Österreich wegen ihrer angegriffenen Gesundheit, dann aber, als sie wieder voll hergestellt war, zog es sie in die Fremde, um dem Wiener Hof mit all seinen Aufgaben zu entgehen. Rastlos und innerlich getrieben zog sie umher, ohne ihr Glück zu finden. Aus dem Naturkind war eine Exzentrikerin geworden, ständig auf der Suche nach sich selbst.
Ihre Kinder wurden in Wien von der Schwiegermutter und fremden Leuten erzogen; vor allem Rudolf, der einzige Sohn, litt sehr

unter der Abwesenheit seiner Mutter und unter der Einsamkeit in der Hofburg. Nur die später geborene Tochter Marie Valerie wurde von Elisabeth geradezu mit Liebe und Fürsorge überschüttet, als wollte sie alles wieder gut machen, was sie bei ihren anderen Kindern versäumt hatte.
Franz Joseph versuchte zeit seines Lebens, sie liebevoll zu verstehen, er machte ihr nie Vorwürfe wegen ihrer langen Auslandsaufenthalte, schickte ihr Geld, soviel sie brauchte, und schrieb ihr immer wieder in seinen Briefen, sie möge auf ihre Gesundheit achten und ihren »armen Kleinen« nicht ganz vergessen. Die rührend menschlichen Briefe, die der Kaiser an seine Frau schrieb, beeindruckten sie wohl kaum, denn sie änderte nichts an ihrem Verhalten.
Die Beziehung der beiden ist in vielen Punkten rätselhaft. Wahrscheinlich war es der faszinierende Charme, den Elisabeth ausstrahlen konnte, wenn sie wollte, der Franz Joseph so sehr an seine Frau fesselte. Er war glücklich, wenn sie endlich einmal nach Wien kam, und tat alles, damit sie blieb. Aber Elisabeth konnte es am Wiener Hof nicht aushalten, sie haßte das Hofleben mit seinen zeremoniellen Zwängen und die Oberflächlichkeit der sie umgebenden Menschen.
Auch ihre politischen Auffassungen unterschieden sich in vielen Punkten von den Ansichten des Kaisers. Franz Joseph vermochte nie ihre beinah extreme Vorliebe für die Ungarn zu verstehen, er war ein nüchterner Realist und konnte die Ereignisse des Jahres 1848/49, mit denen er gleich zu Beginn seiner Regierung konfrontiert worden war, nie ganz vergessen. Damals hatten seine Truppen den ungarischen Aufstand blutig niedergeschlagen und in dem besiegten Land furchtbare Rache geübt. Daher bildete auch die Politik kein Bindeglied zwischen den beiden so grundverschiedenen Menschen, denen es vom Schicksal nicht bestimmt schien, in der Gemeinsamkeit glücklich zu werden.
Elisabeth zog sich immer mehr in eine Traumwelt zurück. Sie galt als die schönste Frau Europas, wer sie je zu Gesicht bekommen hatte, war von der Kaiserin hingerissen, und sie selbst war sich ihres Reizes voll bewußt. Sie schenkte ihrem Äußeren mehr Aufmerksamkeit als allen anderen Dingen, die um sie herum vor sich gingen. Sie verwünschte jede Schwangerschaft, weil sie fürchtete, ihre Wespentaille zu verlieren, sie fastete so lange, bis sich ernstliche gesundheitliche Schäden einstellten, wochenlang

ernährte sie sich nur von Veilcheneis und Saft, der aus rohem Kalbfleisch gepreßt worden war. Dazu machte sie täglich Turnübungen in einem eigens für sie entworfenen Turnsaal, unternahm extreme Wanderungen und Bergtouren, auf denen sie ihre Kammerzofen begleiten mußten, die auf diesen Gewalttouren vielfach zusammenbrachen und mit der Kutsche nach Hause gefahren werden mußten.

Um ihre Haut weich und glatt zu erhalten, badete sie in Milch; ihr langes, berühmt schönes Haar mußte täglich gebürstet und mehrmals in der Woche mit zwölf Eidottern gewaschen werden. Das Kämmen der Kaiserin war für die Bedienten eine Tortur, mußte sich doch jede Kammerzofe fürchten, wenn Elisabeth bemerkte, daß ihr einige Haare ausgerissen worden waren. Die Kammerzofen erfanden deshalb einen Trick: sie beschichteten den Saum an ihrer Rockinnenseite mit einer klebrigen Masse und ließen so die ausgegangenen Haare der Kaiserin verschwinden. Noch beim 25-jährigen Ehejubiläum des Kaiserpaares war Elisabeth bildschön und faszinierend für alle, die sie sahen, aber bald schon hinterließen die unvernünftigen Abmagerungskuren unschöne Spuren vor allem im Gesicht. So beschrieb die Frau des englischen Botschafters, Lady Paget, Elisabeth folgendermaßen: »Als ich sie vor neuneinhalb Jahren zum erstenmal sah, war sie noch eine wunderschöne und scheinbar junge Frau, die in einem weißen, mit Gold und Silber bestickten Kleid, mit Juwelen im Haar im Glanz von Hunderten von Kerzen stand. Jetzt stand sie in einem verblassenden Licht, in durchsichtiges, aber tiefes Schwarz gekleidet, eine Krone aus flaumigen schwarzen Federn auf dem kastanienbraunen Haar, eine Rüsche aus schwarzer Gaze um den mageren Hals. Ihr Gesicht sah aus wie eine Maske, ihre Lippen und Wangen waren zu rot.«

Elisabeth war nicht die Frau, mit dem Altern innerlich fertig zu werden. Sie begann sich immer mehr vor der Welt zu verstecken, verbarg ihr Gesicht, wo sie nur konnte, und wenn sie ausging, trug sie einen Fächer oder einen Schirm. Der Kaiserin blieb im Alter nichts, was sie noch hätte anziehend machen können, dazu kam, daß ihre früher so bewunderte Schlankheit zur Dürre ausartete, von der selbst Franz Joseph meinte, seine Frau sei nichts als Haut und Knochen. Sie selbst bezeichnete sich dagegen als »rund wie eine Tonne«, wenn die Badezimmerwaage, die sie mehrmals täglich bestieg, einundfünfzig Kilo zeigte.

Der Kaiser tat alles, um seiner Frau das Leben in Wien so angenehm wie möglich zu machen. Da ihr weder Schönbrunn noch die Hofburg zusagten und sie sich in beiden Schlössern nicht wohlfühlte, beauftragte Franz Joseph einen Baumeister, am Rande des Wienerwaldes für die Kaiserin eine Privatvilla zu erbauen, intim und ihrem Geschmack entsprechend. Die Hermes-Villa, die den Kaiser Unsummen kostete, wurde allerdings etwas ganz anderes als ein bescheidenes, gemütliches Domizil, im Stil der Zeit wurde Pompöses mit Kitschigem vermischt, und das Ergebnis befriedigte weder Franz Joseph noch seine Frau. Nur kurze Zeit blieb Elisabeth in ihrem neuen Heim, dann zog es sie wieder in die Fremde. Traurig schrieb der Kaiser am 6. April 1893 an sie:
»Ich hatte die stille Hoffnung, daß Du, nachdem Du Dein Haus mit so viel Freude, mit so viel Eifer gebaut hast, wenigstens den größeren Teil der Zeit, welche Du leider im Süden verbringst, ruhig in Deiner neuen Schöpfung bleiben würdest. Nun soll auch das wegfallen, und Du wirst nur mehr reisen und in der Welt herumirren.«
Die meiste Zeit seines langen Lebens war Franz Joseph allein. So lassen sich vielleicht auch manche der Charaktereigentümlichkeiten erklären, die seine Person schon zu Lebzeiten zu einer legendären Gestalt machten. Pflichterfüllung, Arbeitsamkeit und der feste Wille, den Frieden für die Monarchie unter allen Umständen zu erhalten, kennzeichneten sein ganzes Wesen. Daß aber Franz Joseph ein warmherziger Mann war, der wahrscheinlich ein liebevoller Ehemann hätte sein können, hätte er die Gelegenheit dazu gehabt, geht aus seinen vielen Briefen hervor, die er an Elisabeth und auch an die spätere Freundin Katharina Schratt schrieb. Er sehnte sich nach einem glücklichen Familienleben und bedankte sich bei seiner Frau in seinen Briefen immer wieder, wenn sie einmal besonders nett zu ihm gewesen war. Auch das Verhältnis zu seinen Kindern war durch die monatelange Abwesenheit der Kaiserin gestört, ein Verbindungsglied zwischen ihm und ihnen fehlte, und er selbst gewann wenig Zugang zu Gisela und Rudolf, für die der Vater dadurch auch zu einer unnahbaren Person, zum »Kaiser« wurde.
Das, was Elisabeth ihm nicht geben konnte, mußte sich Franz Joseph notgedrungen an anderer Stelle holen, bei Katharina Schratt, bei verschiedenen kleinen Abenteuern – und in einer

Liaison, die erst Jahrzehnte später allgemein bekannt geworden ist. An einem Tag im Jahre 1875 unternahm der Kaiser wie immer früh am Morgen einen Spaziergang im Schloßpark von Schönbrunn, als ihm ein junges Mädchen begegnete, das ihn magisch anzog. Anna Nahowski war erst fünfzehn Jahre alt, der Kaiser immerhin bereits 45. Anna war ganz der Typ des »süßen Wiener Mädels«, jung, frisch, unkompliziert, etwas rundlich, mit großen blauen Augen. Franz Joseph ging ihr nach, grüßte sie und versuchte, mit ihr ins Gespräch zu kommen.
Anna Nahowski beschrieb ihre erste Begegnung mit dem Kaiser in ihrem Tagebuch; darin schilderte sie ihr Leben in den nächsten Jahren in einem romantisierenden Stil, so daß sie wohl Andeutungen über ihre intime Beziehung zu Franz Joseph machte, niemals aber direkt schrieb, daß sie die Geliebte des Kaisers gewesen sei. Vieles, was sie aufgezeichnet hat, entstammt wahrscheinlich bloß ihrer Phantasie, aus einzelnen Kleinigkeiten kann man aber sehr gut auf das Verhältnis schließen, das sie zu Franz Joseph hatte.
Jeden Tag unternahm sie nun einen Spaziergang nach Schönbrunn, da sie wußte, wie sehr sich der Kaiser für sie interessierte. Es war nicht leicht, in den frühen Morgenstunden, die Franz Joseph zum Spaziergehen bevorzugte, in den Park des Schlosses zu gelangen, da Anna in der Stadt wohnte und Schönbrunn damals noch ein Landschloß war. So machte sie sich schon im Morgengrauen auf und trat, gewöhnlich mit einer Bekannten, den langen Weg an, um den Kaiser treffen zu können.
Allmählich begnügte sich Franz Joseph nicht mehr mit den zufälligen Zusammenkünften, es wurden Verabredungen getroffen, wie man ungesehen einander näherkommen könnte. Obwohl Anna noch sehr jung war, hatte sie doch schon einige Erfahrungen auf dem Gebiet der Liebe. Sie war nach dem frühen Tod ihres Vaters als halbes Kind verheiratet und schon bald darauf wieder geschieden worden, nachdem sich herausgestellt hatte, daß ihr Mann ein Säufer war. Nun hatte sie sich wahrscheinlich in den reifen Mann verliebt; ihre schwärmerischen Beschreibungen im Tagebuch zeugen davon. Dazu kam natürlich, daß sich Anna bewußt war, vom mächtigsten Herrscher in Europa begehrt zu werden, daß es nicht ein einfacher Bürger war, mit dem sie Zärtlichkeiten austauschte, sondern daß viele Frauen sie um diese Gunst beneideten, alle schön, reich und aus adeligem Hause. Sie,

die kleine Anna Nahowski, hatte den Vorzug, die Geliebte des Kaisers zu sein.
Franz Joseph wiederum schätzte an ihr die Natürlichkeit, ihre Jugend und Einfachheit. Durch sie erfuhr er so manches aus dem Volk, was ihm sonst nie zu Ohren gekommen wäre. Es zog den Kaiser zu einem Menschen, hier konnte er sich geben, wie er war, als Mensch und als Mann.
Anna lebte in den Jahren, in denen sie die Geliebte des Kaisers war, in einem inneren Zwiespalt. Denn schon bald nach ihrer Scheidung hatte sie auf einer Landpartie einen Eisenbahner kennengelernt, einen schönen Mann (»mann sieht es gleich, daß er den Frauen sehr gefährlich werden kann«, schrieb Anna), der nur Augen für die junge, blühende Frau zu haben schien. Es konnte nicht ausbleiben, daß Anna ihr Herz auch für ihn entdeckte und auf die Dauer seinen Werbungen nicht widerstehen konnte. Sie wurde die Geliebte Franz Nahowskis, obwohl sie damals den Kaiser schon gut kannte. In den Monaten, in denen der Kaiser von Wien abwesend war oder in der Zeit, wenn Elisabeth in Wien weilte, gab es für sie wenig Probleme, denn dann konnte sie sich ganz Nahowski widmen, der sie mit seiner Eifersucht verfolgte. Schlimm wurde die Situation erst, wenn der Kaiser Zusammenkünfte vorschlug und Anna nicht imstande war, ihm die Situation zu erklären.
Franz Joseph erfuhr von der Existenz Nahowskis erst, als Anna ein Kind erwartete. Für sie war es klar, daß nur Nahowski der Vater sein konnte, und als er ihr einen Heiratsantrag machte, willigte sie ein. Als geschiedene Frau konnte sie sich glücklich schätzen, noch einen Ehemann zu bekommen. Als der Kaiser von dem Dilemma erfuhr, redete er ihr zu, zu heiraten und versprach ihr finanzielle Hilfe.
Auch als Nahowskis Ehefrau traf Anna den Kaiser regelmäßig, und außerdem kaufte sie ein Haus in der Nähe von Schönbrunn, damit es dem Kaiser möglich war, sie in den frühen Morgenstunden zu besuchen. Sie schreibt in ihrem Tagebuch, der Kaiser sei am frühen Morgen in ihre Wohnung gekommen, habe sie heftig geküßt – und anschließend bei ihr gefrühstückt.
»Anfang Mai 1881 übersiedle ich nach Hetzendorf.
Wie in jedem Jahr sehe ich auch jetzt den Kaiser, auch besucht Er mich im Mai schon. Er wird täglich verliebter. Auch ich bin ihm gut, u. wenn Er bei mir ist, vergeße ich fast auf Nahowski! Ist Er fort u. der Eindruck vorüber, dann möchte ich aufschrein,

möchte den Nahowski um Verzeihung bitten, ihm sagen, daß ich nur ihn liebe. Alles Andere sei Wahnsinn, Verirrung.«
». . . Am Rückweg zum Thürl frag ich Ihn, ob Er mich gar nie mehr besuchen will? Es wäre so schön, wir könnten im Trokkenen sitzen u. rauchen, an einem Tag wo mein Mann im Dienst ist. Er ist unschlüssig, lächelt u. sagt, es soll aber doch nicht sein. Ich frage Ihm: Majestät nicht wahr, Sie kommen? Er sieht mich fort an, ohne mir eine Antwort zu geben, plötzlich zieht Er mich nahe an sich, sieht mir lange in die Augen, küßt mich leidenschaftlich, u. sagte ich komme! Wo sind die guten Vorsätze? Majestät, fragte ich Ihn darf ich Ihnen mit etwas aufwarten? Ja, wenn Sie mir etwas geben, sagte Er. Wünschen Sie Kaffe, oder Thee zum Frühstück? Kaffee sagte Er. Schwarzen oder mit Milch? Mit Milch.
Morgen?
Gut morgen!
Ich ging. Nun traf ich meine Vorbereitungen. Milch, Gebäck, Alles was ich brauchte, schaffte ich in mein Schlafzimmer. An einem Seitentischchen kochte ich selbst auf Spiritus den Caffee. Der Kaiser kam pünktlich. Ich erwartete Ihm in einem hoch geschlossenen Kleid. Er nahm Platz in meinem Schlafzimmer, ich setzte sogleich meine Caffemaschine in Brand, u. bald verbreitet sich ein angenehmer Duft.
Ich setzte mich neben Ihm u. plauschte bis der Caffe gut war, worauf ich Ihm seine Schale voll goß, u. die Milch vorsichtig nachgoß, da Er ein Feind der Haut war. Er aß ein Kipfel dazu, und zündet sich nach dem Frühstück eine Vezinier (Virginiazigarre) an. Ich rauchte eine Cigarette.
Nach 3/4 Stunden Aufenthalt verließ Er mich.«
Der Kaiser kam ab dieser Zeit gewöhnlich im Morgengrauen, frühstückte, rauchte und küßte Anna leidenschaftlich. Er blieb selten länger als eine Stunde. Und immer war Nahowski nicht zu Hause, meist auch nicht in der Stadt. Wenn die Kaiserin nicht in Wien weilte, unternahm Franz Joseph regelmäßig seine Besuche, ab und zu spazierten beide auch im Schönbrunner Park oder im Tirolergarten. Und obwohl Anna ihre Begegnungen mit dem Kaiser oft bis ins kleinste Detail aufzeichnete, findet man nirgendwo in ihrem Tagebuch mehr, als daß ihr der Kaiser das Kleid aufgeknöpft hat, daß er sie leidenschaftlich und lange küßte und daß er sie immer wieder besuchte. Nur einmal verrät ein kleiner

Hinweis auf das zerrissene Unterhemd des Kaisers, daß Anna von Franz Joseph mehr gesehen haben muß als seine eher abgetragene Uniform. Daher wollen die Gerüchte nicht verstummen, daß die Tochter Helene (die spätere Frau des Komponisten Alban Berg), die Anna nach einigen Fehlgeburten zur Welt brachte, eine Tochter des Kaisers sei.

Wie immer die Wahrheit ausgesehen haben mag, es wäre beinahe unvorstellbar, daß der einsame Mann sich mit leidenschaftlichen Küssen begnügt haben soll. Und es wird letzlich nur wenige, besonders prüde Leute gegeben haben, die diese Affäre Franz Josephs nicht verstanden hätten, vor allem, da niemand unter dem Abenteuer zu leiden hatte, selbst Nahowski nicht, der immerhin vom Geld seiner Frau ein schönes Leben führen konnte.

Daß allerdings diese wohl rein körperliche Bindung dem alternden Kaiser auf die Dauer nicht genug war, beweist seine Freundschaft zu einer ganz anders gearteten Frau, die ihm Kaiserin Elisabeth selbst zugeführt hatte, um seine Einsamkeit aufzuhellen: zu der Schauspielerin Katharina Schratt. Als er mit ihr eines Tages im Schönbrunner Schloßpark spazierenging, sah ihn Anna Nahowski, die von den Gerüchten gehört hatte, die in Wien kursierten. Franz Joseph hatte ihr untersagt, in den Park zu kommen, aber Anna vermutete hier ihre Nebenbuhlerin und schlich sich nach Schönbrunn. Der Kaiser sah sie von weitem und war über ihre Anwesenheit sehr ungehalten. Es war der Anfang vom Ende für Annas Beziehungen zum Kaiser. Es kam noch zu einer letzten, sehr heftigen Begegnung zwischen den beiden. Sie machte ihm Vorhaltungen und vermutete, der Kaiser habe Katharina Schratt geküßt, worauf der Kaiser antwortete, daß sie ruhig sein könne, er küsse niemanden.

In Annas Tagebuch steht:

»Wer sagt mir, daß es nicht so ist. Sie haben vielleicht die Schratt in Schönbrunn getroffen u. gleichzeitig mich besucht, denkend dies geht in einem Aufwaschen.

Er fing hell zu lachen an! Mit einer raschen Bewegung hat Er mich erfaßt und hilt mich wie mit Eisenklammern fest. Jeder Versuch mich frei zu machen war umsonst. Er zog mich mit Gewalt nach meinem Bett, mein zorniges Gesicht mit Küßen bedeckend. Sehen Sie, sagte Er, ich habe diese Frau noch niemals nur mit einen Finger berührt, und Er tupfte mich dabei leise mit den Zeigefinger am Oberarm.

Was soll ich machen? Jeder Versuch mich frei zu machen ist umsonst. Ich könnte Ihm natürlich nie mehr herein lassen. Auf diese Art aber will ich nicht scheiden! – – . – – (Zwei Zeilen getilgt.) Und so ergebe ich mich in mein Schicksal, denkend, Alles hat ein Ende. – – –«

Vielleicht war der völlig unerwartete Tod des Kronprinzen im Januar 1889 der letzte auslösende Moment für die Beendigung des Verhältnisses mit Anna Nahowski. In seiner tiefen Bestürzung und seinem Schmerz war es vor allem Katharina Schratt, die dem Kaiser beistand. Vielleicht erkannte er in diesen dunklen Momenten, wie sehr er schon mit dieser Frau verbunden war, und sein Verhältnis zur kleinen Nahowski mag ihm schal und leer vorgekommen sein.

Anna wurde in die Hofburg bestellt, und ein Baron, dessen Namen sie nicht kannte, sollte ihr ein Geschenk vom Kaiser überreichen. Anna bat ihn um eine Erklärung, die dieser aber nicht geben konnte oder wollte. Sein Erstaunen aber war groß, als Anna ihm berichtete, daß ihr Verhältnis zum Kaiser vierzehn Jahre gedauert hatte. Sie konnte die Höhe ihrer Abfindung selbst bestimmen – und sie war nicht zimperlich. Als ihr ein Geschenk in der Höhe geboten wurde, wie sie es schon erhalten hatte, meinte sie, für ihre Kinder müßte auch noch gesorgt werden. Auch 150.000 Gulden waren ihr nicht genug, und sie schlug dem Baron vor, die zweiten hunderttausend noch voll zu machen.

»Bitte sagte ich, u. ich glaube er muß mir das Unbehagen u. den Ekel von Gesicht herabgelesen haben, was mir diese Fechterei (Bettelei) verursachte. Manchen Sie die zweiten Hunderttausend voll. Schnell entschlossen sagte er ja, gut, stand auf, ging zu einer 3 thürigen großen Casse nahm zwei Packen Tausender heraus, u. war sichtlich erfreut so billig davon gekommen zu sein.

Nun muß ich noch bitten sagte er mir niederzuschreiben was ich diktire.

Darf ich früher wissen was ich zu schreiben habe?

Sie werden bestätigen, daß Sie das Geld erhalten haben, und versprechen zu schweigen.

Schweigen muß ich ja auch wegen mir.

Ich stand auf vom Sopfa u. setzte mich an seinen Schreibtisch.

Der Baron diktierte beiläufig folgendes:

Ich bestätige hiermit daß ich am heutigen Tag 200 000 fl als Geschenk von Seiner Majestät den Kaiser erhalten habe. Ferner

schwöre ich, daß ich über die Begegnung mit Seiner Majestät jederzeit schweigen werde.
Anna Nahowski
Wien, 14. März 1889«
Anna forderte noch vom Kaiser die Busennadel zurück, die sie ihm einmal zum Geschenk gemacht hatte, und erhielt sie auch. Damit war eine vierzehn Jahre dauernde intensive Beziehung zu Ende.
Anna Nahowski hatte mit ihrer Eifersucht recht gehabt; Franz Joseph hatte das Interesse an der unbedeutenden Frau gänzlich verloren, vielleicht, weil er schon zwei Jahre vorher Katharina Schratt kennengelernt hatte, die die gleiche Natürlichkeit ausstrahlte wie Anna, aber zudem noch unterhaltsam und witzig war.
Wahrscheinlich hätte der Kaiser Katharina nie angesprochen und es wäre niemals zur schicksalhaften Begegnung dieser beiden Menschen gekommen, wäre nicht Elisabeth auf die Idee gekommen, für ihren Mann, der oft monatelang ohne sie auskommen mußte, eine Frau zu suchen, die ihm ein wenig die trüben Gedanken verscheuchen sollte.
Die Kaiserin liebte ihren Mann vielleicht immer noch, auf ihre exzentrische und ungewöhnliche Art, die für Franz Joseph so schwer verständlich war. Ab und zu, wenn das Gefühl sie überwältigte, schrieb sie ihm lange Briefe, in denen sie ihn ermahnte, nicht so viel zu arbeiten und auf seine Gesundheit zu achten. Aber wenn er sie bat, nach Hause, nach Wien zu kommen, fand sie immer eine Ausrede.
Elisabeths Wahl fiel auf die Burgschauspielerin Katharina Schratt, die sie bat, sich von dem Hofmaler Heinrich von Angeli porträtieren zu lassen. Katharina war zwar von dieser Idee überrascht, aber keineswegs abgeneigt. Sie war Schauspielerin und gewohnt, sich zur Schau zu stellen. Es gab schon eine ganze Serie Porträtphotographien von ihr, leichtgeschürzt und in den neckischsten Posen. Als sie allerdings erfuhr, daß das Porträt im Auftrag der Kaiserin angefertigt wurde, war sie doch eher verwundert.
Die beiden Frauen, die in den nächsten Jahren durch eine eigentümliche Beziehung miteinander verbunden sein sollten, lernten einander bei Heinrich von Angeli kennen. Katharina war von der Person der Kaiserin fasziniert. Elisabeth war mit ihren fünfzig

Jahren immer noch eine attraktive Frau, mit einer Jungmädchenfigur und wundervollem dichtem Haar.
Und diese Frau ließ sie, Katharina, für ihren Mann malen! Aber bald wurde sie von der Kaiserin davon überzeugt, daß Franz Joseph an ihrem Porträt Freude haben würde, und knapp vor Vollendung des Bildes erschien er auch selbst, völlig unangekündigt, im Maleratelier. Die Überraschung war anfänglich groß, aber Katharina, nicht schüchtern, fand bald den richtigen Ton zwischen Respekt und Plauderei.
Franz Joseph zeigte sich von Katharina hingerissen; sie war die Verkörperung der jungen, charmanten, leicht molligen Wienerin, in der Unterhaltung witzig, geistreich, aber auch etwas tratschsüchtig. Ein Brief, den der Kaiser nach der Begegnung bei Angeli an Katharina schrieb, drückt die Gefühle des Mannes aus, der ein Verehrer, Bewunderer (und vielleicht mehr) von Katharina werden sollte. Am 23. Mai 1886 schrieb er:
»Meine gnädige Frau,
Ich bitte Sie, beifolgendes Andenken als Zeichen meines innigsten Dankes dafür anzunehmen, daß Sie sich der Mühe unterzogen haben, zu dem Angelischen Bilde zu sitzen. Nochmals muß ich wiederholen, daß ich mir nicht erlaubt hätte dieses Opfer von Ihnen zu erbitten, und daß daher meine Freude über das theuere Geschenk nur umso größer ist.
Ihr ergebener Bewunderer.«
Der Smaragdring, den der Kaiser dem Schreiben beilegte, sollte nicht das letzte Schmuckstück sein, das Franz Joseph in den nächsten dreißig Jahren Katharina Schratt schenkte. Die Schauspielerin verfügte nach dem Tod des Kaisers 1916 über eine so wertvolle Schmucksammlung, daß sie trotz Inflation und Kriegswirren bis zu ihrem Tod im Jahre 1940 ein sorgenfreies und gutbürgerliches Leben führen konnte.
Der Begegnung im Mai folgten erste Spaziergänge in St. Wolfgang im Sommer 1886. Franz Joseph verbrachte jedes Jahr Monate in Bad Ischl, wo er auf die Jagd ging und sich erholte. Der gesamte Hofstaat verlegte seinen Wohnsitz ins Salzkammergut, und Ischl war in dieser Zeit der wichtigste Ort der ganzen Monarchie. Hier wurden ausländische Gäste und Staatsoberhäupter empfangen, hier wurden ihnen zu Ehren große Bankette gegeben, hier wurde im Salon Politik gemacht. Dazwischen unternahmen der Kaiser und die Kaiserin, wenn sie im Lande war, Berg-

touren, am öftesten auf den Hainzen. Franz Joseph und auch Elisabeth waren begeisterte Bergsteiger, und es war Franz Joseph besonders lieb, als er erfuhr, daß auch Katharina Schratt ein Herz für die Berge hatte und schon viele, zum Teil schwierige Touren gemacht hatte. Katharina Schratt hatte in St. Wolfgang eine bezaubernde Villa, »Frauenstein«, gemietet, und hier stattete ihr Franz Joseph die ersten Besuche ab. Es war für ihn nicht leicht, sich für eine Stunde des Tages frei zu machen, auch in Ischl kam er pünktlich und exakt seinen Pflichten als Kaiser nach und gönnte sich nur ab und zu eine Mußestunde, die er in Frauenstein verbrachte.

Die Briefe, die er nach seiner Rückkehr nach Wien an Katharina schrieb, klangen schwärmerisch; Franz Joseph sprach von unvergeßlichen Stunden, die er in Frauenstein erlebt habe. Ein Brief ist besonders charakteristisch, den der Kaiser ein Jahr später an Katharina schrieb. Sie hatte ihm zu seinem Geburtstag am 18. August ein Geschenk gemacht. Es war für sie eine Selbstverständlichkeit, den Kaiser durch eine Überraschung zu erfreuen; in den späteren Jahren verabsäumte sie es nie, ihn und auch die kaiserliche Familie zu beschenken, was oft den Rahmen ihrer finanziellen Möglichkeiten überschritt. So überraschte sie den alternden Kaiser einmal mit einem besonders schönen Toilettetisch, den sie um viel Geld in Paris erstanden hatte. Der Kaiser war zwar erfreut über diese Aufmerksamkeit, wußte aber in seiner bescheidenen Art im Grunde nicht, was er mit dem neuen Möbel anfangen sollte. So stellte er das prunkvolle Stück in sein bescheidenes Schlafzimmer, in dem sonst nur sein eisernes Feldbett und ein einfacher Waschtisch standen.

Was Katharina Franz Joseph zu diesem Geburtstag im Jahre 1887 geschenkt hat, geht aus dem Brief des Kaisers nicht hervor. Interessant ist nur, was er sonst noch schreibt; er bittet Katharina um Verzeihung, daß er sich nicht genügend für das Geschenk bedankt habe,

». . . aber ich war noch ganz verwirrt von den wundervollen Dingen, die mir widerfahren sind.«

Und aus Schönbrunn schickte er einen Brief an Katharina:

»Es sind nicht viel mehr als acht Tage, daß ich Sie nicht gesehen habe und doch scheint diese Zeit mir eine Ewigkeit, so gewöhnt man sich an das Glück.«

Worin die »wundervollen Dinge« bestanden, von denen Franz

Joseph noch ganz verwirrt war, steht nirgends geschrieben. Katharina Schratt selbst gab nie das Geheimnis ihres Lebens preis, wie nah und intim ihre Beziehung zum Kaiser wirklich war. Selbst in der Zwischenkriegszeit, als sie finanziell nicht mehr auf Rosen gebettet war und ihr Journalisten aus aller Herren Länder große Summen für ihre Memoiren boten, lehnte sie alle Angebote ab und hüllte sich weiterhin in Schweigen.

In der bürgerlichen Gesellschaft galt es nach wie vor als unschicklich, die intimsten Privatangelegenheiten an die große Glocke zu hängen. Das Thema sexueller Erfüllung war in diesen Kreisen tabu. Männer konnten ihre Vergnügungen in den diversen Etablissements suchen, auch wenn sie – oder gerade, wenn sie – verheiratet waren. Für Frauen aber durfte der körperliche Liebesakt nicht lustvoll erlebt werden, dafür waren Kokotten und Dienstmädchen zuständig. Nur so ist es zu erklären, daß wir über das intime Privatleben vieler hochgestellter Persönlichkeiten so wenig wissen. Daß die Männer im 19. Jahrhundert aus dem gleichen Holz geschnitzt waren wie die Männer zu allen Zeiten, ist anzunehmen. Daß aber die Frauen durch eine merkwürdige Moral zu einem ganz anderen Verhalten gezwungen waren, macht erklärlich, daß auch die Beziehung zwischen dem Kaiser und Katharina Schratt immer nur als rein platonische Freundschaft dargestellt wird. Natürlich kann man im Rückblick nicht mit absoluter Sicherheit von einem intimen Verhältnis der beiden sprechen; daß aber ein Mann von sechsundfünfzig Jahren, der noch dazu in seiner Jugend als leidenschaftlich gegolten hatte, jeden natürlichen Trieb jahrelang unterdrückt haben soll, ist eher unwahrscheinlich. Noch dazu war Katharina Schratt eine blühende junge Frau mit ungewöhnlicher körperlicher Anziehungskraft. Was hätte also wirklich Franz Joseph dazu bewegen sollen, für Katharina nur der brüderliche und väterliche Freund zu sein, als den er sich darstellte? Seine eigene Frau Elisabeth machte es ihm durch ihre ständige Abwesenheit leicht, eine Beziehung einzugehen, wie sie auch zu Anna Nahowski bestanden hatte.

Aus späteren Aussagen und Briefen, die zwischen Franz Joseph und Katharina gewechselt wurden, geht allerdings hervor, daß zumindest Franz Joseph sich dagegen sperrte, in Katharina mehr zu sehen als die »gnädige Frau«. Es gab einen interessanten Brief, dessen Original Franz Joseph kurz vor seinem Tod vernichtet haben soll, in dem sich Katharina anbot, die Geliebte des Kaisers zu

werden. Sie bezeichnete dieses Schreiben als »Gedankenbrief«, und der Kaiser war gerührt und glücklich über die Zeilen Katharinas. Er antwortete sofort und ausführlich:
»Heute Früh erhielt ich zu meiner großen Freude ihren lieben, guten, langen Brief vom 12. für welchen ich Ihnen wärmstens und innigst danke. Der beigeschlossene Gedankenbrief machte mich unendlich glücklich und wenn ich nicht wüßte, daß Sie mir gegenüber immer wahr sind, könnte ich den Inhalt desselben kaum glauben, besonders wenn ich in den Spiegel sehe und mein altes, runzliges Gesicht mich aus dem selben anblickt. Auf ihre beiden so hübsch gedachten und geschriebenen Briefe zu antworten, wird mir sehr schwer, denn ich bin im schreiben sehr ungeschickt und kann auch nicht lange nachdenken, da Sie eine baldige Antwort wünschen. Daß ich sie anbete, wissen Sie gewiß, oder fühlen es wenigstens und dieses Gefühl ist auch bei mir in steter Zunahme, seit ich so glücklich bin, Sie zu kennen.
So jetzt haben wir uns gegenseitig ausgesprochen und das ist vielleicht gut, denn es mußte einmal heraus.
Dabei muß es aber bleiben und unser Verhältnis muß auch künftig das Gleiche sein wie bisher, wenn es dauern soll, und das soll es, denn es macht mich unendlich glücklich. Sie sagen, daß Sie sich beherrschen werden, auch ich werde es thun, wenn es mir auch nicht immer leicht wird, denn ich will nicht Unrechtes thun, ich liebe meine Frau und will ihr Vertrauen und ihre Freundschaft für Sie nicht mißbrauchen. Da ich für einen brüderlichen Freund zu alt bin, so erlauben Sie, daß ich Ihr väterlicher Freund bleibe und behandeln Sie mich mit derselben Güte und Unbefangenheit wie bisher. Ihren Gedankenbrief werde ich als theueres Kleinod und als Beweis Ihrer Liebe aufbewahren, bewahren Sie mir den Platz, den ich in Ihrem vergrößerten Herzen einnehme.«
Der Kaiser schloß seinen Brief mit den Worten:
»Nun muß ich schließen mit der Bitte, daß Sie mir wegen meiner Sprache nicht böse seien. Ich bete Sie an, das darf ich aber künftig nicht mehr sagen, heraus ist es aber doch und nun bitte ich, daß Sie mich auch künftig wie bisher, gern behalten und mich als Ihren treuesten Freund betrachten.«
Wie immer man diesen Gedankenbrief, dessen Inhalt man nur ahnen kann, interpretieren mag, fest steht, daß Franz Joseph eine ungewöhnlich innige Beziehung zu Katharina Schratt entwickelte, die dazu führte, daß er sich nach allen kleinen Details in

ihrem Leben erkundigte, daß es ihm nicht gleichgültig war, welche Schule Katharinas Sohn besuchte, daß er sehr in Sorge war, wenn kleine Wehwehchen die Freundin plagten, daß er sie über Kritiken, mit denen die Schauspielerin nicht einverstanden war, zu trösten suchte.

Sie war für ihn ein Mensch aus Fleisch und Blut, eine Frau zum Anfassen, nicht so wie Elisabeth, die sich immer mehr von ihm entfernte, in anderen Sphären schwebte, die versuchte, mit Geistern und Außerirdischen ins Gespräch zu kommen, wie nach dem mysteriösen Tod ihres Cousins, des legendären Bayernkönigs Ludwig II. Danach war sie stundenlang auf dem Boden gelegen und hatte weinend zum »großen Jehova, dem Gott der Rache, dem Gott der Gnade und dem Gott der Weisheit« gefleht. Nun schien auch in ihr das Wittelsbacher Erbe durchzubrechen, und obwohl Franz Joseph es nie wahrhaben wollte, daß seine von ihm so geliebte Frau merkwürdige Eigenheiten an den Tag legte, die an ihrem Verstand zweifeln ließen, verteidigte er sie doch vor allem gegen seine Kinder, die ab und zu Zweifel an der Gesundheit ihrer Mutter vorbrachten.

Wie wohltuend mußte für den Kaiser die in ihrem Wesen völlig unkomplizierte junge Frau sein, die herzlich lachen konnte, die keine Scheu und keinen Respekt vor hochgestellten Persönlichkeiten hatte, die allen natürlich begegnete und dadurch nicht nur Franz Joseph anzog.

Wer war nun diese ganz und gar nicht geheimnisvolle und doch so rätselhafte Frau, die Franz Joseph über dreißig Jahre in ihren Bann schlug, die im letzten Drittel seines langes Lebens sicher die Hauptrolle spielte?

Sie war in Baden bei Wien geboren und stammte aus einer Familie, die in schöner Harmonie lebte. Als am 11. September 1853 die kleine Maria Katharina geboren wurde, war das Glück für den Kaufmann Anton Schratt und seine Gattin vollkommen, denn nun hatten sie zu den beiden Söhnen noch die ersehnte Tochter. Und niemand in der Familie oder im Freundeskreis konnte dem quirligen kleinen Mädchen mit den ausdrucksvollen blauen Augen widerstehen. Auch dann nicht, als Katharina schon sehr früh den Wunsch äußerte, Schauspielerin zu werden. Mit sieben Jahren rezitierte sie auswendig Gedichte von Schiller und Goethe und verblüffte die Zuhörer mit ihrer ungewöhnlichen Imitationsgabe.

Eine Theaterkarriere zu machen, war damals wie heute nicht leicht, und Katharina blieben Enttäuschungen nicht erspart, obwohl der berühmte Burgtheaterdirektor Heinrich Laube ihr Talent zur Komödiantin erkannt hatte und sie an seinem Theater beschäftigen wollte. Katharina zog es aber vor, an ausländischen Bühnen zu debütieren und sich hier die ersten überschwenglichen Kritiken zu holen. Der Weg zum Burgtheater war für sie dadurch weniger steinig.

Dem Kaiser muß die junge Katharina schon früher als bei der ersten persönlichen Begegnung aufgefallen sein, denn die Kaiserin erinnerte sich, daß er vornehmlich dann gern ins Theater ging, wenn der Name Katharina Schratt auf dem Theaterzettel stand. Auch die Hofbeamten in Schönbrunn bemerkten, daß die Audienz, die der Kaiser den neuernannten Burgschauspielern gewährte, länger als üblich dauerte, als sich Katharina beim Kaiser vorstellte. Er war nämlich überrascht und amüsiert über die junge Elevin, als diese ihm im Badner Dialekt gestand, daß sie sich eine schöne Rede vorbereitet habe, aber jetzt so verwirrt sei, daß ihr nichts mehr davon einfalle.

Der Weg zur »lieben Freundin und gnädigen Frau« führte Katharina über viele Stufen. Als der Hofmaler Angeli sie für Franz Joseph malte, war sie schon unglücklich verheiratet und hatte einen Sohn. An Mangel an Verehrern konnte sich Katharina zeit ihres Lebens nicht beklagen, sie traf nur bei der Auswahl ihrer Freunde oft nicht die richtige Entscheidung. Erst als Franz Joseph ihr dabei half, wurde sie kritischer und einsichtiger.

Ein heftiger Verehrer war jahrelang der berühmte und bekannte Burg- und Volksschauspieler Alexander Girardi. Auch sie brachte dem Kollegen sehr viel Sympathie entgegen, machte ihm Hoffnungen, die sich aber für Girardi nicht erfüllten, so daß er schließlich eine äußerst unglückliche Ehe mit der Schauspielerin Helene Odilon einging.

Katharina Schratt hatte, für alle Freunde und Bekannten überraschend, einem ungarischen Adeligen, Nikolaus Kiss von Itebe, das Jawort gegeben und schien im siebenten Himmel vor Glück und Liebe. Nikolaus Kiss war das, was man einen schönen Mann nannte, mit hervorragendem Auftreten, blendenden Manieren und echt ungarischem Charme, ein Herzensbrecher, dem keine Frau widerstehen konnte. Für Katharina schien er der Mann ihrer Träume zu sein. In den ersten Monaten ihrer Ehe führte sie ein Luxusleben in einer Vierzehnzimmerwohnung, umgeben von Bedienten; Feste, Einladungen und Gesellschaften nahmen kein Ende. Und dann stellte sich heraus, daß Nikolaus Kiss ein unheilbarer Spieler war, der das Vermögen der Familie und die Aussteuer seiner Frau in den Salons am Roulettetisch verloren hatte.

Ein Jahr nach der Hochzeit, 1880, wurde der Sohn Toni geboren, aber auch die Geburt des Kindes konnte die Eheleute nicht mehr zusammenbringen. Es gab täglich Streit und Zank und Hader, und schließlich einigte man sich darauf, sich zu trennen. Katharina blieb bis zum Tod von Nikolaus Kiss auf dem Papier seine Frau, die Ehe wurde niemals geschieden. Wahrscheinlich war Nikolaus die große Liebe in ihrem Leben gewesen, denn auch nach Jahren noch bezahlte sie seine Spielschulden, wenn sie selber nicht gerade von Geldsorgen gedrückt wurde, und sie verwendete sich auch immer bei Franz Joseph für ihn, wenn es darum ging, ihm eine bessere Stellung zu verschaffen.

Die erste Begegnung zwischen Katharina und Franz Joseph fand im Palast des Erzbischofs von Olmütz in Kremsier statt, wo das Kaiserpaar und der Kronprinz den russischen Zaren trafen. Um der Begegnung einen festlichen Rahmen zu verleihen, und weil man wußte, daß Alexander II. ein besonderer Theaterfreund war, hatte man einige Damen und Herren des Burgtheaters engagiert, um die Gäste durch kurze Stücke zu unterhalten.

Die Zuschauer waren von Katharina hingerissen, der russische Zar applaudierte enthusiastisch und lud spontan die Damen des Ensembles zum anschließenden Souper. So etwas hatte es am Wiener Kaiserhof noch nie gegeben, und selbst der Kronprinz Rudolf, der es gewohnt war, mit mehr oder weniger zweifelhaften Damen vom Theater seine Abende und Nächte zu verbringen, war indigniert über das gemeinsame Abendessen. Er schrieb an seine Gemahlin Stephanie:

»Theater um acht, dann Souper mit den Damen Wolther, Schratt und Wessely im selben Raum wie Ihre Majestäten. Es war merkwürdig.«

Der Zar machte Katharina Schratt vor den Augen des österreichischen Kaiserpaares den Hof, und Franz Joseph wurde immer ärgerlicher, als er die Zudringlichkeit seines Gastes bemerkte. Vielleicht war sein Unmut für Elisabeth ein Zeichen, daß Katharina ihrem Mann nicht gleichgültig war, und es kann sein, daß

damals in ihr der Plan reifte, die kleine Burgschauspielerin für Franz Joseph malen zu lassen.
Es war eine eigenartige, fast unverständliche Beziehung, die sich zwischen den beiden Frauen entwickelte, wobei Elisabeth zwischen beinahe schwesterlicher Vertrautheit und abweisender Kälte wechselte. Für Katharina Schratt war das Verhalten der Kaiserin beglückend und beängstigend zugleich, stand diese Frau, die zugleich auch ihre Landesmutter war, doch vielleicht einer engeren Beziehung zwischen ihr und dem Kaiser immer im Wege. Andererseits ließ die Kaiserin der Schauspielerin, so lange sie lebte, ihren ganz besonderen Schutz angedeihen und nahm somit dem Klatsch von vornherein jede Chance. Als es nämlich in Wien ruchbar wurde, daß die Burgschauspielerin Katharina Schratt öfter in Schönbrunn gesehen werde und daß der Kaiser gerade dann Vorstellungen des Burgtheaters beiwohne, wenn die junge Katharina spiele, begann man hinter vorgehaltener Hand und später öffentlich über eine Affäre des Kaisers zu reden. Da sich aber auch Elisabeth mit Katharina zeigte, wußte man nicht, was man denken sollte.
Es verging keine Begegnung zwischen Katharina und Franz Joseph, von der er nicht in seinen Briefen der Kaiserin berichtete. Und Elisabeth ermunterte ihn, so oft es ging, den »Kriegsminister«, wie sie beide Frau Schratt nannten, zu treffen. Aber auch Katharina erwies beiden Aufmerksamkeiten. Jedes Jahr am 1. März, auch wenn sie nicht in Wien war, schickte sie dem Kaiserpaar Veilchen, wie dies althergebrachte Sitte war. Elisabeth war jedesmal besonders entzückt, daß die »Freundin«, wie Katharina ab dem Jahre 1888 vom Kaiserpaar genannt wurde, sie nicht vergessen hatte. Eines Tages, am Tag der heiligen Katharina, überraschte Elisabeth den Kaiser beim Souper mit einer Flasche Champagner. Auf die Frage Franz Josephs, der nur zu außerordentlichen Anlässen diesem edlen und teuren Getränk zusprach, was es zu feiern gebe, antwortete Elisabeth, man wolle auf das Wohl der Freundin an deren Namenstag das Glas leeren. Und doch konnte Elisabeth Katharina gegenüber von einer außerordentlichen Bosheit sein, die sie ihr persönlich zeigte oder aber anderen gegenüber äußerte. So machte sie sich, wo sie nur konnte, über deren etwas üppige Figur lustig, stellte dagegen immer wieder ihre eigene Schönheit heraus und verfaßte sogar ein Spottgedicht, in dem sie die »Freundin« verhöhnte:

»Sie schnürt den Bauch sich ins Korsett,
daß alle Fugen krachen,
hält sich gerade wie ein Brett
und äfft noch andere Sachen
Im Häuschen der Geranien
wo alles fein und glatt,
dünkt sie sich gleich Titanien,
die arme dicke Schratt.«

Katharina Schratt genoß das köstliche Essen und konnte daher ihr Gewicht kaum im Zaume halten. Elisabeth aber, die den Gang auf die Waage wie ein Ritual betrieb, brachte es fertig, durch ihre ständigen Gespräche von Fastenkuren und vom Abnehmen in der natürlichen jungen Frau einen Komplex zu erzeugen, so daß die »Freundin« auch bald begann, die eine oder andere Kur auszuprobieren, meist jedoch ohne Erfolg. Was blieb, war ein schlechtes Gewissen.

Katharina war sich lange nicht über die Rolle im klaren, die sie zu spielen hatte. Bald aber erkannte sie, daß der Kaiser in Gegenwart Elisabeths stets in einer Art Anspannung lebte, die er vollkommen ablegte, wenn seine Freundin mit ihm allein war. Die Kaiserin bemühte sich nicht um Liebe und Sympathie; ganz anders als Katharina, auch wenn sie mit Sorgen belastet war, die zunehmend von einer Leidenschaft hervorgerufen wurden, die sie befallen hatte: Katharina Schratt war eine heillose Spielerin geworden, die noch dazu nicht die geringste Beziehung zum Geld hatte. Selbst der in Geldsachen weltfremde Kaiser konnte die Sorglosigkeit nicht verstehen, mit der Katharina große Summen in Monte Carlo verspielte. In vielen Briefen bat er sie, »vorsichtiger« zu sein und nicht immer aus dem vollen zu schöpfen. Aber seine Ermahnungen verhallten ungehört, und sie spielte, wenn sie ihre Reisen nach Monte Carlo unternahm, bis sie keinen Kreuzer mehr in der Tasche hatte.

Auch die Toiletten, die sie sich anfertigen ließ, kosteten ein kleines Vermögen, und Franz Joseph beglich alles, nur ab und zu schickte er eine kleine Rückfrage. Seine beiden »Frauen« kosteten ihn viel, und er mußte oft in die Privatschatulle greifen, weil sich das Parlament weigerte, die Sonderwünsche der Kaiserin zu bezahlen.

Was Franz Joseph und wahrscheinlich auch Elisabeth an der »Freundin« so schätzten, war ihre unkomplizierte Art, ihr fröhli-

ches Lachen, ihr Leben in den Tag hinein. Auch der Sohn Toni Kiss beschäftigte den Kaiser mehr als das Schicksal seiner beiden älteren Kinder Gisela und Rudolf, und während er in Sorge war, ob Toni die Masern gut überstehen würde, nahm das Schicksal seines einzigen Sohnes einen verhängnisvollen Lauf.
Nur zur jüngsten Tochter Marie Valerie hatten Franz Joseph und Elisabeth eine gute Beziehung. Die Kaiserin wollte sie immer um sich haben, wenn sie in Wien war, und es war für das junge Mädchen sicherlich nicht leicht, eine ständige Gesellschafterin für ihre exaltierte Mutter abzugeben.
Als nun Katharina Schratt auf den Plan trat, stand Valerie fassungslos vor diesem merkwürdigen Dreierverhältnis. Sie konnte ihre Mutter nicht verstehen, die die Freundschaft Franz Josephs zu Katharina noch zu fördern schien. Wo sie nur konnte, versuchte sie, ihren Vater von der Freundin loszureißen, und sie benützte jede Gelegenheit einer kleinen Unstimmigkeit zwischen dem Kaiser und der Schauspielerin, diese in Mißkredit zu bringen. Erst als sie erkannte, wie deprimiert ihr alter Vater war und wie sehr er litt, als sich die Freundin entschloß, für längere Zeit auf Reisen zu gehen, erkannte Valerie, daß der Kaiser Katharina einfach brauchte, um eine Abwechslung vom täglichen Einerlei der Pflichterfüllung zu haben.
Die ältere Tochter Gisela und auch der Kronprinz nahmen an der Beziehung ihres Vaters zu Katharina keinen Anteil – Gisela hatte mit sechzehn Jahren einen bayerischen Vetter geheiratet, lebte in München und führte eine glückliche Ehe, und Rudolf wurde durch sein exzentrisches und seine Kräfte aufzehrendes Leben so in Anspruch genommen, daß er sich um die privaten Angelegenheiten seines Vaters kaum kümmerte. Außerdem war das Verhältnis zwischen Vater und Sohn im Laufe der Jahre bis auf den Gefrierpunkt abgekühlt. Beide hatten sich nichts mehr zu sagen, sie waren in allem, was ihre Persönlichkeit, aber auch ihre politischen Ansichten betraf, derart kontrovers, daß es keine auch noch so geringe Gemeinsamkeit geben konnte. Die Brücke zwischen beiden war längst abgebrochen, und auch die Kaiserin bemühte sich in keiner Weise, eine Vermittlerrolle zwischen Vater und Sohn zu spielen.
Die Schuld an diesem unnatürlichen Verhältnis lag wahrscheinlich auf beiden Seiten. Franz Joseph hat sich allem Anschein nach nie ernsthaft bemüht, den hochnervösen, wankelmütigen und un-

schlüssigen Sohn zu verstehen, er hatte das Gespräch nicht gesucht, er war für den Sohn immer ein Fremder geblieben. Freilich wurde es ihm auch denkbar schwer gemacht, Zugang zu Rudolf zu finden, der ein ausschweifendes Leben führte. Außerdem gab es mehr als genug Stimmen um den Kaiser, die davon sprachen, daß der Kronprinz den Vater stürzen wolle, daß er mit allen möglichen und unmöglichen Personen sympathisiere, die alle aber dem Kaiser suspekt waren.

Nach dem Freitod Rudolfs im Januar 1889 gab Katharina Schratt dem Kaiserpaar Trost und Stärkung. Sie war es auch, die aufgrund ihrer Freundschaft zu Marys Onkeln, den Brüdern Baltazzi, dafür sorgte, daß man Mary Vetsera nicht einfach irgendwo verscharrte, sondern in Heiligenkreuz in geweihter Erde bestattete. Katharina schrieb damals an den Kaiser:

»Es gibt Momente, wo Trostworte nichts sind als ein leerer Schall, – ich weiß nur zu gut, und ich würde den Versuch, Eure Majestät mit Worten aufzurichten, auch gar nicht wagen. – Ich will aber nicht von der allgemeinen Theilnahme sprechen, die ausnahmslos heute alle Herzen erfüllt. – Aber das herbste Leid verliert von seiner Bitterkeit, wenn wir weinen können und so will ich mit Eurer Majestät weinen über die schwere Schicksalsfügung, die Gott in seinem unerforschlichen Rathschlusse über uns alle verhängt hat – ich will Eurer Majestät sagen, daß in all diesen schweren Stunden all mein Denken und all mein Fühlen unausgesetzt bei Eurer Majestät verweilen und daß ich unglücklich bin über meine Ohnmacht, daß ich so gar nichts thun kann als weinen und den lieben Gott bitten, er möge Eurer Majestät die Kraft verleihen, auch dieses Unglück zu tragen.«

Allmählich normalisierte sich das Leben am Kaiserhof wieder; Elisabeth ging auf Reisen, der Kaiser blieb allein in Wien zurück und hatte dennoch einen geliebten Menschen in seiner Nähe. Katharina Schratt hatte eine Villa in der Gloriettegasse in unmittelbarer Nähe Schönbrunns gekauft, sicherlich mit Unterstützung Franz Josephs, und empfing hier den Kaiser zum Frühstück mit einem guten Kaffee und Guglhupf. Beide verbrachten eine gemütliche Stunde, Franz Joseph rauchte seine starke Virginierzigarre, dann verabschiedete er sich und spazierte wieder nach Schönbrunn zurück. Eine Idylle wie aus der Biedermeierzeit. Aber ab und zu findet man in Briefen auch Hinweise, daß Katharina Schratt ruhig in ihrem Bett bleiben solle, um Franz Joseph zu

empfangen, er wolle dann die Stunde auf ihrer Bettkante verbringen. Wie immer diese Bemerkungen zu deuten sein mögen: die Beziehung zu Katharina Schratt war und bleibt geheimnisvoll.
Ansonsten liebte die Schauspielerin Auftritte in der Öffentlichkeit, sie war durch ihre Freundschaft mit dem Kaiser überall gesellschaftsfähig geworden, und selbst Angehörige der Hocharistokratie versuchten, Verschiedenes über sie zu erreichen. Katharina Schratt war dank der Großzügigkeit des Kaisers eine reiche Frau geworden, die wie eine Fürstin in einem eleganten Palais am Kärntner Ring Hof hielt. Auch dieses Privathaus hatte Franz Joseph seiner Freundin gekauft; wie hoch die Summe für das Objekt gewesen war, kann man nur schätzen. Der Kaiser war überaus großzügig, bezahlte immer wieder ihre Spielschulden, schenkte ihr herrlichen Schmuck und vermachte ihr in seinem Testament eine halbe Million Gulden, eine ungeheure Summe, wenn man bedenkt, daß die Schratt als Burgschauspielerin achttausend Gulden Jahresgehalt bezog. Allerdings hatte der Kaiser, um die Verschwendungssucht seiner Freundin wissend, ihren alten Freund Eduard Palmer gleichsam als Vermögensverwalter eingesetzt. Er bezahlte jeden Luxus, jede Laune.
Nur in einer Angelegenheit konnte Franz Joseph Katharina nie ganz verstehen. Ihr Ehrgeiz ließ sie immer wieder bessere, größere, interessantere Rollen am Burgtheater fordern, auch als sie erkennen mußte, daß bestimmte Partien nicht zu ihr paßten. Es kam oft zu heftigen Streitigkeiten mit den Burgtheaterdirektoren, und Katharina Schratt verzieh dem Kaiser nie ganz, daß er sie nicht voll und ganz unterstützte und die Direktoren zu beeinflussen suchte. Als sie aus gekränkter Eitelkeit, aus einer Laune heraus, ihr Rücktrittsgesuch einreichte, da durchschaute der redliche Franz Joseph seine Freundin nicht und glaubte, ihr etwas Gutes zu tun, wenn er unterschrieb. Intrigen und Taktieren lagen ihm so fern, daß er gar nicht auf die Idee kam, er wäre ihr dadurch in den Rücken gefallen.
Je länger die Freundschaft zwischen dem Kaiser und der Schauspielerin dauerte, umso mehr wurde sie durch die wechselnden Launen Katharinas beeinflußt. Nach der Ermordung der Kaiserin, 1898, schien es zunächst, als würde sich die Beziehung noch enger und näher gestalten. Elisabeth war auf einer ihrer Reisen in Genf von dem italienischen Anarchisten Lucheni mit einer Feile

erstochen worden. Jetzt erst bemerkte Katharina, wie sehr ihr die schützende Hand der Kaiserin fehlte. Denn nun stand sie im Mittelpunkt der Hofintrigen, und niemand war da, der sich für sie einsetzte. Der Kaiser war viel zu weltfremd, um zu erkennen, was es in seiner Umgebung an Kabalen und Intrigen gab. Auch die eigene Familie war nicht ausgenommen von dem Spiel; vor allem Marie Valerie versuchte immer intensiver, die Verbindung ihres Vaters zu der Schauspielerin zu stören, besonders als Nikolaus Kiss starb.

Beide waren nun verwitwet, der Kaiser und Katharina. Es konnte daher nicht ausbleiben, daß es bald in allen Teilen der Bevölkerung Spekulationen gab, Franz Joseph werde seine langjährige Freundin heiraten. Freilich kam nur eine morganatische Eheschließung in Betracht, also eine Verbindung, die keinerlei Folgen für die nachkommenden Generationen haben sollte. Kannte man Franz Joseph aber genau, so mußte man von vornherein wissen, daß er Habsburger mit Leib und Seele war und eine unstandesgemäße Heirat auch mit Katharina Schratt für ihn nie in Frage kam. Warum sollte er jetzt, als siebzigjähriger Mann, noch einmal daran denken, sich zu verheiraten, wo er Jahrzehnte seines Lebens Katharina Schratt als treue Freundin zur Seite gehabt hatte?

Auch Katharina drängte wahrscheinlich nicht auf eine Ehe mit dem Kaiser, denn je älter sie wurde, umso mehr ging ihr die persönliche Freiheit über alles. Wie früher die Kaiserin unternahm sie ausgedehnte Reisen und war oft monatelang von Wien abwesend. Franz Joseph wurde immer einsamer und freute sich über die kleinsten Anzeichen von Katharinas Aufmerksamkeit. Die wenigen Tage, an denen die beiden sich treffen konnten, genoß er besonders dankbar.

Der allzu große Altersunterschied machte sich nun im ersten Jahrzehnt des neuen Jahrhunderts besonders bemerkbar. Katharina war nach wie vor vital, lebenslustig und unternehmend, der Kaiser aber war zum Greis geworden, vielleicht auch relativ früh durch die Schicksalsschläge, die ihn mit voller Wucht getroffen hatten.

Es gab kaum mehr Gemeinsamkeiten zwischen beiden, höchstens die Erinnerungen an die Verstorbenen.

Als Franz Joseph am 21. November 1916, mitten im Ersten Weltkrieg, starb, wurde Katharina in die Privatgemächer des Kaisers geführt, wo sie Franz Joseph auf seinem eisernen Feldbett liegen sah. Sie legte ihm weiße Rosen in seine gefalteten Hände. Am Begräbnis, das mit allem Prunk der untergehenden Monarchie begangen wurde, nahm die langjährige Freundin nicht teil. Wo hätte sie auch gehen sollen?

Die Tragödie von Mayerling begann in Brüssel

KRONPRINZ RUDOLF UND STEPHANIE VON BELGIEN

Niemals hätte der österreichische Kronprinz Rudolf heiraten dürfen. Ein Mann wie er, unersättlich, lebenshungrig und von den Frauen verwöhnt, wäre besser ein ewiger Junggeselle geblieben. Die Frau seiner Träume war für ihn wohl eine Mischung von süßem Wiener Mädel, charmanter Schauspielerin, raffinierter Kokotte und seiner eigenen schönen, aber egozentrischen und exaltierten Mutter Elisabeth.
Rudolf paßte besser in die Heurigenlokale in der Wiener Vorstadt oder in die eleganten Etablissements, in denen sich die leicht degenerierten adeligen Herren des Fin-de-siècle ein Stelldichein gaben. Schöne, willige Mädchen in buntem Reigen und viel Champagner, das war es, was den Kronprinzen schon sehr bald interessierte, kaum daß er den Kinderschuhen entwachsen war. Obwohl sich sein Vater, der Kaiser, und noch weniger Elisabeth um das Leben und Treiben ihres Sohnes besonders kümmerten, kam ihnen doch zu Ohren, daß sich der Kronprinz schon in sehr jungen Jahren intensiv zur Wiener Demimonde hingezogen fühlte, wahrscheinlich verleitet von seinem Oberstofmeister Graf Carl Bombelles, der ein stadtbekannter Lebemann war.
Diese Gesellschaft, zu der sich noch politisch und religiös freidenkende junge Männer gesellten, war allerdings bestimmt nicht die Umgebung, die sich der Kaiser für seinen einzigen Sohn erträumte, ja der Umgang Rudolfs war Franz Joseph ein Dorn im Auge. Da er aber dem Wesen und dem Leben Rudolfs so völlig fremd gegenüberstand, vermochte er nicht, den jungen Mann zu zügeln und ihm den Weg zu zeigen, der für den Erben des bedeutendsten Reiches Europas der einzig richtige gewesen wäre. Franz Joseph hatte verspielt, genauso wie Elisabeth, als sie die Erziehung des einzigen Sohnes nahezu kampflos ihrer Schwiegermutter überlassen hatte.
Rudolf war von klein auf ein schwieriges Kind gewesen und hätte Eltern gebraucht, die für seine Sorgen und Nöte dagewesen wä-

ren. Aber er war in eine Familie hineingeboren, die in sich selbst zerfallen war.
Während die Kaiserin ihre weiten Reisen durch ganz Europa unternahm, überließ sie ihren beiden Kinder Gisela und Rudolf kurzsichtigen Erziehern, die besonders auf den sensiblen Knaben keine Rücksicht nahmen und deren einzige Absicht es war, aus dem Kronprinzen einen tüchtigen Soldaten zu machen. Elisabeth zeigte sich allerdings dann sehr erschrocken, als ihr zufällig zu Ohren kam, daß man neben dem Kind eine Kanone abgeschossen hatte, um den Knaben an Geschützlärm zu gewöhnen. Der Weg zum Helden sollte mit Härte gepflastert sein. Erst jetzt erwirkte sie bei ihrem Mann, daß diese barbarischen Erziehungsmethoden abgestellt und ein vernünftiger Erzieher, Graf Latour, für den Kronprinzen ausgewählt wurde. Aber alles, was in der weiteren Entwicklung des jungen Mannes folgte, führte ihn konsequent seinen Weg in eine Oppositionsrolle zum Kaiser, in innere Vereinsamung und letztlich nach Mayerling.
Die Lehrer, die man zur Unterweisung des Kronprinzen ausgewählt hatte, waren sich alle darin einig, daß Rudolf ungewöhnlich begabt sei, ja, daß er in manchen Fähigkeiten weit über sein Alter hinaus eine außerordentliche Reife zeige. Er konnte, wenn er wollte, Reden halten, die sich durch Charme und Witz, aber auch durch ihren Inhalt auszeichneten und alle Zuhörer in ihren Bann schlugen.
Die besten Wissenschaftler seiner Zeit wurden vom Kaiser beauftragt, den Kronprinzen zu schulen, und schon bald zeigte es sich, daß Rudolf sich besonders für die Naturwissenschaften interessierte, während er merkwürdigerweise künstlerisch vollkommen unbegabt war. Die in der Habsburger Familie übliche Musikalität fehlte ihm vollständig, er konnte mit Mühe und Not ein Heurigenlied nachsingen. Dafür zeigte sich schon sehr bald, daß der junge Mann in der Lage war, selbständige und tiefgründige Abhandlungen zu verfassen.
Um seinen moralischen Werdegang allerdings kümmerte man sich wenig; er war ein Kind seiner Zeit, gehörte der Hocharistokratie an, und da fand niemand etwas dabei, daß er sich schon sehr früh für die Mädchen des Balletts und für die manchmal zweifelhaften Damen vom Theater interessierte.
Rudolf war so ganz und gar das Gegenteil seines kaiserlichen Vaters, er kannte keinen Ernst und keine Konsequenz, keine Di-

stanz und keine Reserviertheit; so sehen ihn seine Wiener und so liebten sie den Kronprinzen. Man verübelte ihm auch nicht seine zahlreichen Amouren, die Schauspielerinnen und Ballettratten gingen in seinen Privatgemächern ein und aus, und man konnte sich nicht so recht vorstellen, daß der schlanke junge Mann mit den träumerischen dunklen Augen und den Stirnfransen über der etwas hohen Stirn einmal eine Prinzessin heiraten sollte.
Und doch war es selbstverständlich und für Rudolf unausweichlich, daß die kaiserlichen Eltern sich darüber Gedanken machten, wer einmal Kaiserin an seiner Seite sein sollte. Es mußte eine katholische Prinzessin sein, darüber waren sich alle im klaren, obwohl der Kronprinz alles andere als ein guter Gläubiger war. Von frühester Kindheit an hatte es schon Kontroversen mit seinen Erziehern gegeben, weil der Thronfolger sich gegenüber der katholischen Kirche sehr skeptisch, ja bisweilen abfällig geäußert hatte. Aber das spielte nun, da man sich an den europäischen Höfen nach einer Braut erkundigte, keine Rolle mehr; Rudolf war der Sohn des katholischen Kaisers, und damit mußte er sich abfinden.
Die Auswahl an geeigneten Prinzessinnen war nicht allzu groß, denn viele, deren Ahnentafel stimmte und die auch von ansprechendem Äußeren gewesen wären, gehörten einem anderen Glaubensbekenntnis an und schieden so von vornherein aus. Übrig blieben natürlich die bayerischen Prinzessinnen, aber diese zog man gar nicht mehr in Betracht. Zu eng waren die verwandtschaftlichen Beziehungen zu diesem Nachbarland, und allzu deutlich zeigte sich die geistige Degeneration beim bayerischen König Ludwig II. und seinem Bruder Otto, der in einem Irrenhaus lebte. Diese Tatsache hatte den Habsburger Hof in Wien in Angst und Schrecken versetzt, und so wurde man bei anderen europäischen Fürstenhäusern vorstellig.
Die sächsische Prinzessin Mathilde, die auch katholisch war, lehnte Rudolf kategorisch ab. Der Kronprinz war selbst nach Sachsen gereist, um das junge Mädchen in Augenschein zu nehmen, aber als er Mathilde sah, war er entsetzt; sie war ihm viel zu dick und ungewöhnlich plump. Er, der die feschesten Mädchen Wiens als Freundinnen hatte, sollte eine unförmige Frau heiraten, völlig ausgeschlossen!
Auch an den spanischen Infantinnen konnte er keinen Gefallen

finden; er war 1879 eigens nach Spanien gefahren, aber ohne Braut zurückgekehrt.
Welche Makel Rudolf an den Orléans- und Bourbonenprinzessinnen fand und warum für ihn auch die portugiesischen Prinzessinnen ausschieden, ist unbekannt. Übrig blieb ein fünfzehnjähriges Mädchen in Brüssel, die Tochter Leopolds II. von Belgien und seiner ungarischen Gemahlin Marie Henriette.
Es grenzt an ein Wunder, daß ausgerechnet die unscheinbare, kindliche Stephanie bei dem von der Damenwelt der Monarchie verwöhnten österreichischen Kronprinzen Anklang fand. Die Prinzessin war alles andere als eine Schönheit und zeichnete sich weder durch Charme noch durch Chic und schon gar nicht durch Geist aus. Das Schicksal hatte es mit ihr bis dahin auch nicht gerade gut gemeint. Die Kinder Leopolds lebten zwar im Kreise der Familie, die Atmosphäre am belgischen Königshof war aber alles andere als gemütlich. König Leopold war ein kalter Geschäftsmann auf dem Königsthron, dem weder Frau noch Töchter etwas bedeuteten, der zu menschlichen Regungen fast nicht fähig war. Nur seinen einzigen Sohn, der im Kindesalter starb, hatte er geliebt. Die Töchter, Louise, Stephanie und Clementine hatten zeitlebens den Eindruck, daß der Vater ihnen tagtäglich zum Vorwurf machte, daß sie als weibliche Wesen zur Welt gekommen waren.
Die Mutter, Marie Henriette, hätte einen Ausgleich zum schroffen Vater schaffen können, wenn sie nur gewollt hätte. Aber wahrscheinlich war sie innerlich selbst allmählich zu Stein erstarrt. Sie war ein lebensfrohes Mädchen gewesen, eine begeisterte und kühne Reiterin, und Pferde waren das einzige, was ihr in ihrem einsamen Leben an der Seite eines ungeliebten Mannes geblieben war. Manchmal nahm Marie Henriette die Kinder in ihrem Ponygespann mit, und wenn sie dann gemeinsam in der Kutsche saßen, konnte sie von bezaubernder Liebenswürdigkeit sein, war sie ganz die alte, und die Mädchen zehrten noch lange von den unbeschwerten Augenblicken, in denen sich ihre sonst so unnahbare Mutter von einer ganz anderen Seite zeigte. Ihren Kindern gegenüber war die Königin ansonsten unerbittlich, ja manchmal drakonisch streng. Die Mädchen mußten im Sommer um fünf, im Winter um sechs Uhr aufstehen. Im Winter herrschten in den Kinderzimmern manchmal arktische Temperaturen, das Wasser war in der Waschschüssel gefroren, aber Abhärtung

war für Marie Henriette die oberste Devise in der Kindererziehung. Sie kannte keinen Pardon und ahndete jede kleinste Ungezogenheit ihrer Töchter, die sie jeden Mittag bei einer Art Rapport von den Erzieherinnen berichtet bekam, mit unnachsichtiger Härte; sie konnte seelenruhig zusehen, wenn die Kinder mit der Rute gezüchtigt wurden. Als besondere Strafe wurden die Kinder zwischen eine Doppeltür gesperrt, wo sie sich zu Tode ängstigten. Ordnung mußte sein und war das oberste Gebot. Stephanie berichtete noch nach langen Jahren, wie sie mit steifgefrorenen Fingern kaum in ihre Hefte schreiben konnte. Wahrscheinlich hatte sie sich damals die Hände und die Arme erfroren, die ihr später – rot wie sie waren – den Spott der Wiener eintrugen.
Die tristen Jahre an der Seite des ungeliebten Mannes, der sich schon bald nach der Hochzeit die erste Mätresse genommen hatte, hatten aus der einst lebenslustigen Marie Henriette eine harte Frau gemacht. Die Kinder sollten Askese lernen und durften daher am Familientisch, der jeden Mittag aufs schönste gedeckt wurde und auf dem delikate Süßigkeiten ihren Duft verbreiteten, nicht ein Stück der Köstlichkeiten nehmen. Der König und die Königin ließen sich die Kuchen und Torten vor den begehrlichen Augen der Kinder ungerührt schmecken. Einzig und allein die Hofdamen erbarmten sich ab und zu der Kleinen und steckten ihnen verstohlen hin und wieder ein Stück Schokolade oder ein Törtchen zu.
Bei der Suche nach einer geeigneten Braut trat nun der Wiener Hof an den belgischen König heran. Für Leopold II., der in Europa aufgrund so mancher dubiosen geschäftlichen Manipulation nicht unumstritten war – manche bezeichneten ihn geradezu als Emporkömmling –, war die Werbung des Kronprinzen aus dem ersten Haus Europas eine unglaubliche Ehre. Der Kronprinz allerdings hatte sich bei den Vorverhandlungen, die Graf Chotek führte, ausbedungen, daß er die Braut ohne weitere Auflagen vor einer endgültigen Entscheidung in Augenschein nehmen dürfe. Rudolf wollte nicht die Katze im Sack kaufen und machte sich daher auf den Weg nach Brüssel. Er wußte von Stephanie so viel wie nichts, außer, daß sie fünfzehn Jahre alt und katholisch war.
Wahrscheinlich bewogen diese beiden Tatsachen den lebenslustigen Kronprinzen dazu, sich auf alle Fälle rückzuversichern. Er nahm sich für die Stunden danach, wenn er nicht mehr als Bräu-

tigam im Schloß von Brüssel auftreten mußte, eine Dame vom Theater mit, die ihn für den Rest des anstrengenden Tages verwöhnen sollte. Stephanie will davon erst viel später erfahren haben, obwohl es Berichte gibt, daß Henriette und ihre Tochter Rudolf unangemeldet besucht und in den Räumen des Kronprinzen eine peinliche Überraschung erlebt hätten, die beinahe zum Platzen der festgelegten Hochzeit geführt hätte.
Stephanie wurde von ihren Eltern kurz darüber informiert, warum der österreichische Kronprinz seinen Weg nach Brüssel genommen hatte. Rudolf sei auf Brautschau, und Stephanie solle die Auserwählte sein. König Leopold und seine Gemahlin nahmen sich weder Zeit noch Mühe, mit dem überraschten Mädchen wie vernünftige Eltern zu reden. Die Angelegenheit war Staatsräson und wurde auch so abgehandelt. Es gab für das halbe Kind weder einen Ausweg noch etwas zu überlegen. Die Sache war von vornherein beschlossen.
Für Stephanie war das immerhin eine Möglichkeit, dem tristen Königshof von Brüssel zu entkommen. Wahrscheinlich hätte sie in jeden Eheplan eingewilligt, sie hätte gar nicht gewagt, sich den Vorstellungen ihrer Eltern, vor allem ihres Vaters, zu widersetzen. Sie war von frühester Kindheit daran gewöhnt, immer das zu tun, was der Vater gepredigt hatte. Wie sollte sie jetzt, in einer so entscheidenden Angelegenheit, einen eigenen Willen bekunden? Dazu kam freilich noch, daß Rudolf ein junger Mann von zwanzig Jahren, charmant und liebenswürdig war. Stephanie hätte es viel schlechter treffen können. Sie dachte an das Schicksal ihrer Schwester Louise, die mit dem beinahe abartigen Philipp von Coburg verheiratet worden war, der das junge, unerfahrene Mädchen in der Hochzeitsnacht derartig brutal behandelte, daß Louise in panischem Schrecken das Schlafgemach verließ und sich in den Garten flüchtete.
Voll Erwartung sah Stephanie dem Tag entgegen, an dem sich der Kronprinz in Brüssel angesagt hatte. In aller Eile versuchte man aus dem unscheinbaren, blassen Mädchen eine anziehende Dame zu machen. Aber allzu viel hatte man jahrelang versäumt, allzu lang war die Prinzessin ein häßliches Entlein gewesen und hatte all das entbehren müssen, was sie zu einem attraktiven jungen Mädchen gemacht hätte.
Schneider kamen und maßen alle möglichen, teilweise geschmacklosen, pompösen Roben an, Friseure versuchten, das

fahle blonde Haar so zu frisieren, daß es einigermaßen gefällig wirkte, und Tanzlehrer bemühten sich, Stephanie den Walzerschritt beizubringen, den sie in Wien nötig haben würde.
Und dann kam der Prinz aus dem Märchenland, endlich! König Leopold und sein Bruder, der Graf von Flandern, standen am Bahnhof von Brüssel zum Empfang des hohen Gastes bereit. Und obwohl Leopold seiner Familie gegenüber sein wahres Gesicht zeigte, konnte er, wenn er es für ratsam hielt, überaus charmant sein, so daß ihm vielfach die Herzen zuflogen. Auch seinen vermutlichen Schwiegersohn begrüßte er aufs herzlichste, und Rudolf fühlte sich geschmeichelt und fand den König der Belgier außerordentlich sympathisch.
Noch am selben Abend wurde ein intimes Familiendiner gegeben, und hier sah Rudolf seine zukünftige Braut zum ersten Mal. Stephanie trug ein hellblaues Kleid, das ihre schlanke Taille besonders betonte, das blonde Haar war hochgesteckt, wie es der Mode der Zeit entsprach. Der einzige Schmuck, den sie trug, war eine nicht allzu kostbare Perlenkette. In ihren Jahrzehnte später verfaßten Memoiren berichtete sie über das erste Zusammentreffen mit Rudolf:
»Der Kronprinz trat ein. Er trug die Uniform eines österreichischen Obersten mit dem Großkreuz des Stephansordens und das Goldene Vlies. Mein Herz schlug zum Zerspringen – ich glaubte, daß man es durch die Kleider pochen sehen könne. Nachdem sich der Kronprinz verneigt hatte und von allen Mitgliedern der Familie begrüßt worden war, näherte er sich mir. Mein Vater stellte ihn mir mit einigen liebenswürdigen Worten vor, einfach und natürlich – wie es seine Art war, wenn es galt, schwierige Situationen zu überbrücken. Das Auftreten des Kronprinzen war vollendet und sicher. Er küßte mir die Hand, sprach mich deutsch an und erzählte mir einige schmeichelhafte, aber sehr förmliche Worte, und schon nach einigen Minuten stellte er die große Frage, die über unsere Zukunft entscheiden sollte. Hierauf reichte er mir den Arm, und so näherten wir uns meinen Eltern und baten sie, unsere Verlobung zu segnen. Hocherfreut küßten sie ihren zukünftigen Schwiegersohn und erlaubten uns, fortan Du zu sagen. Mein Bräutigam überreichte mir einen Ring mit großem Saphir und prachtvollen Brillanten. Während und nach dem Diner entwickelte sich ein lebhaftes und angeregtes Gespräch. Der Kronprinz erzählte mir von seinen Jagden, seinen

Zukunftsplänen, von seinen Eltern, seiner Heimat und seinen Beschäftigungen. Alles was er mir sagte, interessierte mich lebhaft.«
Warum sich Rudolf so schnell entschlossen hatte, die belgische Prinzessin zu heiraten, weiß man bis heute nicht. Er, der verwöhnte junge Mann, dem bisher keine Prinzessin gut und schön genug gewesen war, sprach sich in kürzester Zeit für ein reizloses, eher langweiliges junges Mädchen aus. Aber vielleicht war es gerade ihre sichtbare jugendliche Naivität, die den übersättigten Mann reizte. Diese Art von Mädchen zählte nicht zu seinem Bekanntenkreis, bis jetzt hatte keine raffiniert genug für ihn sein können. Stephanie war wie eine Unschuld vom Lande, die es zu erwecken galt.
Die beiden hatten kaum Gelegenheit, ein paar Worte unter vier Augen zu wechseln. Zum Schein ließ man sie in einem Raum allein, vergaß dabei aber natürlich nicht, die Türflügel weit offen stehen zu lassen, um Anstand und Form zu wahren. Das belgische Königspaar war über die Verlobung seiner Tochter unendlich zufrieden. Glückwünsche trafen aus allen Landesteilen ein, als die Verlobung offiziell bekannt gegeben worden war. Kaiser Franz Joseph gratulierte mit herzlichen Worten, die Kaiserin allerdings, die gerade in England weilte, erbleichte, als sie das Telegramm öffnete. Auf die Frage ihrer Vertrauten, der Gräfin Festetics, was geschehen sei, berichtete Elisabeth von der Verlobung ihres Sohnes. Die Hofdame atmete auf und meinte, sie habe schon geglaubt, es sei ein Unglück geschehen. Darauf antwortete die Kaiserin düster: »Gott gebe, daß es keins werde!«
Für Elisabeth war die Schwiegertochter noch nicht geboren, die ihr hätte gefallen können. Stephanie gegenüber entwickelte sie von vornherein eine abgrundtiefe Abneigung. So erschien sie nach der Verlobung in Brüssel nur für zwei Stunden, um sich in ihrer strahlenden Schönheit zu zeigen. Im zobelbesetzten dunkelblauen Kostüm entstieg die Kaiserin dem Zug, schön wie eine Märchenfee, und stellte alle Anwesenden, vor allem aber die kindliche Braut, durch ihr Aussehen in den Schatten. Selbst der eigene Sohn war von ihrer Schönheit überwältigt. Stephanie wirkte neben der jugendlichen zukünftigen Schwiegermutter wie ein flandrisches Bauernmädchen, das man im letzten Moment herauszuputzen versucht hatte. Leopold war wütend auf die Hofdamen, die seine Tochter so unvorteilhaft gekleidet hatten, aber wahrscheinlich wäre es allen anderen Schwiegertöchtern in

spe genauso ergangen; die Kaiserin war nun einmal die schönste Frau Europas, und wer sollte schon die Konkurrenz mit ihr aufnehmen! Die Fahrt Elisabeths durch Brüssel glich einem Triumphzug, was sie aber nicht daran hindern konnte, gleich wieder abzureisen. Sie hatte Stephanie kennengelernt, und sie hatte genug gesehen. Aber das war Rudolfs Angelegenheit. Sollte er das unscheinbare, plumpe Mädchen heiraten, was ging sie das eigentlich an?
Als der Hochzeitstermin bekanntgegeben worden war, traten die Beamten an beiden Höfen in Aktion, um die Bedingungen des Ehekontraktes festzulegen. Immerhin mußte genau fixiert werden, welche Mitgift die Braut nach Österreich bringen sollte. Stephanie war kein armes Mädchen, und Leopold II. äußerte die Bitte, daß dem Ehekontrakt die Mitgift der belgischen Prinzessin Charlotte zugrunde gelegt werden sollte, die einstmals den Erzherzog Ferdinand Max (den späteren Kaiser Maximilian von Mexiko) geheiratet hatte. Ihre Mitgift hatte 100.000 Gulden betragen, und Stephanie sollte dieselbe Summe bekommen.
Kaiser Franz Joseph erklärte sich mit dem Angebot Leopolds sofort einverstanden, er war ein großzügiger Mann in Geldangelegenheiten und legte deshalb selbst noch einmal 100.000 Gulden dazu, als sogenannte »Widerlage«: außerdem stellte er sich mit einer »Morgengabe« von 10.000 Dukaten ein. Stephanie sollte ferner ein sogenanntes »Spenadelgeld« von 100.000 Gulden bekommen, über das sie völlig frei verfügen konnte. Leopold legte seinerseits noch 50.000 Gulden dazu. Die Gelder wurden schriftlich genau fixiert, ebenso wie die Abmachungen, die die Zukunft Stephanies sicherstellten, sollte sie überraschend und in jungen Jahren Witwe werden. Wahrscheinlich kamen gerade diese Passagen der jungen Braut absurd vor und erschienen ihr als übertriebener Bürokratismus. Später, nach gar nicht so langer Zeit, erkannte sie den Wert der Absicherung nur zu gut!
Auf langen Listen wurden die persönlichen Gegenstände der Mitgift aufgeführt. Plötzlich bekam die kleine Stephanie ein Vermögen an Schmuck geschenkt, von dem sie als Kind nur hatte träumen können. Aber die zukünftige Kaiserin von Österreich-Ungarn sollte nicht wie ein Aschenbrödel am Wiener Hof erscheinen, das ließ der Stolz Leopolds nicht zu. Auf sieben Seiten wurden die Pretiosen angeführt, die die junge Braut zieren sollten.

Ein Brillantarmband mit einem Medaillon als Schließe mit einem Porträt des Bräutigams, das von vierzehn großen Brillanten umrahmt war, Halsbänder, Ohrgehänge, Diademe, Ringe, Ketten, Armbänder und Manschettenknöpfe, alle aus kostbaren Steinen bestehend oder mit den seltensten Edelsteinen verziert, sollten die Prinzessin im Glanz erstrahlen lassen. Der Gesamtwert des Schmucks wurde auf 612.225 Francs geschätzt. Stephanie war damit eine viel reichere Braut, als es seinerzeit Elisabeth gewesen war.

Die Stadt Brüssel stellte sich mit einem phantastischen Hochzeitsgeschenk für ihre Prinzessin ein: Hundertfünfzig Arbeiterinnen hatten in vielen, vielen Stunden den Hochzeitsschleier kunstvoll gearbeitet, ein Wunderwerk der Brüsseler Spitzenkunst. Auch die übrige Aussteuer war reich mit Brüsseler Spitzen besetzt. Spitzen waren an Kleidern, Galamänteln und Morgenkleidern angebracht, und es mag wohl selten eine Habsburger Braut gegeben haben, deren Aussteuer so kostbar war.

Natürlich sollte auch das sogenannte Weißzeug nicht fehlen. Stephanie brachte 48 Hosen mit, aus besticktem Leinen gefertigt, daneben zwölf Hosen, reich mit Spitzen besetzt, zwölf Taghemden aus feinstem Batist mit Stickereien, zwölf Taghemden wiederum mit Spitzen besetzt, 24 Taghemden gestickt und mit Spitzen versehen, daneben 96 gewöhnliche Taghemden. Den 84 Nachthemden wurde besondere Aufmerksamkeit gewidmet, sie waren aus feinstem Batist, mit Spitzen und Stickereien versehen. Die Aussteuer, die natürlich noch Bettücher, Überzüge, Polster und andere Wäsche umfaßte, wurde ausgestellt, und das Volk drängte sich wochenlang, um die allgemein zur Schau gestellten Gegenstände begutachten zu können. Man nahm auch in Brüssel lebhaften Anteil an der Hochzeit der vorher kaum bekannten Prinzessin, die so plötzlich ins Rampenlicht der Öffentlichkeit gerückt war.

Die persönlichen Dinge, die Stephanie nach Wien mitnehmen wollte, muten armselig an im Vergleich zur offiziellen Aussteuer. Ein Reisenecessaire, ein Gebetbuch, ein Buch in deutscher Sprache, ein Wandschirm, ein Gebetbuch Karls von Lothringen, verschiedene Souvenirs, vor allem Geschenke Rudolfs bildeten die bescheidene Habe der zukünftigen Kaiserin von Österreich. Aber Stephanie war als junges Mädchen so knapp gehalten worden, daß sie kaum persönliches Eigentum ansammeln hatte können.

Die Hochzeit des jungen Paares war ursprünglich auf den 15. Februar 1881 festgelegt worden. Nach einiger Zeit allerdings tauchten Gerüchte auf, die besagten, daß die Braut noch nicht herangereift sei, d. h. noch nicht ihre monatliche Regel habe. Man war allgemein der Ansicht, daß es besser wäre, die Heirat zu verschieben. In Wien war allgemein bekannt, daß Stephanie als Kind eine sehr schwere Typhuserkrankung durchgemacht und daß diese Infektion ihre körperliche Entwicklung verzögert hatte. Sie war noch ein reines Kind, und so entschloß man sich, die Hochzeit um ein Vierteljahr zu verschieben.

Später, in ihren Memoiren, beklagte sie sich bitter, daß man sie so früh zu dieser Ehe gezwungen habe. Zunächst schien es aber kein schreckliches Los, was die junge Prinzessin erwartete. Immerhin war es ihr vergönnt, Rudolf doch allmählich kennenzulernen, da der Kronprinz immer wieder seinen Weg über Brüssel nahm und sich die jungen Leute daher öfter sehen und sprechen konnten. Dazu kam, daß Rudolf ein ungewöhnlich liebenswürdiger und charmanter junger Mann sein konnte, wenn er wollte. Und es ist anzunehmen, daß er sich in dieser Art und Weise auch seiner kleinen Braut zeigte. Was hätte Stephanie hindern können, sich wie ein Backfisch in ihren Bräutigam zu verlieben? Nur allzu oft vergißt man, daß die beiden jungen Leute sich keinesfalls gegen diese Verbindung wehrten, ja im Gegenteil, daß sie zunächst recht glücklich waren. Auch Stephanie! Und Rudolf fand seltsamerweise auch Gefallen an dem eher unscheinbaren Mädchen, denn er schrieb an König Ludwig von Bayern folgende Zeilen:

»Ich habe in Stefanie einen wahren Engel gefunden, ein treues, gutes Wesen, das mich liebt, eine sehr kluge, gebildete, geschickte Begleiterin für dieses Leben, die mir in all meinen schweren Aufgaben gut und erfolgreich zur Seite stehen wird. Ich bin auch überzeugt, daß sie bald ihre schöne neue Heimat lieben und als eine gute Österreicherin und treue Unterthanin ihres Herrn und Kaisers eine Zierde sein wird für mein theures Vaterland.«

Anfang Mai 1881 war es endlich soweit. Franz Joseph höchstpersönlich erwartete den Hofzug am Bahnhof. Als Stephanie mit vor Aufregung gerötetem Gesicht dem Zug entstieg, ging der Kaiser auf sie zu, umarmte und küßte sie väterlich und hieß sie in Wien herzlich willkommen. Den Anwesenden drängte sich zwar sofort ein Vergleich mit der schönen, immer noch jugendlich wirkenden

Ferdinand I. Gemälde eines unbekannten Meisters

Philippine Welser. Gemälde eines unbekannten Meisters.
Rechts: Erzherzog Ferdinand II. Gemälde von Jakob Seisenegger

*Erzherzog Johann und Anna Plochl
in einem Stollen des Erzbergs.
Zeichnung von Matthäus Loder.
Links oben: Franz Stephan und Maria Theresia
im Garten von Schönbrunn.
Tuschzeichnung von Franz Walter.
Links unten: Joseph II. am Wochenbett seiner Frau Isabella von Parma.
Zeichnung von Erzherzogin Maria Christine*

*Oben links: Katharina Schratt. Gemälde von Franz von Matsch.
Oben rechts: Anna Nahowski. Photographie.
Unten: Franz Joseph und Elisabeth*

Oben links: Kronprinzessin Stephanie. Gemälde von Hans Makart.
Oben rechts: Kronprinz Rudolf. Photographie.
Unten: Franz Ferdinand und Sophie Chotek. Photographie

*Kaiser Karl, Kaiserin Zita und Kronprinz Otto.
Gemälde eines unbekannten Malers*

Schwiegermutter auf, dennoch schrieben die Zeitungen äußerst positive Artikel:
»Prinzessin Stephanie ist von hoher, schlanker Gestalt, mit elastischer Haltung und schönem Wuchs. Auf ihrem Antlitz liegt der Reiz von blühender Jugend, und das goldblonde Haar in starken Flechten bildet eine hübsche Umrahmung des anmuthigen Gesichtes ... Heiter und ohne Befangenheit empfing sie die Vorstellungen wie die Zurufe der Versammelten; den Kopf zur Seite gewendet und sich leicht verneigend, erwiderte sie die ihr dargebrachten Grüße. Die anwesenden Damen gaben ihrer Überraschung lebhaften Ausdruck und sprachen trotz des Ceremoniells laut und ausschließlich von der freundlichen Erscheinung der Braut des Kronprinzen.«
Für Stephanie und ihre Eltern waren diese Tage vor der Hochzeit mit Repräsentationsaufgaben, Vorstellungen und Empfängen angefüllt. Im Schloß Schönbrunn, wo der Prinzessin die Damen und Herren der adeligen Gesellschaft präsentiert wurden, bekam sie einen ersten Eindruck von der Steifheit des Hofzeremoniells. Man verbeugte sich tief vor der Braut, und gleichzeitig wehte ein Hauch von Kälte durch die Räume. Stephanie zeigte sich leutselig, aber alles, was sie in ihrer Ungezwungenheit von sich gab, wurde auf die Goldwaage gelegt, und man mokierte sich im nachhinein über das, was die Belgierin gesagt und getan hatte. Das junge Mädchen war in eine Schlangengrube gefallen, aus der es kein Entrinnen gab. Wie hätte sie all die Intrigen durchschauen sollen, die schon vor ihrer Ankunft ausgekocht worden waren! Und sie spürte wohl, daß auch ihre zukünftige Schwiegermutter ihr äußerst reserviert entgegenkam.
Am 10. Mai, so verlangte es das Protokoll, sollte die Braut offiziell in Wien einziehen. Wie es die Tradition vorschrieb, nahm Stephanie mit ihrer Mutter vom einstigen Lustschloß Maria Theresias, der Favorita, ihren Weg nach Wien in die Hofburg. Es war ein äußerst kühler Morgen, und gegen elf Uhr begann es leicht zu regnen, als die Braut in der Hofburg eintraf.
Stephanie sollte mit der Galakutsche, die von acht Lipizzanerhengsten gezogen wurde, in einem langen Prunkzug durch das festlich geschmückte Wien fahren. Die Prinzessin trug ein rosa Kleid mit Schleppe und reichem Spitzenschmuck. Die Mutter der Braut begleitete Stephanie, Marie Henriette ganz in Silber und Weiß.

Für die Wiener war die Auffahrt der Wagen und die Vielzahl der überreich geschmückten Pferde ein Riesenspektakel, das sich keiner entgehen lassen wollte. Und obwohl man kaum einen Blick auf die hohen und höchsten Herrschaften werfen konnte, verband alle das gemeinsame Gefühl, dabeigewesen zu sein.
Ein einziges Mißgeschick unterbrach den Freudentaumel: Als der Festzug an der evangelischen Schule vorbeikam, fiel auf einmal mit lautem Krach das kaiserliche Wappen zu Boden. Nur wenige wurden Zeuge dieses Zwischenfalls, aber abergläubische Seelen munkelten mit Schrecken von einem fürchterlichen Unglück...
Das Ende des Festes bildete ein Galadiner in der Hofburg. Der Kaiser war bester Laune und brachte nach dem sechsten Gang einen Toast auf das glückliche Brautpaar aus. Dann zog man sich zurück, denn der nächste Tag würde lang und anstrengend sein: der Hochzeitstag!
Nicht freudige, erwartungsvolle Gesichter sah man an diesem Morgen in der Hofburg: drückendes Schweigen lag über dem Haus, und es war, als erwarte man im nächsten Augenblick einen unerwarteten Donnerschlag. Hatte man bis jetzt der Kronprinzenhochzeit den Schein der Fröhlichkeit gegeben, so war plötzlich alle Munterkeit und Zuversicht verschwunden.
Stephanie hatte die Aufmerksamkeiten, die man ihr überall zuteil werden ließ, in kindlicher Naivität genossen, jetzt aber, als aus dem interessanten Spiel allmählich Ernst wurde, überfiel sie ein beklemmendes Gefühl der Angst. Sie hatte zwar in ihren romantischen Träumen den Tag, der alles entscheiden sollte, herbeigesehnt, jetzt aber, als sie im Morgengrauen geweckt wurde, hätte sie sich lieber die Decke über den Kopf gezogen, um all den Feierlichkeiten und Aufregungen zu entgehen. Aber es half nichts, es blieben ihr kaum ein paar stille Augenblicke, in denen sie zu sich kommen konnte. Bedienstete kamen und kleideten sie an, Friseure beschäftigten sich mit ihrem Haar, und das alles ließ sie beinahe teilnahmslos mit sich geschehen. Eine tiefe Melancholie hatte sie erfaßt, und selbst die begeisterten und bewundernden Blicke ihrer kleinen Schwester Clementine konnten sie nicht aus ihren trüben Gedanken reißen.
Und so konnte es den vielen Beobachtern und Zuschauern nicht entgehen, daß Stephanie alles andere als eine strahlende Braut war. Die junge Prinzessin wirkte unglücklich, in ihrem eher geschmacklosen weißen Brautkleid, mit dem unvorteilhaft hochge-

steckten Haar und den roten, erfrorenen Armen, die in der kalten Maienluft noch intensiver leuchteten und besonders auffielen. Ein geschickter Schneider hätte es verstanden, diesen Makel zu vertuschen, aber niemand war da, der sich um das Aussehen der jungen Braut tatsächlich kümmerte. Der Mutter war es wichtiger, neben der eleganten und schönen Kaiserin nicht allzu pomeranzenhaft zu wirken. Auch die Schwestern konnten Stephanie wenig beraten; Louise, die ihr sicher geholfen hätte, lag im Kindbett, und Clementine bewunderte die große Schwester grenzenlos und fand an Stephanie ohnehin keinen Tadel.
Aber auch der Bräutigam war nicht in der besten Stimmung. Sein Wesen, das immer grenzenlose Freiheit gesucht hatte, begann sich gegen eine feste Verbindung zu sträuben, die ein ganzes Leben lang halten sollte. Nun aber war es zu spät, die Eltern hatten entschieden, und er hatte sein Wort in Brüssel gegeben. Was blieb ihm anderes übrig, als jetzt vor Gott und der Welt diesen Bund zu legalisieren und die junge Stephanie zu seiner Ehefrau zu machen!
Die Trauung sollte in der Augustinerkirche stattfinden, jener Kirche in der Nähe der Hofburg, in der schon viele kaiserliche Ehen geschlossen worden waren. Obwohl man darauf verzichtet hatte, den Hochadel aus ganz Europa einzuladen, bewegte sich doch ein stattlicher Hochzeitszug durch die Gänge und Säle der Hofburg, bis schließlich die Kirche erreicht war. Unter einem Thronhimmel nahm das Kaiserpaar Platz, und Franz Joseph, aber auch Elisabeth konnten ihre Rührung kaum verbergen. Ganz in der Nähe saß auch das belgische Königspaar und wartete nun mit allen anderen Gästen auf die entscheidenden Worte, die aus der kleinen, unscheinbaren Tochter Stephanie die zukünftige Kaiserin von Österreich machen sollten.
Seltsam mag das leise, resignierende »Ja« Rudolfs die Zuhörer berührt haben, und der Gegensatz zu Stephanies lautem, kräftigem »Ja« war besonders auffallend.
Nach anstrengenden Empfängen und der Gratulationscour wartete um 18 Uhr 45 der Wagen auf das Brautpaar. Nach einem langen und tränenreichen Abschied bestiegen Stephanie und Rudolf die festlich geschmückte Kutsche. Die Fahrt ging nach Laxenburg, wo die jungen Leute ungestört die Hochzeitsnacht verbringen sollten. Warum die kaiserliche Familie ausgerechnet wieder dieses kalte, unfreundliche Schloß als erstes Domizil für Ru-

dolf und Stephanie gewählt hatte, wußte niemand so recht zu sagen. Hier in Laxenburg hatten schon Franz Joseph und Elisabeth die Hochzeitsnacht verbracht, und zeit ihres Lebens waren diese Tage und Nächte von Laxenburg der Kaiserin in schauriger Erinnerung. Und nun betrat die junge, unerfahrene Stephanie die kahlen, düsteren Räume, die ohne jedes bißchen Komfort ausgestattet waren. Es fehlte hier an allem, was sich die Prinzessin in ihren Jungmädchenträumen ausgemalt hatte, selbst die Waschgelegenheiten waren primitiv und völlig veraltet. Im Schloß gab es weder Badezimmer noch Toilettetisch, keine anheimelnde warme Atmosphäre und keine Behaglichkeit. In den hohen, kalten, nur spärlich beleuchteten Räumen standen einander zwei Menschen gegenüber, die ein Leben lang miteinander auskommen, in Liebe miteinander leben sollten. Stephanie klapperte mit den Zähnen, wahrscheinlich nicht nur vor Kälte, sondern auch, weil sie so gar nicht wußte, was nun auf sie zukommen würde. Man hatte sie überhaupt nicht aufgeklärt, weder ihre Mutter noch eine Erzieherin hatten Stephanie gegenüber auch nur die geringste Andeutung darüber gemacht, was in der Hochzeitsnacht geschehen würde. Und das halbe Kind fiel einem Mann in die Hände, der nicht das Zartgefühl aufbrachte, das notwendig gewesen wäre, um aus dem unerfahrenen Mädchen allmählich eine junge Frau zu machen. Wahrscheinlich konnte es Rudolf kaum erwarten, die völlig Ahnungslose in Besitz zu nehmen, er stürzte sich auf die verwirrte Stephanie und ließ ihr nicht die Zeit, irgendein Gefühl für ihn zu entwickeln. Anders ist ihre Reaktion kaum zu verstehen: Noch nach langen Jahren standen ihr die Schrecknisse dieser Nacht allzu deutlich vor Augen. Nichts als Abscheu und Demütigung empfand die junge Frau in Rudolfs Armen. So schrieb sie noch fünfzig Jahre später: »Welche Nacht! Welche Qual, welcher Abscheu! Ich hatte nichts gewußt, man hatte mich als ahnungsloses Kind zum Altar geführt. Meine Illusionen, meine jugendlichen Träumereien waren vernichtet. Ich glaubte, an meiner Enttäuschung sterben zu müssen.«
Und doch: Trotz aller bitteren Erfahrungen in der Hochzeitsnacht gingen die Nächte von Laxenburg vorüber, und Stephanie erkannte bald, daß es das Schicksal mit ihr keineswegs so schlecht gemeint hatte. Sie gewöhnte sich an Rudolfs stürmische Zärtlichkeiten und machte bald keinen unglücklichen Eindruck mehr. Immerhin konnte ihr Mann charmant und liebevoll sein,

und so gewann er auch das Herz seiner eigenen Frau. Was dem jungen Paar einzig und allein fehlte, waren Stunden der Zweisamkeit. Aber Feingefühl war nicht die Stärke des Wiener Kaiserhofes. Man ließ Rudolf und Stephanie keine Ruhe, beide mußten an den gemeinsamen Diners und Soupers teilnehmen. Auffällig forschende Blicke fühlte die junge Frau auf sich gerichtet, und schon bei dem Gedanken wurde Stephanie rot, wenn sie meinte, die Leute wüßten über alles Bescheid, was sich im prinzlichen Bett abspielte. Und je mehr ihr das Blut in die Wangen stieg, umso unverfrorener wurde sie gemustert. War es möglich, daß dieses hausbackene Mädchen den verwöhnten Kronprinzen zufriedenstellen konnte, oder würden sich über kurz oder lang die Türen der Privatgemächer Rudolfs wieder wie üblich für die schönen Damen öffnen?
Stephanie veränderte sich schon kurz nach der Hochzeit sehr zu ihrem Vorteil. Das mußten selbst die ärgsten Widersacherinnen am Kaiserhof mit Schrecken feststellen. Sie wählte ihre Toiletten sehr geschickt aus und frisierte sich auch so, daß ihr goldblondes Haar besonders gut zur Geltung kam. Sie gab sich charmant und leutselig, ihre anfängliche Unsicherheit war gewichen und hatte einer Redseligkeit Platz gemacht, die ihr natürlich auch wieder übel ausgelegt wurde.
Aber Rudolf schien mit seiner jungen Frau zufrieden zu sein. Stephanie interessierte sich für alles, auch für seine liberalen politischen Ideen, obwohl sie diese allerdings eher als Hirngespinste abtat. Sie selbst war felsenfest einer sehr konservativen Denkungsweise verhaftet.
Franz Joseph verhielt sich seiner Schwiegertochter gegenüber ritterlich-höflich, während Elisabeth sich mit der belgischen Prinzessin überhaupt nicht abfinden konnte. Für die schöne Kaiserin, die für ihre spitze Zunge allmählich bekannt war, blieb Stephanie nach wie vor der garstige belgische »Trampel«, und sie konnte und wollte auch keine Veränderung der Prinzessin zu ihrem Vorteil entdecken.
Das Leben in der Wiener Hofburg konnte Stephanie kaum verstehen. Sie hatte sich vorgestellt, daß der Kaiserpalast nur so von Luxus strotzen müßte, daß alles, was gut, teuer und wertvoll war, hier zu finden sein würde. Und nun sah sie, daß der mächtigste Monarch Europas auf einem eisernen Bett schlief, daß er die einfache Lebensführung über alles schätzte, die manchmal in Karg-

heit ausartete. Wie konnte man sich in einer Burg wohlfühlen, die mit geschmacklosen Möbeln ausgestattet war, während die prachtvollsten Antiquitäten in den Rumpelkammern verstaubten? Warum entschloß man sich nicht, endlich alles zu modernisieren, um den neuen hygienischen Ansprüchen gerecht zu werden; warum baute man keine Bäder und Toiletteanlagen mit Fließwasser ein, sondern trug die Leibstühle und das schmutzige Wasser durch die Gänge, manchmal an offiziellen Besuchern vorbei? Wollte man ein Bad nehmen, mußte das heiße Wasser in Kübeln herbeigeschafft und in eine Gummiwanne geschüttet werden. Wo waren Teppiche und Tapisserien, wie man sie überall, selbst in den kleinsten Schlössern am Lande, bewundern konnte? Dem Kaiserpaar fehlte anscheinend schon der geringste Kunstsinn oder waren Franz Joseph und Elisabeth nur desinteressiert?
Stephanie trat von einem Fettnäpfchen ins andere, als sie versuchte, ihre neuen Ideen den kaiserlichen Schwiegereltern vorzutragen. Bei Elisabeth riefen ihre Veränderungspläne äußersten Unmut hervor, die Schwiegermutter sah in der jungen Kronprinzessin ein aufmüpfiges Wesen, dem nichts gut genug war, obwohl jeder wußte, daß sie in Brüssel auch nicht gerade auf Rosen gebettet gewesen war. Franz Joseph hatte den Wünschen und Vorschlägen seiner Schwiegertochter gegenüber taube Ohren, wahrscheinlich hörte er Stephanie kaum zu. Der Kaiser war und blieb mit dem zufrieden, was er hatte, alles übrige interessierte ihn in seinem persönlichen Lebensrahmen wenig.
Zunächst allerdings konnten Rudolf und Stephanie ein Leben führen, das beiden behagte. Sie verbrachten einen langen und angenehmen Aufenthalt in Salzburg und glückliche Monate in Prag.
Obwohl Rudolf immer wieder versuchte, nicht allzu lang von seiner jungen Frau getrennt zu sein, kam es doch vor, daß ihn militärische Aufgaben nach Wien riefen. Aus dieser Zeit gibt es zärtliche Briefe, die hin und her gingen.
»Theuerster Engel«, nennt Rudolf seine ferne Stephanie und teilt ihr seine Sehnsucht und Ungeduld mit. In einem Brief vom 19. Oktober 1884 schrieb der Kronprinz:
»Ich sehne mich fürchterlich nach Dir und zähle die Tage, die uns noch trennen.« In einem anderen Schreiben hieß es zärtlich: »Übermorgen gegen zehn Uhr bin ich in Laxenburg, worauf ich mich schrecklich freue.«

Alle Briefe sind mit »Dein Dich innigst liebender Coco« oder »Dein treuer Coco« unterschrieben. Stephanie ihrerseits antwortete mit »Coceuse«; diesen Namen hat wahrscheinlich Rudolf erfunden, denn Coco war sein Spitzname in der kaiserlichen Familie, somit seine Frau die Coceuse.

Alles, was zu ihrem Glück noch fehlte, war ein Kind, ein Sohn. Zunächst hatte es nach einigen Ehemonaten so ausgesehen, als wäre Stephanie guter Hoffnung. Aber bald stellte sich heraus, daß die Ärzte, die die Prinzessin untersucht hatten, zu voreilig gewesen waren. Erst im Frühjahr 1883 war es wirklich soweit: Stephanie erwartete ihr erstes Kind. Rudolf war felsenfest davon überzeugt, daß es nur ein Knabe sein könnte. Und obwohl es in der jungen Ehe in den letzten Monaten einige Krisen gegeben hatte, war alles jetzt eitel Freude und Sonnenschein. Rudolf schrieb seiner Frau liebevolle Briefe, wenn er ein paar Tage von ihr getrennt war, sie solle gut auf sich achtgeben, aber besonders auf den »Waclaw«, wie der Kronprinz seinen zukünftigen Sohn zärtlich nannte. Waclaw (oder vielmehr Václav) ist die tschechische Form von Wenzel, und Rudolf gefiel dieser Name über alle Maßen gut. Alle Welt behandelte die Kronprinzessin nun mit außerordentlicher Freundlichkeit, und man versuchte alles, um sie zu schonen. Sie durfte keine allzu langen Spaziergänge unternehmen, und schon sehr bald wurde alles für die Entbindung gerüstet. Es gab in der langen Geschichte des Kaiserhauses ein eigenes Zeremoniell, wenn die Stunde der Niederkunft einer Erzherzogin nahte: Eine Woche vor dem errechneten Termin der »allerhöchsten Entbindung« wurde in den Kirchen öffentlich um eine »glückliche Geburt« gebetet, und wenn die Wehen einsetzten, stellte man auf den Altären das Allerheiligste aus. All dies geschah genau nach Protokoll. Für Stephanie war es eine Beruhigung, daß ihre Mutter eigens angereist kam, um der Tochter in ihrer schweren Stunde Mut zuzusprechen. Hatte Marie Henriette auch den Kindern keine glückliche Kindheit am Hof von Brüssel ermöglicht, so änderte sich ihr Verhalten sehr stark, als die Töchter erwachsen waren. Und Stephanie, aber auch ihre Schwester Louise Coburg dankten es der Mutter, daß sie ihnen nun mit Rat und Tat zur Seite stand.

Als der Leibarzt, der Accoucheur (der Geburtshelfer) und die Hebamme auf Schloß Laxenburg eintrafen, wußten alle, daß das Ereignis, auf das man schon so sehnlichst gewartet hatte, endlich

eintreten würde. Wie ein Lauffeuer ging es von Mund zu Mund, und als dann schließlich die Salutschüsse von den Geschützen abgefeuert wurden, zählte man gespannt mit. Aber nach 21 Schüssen verstummten die Kanonen, und man wußte im ganzen Reich, in Prag und Budapest genauso wie in Wien, daß Stephanie »nur« einer Erzherzogin das Leben geschenkt hatte. Der Jubel hielt sich daher in Grenzen, aber was machte es schon aus? Die Prinzessin war jung und konnte noch viele Kinder haben!
Auch Rudolf reagierte enttäuscht. Sein politisches Engagement wurde immer intensiver und das bedeutete Konflikte nicht nur mit seinem Vater, sondern auch mit Stephanie. Die Leute, mit denen er sich umgab, bedeuteten ihr nichts, ja sie sah in ihnen Störenfriede und halbe Revolutionäre. Sie wollte die Monarchie so erhalten wissen, wie sie war, vermochte nicht weiterzudenken und konnte auch den Gedanken und Überlegungen Rudolfs und seiner Freunde nicht folgen. Und je mehr sie ihre offene Ablehnung gegen alles zeigte, was Rudolf politisch interessierte, um so mehr verschloß sich ihr Mann vor ihr, um so weniger Gespräch gab es zwischen den beiden. Rudolf lud seine Freunde nicht mehr nach Hause ein, da diese Herrenabende immer zu Zank und Hader mit seiner Frau führten, immer länger hatte er außer Haus zu tun, und immer später suchte er das eheliche Schlafgemach auf, wo ihn eine keifende Stephanie erwartete. Wo er konnte, wich Rudolf seiner Frau aus, er erfand jeden Tag neue Ausreden und erinnerte sich wieder an sein altes lustiges Leben, das er auch bald wieder aufnahm. Mit einem ganzen Troß von Freunden zog er durch die Lokale der Vorstädte und blieb meist in einem Heurigen bis in die frühen Morgenstunden sitzen. Stephanie haßte dieses Milieu und konnte nicht verstehen, daß ihr Mann, der Kronprinz, an dieser ordinären und vulgären Umgebung Gefallen finden konnte. Ein einziges Mal hatte Rudolf den Versuch unternommen, seine Frau in die Heurigenlokale mitzunehmen, wo er sich so zu Hause fühlte. Als Bürgermädchen verkleidet, begleitete Stephanie ihren Mann und empfand nur grenzenlose Langeweile. Die rohen Tische, auf denen halb geleerte Gläser standen, die primitiven Leute, die mit weinseliger Stimme schmalzige Lieder sangen, die Stephanie nicht verstand, und ihr Mann, den sie hier nicht wiedererkannte, all das ekelte die junge Frau unsagbar an! Nein, nie wieder würde ihr Fuß so eine Gaststätte betreten!

Allmählich wurde die Beziehung der beiden Eheleute kühler und sollte bald zu Eis erstarren. Rudolf ging, und Stephanie blieb, von rasender Eifersucht gepackt, in ihrer verletzten Eitelkeit in der Hofburg zurück. Sie wußte, wo sie ihn finden konnte, und es geschah nicht nur einmal, daß sie sich nicht zu schade war, ihrem Mann nachzustellen und ihn in aller Öffentlichkeit zu blamieren. Rudolf konnte seiner Frau diese »Strafaktionen« nie verzeihen. Je mehr sich Stephanie herausputzte – sie liebte es, sich mit Geschmeide und teuren Kleidern aufzudonnern –, um so mehr zog sich ihr Mann von ihr zurück. Freilich wahrte man noch den Schein und erschien in der Öffentlichkeit bei verschiedenen Anlässen gemeinsam, sie luxuriös in Samt und Seide, immer dicker, er wie ein Schatten seiner Frau, grazil und kränklich.
Vieles hatte zu Rudolfs frühem physischem Verfall beigetragen, den er allmählich nicht mehr kaschieren konnte. Bald merkten auch seine Freunde mit Entsetzen, daß es mit dem Kronprinzen steil bergab ging. Rudolf hatte sich auf einem seiner Abenteuer eine Geschlechtskrankheit geholt, die nur mit großer Mühe zu bekämpfen war. Aber auch Stephanie war angesteckt worden, so daß sie nie mehr Kinder bekommen konnte. Und immer noch hoffte man am Kaiserhof in Wien auf einen männlichen Erben, obwohl nicht nur die Eingeweihten genau Bescheid wußten, daß der Thronfolger selbst an der weiteren Kinderlosigkeit seiner Ehe schuld war.
Zwischen Vater und Sohn waren die dünnen Fäden der Sympathie schon lange abgerissen, vor allem als Rudolf immer mehr durchblicken ließ, daß er die Absicht hatte, sich scheiden zu lassen. Er wollte sich an den Heiligen Vater wenden und sammelte Beispiele in der Geschichte, wo der Papst eine Ehescheidung erlaubt hatte.
Rudolf konnte sich ein weiteres Zusammenleben mit einer Frau, die ihn überhaupt nicht verstand, ja die seinem Wesen und seinen Ideen so konträr war, ihn ausspionierte und boykottierte, in der Zukunft nicht mehr vorstellen. Zu all dem kam noch, daß Stephanie Rudolf allmählich auch körperlich zuwider wurde, daß er seine Abwechslung immer mehr in Kreisen suchte, die für die höhere Gesellschaft offiziell tabu zu sein hatten. Seiner Herzdame Mizzi Caspar kaufte er ein Haus auf der Wieden und verbrachte jede freie Minute bei dem schönen dunkelhaarigen Mädchen, das bisher unter der Obhut einer Wiener Kupplerin namens Wolf sein

Geld verdient hatte. Viele Jahre später konnte Stephanie immer noch nicht den Namen Mizzi Caspar hören, ohne daß ihr das Blut der Empörung ins Gesicht schoß. Mizzi wurde in den Monaten vor Rudolfs Tod seine Vertraute, sie war mehr als seine Geliebte, bei ihr konnte er so Mensch sein, wie er sich das immer erträumt hatte.

Der körperliche Zustand Rudolfs verschlechterte sich von Monat zu Monat. Wegen eines bösartigen Hustens war ihm von den Ärzten Morphium gegeben worden, und auf dieses Betäubungsmittel konnte der Kronprinz allmählich nicht mehr verzichten. Rudolf wurde süchtig. Um seinen galanten Abenteuern mit Erfolg nachgehen zu können und sich im Bett als ganzer Mann zu erweisen, trank er eine Mischung aus Champagner und Cognac. Mit all diesen Schwierigkeiten belastet, war er sicherlich nicht der Casanova, als der er vielfach hingestellt wird.

Rudolfs Ehe schien gescheitert, und doch gibt es selbst aus dem letzten Jahr vor seinem Tod Briefe an Stephanie, die in herzlichem, ja liebevollem Ton gehalten sind. So schrieb er ihr am 21. März 1888, vor einer Reise nach Abbazia:

»Liebe Stephanie!

Herzlichen Dank für Telegramme. Diesen Brief bringt Dir Beck mit, der auch die Kabinen einrichten wird ... Am Ostermontag möchte ich Dich zum Diner in Abbazia einladen ...

Ich finde, wir könnten diese eine Nacht in Abbazia zusammen schlafen; es macht sich gut, dann geht man ohnehin wegen dem Beichten und Kommunizieren früh schlafen, es wäre auch recht hübsch, wieder einmal im Bett zusammen herumzunutscherln. Hoffentlich kann der Greif am Ostermontag bei meiner Ankunft schon in Abbazia sein; wenn das Wetter es erlaubt, so soll der Commandant da sein, da ich ihn sprechen muß. Ich schließe meinen Brief, um mich anzuziehen für die Auferstehungsprozession, die heute bei ziemlich kühlem und grauem Wetter stattfinden wird. Aus ganzem Herzen Dich umarmend, Dein Dich innigst liebender

Coco.«

Was immer Rudolf bewogen haben mochte, freundlichere Kontakte zu seiner Frau zu pflegen, seine politischen Ambitionen waren von Grund auf gescheitert und hatten sich als Fehlschläge erwiesen, sein Gesundheitszustand wurde immer labiler, ja er gab zu ernster Besorgnis Anlaß. Daneben wurde Rudolf von quälen-

den Gedanken belastet, ob nicht die wittelsbachische Geisteskrankheit auch ihn befallen könnte.
In diesem Zustand warf sich ein romantischer, vollerblühter Backfisch Rudolf gleichsam an den Hals: die siebzehnjährige Mary Vetsera. Was zunächst nur wie jugendliche Schwärmerei ausgesehen hatte, wurde nach kurzer Zeit tödlicher Ernst. Denn Mary war nicht ein Mädchen, das sich mit Phantasieträumen begnügte. Sie hatte sich den Kronprinzen in den Kopf gesetzt, und sie wollte ihn haben, koste es, was es wolle.
Die Damen des Hauses Vetsera waren für den Kronprinzen keine Unbekannten. Vor Jahren hatte sich die Mutter Marys, Helene Vetsera, sehr eifrig um die Gunst des Kronprinzen bemüht. Selbst der Kaiser, der in diesen Dingen eher mit verschlossenen Augen durch die Welt ging, hatte Helenes Ambitionen bemerkt und ungewöhnlich heftig ablehnend reagiert. Es hatte nicht viel gefehlt und Helene wäre des Hofes verwiesen worden.
Nun pirschte sich die Tochter an Rudolf heran und bot alle Reize auf, um den Kronprinzen auf sich aufmerksam zu machen. Schnell fand Mary eine Helfershelferin in der Gräfin Larisch, einer Cousine Rudolfs, denn ihre eigene Mutter durfte von ihrem Plan nichts wissen. Helene Vetsera hatte ganz andere Ziele für ihre schöne Tochter. Sie konnte sich nicht vorstellen, daß ihre »Mary dear«, wie sie die Tochter zärtlich nannte, eine der vielen Geliebten des Thronfolgers werden sollte. Aber Mary wollte noch viel mehr; ihr Spiel ging um alles oder nichts. Sie wollte nicht nur Rudolf erobern, sie wollte auch Stephanie in den Schatten stellen und wie ein Komet am kaiserlichen Himmel erstrahlen.
Über Hintertreppen brachte die Gräfin Larisch Mary in die Gemächer Rudolfs. Und es kam, wie die Komtesse es wollte: Rudolf ließ sich von ihren feuchtschimmernden, großen blauen Augen, den sinnlichen roten Lippen und der üppigen Gestalt becircen. Mary erzählte selbst, wie sie beide den Kopf verloren hätten und sie Rudolfs Geliebte geworden sei.
Der getreue Leibfiaker Bratfisch spielte in den nächsten Wochen den Postillon d'amour; er verhängte die Wagentüren seiner Kutsche, so daß Mary vor neugierigen Blicken sicher war, und brachte die heimliche Geliebte meist für ein paar Stunden zu einem kurzen Tête-à-tête in die Hofburg.
Für die verliebte Mary war es selbstverständlich, daß auch der

Thronfolger mehr für sie fühlte als für seine früheren Mätressen. In ihrer Schwärmerei erkannte sie nicht, daß sie für den übersättigten Rudolf nur ein flüchtiges körperliches Abenteuer sein konnte, wenn auch ein äußerst pikantes und genußreiches. Eine wirklich enge innere Beziehung hätte er zu diesem nichtssagenden jungen Ding, das weder gebildet noch kulturell interessiert war, wahrscheinlich nie finden können. Sein Herz gehörte, wenn überhaupt irgend jemandem, dann höchstens Mizzi Caspar. Ihr hatte er auch als erster den Plan unterbreitet, sich umbringen zu wollen. Aber wie bei allen Dingen im Leben Rudolfs suchte er auch hier nach einer Hilfe, nach einem Gefährten oder einer Gefährtin. Es war vielleicht die Ungewißheit, was im Tode oder nach dem Tode auf ihn zukommen würde, die ihn davor zurückschrecken ließ, allein Hand an sich zu legen. Er machte Mizzi daher den Vorschlag, sich mit ihm im Husarentempel bei Mödling im Wienerwald zu erschießen. Für die lebensfrohe Mizzi erschienen die Worte des Kronprinzen zunächst wie ein makabrer Witz, dann allerdings ging sie doch zum Polizeipräsidenten von Wien, um ihn über das Vorhaben des Thronfolgers zu unterrichten. Hier an hoher Stelle behandelte man Mizzi, wie man eben eine Kokotte zu behandeln pflegte: Man nahm ihr einen Eid ab, mit niemandem über die Sache zu sprechen, und es ist nicht einmal sicher, ob der Kaiser überhaupt über die Pläne seines Sohnes unterrichtet wurde.

Da Mizzi so ganz und gar nichts von einem Doppelselbstmord wissen wollte, suchte der lebensmüde Kronprinz eine andere Begleiterin für den letzten Schritt. Und wer eignete sich besser dafür als die schwärmerische, verliebte Mary? Wahrscheinlich trug Rudolf den Plan zum Doppelselbstmord Mary in einer intimen Stunde vor, und sie willigte in ihrer grenzenlosen Verliebtheit ein. Sie machte sich wahrscheinlich keine Vorstellungen davon, was eigentlich passieren würde, vielleicht war es für sie nur ein schauriges Abenteuer, das sie mit Rudolf erleben konnte.

Mit seiner eigenen Frau sprach Rudolf niemals über dieses Thema, obwohl sich Stephanie später erinnerte, daß Rudolf schon lange Zeit einen Totenschädel auf seinem Schreibtisch liegen hatte, den er oft sinnend in die Hand nahm. Außerdem soll er eine besondere Vorliebe entwickelt haben, Sterbenden zuzusehen und ihren letzten Atemzügen zu lauschen. Stephanie war der miserable Gesundheitszustand ihres Mannes aufgefallen, und sie

war deswegen beim Kaiser vorstellig geworden, aber Franz Joseph konnte oder wollte den körperlichen und psychischen Verfall seines einzigen Sohnes, seines Nachfolgers, nicht wahrhaben. Mit kurzen Worten versuchte er seine Schwiegertochter zu besänftigen, dann ging er zur Tagesordnung über. Rudolf entschloß sich nun zum letzten schweren Schritt: er bat seinen Vater um ein Gespräch unter vier Augen, in dem er Franz Joseph die Eröffnung machte, sich an den Papst wenden zu wollen, um die Genehmigung zur Scheidung zu erbitten. Wie Augenzeugen berichteten, kam es an diesem Januartag des Jahres 1889 zu einer heftigen Auseinandersetzung zwischen Vater und Sohn, die darin gipfelte, daß Rudolf in höchster Erregung aus dem Zimmer stürzte, wobei alle die letzten Worte des Kaisers hörten, aus denen klar hervorging, daß er niemals in eine Scheidung seines Sohnes einwilligen würde.
Für Rudolf bedeutete die Haltung seines Vaters das Todesurteil. Er wollte und konnte mit Stephanie nicht weiterleben, er war mittlerweile in einer derart schlechten körperlichen Verfassung – der hohe Morphium- und der ununterbrochene Champagnerkonsum hatten seine Gesundheit vollständig zerstört –, daß er nicht mehr in der Lage war, Pläne für seine eigene und die politische Zukunft zu schmieden.
Rudolf war am Ende seiner Kräfte.
Unter dem Vorwand, einen Juwelier aufsuchen zu wollen, bekam Mary von ihrer Mutter die Erlaubnis, mit Marie Larisch ausfahren zu dürfen. Von dieser Fahrt kehrte das junge Mädchen nie mehr zurück. Marie Larisch gab später zu Protokoll, Mary sei plötzlich aus dem Juweliergeschäft verschwunden.
Die Nacht war lang und kalt, als der Leibfiaker des Kronprinzen Mary heimlich nach Mayerling brachte, in das Jagdschloß Rudolfs mitten im Wienerwald. Aber alles war anders als sonst, es gab keine fröhliche Jagdgesellschaft, keinen Umtrunk und kein lautes Halali. Was in dieser Nacht hinter verschlossenen Türen geschah, war auch kein amouröses Abenteuer, wie es sich öfter hier abgespielt hatte. Für die Umgebung des Prinzen sah alles zunächst romantisch und geheimnisvoll aus. Der Kronprinz erwartete seine junge Geliebte und wollte unter gar keinen Umständen gestört werden. Selbst der Kaiser sollte, wenn er aus irgendeinem Grund nach Mayerling kommen würde, nicht vorgelassen werden. Kammerdiener Loschek, der im Dienste Rudolfs sicherlich

einiges gewöhnt war, dachte sich sein Teil und versprach äußerste Diskretion – wie immer.
Alles lief ab wie geplant. Auch Mary wußte, daß sie Mayerling nicht mehr lebend verlassen würde. Man fand zwei Abschiedsbriefe von ihr, einen an ihre Mutter und einen an ihre Schwester. Ihrer Mutter schrieb sie folgende Zeilen:
»Liebe Mutter!
Verzeiht mir, was ich getan; ich konnte der Liebe nicht widerstehen! In Übereinstimmung mit ihm will ich neben ihm am Friedhof von Alland begraben sein. Ich bin glücklicher im Tode als im Leben. Deine Mary.«
Rudolf wollte sich auch nicht, ohne Abschied zu nehmen, aus dem Leben stehlen. Er schrieb vier Briefe, einen an seine Schwester Valerie, einen an seine Frau, einen an Baron Hirsch und den letzten an Mizzi Caspar. Und obwohl die Jahre ihn innerlich und äußerlich immer mehr von Stephanie getrennt hatten, hinterließ er ihr doch einige Zeilen:
»Liebe Stephanie!
Du bist von meiner Gegenwart und Plage befreit; werde glücklich auf Deine Art. Sei gut für die arme Kleine, die das einzige ist, was von mir übrig bleibt. Allen Bekannten, besonders Bombelles, Spindler, Latour, Wowo, Gisela, Leopold etc. etc. sage meine letzten Grüße. – Ich gehe ruhig in den Tod, der allein meinen guten Namen retten kann. –
Dich herzlich umarmend, Dein Dich liebender Rudolf.«
Die lange Nacht von Mayerling endete mit den verhängnisvollen Schüssen, die nicht nur das Leben zweier junger Menschen beendeten, sondern auch in das feste Gefüge der uralten Habsburgermonarchie gewaltige Löcher rissen.
Rudolf hatte sich mit Mary ganz ruhig in sein Zimmer zurückgezogen. Nach Aussagen des Kammerdieners Loschek nahmen beide noch ein Souper zu sich, ein Abschiedssouper! Dann – so wollte es der Kammerdiener wissen – sprachen sie beinahe die ganze Nacht miteinander, bevor in den Morgenstunden die zwei Schüsse fielen. Was sich der Kronprinz und die verliebte Mary stundenlang zu sagen hatten, bevor sie sich endgültig zum letzten Schritt entschlossen, ist ebenso ein Geheimnis wie der Ablauf der grausigen Tat.
Als der Kammerdiener schließlich am Morgen nach langem heftigem Klopfen, auf das er keine Antwort bekam, die Tür sprengte,

bot sich ihm ein grauenvolles Bild. Mary lag blutüberströmt nackt auf dem Bett, und Rudolf war in sich zusammengesunken, den Revolver neben sich.
Das Drama von Mayerling erschütterte die Monarchie in den Grundfesten. Der einzige Sohn des Herrschers, der Kronprinz der österreichisch-ungarischen Monarchie war ein Mörder und ein Selbstmörder, der Sohn des katholischen Kaisers hatte Hand an sich gelegt! Der Skandal wäre unbeschreiblich gewesen, hätten die Gazetten in aller Welt die Ereignisse von Mayerling so dargestellt, wie sie sich wahrscheinlich abgespielt hatten. Daher mußte alles geschehen, um die Wahrheit zu verschleiern, um die Tatsachen zu vertuschen.
Und Franz Joseph gab sich selten mit Halbheiten zufrieden: Es wurde systematisch alles vernichtet, was irgendwelche Aufschlüsse über die letzten Vorgänge in Mayerling gegeben hätte. Man leistete ganze Arbeit. Die Personen, die Augenzeugen der Tragödie gewesen waren, wurden unter Eid zum Stillschweigen verpflichtet. Die Leiche Marys, hatte man zunächst in eine Abstellkammer gebracht, um sie dann im Dunkel der Nacht in einer Kutsche nach Heiligenkreuz zu schaffen. Man hatte dem Mädchen einen Pelz übergeworfen, ihm einen Hut über die klaffende Kopfwunde gesetzt, und mit einem Stock im Rücken als Stütze setzte man die Tote zwischen ihre beiden Onkel, Graf Stockau und Alexander Baltazzi. In dunkler Winternacht ging die Fahrt in das nahe gelegene Stift Heiligenkreuz, wo der Totengräber Mühe hatte, das Grab auszuschaufeln, da das Wetter fürchterlich war. Er wurde erst um 9 Uhr mit seiner Arbeit fertig, und in aller Eile wurde der einfache Sarg, in dem das tote Mädchen auf Hobelspänen lag, vom Prior des Stifts eingesegnet, um dann sofort in die Erde versenkt zu werden.
Rudolfs Tod erregte in Wien ungeheures Aufsehen; da niemand genau wußte, wie der Kronprinz umgekommen war, blühten die Gerüchte in der Kaiserstadt. Jeden Tag tauchte eine neue Variation auf, vom eifersüchtigen Oberförster, der Rudolf mit einer Sektflasche erschlagen haben sollte, bis hin zur Giftmörderin Mary Vetsera.
Das Kaiserhaus hüllte sich, so weit es möglich war, in Schweigen. Der Leibarzt des Kaiser, Dr. Widerhofer, wollte bei der Obduktion von Rudolfs Schädel abartige Erscheinungen im Gehirn des Toten gefunden haben, die seinen Selbstmord rechtfertigen soll-

ten. Dem Papst schickte der Kaiser ein zweitausend Zeilen langes Telegramm, das die näheren Umstände von Rudolfs Tod erläuterte.
Für Franz Joseph war der Tod seines Sohnes wahrscheinlich eine der großen Tragödien in seinem Leben. Nicht nur, daß er den Sohn verloren hatte, quälte ihn; die Art, wie der Kronprinz aus dem Leben geschieden war, soll den Kaiser zu dem Ausspruch veranlaßt haben, Rudolf sei wie ein Schneidergeselle gestorben. Zurück blieb eine Kronprinzessin ohne Aufgabe und ohne Zukunft, eine Fremde am Wiener Hof, der man immer zu verstehen gab, daß sie die eigentliche Schuld am Tod ihres Mannes trage. Mit 25 war sie nicht nur Witwe geworden, ihr war viel mehr zugestoßen als der Tod ihres Mannes: er war mit einer Geliebten in den Tod gegangen und hatte die Situation ihrer Ehe der Welt geoffenbart.

Bis in den Tod vereint

FRANZ FERDINAND UND SOPHIE CHOTEK

Tiefe Trauer lag über dem Erzhaus, seit der einzige Sohn des Kaiserpaares auf so tragische Weise gestorben war.
Franz Joseph hatte nicht nur den Sohn verloren, sondern auch den Kronprinzen. Als sich die ersten Wellen des Schmerzes gelegt hatten, wurde die Frage der Nachfolge des Kaisers aufgerollt. Zunächst dachte der Kaiser an seinen Bruder Karl Ludwig, der offiziell in der Thronfolge an nächster Stelle stand. Aber Karl Ludwig war zwar stets bereit und geneigt, den Kaiser bei nicht besonders wichtigen Paraden und Feierlichkeiten zu vertreten, konnte sich aber eine Nachfolge seines nur um drei Jahre älteren Bruders nicht vorstellen. Er war zeitlebens im Schatten Franz Josephs gestanden, wie sollte er sich nach einem so langen Leben in völliger Unbedeutsamkeit plötzlich in die Rolle des Thronfolgers fügen?
Der älteste Sohn Karl Ludwigs, der junge Franz Ferdinand, kam als nächster in Frage. 1863 in Graz geboren, verlor er schon mit neun Jahren seine Mutter Maria Annunziata, die der Vater in zweiter Ehe trotz ihres schweren Lungenleidens geheiratet hatte, das dann schließlich zu ihrem frühen Tod führte. Es dauerte nicht lange und Karl Ludwig verheiratete sich zum dritten Mal, mit einer äußerst gütigen und gescheiten Frau, der Braganza-Prinzessin Maria Theresia. Diese Frau spielte im Leben Franz Ferdinands eine ganz besondere Rolle, denn sie war es, die immer und in allen Lebenslagen für den Stiefsohn da war, die ihm und seinen Geschwistern die Liebe gab, die ihnen nur eine wahre Mutter geben konnte, die immer versuchte, alle Schwierigkeiten für die Familie zu überwinden, alle Wege zu ebnen, deren einziges Ziel es war, ihre Lieben glücklich zu sehen und glücklich zu machen. Franz Ferdinand konnte mit seinen Sorgen zu Maria Theresia kommen, sie hatte ein offenes Ohr für alles und vermochte durch ihre Geduld und ihren Optimismus manch dunkle Stunde im Leben ihres Stiefsohnes aufzuhellen.

Franz Ferdinand war sich der schweren Bürde bewußt, die nach dem Freitod des Kronprinzen auf ihn zukommen würde, und er begann sich intensiv auf diese Aufgabe als Thronfolger vorzubereiten. Er erkannte, daß seine Ausbildung eher lückenhaft gewesen war und ließ einen seiner früheren Lehrer zu sich rufen, um weiter von ihm unterrichtet zu werden. Freilich war das Interesse des jungen Mannes nur auf bestimmte wissenschaftliche Sparten gerichtet: die Natur mit all ihrem Artenreichtum zog ihn an, als Jäger, als Rosenzüchter, als Sammler und als Zoologe. Er verfaßte selbst Kataloge, in denen er präzise über die Vögel des Waldes Buch führte, ihr Aussehen beschrieb, ihre Größe und die Gebiete, in denen sie vorkamen.
Franz Ferdinand muß eine besondere Vorliebe für das Katalogisieren gehabt haben, denn alles, womit er sich beschäftigte, wurde auf solche Weise niedergelegt. So wurde jedes Stück Wild, das der Thronfolger im Laufe seines Lebens schoß – und das waren bei seiner Jagdleidenschaft nicht wenige – in die Listen aufgenommen.
Die seltsame Begeisterung des Erzherzogs für das Schießen und die Jagd schien nicht nur den Zeitgenossen merkwürdig. Überall erzählte man sich, daß er, wenn er die Gelegenheit dazu hatte – und diese Gelegenheiten boten sich ihm oft –, auf alles schoß, was sich bewegte, ohne Rücksicht auf Tiere oder Schonzeit. Die Treiber mußten ihm das Wild in Scharen zuführen, und er zielte dann unentwegt und traf bei seiner Sicherheit fast immer. Hatte er einmal kein lebendes Ziel vor seiner Büchse, begann er – wie in Meran – von einem Kiefernbaum zuerst die jungen Triebe, dann die Zweige und zuletzt die kleinen Äste herunterzuschießen. Als in Europa bekannt wurde, wer der Nachfolger von Kronprinz Rudolf werden sollte, und daß der neue Thronfolger ein begeisterter Jäger sei, veranstaltete man große Jagden, lud Franz Ferdinand ein und lernte ihn so persönlich kennen. Die Jagden waren gesellschaftliche Ereignisse, auf denen sich nicht selten auch die Familien trafen. Bald jedoch war man von der wahllosen Abknallerei Franz Ferdinands eher abgestoßen, obwohl das damals durchaus nicht unüblich war. Die Trophäenliste des Thronfolgers war bei weitem nicht die längste, verschiedene englische Adelige machten ihm den Rang als Schützenkönig streitig.
Sehr bald – in jungen Jahren – wurden die drei Söhne Karl Lud-

wigs, Franz Ferdinand, Otto und Ferdinand Karl, in das Militär aufgenommen. Franz Ferdinand nahm auch den Militärdienst genau, so wie er alles, was er in seinem Leben begann, mit großem Ernst zu vollenden suchte. Er war ganz anders veranlagt als seine Brüder. Otto, sein jüngerer Bruder, war ein Lebemann wie einer Operette entstiegen, ein »fescher Leutnant«, ein »Drahrer«. Es war kein Ernst in diesem jungen Mann, keine Anlage zur Verantwortung, und obwohl er schon sehr bald mit einer ungeliebten Frau verheiratet wurde und einige Kinder hatte – von denen eines später Kaiser werden sollte –, war er nicht imstande, das lustige Leben aufzugeben. Zahlreich sind die Geschichten über seine Eskapaden, und bei der Wiener Bevölkerung war er viel beliebter als sein eher schwerfälliger und unromantischer Bruder Franz Ferdinand.

Der jüngste Sohn in der Familie hätte seinen Rang und Namen dafür hergegeben, hätte man ihm angeboten, Intendant im Burgtheater zu werden. Er war ungewöhnlich künstlerisch interessiert, worauf aber weder sein Vater noch der Kaiser Rücksicht nahmen. Der junge Mann mußte, ob er wollte oder nicht, eine Generalstabsausbildung mitmachen. Hatte er sich hierin, wenn auch widerwillig, gefügt, so ließ er sich bei der Wahl seiner Ehefrau nichts mehr dreinreden: Er hatte sich in die Tochter eines Universitätsprofessors verliebt und wollte sie heiraten. Sowohl der Kaiser als merkwürdigerweise auch Franz Ferdinand, der damals schon mit Sophie Chotek verheiratet war, machten Ferdinand Karl die größten Schwierigkeiten. Als der Kaiser die Zustimmung zu dieser unstandesgemäßen Heirat absolut verweigerte, legte der Erzherzog alle seine Titel und Ämter nieder, verzichtete darauf, Angehöriger des Erzhauses zu sein und zog sich als einfacher Mann namens Ferdinand Burg in die Wiener Vorstadt zurück, nachdem er seine bürgerliche Frau geheiratet hatte.

Die Liebe spielte also im Leben der jüngeren Brüder Franz Ferdinands eine Hauptrolle, und es ist erstaunlich, daß der Thronfolger so lange im ganzen Land als Hagestolz bekannt war. Er war eine glänzende Partie, nicht nur, weil er als zukünftiger Kaiser der erste Mann in der riesigen Donaumonarchie, sondern auch deshalb, weil er persönlich sehr vermögend war, etwas eher Außergewöhnliches bei den von ständigen Geldsorgen bedrückten Habsburgern. Freilich hatte Franz Joseph seine Privatschatulle immer gefüllt, so daß er großzügige Geschenke machen

konnte – und seine Privatangelegenheiten kosteten Geld –, aber jahrhundertelang war die Geldknappheit eine echte Krankheit des Erzhauses gewesen.
Franz Ferdinand hatte seinen Reichtum geerbt; nach dem Tod des Herzogs von Modena, Franz V., im Jahre 1875 waren ihm der Besitz und das Geld des Herzogtums Modena zugefallen. Das Herzogtum bestand zwar nur noch auf dem Papier, denn Franz war schon 1859 von dort vertrieben worden und bis zu seinem Tod nicht mehr zurückgekehrt; trotzdem hatte er nie die Hoffnung aufgegeben, daß ein Vertreter des Hauses Habsburg noch einmal Herrscher in Modena werden würde. Deshalb trug er sich mit dem Plan, sein Gebiet und sein Vermögen dem Cousin des Kronprinzen, Franz Ferdinand, zu vererben. Durch diese Erbschaft galt Franz Ferdinand als unglaublich reich, obwohl sein Besitz eher trügerisch war, denn er mußte den Hofstaat, den Franz von Österreich-Este gehabt hatte, aufrechterhalten und die Bedienten bezahlen, was Unsummen verschlang. Aber trotz allem war sein Barvermögen größer als das aller anderen Habsburger Erzherzöge. Er war daher ein Mann, den sich so manche Mutter für ihre Tochter erträumte. Viele Heiratspläne wurden geschmiedet, die Auserwählten aber alle samt und sonders von Franz Ferdinand verworfen. Auch die Beziehungen zur nahen Wittelsbacher Verwandtschaft sollten durch ihn nicht vertieft werden. Selbst die Kaiserin, eine Wittelsbacherin, warnte Franz Ferdinand vor einer ehelichen Verbindung mit ihrem Stammhaus, sonst werde er häßliche Kinder haben. Eher dachte sie wohl an die psychischen Abnormitäten ihres Vetters Ludwig, der unter ungeklärten Umständen im Starnberger See umgekommen war, oder auch an Ludwigs Bruder Otto, der später in geistiger Umnachtung im Irrenhaus starb.
Natürlich lebte der junge Erzherzog in seiner Jugendzeit nicht wie ein Mönch, es gab kurze Affären mit Schauspielerinnen und Mädchen, die sich von gewissen Liebesdiensten an Aristokraten etwas erhofften. Aber bald machte eine böse Lungenerkrankung, die Franz Ferdinand wahrscheinlich von seiner Mutter geerbt hatte, diesen amourösen Abenteuern ein Ende. Der Erzherzog mußte für längere Zeit das Land verlassen. In Ägypten, aber vor allem in Meran fand er Ruhe und Erholung, er durfte sich nicht anstrengen und mußte viel liegen. Für den eher unruhigen jungen Mann stellten diese Monate eine schwere Prüfung dar, vor allem,

weil er stets unter ärztlicher Obhut stand. Er konnte nicht jagen, wie er wollte, anstrengende Tätigkeiten waren ihm streng untersagt, und er führte das Leben eines Rekonvaleszenten, das ihm gar nicht behagte.

Auch am Kaiserhof und in der Stadt Wien war man sehr besorgt über den schlechten Gesundheitszustand des Thronfolgers. Würde der Tod den nächsten Anwärter auf den Kaiserthron vorzeitig hinwegraffen, wer sollte dann als nächster die Kaiserkrone tragen? Franz Joseph schien jeden Nachfolger zu überleben! Man machte sich schon mit dem Gedanken vertraut, daß nicht Franz Ferdinand Kaiser werden sollte, sondern sein charmanter, lebenslustiger Bruder Otto. Angeblich soll auch Franz Joseph selbst Otto mehr Sympathien entgegengebracht haben als Franz Ferdinand. Natürlich wußte der Kaiser über den Lebenswandel des Neffen Bescheid, ohne allerdings die einzelnen delikaten Details zu kennen. Aber Otto hatte eine liebenswürdige, verbindliche Art, man konnte ihm nicht böse sein. Franz Joseph wußte, daß er mit ihm wahrscheinlich leichter auskommen würde als mit seinem komplizierten Bruder Franz Ferdinand, der ganz bestimmte Vorstellungen vom Regieren und von den Kronländern hatte. Es hatte schon mehrmals Konflikte zwischen Kaiser und Thronfolger gegeben, vor allem in der ungarischen Frage. Das Verhalten des Erzherzogs konnte nur so gedeutet werden, daß er diesem Volk keine große Sympathien entgegenbrachte, obwohl seine eigene Tochter nach Jahrzehnten noch behauptet, ihr Vater habe niemals den Ungarn gegenüber Ressentiments gehegt. Als Beweis führt die heutige Gräfin Nostitz-Rieneck an, daß der Hauskaplan der Familie ein Ungar war und natürlich sowohl ihren Vater als auch ihre Mutter für dieses Volk eingenommen habe.

Zunächst aber sah es so aus, als würden sich Kaiser und Franz Ferdinand in der ungarischen Frage nicht näherkommen. Für den Thronfolger waren die Ungarn arrogant, fordernd und aufrührerisch. Sie hätten im Ausgleich des Jahres 1867 schon so viel bekommen, und das sei ihnen noch nicht genug! Im Vergleich zu den übrigen Kronländern waren sie durch die Sympathie, die Elisabeth ihnen aus persönlichen Gründen entgegenbrachte, bevorzugt worden, und nun wollten sie noch ihre eigene Sprache als Kommandosprache und andere Vorrechte. Franz Ferdinand erschienen diese Forderungen übertrieben, ihm schwebte eine

Gleichstellung der übrigen Völker in der Monarchie vor, vor allem der Slawen.
Je älter der Kaiser wurde, um so weniger merkte er, wie brisant die politische Situation in seinem Reich wurde. Denn nicht nur außerhalb der Grenzen des eigentlichen Österreich rumorte es, auch in Wien kam es zu deutschnationalen Demonstrationen. Die Hinwendung zum deutschen Kaiserreich war deutlich sichtbar, aber Franz Joseph wollte von dem jungen Kaiser Wilhelm nichts wissen. Das Säbelrasseln, das Wilhelm bei jeder Gelegenheit hören ließ, war dem alten Kaiser verhaßt, er fühlte sich von dem großsprecherischen Wesen des Preußen abgestoßen, und nur äußerst widerwillig war er bereit, ab und zu Wilhelm auf der Durchreise durch Österreich zu empfangen. Anders Franz Ferdinand: er hatte eine gute Beziehung zum deutschen Kaiser, außerdem war er in der Welt herumgekommen und wußte, wie man über Deutschland und die Donaumonarchie dachte. Beim Jagen kam man sich näher, und aus den anfänglichen Höflichkeitsbesuchen entwickelte sich eine echte Freundschaft, die aber dem alten Kaiser besonders suspekt war.
Alt und jung prallten aufeinander, zwei Epochen standen einander gegenüber, die sich wenig zu sagen hatten, weil sie beide von zeitbedingten Ideen getragen waren. Auch charakterlich waren sie, wenn auch beide gewissenhaft und arbeitsam, zu verschieden. Aber noch lebte und regierte Franz Joseph.
Anders als Kronprinz Rudolf suchte sich Franz Ferdinand Aufgaben, die ihn nicht zu einer bloßen Marionette des Kaisers werden ließen. So nahm er an Manövern teil, und als ausgebildeter Soldat verstand er auch etwas von der Sache. Er vertrat den Kaiser im Ausland, denn Franz Joseph hatte es schon als junger Mann nicht geliebt, weite Reisen zu unternehmen. Natürlich hatte sich seine Abneigung gegen Auslandsaufenthalte mit zunehmendem Alter noch verstärkt, und er war froh, daß Franz Ferdinand gerne fuhr.
Franz Ferdinand hatte die Dreißig schon überschritten und war noch immer unvermählt. So sehr sich auch die einzelnen Adelsfamilien bemühten, so sehr verstand er es, sich von allen bindenden und verpflichtenden Einladungen fernzuhalten. Nur Erzherzogin Isabella schien mit ihren Heiratsplänen nicht auf Ablehnung zu stoßen. So oft sie Franz Ferdinand einlud, er stimmte immer gerne zu, zu kommen.

Die Familie des Erzherzog Friedrich, eines Enkels des Siegers von Aspern, lebte auf einem Schloß in Preßburg. Schon bald hatte die energische Gemahlin des Erzherzogs begonnen, geeignete Männer für ihre vielen Töchter zu suchen. Natürlich konnte sie an der besten Partie, die sich überhaupt denken ließ, nicht vorbeigehen. Besonders beglückt war Isabella, als Franz Ferdinand auch an der ältesten Tochter Interesse zeigte. Man unternahm gemeinsame Landpartien, tanze, lachte und spielte Tennis. Und immer war die Hofdame der Erzherzogin mit von der Partie, eine große, schlanke, nicht mehr ganz junge Frau: Sophie Chotek. Die Erzherzogin konnte nicht im Traum annehmen, daß der Besuch des österreichischen Thronfolgers nicht einer ihrer Töchter galt, sondern jener böhmischen Gräfin, die als Hausdame an ihrem Hof weilte.

Wann Franz Ferdinand Sophie zum ersten Mal gesehen hat, ist nicht sicher bekannt. Wahrscheinlich fand diese Begegnung auf einem Ball in Prag statt. Nach Aussagen eines der Lehrer Franz Ferdinands, der die Gräfin Chotek ebenfalls auf einem Prager Ball gesehen hatte, war Sophie keine gewöhnliche Schönheit, ihr Wesen war mehr durch Geist und Energie geprägt als durch Anmut. Außerdem war sie für den Zeitgeschmack zu dünn, die Herren der Gesellschaft schwärmten mehr für die Molligen, neben denen sie wie eine Hopfenstange wirkte, allein schon durch ihre auffallende Größe. In ihrem Gesicht war nichts, was einen Mann hätte faszinieren können, außer ihre wunderschönen Augen, und die überstrahlten alles.

Die Familie Chotek, einem österreichischen Erzherzog aus dem uralten Haus der Habsburger nicht ebenbürtig, zählte dennoch zu den ältesten und angesehensten böhmischen Adelsgeschlechtern, die auf einen traditionsreichen Stammbaum zurückblicken konnten. Aber die Gesetze der Hierarchie mußten im Kaiserhaus eingehalten werden, es war unmaßgeblich, wie alt und verdient die Familie war, sie mußte nur in der Rangordnung der Mächtigen den richtigen Platz einnehmen. Und die Choteks waren an der falschen Stelle gereiht, wenn es darum ging, in die Kaiserfamilie einzuheiraten.

Die Liebesgeschichte zwischen Franz Ferdinand und Sophie Chotek entwickelte sich in aller Stille, niemand ahnte etwas. Beide verstanden es meisterhaft, ihren Begegnungen einen völlig anderen Vorwand zu verleihen. Inwieweit Sophies Familie einge-

weiht war, ist nicht bekannt. Die Gräfin hatte viele Geschwister, bei denen sie öfter zu Gast war und wo auch der Erzherzog verkehrte. Geldmangel bedrückte die Familie lange Zeit hindurch, und nach Aussagen einiger nicht besonders freundlicher Zeitgenossen blieb den sieben Töchtern nichts anders übrig, als reich zu heiraten oder als Stiftsfräulein in ein Kloster zu gehen.
Aber Sophie Chotek hatte ganz andere Pläne, seit sie wußte, daß Franz Ferdinand sie liebte. Alles, was er tat oder schrieb, ließ sie fester in dem Glauben werden, daß er alles daran setzen würde, sie zu heiraten. Sie war eine intelligente Frau, die den geradlinigen Charakter von Franz Ferdinand sehr bald durchschaut hatte. Er würde nicht locker lassen, wenn es darum ging, ein Ziel, das er sich gesteckt hatte, zu erreichen; und dieses Ziel war sie.
Es vergingen oft Monate, bis sich die beiden sehen konnten, dazwischen wurde aber eine eifrige Korrespondenz geführt, von der nur einige Eingeweihte wußten. Natürlich fiel es in Meran auf, wo der Erzherzog lange Zeit bleiben mußte, um seine angegriffene Lunge auszukurieren, daß Franz Ferdinand immer von einer einzigen Person lange Briefe erhielt, die er sehnsüchtig erwartet hatte.
Weil um die Post so viel Geheimnistuerei war, vermutete der Obersthofmeister zu Recht, daß es sich um eine nicht standesgemäße Liebesaffäre handeln müsse. Graf Wurmbrand äußerte sich dementsprechend Dr. Eisenmenger gegenüber, der Franz Ferdinand als Arzt behandelte, und meinte, er werde der Person, die dem Erzherzog diese Briefe schreibe, schon das Handwerk legen. Daß aber Franz Ferdinand ebenso leidenschaftlich und verliebt zurückschrieb, das konnte der Graf nicht ahnen.
So sprechen seine Karten, die er in den Jahren von 1894 bis 1899 an Sophie schrieb, eine beredte Sprache. Aus Meran sandte er einen Gruß auf einer buntbemalten Karte mit folgenden Worten: »Gruß aus Meran«, dazu hatte Franz Ferdinand dann geschrieben: »Meran bei Nacht –
mir hat halt dazu von der Sopherl geträumt.«
Eine andere Karte aus Südtirol:
»Obermais (Meran)
Dort wohnt Ihr alter Franz und lauert auf dem Postamt auf Briefe von der kleinen Sopherl!«
Am 13. Jänner schrieb Franz Ferdinand:
»Verehrteste Gräfin Sophie.

Wie Sie wissen, bin ich in Meran und fahre nachher nach Wien,
da mich wichtige Herzensgeschäfte in die Capitale rufen.
Mit größter Hochachtung
ergebenst
Franz.«
Überschwenglich wirken folgende Grüße:
»Tausend Millionen Grüße sendet (aus Meran)
Ihr täglich in Gedanken
Franzi.«
Eine andere Karte aus Meran:
»Gruß aus Meran
an meine liebe gute Sopherl
von ihrem alten verbannten
Franzi.«
Jahrelang blieb die Beziehung geheim; als aber durch eine Indiskretion der Erzherzogin Isabella die Affäre bekannt wurde, konnte Franz Ferdinand nichts anderes mehr tun, als sich hinter Sophie zu stellen und sie als seine Braut zu bezeichnen. Alles hatte so harmlos begonnen: Franz Ferdinand war wieder einmal einer Einladung auf das Schloß in Preßburg gefolgt, um dort im Kreise der jungen Damen ein Wochenende zu verbringen. Obzwar der Thronfolger immer noch auf seine Gesundheit achten mußte, war ihm das Tennisspielen von seinen Ärzten erlaubt worden. Es war zu dieser Zeit, man schrieb das Jahr 1899, eine der wenigen Sportarten, die den Damen der höheren Gesellschaft gestattet war, freilich züchtig im langen Kleid und mit Hut. Und die Töchter Erzherzog Friedrichs liebten Tennis ganz besonders, das für sie mehr ein geselliges Spiel als ein echter Sport war. Auch Franz Ferdinand war sehr ambitioniert, und man spielte, so oft man nur konnte, ein gemischtes Doppel. Auch Sophie Chotek war dabei. Der Erzherzog legte seine aufklappbare Taschenuhr ab und vergaß sie in der Hitze des Gefechts; sie wurde von einem Bedienten gefunden und der Erzherzogin Isabella gebracht. Was nun folgte, könnte aus einem Boulevardtheaterstück stammen: Isabella war auf das Photo neugierig, das sie unter dem aufklappbaren Deckel der Uhr vermutete, wie es bei den Herren der Gesellschaft üblich war. Sie klappte die Uhr auf, und da blickte ihr nicht, wie erwartet, ihre älteste Tochter, sondern die Hofdame Sophie Chotek entgegen.
Die Überraschung und Enttäuschung der Erzherzogin muß

grenzenlos gewesen sein. Aber sie war auch wütend, empört über Sophie und entrüstet über Franz Ferdinand. Nun erkannte sie die Zusammenhänge, warum er so oft in Preßburg zu Gast gewesen war, sie fühlte sich und ihre Familie hintergangen und ausgenützt, belogen und betrogen. Sie stellte Sophie, in der sie die Verführerin sah, sofort zur Rede. Wie auch immer die Haltung Isabellas gewesen sein mag – die einzige Tochter von Franz Ferdinand und Sophie, Gräfin Nostitz-Rieneck, glaubt sich an Erzählungen ihrer Eltern erinnern zu können, daß die Erzherzogin sich angeblich Sophie gegenüber korrekt verhalten habe –, fest stand, daß die Gräfin Chotek sofort das Haus zu verlassen hatte. Franz Ferdinand stellte sich hinter die Gräfin, wie es sich für einen Mann gehörte, dessen Braut beleidigt worden war.
In Windeseile verbreitete sich das Gerücht von der Liebesaffäre zwischen dem österreichischen Thronfolger und der kleinen böhmischen Gräfin, und es dauerte nicht lange, da wußte man auch am Hof von Wien Bescheid. Zunächst wollte man diesen Redereien keinen Glauben schenken und vermutete eher eine Liaison, wie sie so oft in hohen und höchsten Kreisen vorkam. Auch dem Kaiser kam zu Ohren, was über seinen Neffen gesprochen wurde, und er befahl Franz Ferdinand zur Audienz. Was Franz Joseph hier zu hören bekam, konnte er zunächst nicht glauben. Sein Neffe erklärte ihm in aller Deutlichkeit, die keinen Widerspruch zuließ, daß er Sophie Chotek schon seit langem liebe und daß er sie und keine andere zu seiner Frau machen werde. Sollte ihm dies nicht gestattet werden, so werde er niemals eine andere heiraten, sondern unvermählt bleiben.
Der Kaiser kannte seinen Neffen und wußte, daß seine Worte überlegt waren und daß Franz Ferdinand nicht von seinem Vorsatz abweichen würde. Für den Kaiser aber galt es, die Prinzipien der ältesten Monarchie Europas zu retten. Der Staat, das Kaisertum gerieten in Gefahr, wenn eine einfache böhmische Gräfin den habsburgischen Thronfolger heiratete und damit selbst zur Kaiserin aufsteigen konnte. Franz Joseph war durch die Einsamkeit, die den Mächtigen so lange umgeben hatte, schon so weit von der Realität, von den Belangen der Gegenwart und dem Blick in die Zukunft entfernt, daß es ihm persönlich unmöglich war, seine erstarrten Denkmuster aufzugeben und den Tatsachen ins Auge zu schauen. Hier standen sich zwei Welten gegenüber, zwei Welten, zwischen denen es keine Brücken gab.

Es dauerte lange, bis man einen Kompromiß gefunden hatte, eine Lösung, die keinen befriedigen konnte und von vornherein zu Mißstimmungen führen mußte. Zunächst aber wurde von allen Seiten versucht, sowohl Franz Ferdinand als auch Sophie zum Verzicht auf eine eheliche Verbindung zu überreden. Als man aber erkannte, daß sie nicht von ihrem Plan abweichen würden, schaltete man auch die Kirche ein. Der ehemalige Religionslehrer Franz Ferdinands, Godfried Marschall, versuchte seinen einstigen Schüler davon zu überzeugen, daß die Aufgaben des Staates persönlichen Interessen voranstehen müßten. Für Franz Ferdinand gab es aber kein Entweder – Oder. Er wollte Kaiser werden *und* Sophie heiraten. Als der Prälat bei Franz Ferdinand auf taube Ohren stieß, versuchte er die Schwestern des Thronfolgers zu überreden, ihren Einfluß auf den Bruder geltend zu machen. Als auch dieser Plan mißlang, wandte er sich direkt an Sophie und führte ihr alle Kirchenstrafen vor Augen, wenn sie aus selbstsüchtigen Gründen den Thronfolger von seiner Pflicht dem Staat gegenüber abhalte. Auch diese Drohungen verfehlten ihr Ziel, so daß Marschall seine Taktik ändern mußte: Er bot Sophie die Möglichkeit an, Stiftsdame oder gar Äbtissin in einem Kloster zu werden, um so den Segen des Himmels für Franz Ferdinand erflehen zu können. Aber Sophie war eine junge Frau aus Fleisch und Blut, der die in Aussicht gestellten himmlischen Freuden noch zu früh kamen; sie wollte den Thronfolger und sonst nichts. Mit aller Deutlichkeit machte sie dies auch dem Prälaten klar, so daß er unverrichteter Dinge resignieren mußte.
Eine Nachwirkung hatte seine Intervention allerdings: Godfried Marschall hatte gehofft, Erzbischof von Wien zu werden, wenn Franz Ferdinand seinen Einfluß geltend machte. Aber der Thronfolger vergaß nicht, daß der Prälat versucht hatte, seine Heirat zu verhindern, und wußte die Pläne des Priesters zu unterbinden.
Als man endlich erkannt hatte, daß nichts auf der Welt die beiden auseinanderbringen konnte, begannen von allen Seiten die Bitten an Franz Joseph, doch den Wünschen Franz Ferdinands nachzugeben. Vor allem die Stiefmutter des Thronfolgers, Maria Theresia, die der Kaiser sehr schätzte, bat den Monarchen flehentlich, dem Glück ihres Ziehsohnes nicht im Wege zu stehen. Und allmählich schien der Kaiser seine Ablehnung aufzugeben und auch nach einer Lösung zu suchen. Dazu kam, daß Franz Ferdinand

an den Kaiser einen Brief geschrieben hatte, der den alten Mann nicht gleichgültig lassen konnte. Darin hieß es:
»... Ich kann abermals nur erwähnen, daß der Wunsch, die Gräfin zu heiraten, nicht die Frucht einer Laune ist, sondern der Ausfluß der tiefsten Zuneigung, jahrelanger Prüfungen und Leiden... Die Ehe mit der Gräfin ist aber das Mittel, mich für die ganze Zeit meines Lebens zu dem zu stempeln, was ich sein will und soll: zu einem berufstreuen Mann und zu einem glücklichen Menschen. Ohne diese Ehe werde ich ein qualvolles Dasein führen, welches ich ja jetzt schon durchmache und das mich vorzeitig aufzehren muß... Und eine andere Heirat kann und werde ich nie mehr eingehen, denn es widerstrebt mir und ich vermag es nicht, mich ohne Liebe mit einer anderen zu verbinden und sie und mich unglücklich zu machen, während mein Herz der Gräfin gehört und für ewig gehören muß...«
Die ganze Qual der Unsicherheit, der Wartezeit, des Überlegens, des Bangens um die Zukunft spricht aus diesem Brief. Sie hatten es sich nicht leicht gemacht, Franz Ferdinand und Sophie, sie wußten, welchen Schwierigkeiten sie begegnen würden und hatten versucht, Mittel und Wege zu finden, um zu ihrem Glück zu kommen.
Es ist anzunehmen, daß Franz Joseph in der verzweifelten Situation, in der er sich befand, nicht den Thronfolger opfern wollte: wer sollte Kaiser werden, wenn nicht Franz Ferdinand! Sein Bruder Karl Ludwig war gestorben, die beiden anderen Brüder hatten keine Nachkommen, Erzherzog Otto, der «schöne», aber liederliche Erzherzog kam als Nachfolger auf keinen Fall mehr in Frage, es gab niemanden, der die Nachfolge antreten konnte außer diesem Neffen, der nun in eine so unmögliche Liebesaffäre verstrickt war.
Eine Lösung mußte gefunden werden. Und man kannte sie: eine morganatische Ehe, wie sie zustande kam, wenn ein Habsburger eine nicht standesgemäße Frau wählte. In der Geschichte gab es ja schon einige Beispiele. Warum sollte also hier nicht auch diese Eheform in Frage kommen?
Franz Ferdinand wurde die Erlaubnis erteilt, Sophie zu heiraten, er mußte aber für seine Frau auf alle Rechte und Titel verzichten, die sonst einer Gemahlin des Thronfolgers zugestanden hätten. Sophie konnte nie Kaiserin werden, und die Kinder aus dieser Ehe sollten nicht erbberechtigt sein und nicht einmal den Namen

Habsburg tragen. Die Stellung Sophies war geringer als die der jüngsten Erzherzogin. Ein harter Vorschlag, ein schlechter Kompromiß, der unweigerlich Spannungen und Feindschaften innerhalb der Familie zur Folge haben mußte.

Aber Franz Ferdinand blieb nichts anderes übrig, als einzuwilligen. Was im Inneren des Thronfolgers vor sich gegangen sein mag, weiß niemand, als er sich in der Hofburg einfand, um vor einem großem Gremium am 28. Juni 1900 vor dem Kaiser den Renuntiationseid zu leisten.

Mit finsterer Miene unterzeichnete der Thronfolger das Dokument, das folgenden Wortlaut hatte:

»Wir, Erzherzog Franz Ferdinand Karl Ludwig Josef Maria von Österreich d'Este etc., erklären es als Unseren festen und wohlerwogenen Entschluß, Uns mit der hochgeborenen Gräfin Sophia Maria Josephina Albina Chotek von Chotkowa und Wognin, Dame des hochadeligen Sternkreuzordens und Tochter des verstorbenen Geheimen Rates, Kämmerers und Oberststabelmeisters Seiner kaiserlich und königlichen Apostolischen Majestät Bohuslaw Grafen Chotek von Chotkowa und Wognin und dessen gleichfalls in Gott ruhender Gemahlin Gräfin Wilhelmine, gebornen Gräfin Kinsky von Wchinitz und Tettau, Sternkreuzordens- und Palastdame, ehelich zu verbinden.

Zu dieser ehelichen Verbindung haben Wir in Beobachtung der seit altersher in dem durchlauchtigsten Erzhause bestehenden Observanz und der Bestimmungen der Uns bindenden Hausgesetze die Einwilligung Seiner kaiserlich und königlich Apostolischen Majestät, des glorreich regierenden Kaisers und Königs Franz Josef I., Unseres erhabenen Oheims, als des durchlauchtigsten obersten Hauptes des gesamten Erzhauses, erbeten und eingeholt und hat Se. Majestät geruht, Uns dieselbe als einen neuen Beweis Allerhöchst Ihrer Gnade und wohlwollenden Gesinnungen huldreich zu erteilen.

Bevor Wir aber zur Schließung des ehelichen Bundes schreiten, fühlen Wir Uns veranlaßt, unter Berufung auf die oberwähnten Hausgesetze des durchlauchtigsten Erzhauses, deren Bestimmungen Wir noch ganz besonders im Hinblick auf die gegenwärtige, von uns einzugehende Ehe vollinhaltlich anerkennen und als bindend erklären, festzustellen, daß Unsere Ehe mit Gräfin Sophie Chotek nicht eine ebenbürtige, sondern eine morganatische Ehe ist und als solche für jetzt und für alle Zeiten anzusehen ist, dem-

zufolge weder Unsrer Frau Gemahlin noch den mit Gottes Segen aus dieser Unserer Ehe zu erhoffenden Kindern und deren Nachkommen jene Rechte, Ehren, Titel, Wappen, Vorzüge etc. zustehen und von denselben beansprucht werden können und sollen, die den ebenbürtigen Gemahlinnen und den aus ebenbürtiger Ehe stammenden Nachkommen der Herren Erzherzoge zukommen.
Insbesondere erklären Wir aber noch ausdrücklich, daß Unsern aus obenerwähnter Ehe stammenden Kindern und deren Nachkommen, nachdem dieselben nicht Mitglieder des Allerhöchsten Erzhauses sind, ein Recht auf die Thronfolge in den im Reichsrate vertretenen Königreichen und Ländern und somit auch im Sinne der Gesetzartikel 1723, I und II, in den Ländern der ungarischen Krone nicht zusteht und Selbe von der Thronfolge ausgeschlossen sind.
Wir verpflichten Uns mit Unserem Worte, daß Wir die gegenwärtige Erklärung, deren Bedeutung und Tragweite Wir Uns wohl bewußt sind, als für alle Zeiten, sowohl für Uns wie für Unsre Frau Gemahlin und Unsre aus dieser Ehe stammenden Kinder und deren Nachkommen bindend anerkennen und daß Wir niemals versuchen werden, diese Unsre gegenwärtige Erklärung zu widerrufen oder etwas zu unternehmen, was darauf hinzielen sollte, die bindende Kraft derselben zu schwächen oder aufzuheben.
Zur Bestätigung gegenwärtiger, in zwei Exemplaren auszustellender Erklärung haben Wir diese Urkunde eigenhändig gefertigt und mit Unserm erzherzoglichen Insiegel versehen lassen.
Gegeben zu Wien, am 28. Juni 1900.«
Für Franz Ferdinands eher aufbrausenden, unberechenbaren Charakter muß es eine unmenschliche Überwindung bedeutet haben, ruhig zu bleiben und die Form zu wahren. Verzichtete er durch seine Erklärung nicht nur auf alle Ehren für seine geliebte Frau, nahm er auch noch zusätzlich seinen zukünftigen Kindern alle Möglichkeiten und Chancen, jemals eine maßgebliche Rolle in der Monarchie zu spielen. Der 28. Juni war im Leben von Franz Ferdinand ein »dies ater«, aber trotzdem ein Tag des Glücks, denn jetzt endlich stand der langersehnten Hochzeit nichts mehr im Wege.
Schon wenige Tage nach Franz Ferdinands Verzicht fand die Hochzeit in Reichstadt in Nordböhmen statt. Man hatte ein

Schloß der Familie des Bräutigams gewählt und nicht wie sonst üblich einen Ort, an dem die Braut zu Hause war. Die Vorbereitungen für das große Fest hatten schon im Mai begonnen, als es sich abzeichnete, daß der Kaiser seinen Widerstand aufgeben würde. Die Hochzeit wurde zu einem reinen Familienfest, ohne große Zeremonien und starre Etikette, denn weder der Kaiser noch Ferdinands erzherzogliche Brüder waren der Einladung nach Böhmen gefolgt. Unaufschiebbare Verpflichtungen hinderten sie daran, dem Bruder die Ehre zu erweisen. Nur die beiden Schwestern des Bräutigams und seine Stiefmutter Maria Theresia, der das Schloß gehörte, gingen im Hochzeitszug als Angehörige der Hocharistokratie. Für Franz Ferdinand mochte es unwichtig sein, daß die Repräsentanten des Staates nicht erschienen waren: die beiden wichtigsten Frauen in seinem Leben hatte er um sich, seine geliebte Sophie und den guten Geist, der ständig nur das Beste für den Ziehsohn gewollt hatte, Maria Theresia. Obwohl Sophie nicht mehr ganz jung war – 32 Jahre galten in der damaligen Zeit eher schon als ein Vorstadium zur »alten Jungfer« –, war sie eine entzückende Braut, in einem weißen Kleid aus Seide mit einer meterlangen Schleppe und einem bis zum Boden fallenden weißen Schleier. Die Symbole der Unschuld, Myrten und Orangenblüten, fehlten nicht und zeigten, daß die langjährige Freundschaft und Liebe beide nicht verleitet hatte, in aller Heimlichkeit zusammenzuleben. Ein Diamantendiadem schmückte das schöne Haar der Braut und wirkte wie eine Krone. Franz Ferdinand war in Generalsuniform erschienen und zeigte dadurch die Verbindung zum Kaiserhaus. Auch er machte einen glücklichen Eindruck; die Schmach, die er vor einer Woche vor aller Augen erlitten hatte, schien vergessen. Der Dekan, der die Trauung vorgenommen hatte, wandte sich, nachdem die Ringe gewechselt waren, an die Brautleute und sagte: »Mögen diese Eheringe auch für alle Zeit Zeugen Eures ungetrübten ehelichen Glücks sein. Das ist der brennende Wunsch von Millionen von Herzen, und besonders derjenigen, welche Euch jetzt näherstehen...«
Obwohl der Kaiser bei den Hochzeitsfeierlichkeiten nicht anwesend war, gratulierte er auf seine Weise: er hatte der Braut ein kostbares Diadem geschickt und zugleich, und das war ein noch größeres Geschenk, ein Telegramm gesandt, in dem er Sophie Chotek »in den erblichen fürstlichen Rang mit dem Namen Ho-

henberg und dem Titel Fürstliche Gnaden« erhob. Damit war aus der einfachen böhmischen Gräfin zumindest eine Fürstin geworden, was aber in der Hierarchie des Wiener Hofes nicht besonders viel Bedeutung hatte. Denn bei offiziellen Anlässen, bei Feierlichkeiten, mußte die Gemahlin des Thronfolgers hinter der letzten jungen Erzherzogin gehen, sie war nicht befugt, in der kaiserlichen Loge in der Oper neben ihrem Mann zu sitzen, selbst in kleinen Theatern hatten die Eheleute getrennte Plätze. Inwieweit diese Schmach – und sowohl Erzherzog Franz Ferdinand als auch in besonderer Weise Sophie empfanden die Zurücksetzung als solche – auf die Anordnungen des alten Kaisers zurückging, bleibt dahingestellt. Sicherlich achtete Franz Joseph auf die Einhaltung des Hofzeremoniells, aber er war wahrscheinlich zu alt, als daß er sich um diese »weltlichen« Dinge persönlich gekümmert hätte. Aber er hatte einen Mann zur Seite, der nirgends beliebt war und trotz allem eine fast unumschränkte Macht ausübte, wenn es darum ging, die Stellung anderer Leute, die dem Kaiser in irgendeiner Weise nahestanden, genau zu fixieren: Fürst Montenuovo, der Sohn Marie Louises und des Grafen Neipperg, den die Tochter Franz' I. nach ihrer kurzen Ehe mit Napoleon geheiratet hatte, hatte alle Fäden fest in der Hand und bestimmte jede kleinste Anordnung des Protokolls. Er war ein knöcherner Mensch, ohne die geringste Gefühlsregung, ohne Einfühlungsvermögen und letztlich auch ohne diplomatisches Geschick. Denn die Demütigungen und Beleidigungen, denen sich Sophie ständig ausgesetzt sah, mußten über kurz oder lang zu einer Auseinandersetzung zwischen dem Fürsten und dem Thronfolger führen. Franz Ferdinand hatte eine unbeherrschte Natur, und seine Wutausbrüche waren gefürchtet. Wie er sich bei allen möglichen Anlässen zusammennehmen konnte und seinen Zorn nicht zeigte, wenn er merkte, daß man seine Frau verletzte, erscheint beinahe rätselhaft. Vielleicht hatte er andere Pläne, vielleicht wartete er auf die Stunde der Rache, wenn er einmal den Thron bestiegen hatte.

Wie würde sich Franz Ferdinand wohl verhalten, wenn er an die Macht kam? Das fragten sich viele. Ob er den Eid, den er letztlich unter Druck geschworen hatte, einhielt – oder ob er beim Papst um eine Dispens ansuchen würde? Als strengem und bekennendem Katholiken mußte ihm der Verzicht heilig sein, als Herrscher und Vater aber konnte er durchaus anders denken.

Gab es doch in der Geschichte immer wieder Beispiele, wo ein unter bestimmten Voraussetzungen geleisteter Eid als aufhebbar gegolten hatte. Dies war die Chance für Franz Ferdinand und Sophie: wenn der Papst den Renuntiationseid nicht für bindend erklärte, konnten die Kinder die Nachfolge des Vaters antreten und mehr noch: Sophie konnte zur Kaiserin gekrönt werden. Ein Ziel, das ihr, die von Natur aus ehrgeizig war, sicher vor Augen schwebte.

Das junge Paar verlebte die erste Zeit in Konopischt, einem Schloß in Böhmen, das dem Erzherzog gehörte. Es waren glückliche Wochen, die beide hier allein verbrachten, fernab von allen Intrigen und Sorgen. Ein Brief Franz Ferdinands an seine Stiefmutter Maria Theresia drückt aus, wie froh der Thronfolger war, endlich seine Sophie ganz für sich haben zu können. Er schrieb:

»Liebste Mama!

Endlich bißl in Ruhe gekommen nach Beantwortung zahlloser Telegramme – Briefe – nach Einrichtung unserer Wohnung und Auspackung aller Sachen von Sophie, ist es mir Erstes Dir einige Zeilen zu schreiben und Dir in meinem und Sophies Namen, auch noch schriftlich von ganzem Herzen zu danken, für all die unbeschreibliche Güte und Liebe, die Du uns in Reichstadt bewiesen hast: Wir sind Dir bis an unser Lebens-Ende dankbar für Alles was Du für uns gethan hast, für die zahllosen Beweise Deines goldenen mütterlichen Herzens.

Wir Beide sind unsagbar glücklich: dieses Glück verdanken wir in erster Linie Dir! Wo wären wir heute, wenn Du Dich nicht in so edler rührender Weise unserer angenommen hättest! Wir sprechen auch unausgesetzt von Dir und unsere Dankbarkeit kennt keine Grenzen.

Wir können Dir nichts bieten, als die Versicherung, daß Du so ein gutes Werk gemacht hast und daß Du Deine zwei Kinder für ihr ganzes Leben glücklich gemacht hast.

Sophie wollte Dir auch schreiben, doch fand sie es unbescheiden Dich mit einem Schreiben zu behelligen, und so übernehme ich es auch ihren gebührenden Dank und Handkuß zu vermelden.

Sophie liest diesen Brief nicht, da sie gerade Bettelbriefe ordnet. Also kann ich Dir sagen, liebste Mama, unter vier Augen, daß Soph ein Schatz ist, daß ich unsagbar glücklich bin! Sie sorgt so für mich, mir geht es famos, ich bin gesund und viel weniger nervös. Ich fühle mich wie neugeboren. Sie schwärmt von Dir und

redet nur von Deiner Güte und Liebe. Ich habe vollkommen in meinem Inneren das Gefühl, daß wir beide bis zu unserem Lebensende unbeschreiblich glücklich sein werden.
Gute liebe Mama, Du hast das Richtige getroffen, daß Du mir geholfen hast! Der liebe Gott zu dem ich täglich zweimal in der Capelle mit Soph bete, lohne Dir, gute Mama, Alles was Du für uns gethan.
Ich umarme Dich und die Schwestern, küsse Dir die Hände und bin ewig
Dein dankbarster, Dich innigst liebender Sohn Franzi.«
Sophie war tatsächlich die richtige Frau für den Thronfolger, dessen Charakter viele Züge aufwies, die ihn breiten Bevölkerungsschichten nicht gerade sympathisch machten. Obwohl er in einer Gesellschaft, die ihm zusagte, charmant und liebenswürdig sein konnte, zeigte er sich anderen Gesprächspartnern eher abweisend und schroff. Vielleicht war daran seine Grundeinstellung zum Leben und zu den Menschen schuld: er war mißtrauisch und sah in jedem Unbekannten zunächst einmal einen schlechten Kerl. Aber Sophie wußte ihn zu behandeln, sie erkannte seine Wünsche und seine Vorliebe für ein gemütliches Familienleben, pflegte seine Liebe zur Natur und zum Garten – Franz Ferdinand war ein begeisterter Rosenzüchter –, und ging mit ihm, wenn es möglich war, auf die Jagd. Sie verstand ihn und paßte sich ihm an, ohne ihre eigenen Charaktereigenschaften aufzugeben, und sie fand das richtige Maß zwischen Geben und Nehmen.
Franz Ferdinand war in seinem Charakter das, was man einen »Herrenmenschen« nennen könnte. Er vertrug keinen Widerspruch und natürlich auch keinen Widerstand. Wenn jemand eine andere Meinung als er hatte, bedurfte es für den Kontrahenten eines erheblichen Fingerspitzengefühls, wenn es galt, den Thronfolger zu überzeugen. Es dauerte oft lange und war äußerst mühsam, doch endlich die Zustimmung Franz Ferdinands zu erlangen. Man wußte nie und konnte nicht vorhersagen, wie eine Unterredung mit ihm ausgehen würde; manchmal zeigte er sich äußerst liebenswürdig, um im nächsten Augenblick einen seiner berüchtigten Zornesausbrüche zu bekommen. Dazu zeigte er noch eine übertriebene Verschlossenheit, die aber genauso plötzlich in Leutseligkeit umschlagen konnte, wenn ihm danach zumute war. Das unterschied ihn grundlegend vom alten Kaiser, der zwar als Vaterfigur der Monarchie anerkannt wurde, aber so gar nichts

Väterliches an sich hatte, da er bei seinen Audienzen, die er seinen Untertanen gab, immer nur ganz bestimmte Floskeln benützte, die letztlich nichts aussagten und leere Worte waren. Franz Ferdinand dagegen konnte sich mit allen Teilen der Bevölkerung gut unterhalten, es herrschte nicht die strenge Konvention, die Leute konnten vorbringen, was sie sagen wollten, und Franz Ferdinand hörte ihnen auch zu. Nach Aussagen engster Vertrauter waren ihm Einfachheit und Natürlichkeit zu eigen. Graf Stürgkh schreibt über ihn:
»... Pose, Effekthascherei kannte er nicht... Den Eindruck, daß man es mit einer den Durchschnitt weit überragenden fürstlichen Persönlichkeit, mit einem Manne ausgeprägter Individualität zu tun habe, konnte man sich im Verkehr mit ihm nicht entziehen. Er wirkte ganz anders als der Kaiser, aber nicht weniger stark. Stellte jener in seiner unnachahmlichen Vornehmheit der Erscheinung und abgemessenen Reserviertheit die verkörperte Majestät dar, vor der man sich in Ehrfurcht beugte, so trat einem Erzherzog Franz Ferdinand durch sein lebhaftes offenes Wesen, die schlichte und einfache Art sich zu geben, menschlich viel näher. Er ging mehr aus sich heraus, war sehr redegewandt, und man konnte daher mit ihm ein Gespräch führen, während Audienzen beim Kaiser doch im allgemeinen den Charakter des militärischen Rapports trugen.«
Und doch: trotz aller positiven Urteile war er bei der Bevölkerung unpopulär. Er war das ganze Gegenteil des toten Kronprinzen, dem man in Wien außerordentlich große Sympathien entgegengebracht hatte. Wahrscheinlich war der Thronfolger auch viel zu lange und oft abwesend, und man konnte daher keine direkte Beziehung zu ihm entwickeln.
Auch in der Hofburg und in Schönbrunn sah man besorgt in das Schloß Belvedere, wo der Thronfolger seinen Sitz hatte. Die Ungarn warfen Franz Ferdinand vor, daß er die Slawen bevorzuge, die Slawen aber, die aus der Donaumonarchie ausbrechen wollten, um mit ihren slawischen Brüdern auf dem Balkan vereint zu werden, sahen darin einen gefährlichen Hemmschuh für ihre Bestrebungen. So konnten sie Franz Ferdinand auch nicht lieben. Man hielt ihn für einen reaktionären und daher gefährlichen Mann, der allen Neuerungen im Wege sein würde, obwohl er sich persönlich für den Fortschritt, zumindest was die Technik betraf, interessierte. Aber der politische Weitblick schien bei ihm durch

seine starren Vorstellungen eingeengt. Man fürchtete allseits den massiven Einfluß der Kirche, da Franz Ferdinand ebenso wie seine Gemahlin streng religiös war.
Wie sehr sich der Erzherzog um das Urteil seiner Umwelt kümmerte, bleibe dahingestellt. Er zeigte bei keiner Gelegenheit diplomatische Schachzüge, die ihm die Gunst der Bevölkerung hätten einbringen können. Am Urteil der anderen schien ihm nicht viel gelegen, einzig und allein daran, was seine geliebte Frau von ihm dachte. Daß die Ehe äußerst glücklich war, zeigen viele Briefe und Karten, die Franz Ferdinand von überall her an seine Frau und die Kinder schickte. Die Familie war für ihn der Mittelpunkt seines Lebens, nur wenn es unbedingt nötig war, verließ er sein gemütliches Heim und nahm an offiziellen Veranstaltungen teil, bei denen seine Frau entweder überhaupt nicht geladen worden war oder bloß als eine unter vielen auftreten konnte.
Das erste Kind Franz Ferdinands und Sophies war ein Mädchen, das auf den Namen der Mutter getauft wurde. Dann kamen zwei Söhne, Max und Ernst, zur Welt, so daß das Glück des Thronfolgerpaares vollkommen war. Ein viertes Kind wurde tot geboren, und die Ärzte warnten die Fürstin Hohenberg vor einer weiteren Schwangerschaft, da ihre Gesundheit angeschlagen war. Franz Ferdinand war ein begeisterter Vater, der aber, so merkwürdig das klingen mag, sonst Kinder nicht besonders leiden konnte.
Mit seinen eigenen Kindern spielte Franz Ferdinand, las ihnen Geschichten vor, verbrachte stille Abende im trauten Heim, eine Zigarre rauchend, während Sophie mit einer Stickarbeit beschäftigt war. Diese Idylle war das ganze Glück eines Menschen, der sich in der großen Politik gegen Gott und die Welt stellen mußte. Schon früh nahm er die Familie auf seinen Reisen mit, und es kam selten vor, daß er Sophie und die Kinder zu Hause zurückließ. Die Kinder waren es gewöhnt, immer wieder von fremden Leuten umgeben zu sein und wurden schon früh mit einer Welt vertraut gemacht, deren Licht- und Schattenseiten sie allzu bald erfahren sollten. Die Tochter von Franz Ferdinand erinnert sich noch gut an diese Zeit mit den Eltern, erzählt von Einladungen im Schloß Belvedere, denen der alte Kaiser gerne folgte, und berichtet, daß das Verhältnis zwischen Franz Joseph und Sophie trotz der Hintansetzung der Gattin des Thronfolgers bei offiziellen Anlässen im kleinen, familiären Rahmen sehr gut gewesen sei. Der Kaiser respektierte und schätzte Sophie als Menschen und

als Frau, obwohl er sie nach seinen traditionellen Vorstellungen nicht anerkennen konnte. Die Kinder waren mit ihren Eltern auch in Schönbrunn zu Gast, und Sophie Nostitz-Rieneck, Franz Ferdinands Tochter, ist vor allem voll des Lobes über den späteren Kaiser Karl, der zu Beginn des 20. Jahrhunderts noch ein sehr junger Mann war. Auch seine Gemahlin Zita, die spätere Kaiserin, verhielt sich liebenswürdig und auch respektvoll der Fürstin Hohenberg gegenüber, sie sah in ihr nicht nur die Frau des Thronfolgers und angeheiratete Tante, für sie war Sophie Hohenberg die zukünftige Kaiserin der Donaumonarchie, ob sie diese Position nun einnehmen sollte oder nicht. In aller Öffentlichkeit zeigte Zita ihren Respekt und ihre Hochachtung. So erzählte sie später eine Anekdote, die ein bezeichnendes Licht auf die unsinnige Situation wirft: Selbst in kleinen Privattheatern war es Sophie nicht gestattet, den Platz an der Seite ihres Mannes einzunehmen. Sie mußte in einer anderen Loge sitzen als der Erzherzog. In ihrer angeborenen Höflichkeit, aber vielleicht auch als Ausdruck der Hochachtung wollte die kaum zwanzigjährige Zita Sophie ihren Respekt erweisen und küßte ihr die Hand. Die Herzogin erschrak, sah sich nach allen Seiten um und flehte Zita an, dies nie mehr in der Öffentlichkeit zu tun, da es genügend Leute gebe, die auf derlei Gesten nur warteten und ihr solche Freundlichkeiten zum Nachteil auslegen würden. Sophie erwähnte Drohbriefe, die sie immer wieder bekommen hatte und die sie warnten, sich als ebenbürtige Frau des Thronfolgers feiern zu lassen. Wer die Absender dieser Briefe waren, ist schwer zu ergründen; vielleicht waren schon damals Leute am Werk, die nicht nur Sophie Hohenberg treffen wollten, sondern mit ihr vor allem ihren Mann. Denn die Mühlen gegen Franz Ferdinand begannen schon bald zu mahlen, je mehr er sich politisch betätigte und je mehr seine Absichten bekannt wurden. Und auch Sophie war eine ehrgeizige Frau und sicherlich nicht gewillt, ein Leben lang im Schatten ihres Mannes zu stehen.

Franz Ferdinand unternahm alles, um seine Frau aus ihrer demütigenden Rolle zu befreien. Er nahm gern Einladungen ins Ausland an, bei denen man entweder inkognito oder inoffiziell reiste und dann als Ehepaar auftreten konnte, wie sein Besuch in England zeigt. Bei dieser Gelegenheit konnte er seine Frau präsentieren, die, da sie nicht offiziell gekommen war, überall herzlich willkommen geheißen wurde. Anders beim Besuch in Bulgarien, wo man Sophie wie die zukünftige Kaiserin der Donaumonarchie mit allen Ehren begrüßte und respektierte. Für Franz Ferdinand waren das glückliche Augenblicke.

Vielleicht waren es derartige Überlegungen – daß auch in Bosnien Sophie an seiner Seite stehen konnte –, die ihn veranlaßten, im Juni 1914 die Inspektion der Manöver durchzuführen, die in der Gegend von Sarajevo abgehalten wurden, und seine Frau dazu mitzunehmen. Denn im Grunde seines Herzens hatte Franz Ferdinand ein ungutes Gefühl vor dieser Reise in den Osten, er war auch von verschiedenen Personen, die es gut mit ihm meinten, gewarnt worden. Attentatsgerüchte waren aufgetaucht. Der Balkan brodelte, es hatten sich an verschiedenen Stellen revolutionäre Gruppen gebildet, die Schießübungen veranstalteten, aber wahrscheinlich gar kein exaktes Ziel hatten, außer die Monarchie zu treffen. Franz Ferdinand war für sie ein gefährlicher Mann, er war derjenige, der den Einfluß der Ungarn schmälern und versuchen wollte, auch den Slawen zu ihrem Recht zu verhelfen. Nicht der Dualismus mit Ungarn, sondern ein »Trialismus«, der auch die Slawen einschloß, sollte die Monarchie aus ihrer Erstarrung reißen und weiterhin lebensfähig machen. Weil aber Franz Ferdinand diese Angleichung der Slawen suchte, war er für die Extremisten zu fürchten. Verwirklichte der Thronfolger nach dem Regierungsantritt seine Idee, dann fiel jeder Grund für Unzufriedenheit weg, niemand würde ernstlich eine Veranlassung sehen, aus dem Verband der Monarchie ausscheiden zu wollen.

Der Thronfolger befand sich in einer mißlichen Situation, als er beschloß, mit seiner Gemahlin nach Sarajevo zu reisen. Er wußte, daß die Warnungen, die man an ihn herangetragen hatte, nicht von der Hand zu weisen waren, und er litt unter düsteren Ahnungen. Nach einer Aussprache mit dem Kaiser kam er aber zu dem Ergebnis, daß er doch fahren wollte. Wahrscheinlich war Franz Joseph in seinem hohen Alter auch nicht mehr in der Lage, die wirkliche Gefahr zu erkennen, in der sein Nachfolger schwebte. Am Abend vor der Abreise jedenfalls bestellte Franz Ferdinand seinen Neffen Karl und dessen Gemahlin Zita zu sich und bat nach einem gemütlichen Abendessen seinen Neffen, ihm in sein Arbeitszimmer zu folgen. Dort öffnete er den Schreibtisch, informierte den jungen Erzherzog über alle wichtigen Dokumente, die hier lagen und bat ihn, im Falle seines Ablebens

diese Papiere an sich zu nehmen. Beide, Karl und Zita, versuchten daraufhin, den Thronfolger und Sophie noch im letzten Moment von der geplanten Reise abzuhalten, aber Franz Ferdinand erklärte, daß alles schon zur Abreise bereit sei und daß man daher fahren werde.
Das Schicksal nahm seinen Lauf.
Sie fuhren auf getrennten Routen, in getrennten Fahrzeugen und sollten doch gemeinsam sterben. Eine große Liebesgeschichte endete durch die Kugeln eines jugendlichen Attentäters. Eine der größten Tragödien der Geschichte war die Folge dieses blindlings begangenen Mordes, hinter dem eine ganze Schar von ausgebildeten Scharfschützen und Bombenwerfern stand. Der Gymnasiast Gavrilo Princip, der durch einen Zufall beide, sowohl Franz Ferdinand als auch Sophie, aus nächster Nähe tödlich traf, war sich wahrscheinlich der Tragweite seines Tuns kaum bewußt. Jugendlicher Fanatismus, verbunden mit glühendem Patriotismus, ließen ihn die Pistole abdrücken und damit den Lauf der Weltgeschichte bestimmen.
Sophie war zunächst zur Erholung in das Bad Ilidče gefahren, während Franz Ferdinand zur Inspektion der Manöver in Bosnien weilte. Sarajevo sollte den Abschluß der Balkanreise bilden. Alles war aufs festlichste für die hohen Gäste vorbereitet, Tausende säumten die Straßen, durch die das Auto des Thronfolgers fahren mußte. Für die Verschwörer der »Schwarzen Hand« eine leichte Sache, sich an den entscheidenden Punkten zu postieren, in Kurven oder an besonders belebten Stellen, wo man wußte, daß das Auto langsam fahren mußte.
Der Thronfolger und seine Gemahlin bestiegen das Fahrzeug, das sie ins Rathaus, in den Konak, bringen sollte, wo ein Empfang stattfinden würde, in nervöser, gereizter Stimmung. Alle spürten, daß etwas in der Luft lag. Die erste lebensgefährliche Situation entstand, als aus der Menge eine Bombe auf den Fahrzeugkonvoi geworfen wurde, die den Oberstleutnant Merizzi schwer verletzte. Franz Ferdinand und Sophie blieben unversehrt, nur ein kleiner Ritzer am Hals der Erzherzogin war zu sehen. Schockiert und empört über das Ereignis gab Franz Ferdinand den Befehl, das offizielle Programm abzubrechen und ins Krankenhaus zu fahren, wo er den Obersten besuchen wollte. Der Weg sollte über den Appelkai führen: der Fahrer bog aber schon bei der Lateinerbrücke ab, erkannte seinen Irrtum und wollte re-

versieren. Dabei geriet das Erzherzogpaar in die direkte Schußlinie von Gavrilo Princip. Ohne genau zu zielen oder auch nur zu schauen, drückte Princip ab und schoß, wo er gerade hintraf. Und er traf genau: Sophie kippte nach vorn in den Schoß des Erzherzogs, eine Kugel hatte ihr die Hauptschlagader in der Nähe des Magens zerfetzt. Aus dem Mund des Thronfolgers drang Blut, und er flüsterte beinahe unhörbar: »Sopherl, Sopherl, stirb nicht, bleib für unsere Kinder!« Dann begann auch er zu röcheln und flüsterte immer wieder: »Es ist nichts.«
Als man das österreichische Thronfolgerpaar in den Konak gebracht hatte, in den Sitz des Landeschefs, Feldzeugmeister Potiorek, kam für beide jede Hilfe zu spät. Der Tod hatte sie vor den Augen der Welt für immer vereint.
Nicht aber für den österreichischen Kaiserhof, an dem auch nach dem Ableben von Franz Ferdinand und Sophie Chotek das strenge Hofzeremoniell galt, wo man sich nach dem anfänglichen Schock über die Ermordung darüber den Kopf zerbrach, wie man die Bestattung der beiden vornehmen sollte. Kaum einer bei Hofe außer Karl und Zita trauerte über die Toten, empörend war lediglich die Tatsache, daß der Nachfolger des Kaisers von Verbrechern erschossen worden war. Franz Joseph war alt und hatte zu wenig Kontakt und innere Beziehung zu seinem Neffen gehabt, als daß er menschliche Gefühle wie Trauer hätte empfinden können. Einzig den Kindern galt sein Mitgefühl; er ließ die Tochter und die beiden Söhne zu sich nach Schönbrunn kommen und war menschlich teilnahmsvoll. Außerdem sorgte er sich um die Zukunft der Waisen und wies ihnen als Besitzgrundlage die Güter um Eisenerz zu, damit sie in der Zukunft ein Auskommen haben sollten.
Die Reaktion des alten Kaiser auf die Todesnachricht drückt alles aus, was Franz Joseph seit eh und je über diese Ehe gedacht hatte: »Entsetzlich! Der Allmächtige läßt sich nicht herausfordern! Eine höhere Gewalt hat wieder jene Ordnung hergestellt, die ich leider nicht zu erhalten vermochte.«
Aber die Ordnung war für den Zeremonienmeister des Kaisers, Fürst Alfred Montenuovo, noch längst nicht hergestellt. Franz Ferdinand hatte wahrscheinlich geahnt, welche lächerlichen Streitereien seine und seiner Frau Beisetzung eines Tages bringen würde. Er als Habsburger hatte Anspruch, in der Kapuzinergruft begraben zu werden, aber seine Gattin wäre niemals, so-

lange der Kaiser und Montenuovo lebten, an seiner Seite bestattet worden. Daher hatte der Thronfolger schon zu Lebzeiten für sie beide eine Gruft in Artstetten in Niederösterreich ausbauen lassen und verfügt, daß man sie dort beisetzen solle.
Eigentlich war es die Absicht Montenuovos, die beiden Sarkophage heimlich und bei Nacht vom Südbahnhof, wo sie mit dem Zug eingetroffen waren, zum Westbahnhof und von dort nach Pöchlarn zu schaffen. Dann wäre man die beiden endgültig losgeworden. Aber jetzt begann man sich doch sowohl im Adel als auch in der Bevölkerung gegen diese Behandlung der beiden Toten zu empören. War Franz Ferdinand zu Lebzeiten auch nicht besonders beliebt gewesen, so sah man doch in dem gemeinsamen Tod der beiden eine Bestätigung ihrer großen Liebe, und das rührte alle ans Herz. Der junge Karl, der jetzt Thronfolger geworden war, sprach beim Kaiser vor und bat um etwas mehr Zeremoniell. Der Kaiser war erstaunt, meinte er doch, man habe den Toten genausoviel Zeremoniell gewährt wie einstens der Kaiserin, und die sei auch ermordet worden.
Aber das Begräbnis, das dem österreichischen Thronfolger gewährt wurde, der immerhin sein Leben und das seiner Frau für den Staat hingegeben hatte, war und blieb ein Begräbnis »dritter Klasse«; dieses Eindrucks konnten sich die Tausende, die dem nächtlichen Trauerzug bis zum Westbahnhof folgten, nicht erwehren.
Als man die Sarkophage in Pöchlarn aus dem Zug umlud, um sie über die Donau zu bringen, scheuten die Pferde wegen des schweren Gewitters, das zu diesem Zeitpunkt über dem Ort niederging, und nur mit Mühe konnte man verhindern, daß die beiden Särge in die Fluten fielen. Als man endlich Artstetten erreicht hatte, stieß ein Sargträger vor dem Eingang zur Gruft mit dem Sarg so stark an die Wand, daß ein Stück Mauerwerk herausbrach. Franz Ferdinand hatte zu Lebzeiten geäußert, er werde sich im Sarge umdrehen, sollten die Sargträger hier in der scharfen Kurve an die Wand stoßen...
»Bis daß der Tod Euch scheidet«, hatte einst der Geistliche gesprochen, um eine große Liebe vor Gott und den Menschen zu besiegeln. Aber selbst der Tod hatte Franz Ferdinand nicht von Sophie Chotek getrennt.

Liebe auf den zweiten Blick

KARL I. UND ZITA VON BOURBON-PARMA

Eisiger Wind peitschte Regenschauer gegen die Mauern des Klosters der Benediktinerinnen auf der englischen Insel Wight und ließ Nonnen und Zöglinge in den düsteren Räumen vor Kälte zittern. Karg und schmucklos war die Einrichtung, alles, was das Leben etwas erfreulicher gemacht hätte, war untersagt; hier war der Blick nur auf die innere Einkehr und zum Himmel gerichtet. Es war so ganz und gar nicht der Platz für ein junges Mädchen, und obwohl sich die Bourbonenprinzessin Zita den Regeln des Klosters untergeordnet hatte, hatten das rauhe unwirtliche Klima und die asketische Ordnung der Gesundheit des Mädchens so geschadet, daß sich die Mutter entschloß, ihre Tochter heimholen zu lassen. Die Cousine der Prinzessin, Maria Annunziata, machte sich auf die weite Reise nach England, um Zita nach Hause zu begleiten. Die beiden Damen traten den Heimweg über das böhmische Heilbad Franzensbad an, wo man sich von den Strapazen der Reise erholen wollte. Die unbeschwerten Tage, die man mit ihren Annehmlichkeiten voll und ganz auskosten wollte, sollten dazu dienen, die angeschlagene Gesundheit der hübschen Prinzessin wiederherzustellen.

Nach der spartanischen Einfachheit des Klosters genoß Zita den Luxus, der sie hier in Franzensbad umgab, und sie erkannte, wie schön und angenehm das Leben eigentlich doch war. Weite Spaziergänge wechselten mit Einladungen ab, man lernte interessante Leute kennen, und überall fiel Zita durch ihr bezauberndes Wesen und ihre besondere Anmut auf, so daß sie bald viele Verehrer um sich scharte. Jeden Tag unternahmen die Damen ihren Bummel auf der blumengeschmückten Promenade und genossen die bewundernden Blicke der vorüberflanierenden jungen Herren. Besonders liebenswürdig grüßte der habsburgische Erzherzog Carl Franz Joseph. Erzherzog Karl, wie er von seiner Familie genannt wurde, war für die Prinzessin kein Fremder, sie hatten sich als Kinder öfter getroffen, aber er hatte keinen allzu großen

Eindruck auf sie gemacht. Jetzt aber standen sich zwei hübsche junge Leute gegenüber, die sich unsicher anlächelten und zunächst nicht wußten, was sie sagen sollten. Wahrscheinlich überwand Zita als erste die Verlegenheit und begann mit Karl eine angeregte Unterhaltung. Sie war ein überaus gebildetes Mädchen, das in den verschiedenen Schulen Wissen, aber auch Umgangsformen gelernt hatte, so daß sie sich in den unterschiedlichsten Lebenslagen zurechtfand. Denn obwohl die Familie des Herzogs von Parma, vor allem nach dem Tod des Vaters, keine großen finanziellen Eskapaden machen konnte, achtete die Mutter Zitas sehr darauf, daß die zahlreichen Kinder Herzog Roberts eine standesgemäße, gediegene Ausbildung und Erziehung bekamen, so daß sie später einmal, sollte sich die Chance bieten, jederzeit in die ersten Häuser Europas einheiraten konnten.
Das Schicksal hatte den Vater Zitas um Land und Macht gebracht, obwohl Herzog Robert nach der Ermordung seines Vaters schon mit sechs Jahren einen Anspruch auf den Thron von Parma hatte. Freilich übernahm die überaus tüchtige Mutter die Regierungsgeschäfte für ihren minderjährigen Sohn, allerdings konnte auch sie sich nicht den Einigungsbestrebungen Italiens in den Weg stellen und mußte schließlich vor den feindlichen Truppen kapitulieren. Sie verlor für sich und ihren Sohn Parma, und Robert kam zu seinem Onkel, dem Herzog von Chambord, nach Niederösterreich.
Es ist beinahe ein Kuriosum der Weltgeschichte, daß auch der Thronprätendent von Portugal, Dom Miguel, der Herzog von Braganza, in Seebenstein im Exil lebte; dazu kam der Herzog von Chambord, der sich eine, wie er glaubte, berechtigte Chance auf den französischen Thron ausrechnete. Unweit entfernt, in Schwarzau, lebte Robert, der, wie seine Familie es sah, rechtmäßige Herzog von Parma; eine Gesellschaft von Emigranten und Exilanten, wie sie hochrangiger kaum sein konnte. Man pflegte südlich von Wien ein reges gesellschaftliches Leben und hoffte auf den Tag, an dem alles anders werden, an dem sich das Schicksal wenden würde und die rechtmäßigen Könige und Herzöge wieder ihr Land beglücken konnten.
Es lebte sich nicht schlecht im Dunstkreis der alten Kaiserstadt, Jagdgesellschaften, Cercles, und Bälle verschönerten das keineswegs triste Leben. Herzog Robert, der Vater Zitas, war ein friedfertiger Mann, der sich ganz mit seinem Schicksal abgefunden

hatte. Er lebte glücklich im Kreise seiner großen Familie, die sich beinahe Jahr für Jahr um ein weiteres Kind vermehrte. Als die spätere Kaiserin Zita zur Welt kam, tummelten sich in der Herzogsfamilie schon dreizehn Kinder. Robert war in erster Ehe mit einer Cousine zweiten Grades, Maria Pia von Neapel-Sizilien, verheiratet gewesen, und alle zwölf Kinder, die dieser Verbindung entstammten, überlebten entweder die ersten Lebensjahre nicht oder waren schwer behindert. Als Roberts Gemahlin bei der Geburt des dreizehnten Kindes starb, ging auch die Kette dieser unglücklichen Nachkommen zu Ende, denn Roberts zweite Frau, eine Braganza-Prinzessin, Maria Antonia, war nicht nur eine gesunde junge Frau, sondern auch noch weit über die Grenzen Portugals hinaus berühmt wegen ihrer ungewöhnlichen Schönheit. Auch die zwölf Kinder, die sie in den nächsten Jahren zur Welt brachte, konnten ihrem Aussehen nichts anhaben, so daß sie noch in hohem Alter eine ausgesprochen ansehnliche Frau war.
Es war erstaunlich, wie die junge Prinzessin das Los meisterte, das sie durch die Heirat mit dem vielfachen Vater auf sich genommen hatte. Sie war keineswegs eine böse Stiefmutter, sondern nahm sich liebevoll der Kinder ihres Mannes aus erster Ehe an, wenngleich sie mit dem ältesten Stiefsohn die allergrößten Schwierigkeiten hatte. Freilich versuchte Herzog Robert auszugleichen, aber die Mißstimmung wurde vor allem durch Elias erzeugt, der sich als Nachfolger seines Vaters fühlte und alles daran setzte, die Macht in der Familie zu erlangen. Maria Antonia sorgte dafür, daß selbst die körperlich schwerstbehinderten Kinder so erzogen wurden, daß sie all das erlernen konnten, wozu sie überhaupt in der Lage waren. Die gesunden Buben und Mädchen aus der zweiten Ehe hatten die Aufgabe, sich um ihre kranken Stiefgeschwister zu kümmern.
Maria Antonia war eine zutiefst religiöse Frau, die ihre Kinder im Schoß der katholischen Kirche verankert sehen wollte. Aber Religion bedeutete für sie nicht nur, zu beten und die Sakramente zu empfangen, sie verstand unter Christentum auch tätige Hilfe für die Armen, wobei sie von ihrem Gatten, wo es nur ging, unterstützt wurde. Die Kinder sollten von Jugend auf lernen, sich um die Bedürftigen, die es in allen Ländern gab, zu kümmern.
Am 9. Mai 1892 durchbrach der erste Schrei des siebzehnten Kindes, eines Mädchens, die Stille auf Schloß Pianore bei Lucca. Zita, wie die kleine Tochter nach einer Dorfheiligen genannt

wurde, schien wohl nur eines der vielen Kinder in der großen Familie zu sein, und doch zeigte sie von klein auf schon ganz bestimmte und ausgeprägte Chraktereigenschaften, die sie ein Leben lang beibehalten sollte.
Sie war in einer paradiesischen Landschaft geboren. Herzog Robert hatte zwar seine Herrschaft über Parma verloren; weil er aber offiziell auf alle Machtansprüche verzichtet hatte, war ihm vom neugegründeten Königreich Italien sein Besitz in der Gegend von Lucca zugesprochen worden. Daneben hatte Robert 1889 von den Grafen Rato das Schloß Schwarzau in Niederösterreich erworben, so daß die Familie nach Lust und Laune ihre Tage entweder im sonnigen Süden oder in Niederösterreich verbringen konnte. Meist tollten die Kinder in den Sommermonaten durch die Gänge und Parks von Schloß Schwarzau, weil es ab Juli in Italien zu heiß wurde, so daß man mit Sack und Pack mit einem Sonderzug, der fünfzehn Waggons umfaßte, in den kühleren Norden aufbrach. Es war jedesmal eine kleine Völkerwanderung, die sich da in Bewegung setzte, denn es galt nicht nur die zahlreichen Familienmitglieder in den Zug zu verfrachten, sondern Robert bestand auch darauf, seine ganze umfangreiche Bibliothek mitzunehmen. Die Kinder wollten sich von den Reitpferden nicht trennen und die Roßknechte nicht von ihren Pferden. Und so kam eine Lawine ins Rollen, und ein ganzer Zug mußte zur Verfügung gestellt werden, um die Herzogsfamilie von einem Domizil zum anderen zu bringen.
Wohin sie eigentlich wirklich gehörten, wußten sie wahrscheinlich selbst nicht genau. Die Ahnen Herzog Roberts und Maria Antonias waren viel zu verwandt und verschwägert, in ihren Adern floß neben portugiesischem auch noch spanisches und bourbonisches Blut. Wahrscheinlich waren die Vorfahren aller möglichen anderen Herrscher Europas auch die Ahnen von Roberts Familie. Nur Österreicher waren sie sicher nicht, obwohl die spätere Kaiserin Zita größten Wert auf eine weit zurückreichende österreichische Abstammung legte. Herzog Robert war zwar Bourbone, aber er fühlte sich vielleicht eher als Weltbürger und war dort zu Hause, wo seine Familie war, während seine Söhne aus zweiter Ehe, Sixtus und Xavier, sich immer als Franzosen bezeichneten, obwohl sie ihre Jugendzeit größtenteils in Österreich verbracht und hier vor allem auch ihre Schulbildung erhalten hatten. Andere Söhne wiederum gingen für den Kaiser

in den Krieg und taten an den Fronten am Rande der Monarchie ihre Pflicht für ihr »Vaterland«, während ihre Brüder in der belgischen Armee kämpften.

Es muß für Maria Antonia nicht leicht gewesen sein, all die eigenwilligen Charaktere, die sich unter ihren Kindern befanden, zu zähmen und zu bändigen. Aber in ihrer ungewöhnlich zielstrebigen Art, alles selbst zu erledigen, gelang ihr auch diese Aufgabe. Dabei galt es natürlich, konsequent eine bestimmte Linie durchzuhalten; ihre Tochter Zita bezeichnete diese Konsequenz später als Härte und meinte, sie habe sich immer vor ihrer Mutter beinahe gefürchtet.

Als Zita dem jungen österreichischen Erzherzog in Franzensbad begegnete, da standen sich zwei Welten gegenüber: die Tradition der uralten Monarchie in Person eines feschen, lebensfrohen Leutnants und die Welt der heimatlos gewordenen Exmonarchen, die eigentlich nicht genau sagen konnten, wo ihr Aufgabenbereich lag. Zita allerdings wußte wahrscheinlich von Jugend auf, was sie wollte; sie verfolgte alle Ziele, die sie ins Auge gefaßt hatte, mit stetiger Hartnäckigkeit, sie hatte immer das Bestreben, aus ihrem Leben etwas zu machen, wenn sie auch zunächst noch nicht wissen konnte, daß sie dieses Leben einige Jahre an der Seite des späteren Kaisers von Österreich verbringen sollte.

Die Begegnung der beiden jungen Leute in Franzensbad schien vom Zufall eingefädelt zu sein, und doch hatten hohe und höchste Damen der adeligen Gesellschaft die Hände mit im Spiel. Sowohl die Mutter des jungen Erzherzogs als auch die Cousine Zitas hatten sich schon Gedanken darüber gemacht, welche Prinzessin aus standesgemäßem Haus für Karl in Frage käme. Maria Annunziata war zwar erst 32 Jahre alt, hatte aber selbst die Hoffnung auf eine Ehe aufgegeben, und so interessierte sie sich brennend dafür, wer mit wem unter die Haube kommen sollte. Kurioserweise war sie nicht nur mit Zita verwandt, sondern auch noch eine Tante des habsburgischen Erzherzogs Karl. Und dennoch bestand zwischen den beiden jungen Leuten keine echte Blutsverwandtschaft, da Maria Annunziata die Tochter der Stiefgroßmutter Karls war, der ungewöhnlich aktiven, herzensguten und bedeutenden Maria Theresia, der dritten Gemahlin des kaiserlichen Bruders Erzherzog Karl Ludwig. Die verwandtschaftlichen Verhältnisse innerhalb des habsburgischen Hauses waren im Laufe der Jahre immer komplizierter und verworrener geworden, und

nur genaue Kenner konnten die Zugehörigkeit der einzelnen Mitglieder genau fixieren.
Maria Annunziata und auch ihre Mutter hegten schon seit langem den Plan, eine der Töchter Herzog Roberts für Karl auszusuchen. Zuerst hatten sie die ältere Schwester Zitas ins Auge gefaßt, ein außergewöhnlich schönes Mädchen, aber plötzlich hatte sich diese dann Hals über Kopf entschlossen, als Nonne in das Kloster St. Cecile auf der Insel Wight einzutreten. Herzog Robert hatte aber gottlob ja noch andere gutaussehende Töchter, die im heiratsfähigen Alter waren, und so nahm man die nächste unter die Lupe.
Auch Zita konnte sich wirklich sehen lassen. Sie hatte von ihrer schönen Mutter ein anmutiges Äußeres geerbt, auffallend große, dunkle Augen und prachtvolles Haar, das in ihrer Jugendzeit blond gewesen war, sich später aber zu Kastanienbraun abgedunkelt hatte. Sie war größer als ihre Altersgenossinnen und grazilzierlich.
Auch mit ihrer schulischen Ausbildung konnten alle zufrieden sein. Nachdem die Kinder Herzog Roberts die Anfangsgründe der Bildung von Hauslehrern erworben hatten – daneben gab es Unterweisungen in Religion und Handarbeiten –, besuchten alle Söhne und Töchter die besten Internate, die man damals empfehlen konnte. Die kleine Zita wurde in das strenge oberbayerische Mädchenpensionat Zangberg, das von Salesianerschwestern geführt wurde, gesteckt. »Ora et labora«, dies war der Wahlspruch, dem sich alle Schülerinnen unterordnen mußten. Zita fiel in der Schule nicht durch überdurchschnittliche Leistungen auf, wohl aber durch ihre Musikalität und ihr Verhalten. Sie zeigte eine natürliche und kühle Distanz zu ihren Mitschülerinnen, gab sich zwar nie unfreundlich, aber auch nicht allzu überschwenglich.
Obwohl einem Kind von elf Jahren sicherlich die strenge Ordnung im Kloster mit seinem geregelten Tagesablauf schwerfiel, war die Prinzessin doch durch ihre Geschwister an eine große Gemeinschaft gewöhnt. Hier lernte sie neben Englisch, Französisch, Italienisch auch noch Deutsch, für Zita die einzige wirkliche Fremdsprache, da zu Hause nur die Mutter ab und zu mit den Kindern deutsch gesprochen hatte; der Vater unterhielt sich meist französisch oder italienisch mit seiner Familie. Zita hatte anfangs Schwierigkeiten mit der deutschen Sprache, und sie

mußte sich in Zangberg größte Mühe geben, um mit ihren Mitschülerinnen Schritt zu halten. Aber mit zähem Fleiß übte sie auch in den Ferien zu Hause weiter und nahm sogar Nachhilfestunden, um ihre Leistungen in der Schule zu verbessern.
Interessant für die damalige Zeit war es, daß man in der strengen Klosterschule nicht nur den Geist ertüchtigen, sondern auch den Körper zu seinem Recht kommen lassen wollte. Daher versammelten sich die Mädchen nach dem Aufstehen – noch vor der täglichen Morgenmesse – im Hof, um Freiübungen zu machen. War das Wetter günstig, stand Tennis auf dem Programm, sobald Schnee lag, wurden unter großem Hallo auf den Hängen im Park Rodelpartien abgehalten. Zita liebte die sportlichen Betätigungen sehr, hatte die Familie doch auf Schloß Schwarzau ein Schwimmbad im Garten; daneben veranstaltete man Tennispartien, zu denen zahlreiche Freunde geladen waren oder fuhr mit dem Fahrrad durch die reizvolle niederösterreichische Landschaft.
Der Tod Herzog Roberts am 16. November 1907 brachte für Zitas Leben einen bedeutenden Einschnitt. Sie hatte den Vater sehr geliebt, er war immer da, wenn es Probleme gab, zu ihm konnten alle kommen, er wußte stets Rat und stand auch mit Taten den Kindern zur Seite. Obwohl er schon seit langem an Herzverfettung gelitten hatte, kam sein Tod nach dem Mittagessen, als er friedlich die Zeitung las, für alle wie ein Blitz aus heiterem Himmel. Die Mutter rief die Kinder nicht sofort aus den Internaten zu sich, sondern wartete, bis Zita zu Hause in Lucca war, dann ließ sie der Tochter durch die Marquise Dalla Rosa den Tod des Vaters mitteilen. Zunächst kehrte Zita nach Schwarzau zurück, aber nur, um sich für das strenge Internat in Ryde auf der Isle of Wight vorzubereiten, wohin sie übersiedeln sollte. In diesem Benediktinerinnenstift lebte nicht nur ihre Großmutter als Priorin, sondern auch ihre älteste Schwester als Nonne. Zita allerdings war nicht dazu ausersehen, als Klosterschwester im Stift zu bleiben, sie sollte nur die letzte Ausbildung und den perfekten Schliff bekommen, um dann einem Mann zugeführt zu werden. Religiöse Andachten, Messen, Meditation und Musik bestimmten das Tagesprogramm des jungen Mädchens. Philosophische Gespräche über Gott und die Religion, daneben Fasten und Buße sollten den Glauben der Zöglinge ein Leben lang prägen. Zita fügte sich den Anforderungen ganz und gar, allerdings wurde ihre Gesund-

heit durch das feuchte englische Klima und durch die strengen Übungen geschwächt. Nach einem dreiviertel Jahr entschloß sich ihre Mutter, die Tochter nach Hause zu holen. Zita war siebzehn Jahre alt und gerade im heiratsfähigen Alter.

Als Maria Annunziata Zita abholte, konnte sie mit ihr zufrieden sein. Sie berichtete ihrer Mutter Maria Theresia, daß die Prinzessin ein ungemein hübsches, gesittetes und gebildetes junges Mädchen sei, das sich noch durch außerordentliche Frömmigkeit auszeichne. Religiosität und Gottesfürchtigkeit waren besonders für die Mutter Karls, für die sächsische Prinzessin Maria Josefa, von entscheidender Bedeutung. Sie selbst hatte kein leichtes Los an der Seite des »schönsten Erzherzogs der Monarchie« gehabt. Der Bruder von Erzherzog-Thronfolger Franz Ferdinand, Otto, war wegen seiner Ausschweifungen und seines leichten Lebenswandels im ganzen Lande berühmt und berüchtigt gewesen. Die Jahre ihrer Ehe waren für Maria Josefa eine einzige Qual, und das Ende des Erzherzogs, der wahrscheinlich an einer Geschlechtskrankheit elend zugrunde ging, für sie beinahe eine Erlösung. Nun suchte sie mit allen Mitteln für ihren ältesten Sohn Karl, der einst nach seinem Onkel Franz Ferdinand die Krone der Habsburger tragen sollte, eine ebenbürtige und vor allem gläubige Frau.

Wahrscheinlich hatte auch Maria Josefa schon verschiedene Prinzessinnen als zukünftige Schwiegertöchter ins Auge gefaßt und sie einer strengen, geheimen Prüfung unterzogen. Als ihr nun Maria Theresia, ihre verehrte Stiefschwiegermutter, Zita präsentierte, hätte sie zunächst vollauf zufrieden sein können, denn die junge Prinzessin entsprach in allem ihren Vorstellungen. Dennoch blieb Maria Josefa zunächst reserviert, denn sie befürchtete eine zu nahe Verwandtschaft. Dieser Einwand allerdings war leicht zu entkräften, denn wenn auch eine verwandtschaftliche Beziehung auf dem Papier bestand, konnten doch die Befürworter einer Ehe zwischen Karl und Zita unschwer nachweisen, daß nur die Stiefgroßmutter Karls eine Schwester von Zitas Mutter, also auch eine Braganza-Prinzessin war. Damit stand dem Plan der Damen nichts mehr im Wege. Nun kam es ausschließlich auf die Neigung der beiden jungen Leute an, denn alle waren sich darüber im klaren, daß weder Karl noch Zita zu einer Ehe überredet werden konnten. Beide waren in dieser Hinsicht zu starke Persönlichkeiten, als daß sie sich, wie es im Hause Habsburg seit

Jahrhunderten üblich war, hätten so einfach verheiraten lassen.
Karl und Zita kannten einander schon aus den Kindertagen. So war es in Franzensbad beinahe Liebe auf den zweiten Blick gewesen. Die Schlösser der Familien lagen nicht allzu weit auseinander, und die Kinder hatten sich manchmal zum gemeinsamen Spiel getroffen. Allerdings hatte der um fünf Jahre ältere Karl das kleine Mädchen wohl kaum bemerkt, er war mit Zitas Bruder Xavier befreundet. Zita nahm auch wenig Notiz von dem wilden Buben, der im Übermut einmal vor den Mädchen mit dem Flobertgewehr ein Fenster einschoß. Allerdings erinnerte sich Zita noch viel später daran, daß Karl sich rührend um seinen jüngeren Bruder Max kümmerte, dem er vorsorglich den Mantel um die Schultern hängte, damit ihm nicht kalt wurde und daß er genau darauf achtete, was man dem Kind zum Essen vorsetzte.
Die Jahre waren vergangen, und man hatte sich vollständig aus den Augen verloren. Aus dem Flobertgewehrschützen war ein junger Leutnant geworden, der seine Lorbeeren in der Armee verdienen sollte. Allerdings war seine Position plötzlich interessant geworden, nachdem sein Onkel, der Thronerbe, nicht standesgemäß geheiratet hatte und die Kinder Franz Ferdinands für die Erbfolge nicht in Betracht kamen. Obwohl Karl eine gute Schulbildung genossen hatte – man hatte besonderen Wert auf die Sprachen gelegt –, war er keineswegs für das Amt eines Thronfolgers und späteren Kaisers ausgebildet. Er hatte zwar als erster Erzherzog das Schottengymnasium in Wien besucht (allerdings ohne die Matura hier abzulegen), aber niemand dachte daran, Karl rechtzeitig mit den wichtigen Dingen der Habsburger Politik vertraut zu machen, ja man steckte ihn immer wieder in die abgelegensten Garnisonen, wo er wohl den feschen Soldaten spielen konnte, aber keine Verantwortung übernehmen mußte. Karl war zwar kein überragender Geist, aber im Laufe der Jahre hätte er sich zum informierten Herrscher heranbilden können, wenn man ihm die Chance gegeben hätte.
Was ihn vor allen anderen auszeichnete, waren seine besondere Leutseligkeit und sein herzliches Wesen. Für ihn gab es kaum Schranken der Etikette, er kam allen, ob es sich nun um einen Mann aus dem Volk oder um ein Mitglied der Kaiserfamilie handelte, mit der gleichen Liebenswürdigkeit entgegen. Das Volk allerdings konnte sich unter einem eventuellen Thronfolger Karl

überhaupt nichts vorstellen, er war bei den Leuten einfach unbekannt, und erst, als er mit Zita glanzvoll Hochzeit feierte, tauchte sein Name in den Gazetten auf, und so mancher fragte sich: Wer ist dieser Karl eigentlich?
Die Tage in Franzensbad gingen für die beiden jungen Leute, die ihr Herz füreinander entdeckt hatten, nur allzu schnell vorüber. Karl mußte wieder zu seiner Garnison nach Brandeis an der Elbe, und Zita kehrte endlich heim nach Niederösterreich. Aber was in Franzensbad auf der Promenade begonnen hatte, das sollte sich in Wien fortsetzen. Immer wieder trafen sich Karl und Zita, und es gab keine Einladung der höchsten Gesellschaft, wo man nicht die beiden antreffen konnte.
Der Hofball 1911 blieb nicht das einzige gesellschaftliche Ereignis in Wien, das Karl und Zita gemeinsam besuchten, und allmählich wurde in den entsprechenden Kreisen gemunkelt, daß Erzherzog Carl Franz Joseph sich in die Prinzessin von Bourbon-Parma verliebt habe. Ob Karl sich allerdings so rasch entschlossen hätte, um Zitas Hand anzuhalten, ist ungewiß. Der alte Kaiser spielte unbewußt Schicksal. Ihm war es schon lange eine große Sorge, daß Karl wohl als attraktiver junger Erzherzog galt, über den man einmal dies und dann jenes munkelte, daß er sich aber noch nicht so recht im klaren zu sein schien, wen er einmal zu seiner Gemahlin und somit zur späteren Kaiserin machen sollte. Franz Joseph verfolgte daher die Gerüchte, die über den Erzherzog kursierten, mit lebhaftem Interesse und auch mit sorgenvoller Miene, denn es tauchte immer wieder der Name Belli (Isabella) von Hohenlohe auf. Obwohl aus hochadeligem Geschlecht, war Belli keinesfalls dem Habsburger Erzherzog ebenbürtig. Und für den alten Kaiser kam nur noch eine wirklich standesgemäße Prinzessin in Frage, ob sie begütert, schön, gescheit war oder sonst noch irgendwelche Vorzüge hatte, war vollständig uninteressant, im Stand passend mußte sie sein. Franz Joseph wollte unter allen Umständen eine weitere Mesalliance vermeiden.
Um allen Eventualitäten vorzubeugen, befahl der Monarch den Großneffen zu sich, um ihm seine Meinung klar und deutlich kundzutun. Es war immer eine etwas unheimliche Angelegenheit, wenn der alte Kaiser jemanden aus der Familie zur Audienz befahl. Vor allem die jungen Erzherzöge hatten nie ein ganz reines Gewissen, und auch Karl schlug wahrscheinlich das Herz bis zum Halse, als er die Treppen der Hofburg emporstieg. Der Kai-

ser allerdings war sehr freundlich und beinahe persönlich, als er sich nach dem Wohlbefinden des jungen Mannes erkundigte, bevor er die leidige Herzensangelegenheit zur Sprache brachte. Er befragte Karl ganz gezielt, was eigentlich an den Gerüchten mit der Prinzessin Hohenlohe dran sei, die ihm zu Ohren gekommen seien. Der Erzherzog konnte kaum die Frage beantworten, als ihm der Kaiser schon seine Forderung vortrug: Karl solle heiraten, aber um Gottes willen standesgemäß und schon in allernächster Zeit. Franz Joseph wartete die Antwort des Erzherzogs gar nicht erst ab, er schlug ihm vor, sich eine Prinzessin aus dem Gotha herauszusuchen, dem Verzeichnis der bekannten Adelsgeschlechter. Und weil er anscheinend nicht sehr viel von den Fähigkeiten seines Großneffen hielt, riet er ihm noch, sich mit dem Grafen Wallis in Verbindung zu setzen, damit ihm dieser die geeignete Braut aussuche. Damit war die Audienz auch schon beendet, Karl versprach, sich dem Willen des Kaisers zu fügen, freilich nicht, ohne insgeheim schon zu wissen, wen er im Gotha finden würde. Er hatte nichts Eiligeres zu tun, als sich seiner Mutter anzuvertrauen, die aber auch noch nicht bei Zita selbst anfragte, sondern bei deren Mutter Maria Antonia. Natürlich war sich Karl im klaren darüber, daß er zuerst Zita selbst gewinnen mußte, aber er fühlte, daß er ihr schon seit längerer Zeit nicht gleichgültig war.

Wie immer in schwierigen Situationen, fand die gütige Stiefgroßmutter Karls, Maria Theresia, einen Weg, um die beiden zusammenzubringen. Sie mußten ungestört sein, um endlich ihren Weg fürs gemeinsame Leben bestimmen zu können. Und was heute als selbstverständlich erscheint, war für die jungen Leute in diesen Kreisen damals durchaus nicht so einfach. Immer waren Anstandsdamen in der Nähe, es war für ein junges Mädchen nicht schicklich, allein in Gegenwart eines Mannes zu sein. Deshalb ergaben sich die Augenblicke, in denen sich die Zukunft entschied, oft ganz zufällig. Zitas Mutter allerdings hatte schon längst erkannt, daß ihre Tochter nur einem Mann das Ja-Wort geben würde, den sie voll und ganz akzeptierte. Daß dieser Mann Erzherzog Karl, der spätere Thronfolger sein würde, war auf Schloß Schwarzau kein Geheimnis mehr.

Maria Theresia lud Mitte Mai zu einem Familientreffen auf ihr Gut St. Jakob in die Steiermark, und hier sprachen sich Karl und Zita endgültig aus, während alle auf die Jagd gingen. Die Wer-

bung Karls um Zita entsprach ganz und gar nicht den habsburgischen Traditionen, denn bis dahin war die Braut nicht eigens um ihre Einwilligung gebeten worden. Aber Karl war ein Mensch, der die Zeichen der neuen Zeit respektierte und in seiner Frau nicht nur die Mutter seiner zukünftigen Kinder sehen wollte, sondern die gleichberechtigte Partnerin. Mit Zita hatte er dafür die richtige Wahl getroffen.
Die Mutter Karls, Maria Josefa, übernahm die Aufgabe, bei Franz Joseph vorstellig zu werden und ihn zu informieren.
Franz Joseph weilte gerade in der Hermesvilla, wo er sich von einem schlimmen Bronchialkatarrh erholen wollte, der ihn wieder einmal wie so oft in der letzten Zeit plagte, als man Maria Josefa beim Kaiser meldete. Sie machte nicht lange Umschweife, sondern erklärte dem Kaiser rund heraus: »Karl will sich mit Zita verloben.« Die Überraschung Franz Josephs war groß, hatte er doch alles mögliche über seinen Großneffen gehört, aber kein Sterbenswörtchen über eine Liebelei mit Zita. Als sich der Kaiser von seiner Überraschung erholt und alle Für und Wider überlegt hatte, gab er schließlich seine Zustimmung. Als Verlobungstag wurde der 13. Juni gewählt, eine nette Geste der zukünftigen Schwiegermutter gegenüber, die an diesem Tag, am Festtag des heiligen Antonius von Padua, ihren Namenstag feierte. Der Kreis der Gäste war klein, aber um so erlesener. In der Kapelle der Villa segnete der Abbé Travers das junge Paar. Zita wirkte nervös und aufgeregt, und als ihr Karl den Verlobungsring reichte, nahm sie ihn schnell an sich und steckte ihn mit einem »Danke« in die Tasche.
Karl sah in der Verlobung mehr als nur ein Versprechen, das er dem jungen Mädchen gab, das er liebte. Als nämlich die offizielle Zeremonie vorbei war, wandte er sich an seine Braut und sagte zu ihr: »Jetzt müssen wir uns gegenseitig in den Himmel helfen!« Was er in diesem bewegenden Moment mit seinen Worten wirklich meinte, wußte nur er, aber das Schicksal hielt im weiteren Leben der beiden viele Augenblicke bereit, wo sie sich gegenseitig stützen und einer dem anderen Kraft geben mußten.
Die Verlobung des zukünftigen österreichischen Thronfolgers erregte in der Bevölkerung kein allzu großes Aufsehen. Karl war nicht populär, und das Volk dachte nicht so weit voraus, daß man sich sagte, daß er aller Wahrscheinlichkeit nach einmal die Habsburger Krone tragen werde. Einzig und allein die Tatsache, daß

Österreich-Ungarn in fernen Zeiten endlich wieder eine Kaiserin bekommen sollte, wurde in den Gazetten vermerkt. Viel zu lange hatte die »kaiserinnenlose« Zeit gedauert, denn die ruhelose Elisabeth war schon zu Lebzeiten zu einer Legende für das Volk geworden.
Karl und Zita verbrachten vier glückliche gemeinsame Tage auf Schloß Pianore, dann mußte der Erzherzog als Vertreter des Thronfolgers nach London reisen, um an den Krönungsfeierlichkeiten für Georg V. teilzunehmen. Franz Ferdinand war »verhindert«; den wahren Grund für das Fernbleiben des österreichischen Thronfolgers bildete aber wie so oft seine familiäre Situation – er konnte seine Gemahlin nicht offiziell mit nach England nehmen. Der Erzherzog erledigte seine Aufgabe zur vollsten Zufriedenheit aller, daneben vermerkten die anwesenden Monarchen die freundliche und zuvorkommende Art des jungen Mannes. Man konnte ihm sein Glück über die Verlobung am Gesicht ablesen. Glückstrahlend zeigte er Königin Mary, als er mit ihr allein war, ein Photo von Zita. Man nahm es dem jungen Bräutigam auch nicht übel, daß er an den zahlreichen Tanzveranstaltungen wohl teilnahm, aber nur als Zuschauer. Mit Rücksicht auf seine ferne Braut wollte er nicht das Tanzbein schwingen.
In der Zwischenzeit suchte Zita beim Papst um Audienz an. Nicht nur ihr, auch Karl war es ein Anliegen, den Segen des Heiligen Vaters für ihre zukünftige Verbindung zu erlangen. Am 24. Juni empfing der Papst die Mutter Zitas, einige Geschwister und die Prinzessin. In der Privatkapelle des Papstes spendete Pius X. zuerst einer Schwester Zitas das Sakrament der Firmung und segnete anschließend die Prinzessin. Dabei sprach er Worte, die zunächst wie ein Irrtum des alten Mannes anmuteten: »Gott segne Sie, meine Tochter, ich freue mich über die Person ihres künftigen Gemahls. Er wird der nächste Kaiser in Österreich sein.« Zita, aber auch ihre Mutter erschraken und versuchten ihn zu korrigieren, der Heilige Vater aber blieb bei seiner Aussage und ließ sich nicht beirren. Später, als man Argumente dafür suchte, Pius X. seligzusprechen, erinnerte man sich an seine Worte und stellte sie als ein Zeichen göttlicher Eingebung dar. Allerdings fügte der Papst noch einen Satz hinzu, der nicht in Erfüllung gehen sollte: »Großer Segen wird seinem Lande durch ihn erwachsen. Er wird der Lohn sein für die Treue, die Österreich der Kirche entgegengebracht hat.«

In den Ehekontraktsverhandlungen spielte vor allem die Mutter Zitas, Maria Antonia, eine große Rolle. Sie wollte die Tochter in jeder nur möglichen Weise abgesichert wissen, stieß allerdings auf den hartnäckigen Widerstand der Hofbeamten und mußte schließlich ihre Forderungen auf ein Mindestmaß beschränken. Für Maria Antonia hätte es eine Aufwertung ihres eigenen, nun völlig unbedeutenden Hauses bedeutet, wäre man in Wien auf ihre Vorschläge eingegangen. So war einer der Punkte, die sie forderte, die zweisprachige Abfassung des Ehevertrages, die sie durchsetzen konnte. Allerdings: bei der Festlegung der jährlichen Apanage, die sie dem Kaiser vorschlug, stieß sie bei dem sparsamen Franz Joseph auf taube Ohren. Der Kaiser schrieb aus Ischl einen höflichen, aber bestimmten Brief, daß er mit den in seinen Augen übertriebenen Vorstellungen Maria Antonias nicht einverstanden sei. Als die Herzogin erkannte, daß jede weitere Verhandlung mit dem Hof und dem Kaiser aussichtslos sei, lenkte sie ein und bedankte sich bei Franz Joseph für sein wohlwollendes Verhalten.
Der Hochzeit konnte nun nichts mehr im Wege stehen. Oder doch? Denn auf dem Weg von Brandeis nach Wien stieß das Auto Karls mit einem unbeleuchteten Pferdefuhrwerk zusammen. Obwohl der Erzherzog keine sichtbaren Verletzungen davongetragen hatte, hatte er doch für Minuten das Bewußtsein verloren. Außerdem wußte man nicht, ob er vielleicht innere Verletzungen davongetragen hatte. Aber Karls Natur war stärker als die Ängste der Ärzte, und der junge Bräutigam setzte es durch, daß er nach Hause entlassen wurde.
Der Hochzeitstag sollte der 21. Oktober 1911 sein, mitten im Herbst. Schöner, goldener und milder konnte sich der Oktober in Niederösterreich kaum zeigen als an diesem hohen Tag. Und einmal in der langen Geschichte stand der kleine und unbedeutende Ort Schwarzau im Mittelpunkt. Alle waren gekommen, die Rang und Namen hatten oder die sich noch in ihrem vergangenen Ruhm sonnten. Der Bahnhof von St. Aegyd war reich beflaggt, die bunten Fahnen flatterten im frischen Herbstwind, als die Sonderzüge vom Südbahnhof eintrafen. Wer sich als besonders modern ausweisen wollte, der hatte das Automobil als Transportmittel vorgezogen. Die Aufregung in der umliegenden Gegend war riesengroß, dicht drängten sich die Leute, um nur ja einen günstigen Platz zu erhaschen, von wo man die Auffahrt der

Prominenten sehen konnte. Karl und Zita waren in der Umgebung von Schwarzau schon gut bekannt, da sie, wenn es die Zeit erlaubte, durch die Landschaft radelten. Für jeden hatte Karl ein freundliches Wort, und vielleicht konnte man sich deshalb nicht vorstellen, daß er einmal Kaiser werden sollte, da er so gar nichts »Kaiserliches« an sich hatte.
Schon am Tag vorher gab es den ersten großen Empfang in Schloß Schwarzau, eine Art Polterabend, den aber nicht nur der Bräutigam feierte; eine Schar geladener Gäste delektierte sich am köstlichen Souper, das in kleinem Kreis in dem wunderschönen Speisesaal des Schlosses serviert wurde. Schloß Schwarzau war inmitten von Niederösterreich eine bewußt bourbonische Enklave, das zeigte schon das bourbonische Wappen mit der Lilie, das man überall finden konnte. Der Speisesaal war mit Bildern der französischen Könige Ludwig XIV. und Ludwig XV. geschmückt, und die Gäste waren über die ungemein kultivierte Lebensweise überrascht, die die Exilbourbonen hier auf dem flachen Lande an den Tag legten.
Neunzehn Gäste waren zu dieser Vorfeier geladen, in der Mitte der Tafel hatte das Brautpaar Platz genommen, Zita war in ihrem rosa Liberty-Kleid entzückend anzuschauen. In einem Nebenraum des Speisesaales stimmte die Musik ihre Instrumente, um dann unter der Leitung des Kapellmeisters Dostal zu konzertieren. Das Diner dauerte bis halb acht Uhr, dann begab man sich entweder in den Rauchsalon oder zur Konversation. Besonderes Interesse erweckten natürlich die Geschenke, die schon in überreicher Zahl aus allen Teilen des Landes eingetroffen waren. Man hatte sie im mit Blumen reich geschmückten Maria-Theresiensaal kunstvoll aufgebaut, damit die Gäste sie bewundern konnten. Bewunderung rief natürlich das Brautgeschenk des Kaisers hervor. Franz Joseph, ein großer Schmuckliebhaber, hatte sich mit einem prachtvollen Brillantdiadem eingestellt. Das glitzernde Diadem hatte unter den Geschenken einen besonderen Platz bekommen, man hatte es in der Mitte erhöht aufgebaut. Daneben konnte man das Geschenk Karls an Zita bewundern, ein zweiundzwanzigreihiges Perlenkollier. Wäre die Braut abergläubisch gewesen, so hätte sie böse Ahnungen für die Zukunft fühlen müssen, da für viele Menschen Perlen Tränen bedeuten... Gold und Edelsteine gab es zu bestaunen, kostbare Kassetten standen inmitten von Büchern und Bildern, daneben gab es außer den offiziellen Ge-

schenken auch sehr persönliche Gaben wie den Hinweis auf einen »Zita-Platz« in einem Kurort, oder den eigens für die Braut komponierten »Erzherzogin-Zita-Walzer« des Kapellmeisters Hermann Dostal.
Der Hochzeitstag wurde mit Böllerschüssen eingeleitet. Alles wartete auf die Ankunft des alten Kaisers, der seine Teilnahme an der Hochzeit zugesagt hatte. In guter Stimmung traf der alte Herr im Salonwagen in St. Aegyd ein. Die Begeisterung der Bevölkerung kannte keine Grenzen, es war ein seltenes Fest, Franz Joseph Aug in Auge gegenüberzustehen, dem Kaiser, der für viele das Symbol für Recht und Ordnung war. Franz Joseph erwiderte die Ovationen mit großer Freundlichkeit.
Zita war schon zeitig aufgestanden, um zu beten und Einkehr zu halten. Als Fanfarenklänge knapp nach elf Uhr die Ankunft des Kaisers vor Schloß Schwarzau verkündeten, wurde langsam die Kaiserfahne gehißt, die gleich darauf lustig im Herbstwind zu flattern begann. Die höchsten Würdenträger unter den Gästen und der Erzherzog kamen dem Kaiser auf der Schloßstiege entgegen; der Herzog von Madrid, als Chef des Hauses Bourbon, betrachtete es als eine ehrenvolle Aufgabe, den Kaiser der österreichisch-ungarischen Monarchie zu begrüßen. Danach entbot die Mutter der Braut dem Kaiser einen herzlichen Willkommensgruß, und als letzte wollte die errötende Braut dem Kaiser die Hand küssen. Aber Franz Joseph wehrte diese Geste der Hochachtung im letzten Augenblick ab, zog die Prinzessin an sich und küßte sie auf die Wangen. Durch diese ungemein herzliche Geste gab der Kaiser zu verstehen, wie sehr er mit der Wahl seines Großneffen einverstanden war.
Auch später zeigte sich immer wieder, daß er Zita und ihre Kinder ins Herz geschlossen hatte. Zu lange hatte er die familiäre Wärme in seiner eigenen Umgebung vermißt, er hatte um sich einen Wall aufgebaut, den niemand zu übersteigen wagte. Wenn sich an den hohen Feiertagen die Familie in der Hofburg versammelte, dann kamen keine ungezwungenen Gespräche zustande, alles spielte sich nach genau vorgeschriebenen Regeln ab, und der Kaiser verwendete im Gespräch stereotype Redewendungen, aus denen nichts zu entnehmen war. Lediglich zu seiner jüngsten Tochter Marie Valerie, der Lieblingstochter der Kaiserin, entwickelte Franz Joseph im hohen Alter eine etwas innigere Beziehung. Dennoch wagten es weder Valerie noch ihre Kinder, den

Kaiser ohne das offizielle Protokoll zu sprechen. Bei Zita machte der Kaiser immer eine Ausnahme, und das zeigte sich schon am Hochzeitstag.
Am Arm der Herzogin von Parma betrat der greise Monarch den festlich geschmückten Empfangssaal. Die Gästeschar wies illustre Namen auf: König Friedrich August von Sachsen, ein Bruder von Karls Mutter, war im Kreise einer großen Schar von näheren und ferneren Verwandten zur Hochzeit seines Neffen angereist. Auch die Herzöge von Württemberg waren der Einladung Maria Antonias gefolgt, Prinz Ruprecht von Bayern, Gäste aus der Toskana, die Prinzessin von Orléans, Prinz August von Coburg, die Erbprinzessin Adelheid von Luxemburg, Prinz Ludwig von Thurn und Taxis sowie Prinz Alois von Liechtenstein. Die Geschwister der Braut unterhielten sich mit den Gästen, wobei vor allem die Prinzen Sixtus und Xavier durch ihr außerordentlich gutes Aussehen und ihren Charme auffielen. Natürlich war auch der »regierende« Thronfolger Franz Ferdinand mit seiner Gattin geladen worden, obwohl Sophie diese großen Gesellschaften meist mied. Franz Ferdinand achtete peinlichst genau darauf, daß seine Gemahlin nicht durch irgendeine junge Erzherzogin brüskiert würde. Man kannte natürlich auch in der Familie Karls und Zitas die problematische Situation und setzte alles daran, daß es während der Hochzeitsfeierlichkeiten zu keiner Mißstimmung kam.
Nach einer angemessenen Zeit, in der der Kaiser Cercle gehalten hatte, begab man sich zur Trauung in die kleine Hauskapelle. Karl ging als erster zwischen Franz Joseph und seiner eigenen Mutter Maria Josefa, er trug die Uniform eines Lothringer Dragoners. Das Goldene Vlies und das Militär-Jubiläumskreuz von 1902 sowie der Stern zum Sächsischen Orden der Rautenkrone zierten die Uniform.
Der Kaiser und Maria Josefa geleiteten den Bräutigam bis zu einem Betpult, wo Karl auf seine Braut wartete. Im Hochzeitszug folgten, streng nach Rangordnung, der König von Sachsen, dann der Erzherzog-Thronfolger und die übrigen Hochzeitsgäste. Da die Kapelle zu klein für alle Geladenen war, hatten sich einige Gäste schon vorher einen Platz gesichert. Wer nicht rechtzeitig gekommen war, mußte im Vorraum Platz nehmen. Die Orgel rauschte auf und spielte zuerst eine Komposition des Hofkapellmeisters Eder. Dann erhoben sich die illustren Gäste, als die

Hymnen des Herzogtums Parma und das »Gott erhalte, Gott beschütze« erklangen.
Als letzte schritt die Braut am Arm des Herzogs von Madrid zum Altar. Für Don Jaime war es ein erhebender, aber zugleich trauriger Augenblick, als er Zita durch die Kirche führte. Er selber hatte sich wie ein Primaner bis über beide Ohren in die Prinzessin verliebt und heftig um sie geworben, aber für Zita waren die Anträge, die ihr der um viele Jahre ältere Herzog gemacht hatte, niemals ernst gemeint gewesen. Jetzt führte er die reizende Braut zum Altar, die mit einem anderen vermählt werden sollte. Stolz wie ein Spanier – seine innersten Gefühle mannhaft verbergend – schritt Don Jaime durch die Reihen der Gäste, als er Zita an seiner Seite plötzlich fast unhörbar flüstern hörte: »Na schau, jetzt hast du doch noch erreicht, was du dir immer gewünscht hast...«.
Als Zita die Kirche betrat, ging ein Raunen durch die Menge. Das junge Mädchen war ein bezaubernder Anblick: Sie trug ein kostbares Kleid aus cremefarbenem Duchesse mit einer langen Schleppe, die ganz mit den bourbonischen Lilien durchwebt war. Die hochgeschlossene Corsage schmückten Brüsseler Spitzen. Das volle Haar war aufgesteckt und hielt den Myrtenkranz mit dem Brautschleier. Besonders auffallend aber war das funkelnde Brillantdiadem, das im Schleier befestigt war.
Als alle ihre Plätze eingenommen hatten – der Kaiser lehnte den ihm zugedachten Fauteuil ab und verfolgte die festliche Trauungsszene stehend –, konnte Monsignore Bisletti, der auf besonderen Wunsch Zitas die Eheschließung segnen sollte, mit der feierlichen Handlung beginnen. Die Trauzeugen Zitas waren ihre Mutter Maria Antonia und Don Jaime, Karl hatte seine Mutter Maria Josefa und den König von Sachsen, seinen Onkel, um Beistand gebeten.
Die Trauung selbst wurde in französischer Sprache vollzogen, und alle Anwesenden warteten gespannt auf den Augenblick, in dem die beiden Brautleute durch ihr »Ja« die Ehe vor Gott vollziehen würden. Und in die feierliche Stille klang das »Oui«, das Zita laut und frisch von den Lippen kam, wie die Erfüllung eines lang gehegten Wunsches. Als die Hochzeitsgäste dies hörten, konnten sie sich eines Schmunzelns nicht erwehren, und auch der Kaiser mußte über dieses »Ja« der Prinzessin lachen.
So sehr man alles für die Hochzeit vorbereitet hatte, um nur ja

alle Pannen zu vermeiden, so hatte man doch nicht ahnen können, daß der Bräutigam die Ringe vergessen würde! Die Mutter Karls hielt sie in einem roten Samtetui in der Hand und reagierte in der Aufregung des Augenblicks nicht sofort, als Monsignore Bisletti nach ihnen Ausschau hielt, sondern reichte erst, nachdem man allgemein bemerkt hatte, daß die Ringe fehlten, die Schachtel ihrem Sohn. Die Ringe trugen die Inschrift: »Karl von Österreich – Zita von Bourbon-Parma. Sub tuum praesidium confugimus, sancta Dei genetrix« (Unter deinen Schutz begeben wir uns, heilige Gottesmutter).

Bisletti, den Zita schon lange kannte, zelebrierte auch die feierliche Brautmesse und überbrachte im Anschluß daran eine Grußbotschaft des Heiligen Vaters. Und obwohl Bisletti die heikelsten Stellen dieses Schreibens ausließ, mußten doch seine Worte als Affront gegen den Erzherzog-Thronfolger Franz Ferdinand aufgefaßt werden. Der Papst hatte in seinem Brief zuerst den greisen Kaiser mit seinen guten Wünschen bedacht und daran die Worte gefügt: »... wünschen wir Euch von Herzen viele, viele Lebensjahre, in denen Ihr die Kinder Eurer Kinder sehen könnt bis zum dritten und vierten Geschlecht, und hoffen, daß sie berufen sind, den Frieden und das Heil ihrer Völker zu sehen ...« Kein Wort wurde über Franz Ferdinand verloren, für den Heiligen Vater war Karl nach wie vor der nächste Kaiser.

Nachdem endlich der letzte Gratulant seine guten Wünsche ausgesprochen hatte, wurde zur Tafel gebeten. Es war bereits ein Uhr geworden, als sich die Gäste wieder im Theresiensaal eingefunden hatten, um an den fünf prächtig gedeckten Tischen Platz zu nehmen. Der mittlere Tisch war für das Brautpaar reserviert, rechts von Zita hatte der Kaiser Platz genommen, zur Linken saß der frisch gebackene Ehemann Karl. Das Hochzeitsmenü wurde auf goldenen Tellern serviert. Zunächst trugen die Diener eine Gemüsecremesuppe auf, worauf als Vorspeise Hasenpastete St. Hubertus und Lammschulter gereicht wurden. Langusten erfreuten die Freunde dieser köstlichen Schalentiere, andere wiederum delektierten sich an gefüllten jungen Truthähnen. Salate und Gemüse mit pikanten Saucen vervollständigten das Menü. Als Desserts reichte man Ananas und andere Früchte, Süßigkeiten und Käse. Den ersten Toast auf das Brautpaar brachte der Kaiser aus. Franz Joseph stellte heraus, wie sehr er sich über diese Verbindung seines Großneffen mit der Bourbonenprinzessin

freue und daß er das neue Familienmitglied in dem altehrwürdigen Haus der Habsburger besonders herzlich begrüße.
Der ganze Ort Schwarzau nahm an den Hochzeitsfeierlichkeiten teil, Schulmädchen deklamierten selbstgereimte Gedichtchen in niederösterreichischer Mundart, und der Jubel um das Brautpaar erreichte den Höhepunkt, als sich auch der Kaiser leutselig mit Karl und Zita auf dem Balkon des Schlosses zeigte. Dann wurden Erinnerungsphotos gemacht, und Franz Joseph selbst dirigierte das Brautpaar an den richtigen Platz. Allerdings mutete sich der alte Kaiser zuviel zu, seine kaum ausgeheilte Bronchitis begann wieder akut zu werden, so daß er schon am frühen Nachmittag die Rückreise nach Schönbrunn antreten mußte. Aber auch das Brautpaar machte sich zur Abreise in die Flitterwochen bereit, und um vier Uhr bestiegen Karl und Zita das bereitgestellte Auto, das mit Blumen reich bekränzt war. Der Abschied von der Mutter fiel Zita besonders schwer, sie küßte Maria Antonia unter Tränen, als sage sie der unbeschwerten Zeit, die sie hier auf Schwarzau verleben durfte, für immer Lebewohl.
Die Wochen, die nun für die beiden Verliebten folgten, zählten sicherlich zu den glücklichsten in ihrem Leben. Sie verbrachten die erste Zeit ihrer Ehe in Niederösterreich und genossen die letzten sonnigen Oktobertage in vollen Zügen. Sie radelten durch Wälder und Wiesen und wo es ihnen gerade gefiel, stiegen sie ab, um Rast zu machen. Sie waren völlig inkognito, und wenn sie auch ab und zu ein Einheimischer erkannte, zog er doch nur hochachtungsvoll den Hut, ohne von ihnen noch weiter Notiz zu nehmen. Hier gab es keine Etikette und Vorschrift, hier konnten sie leben, wie sie wollten.
Die offizielle Hochzeitsreise führte die Neuvermählten anschließend über Südtirol nach Dalmatien. Dort war der Wettergott den beiden weniger gut gesinnt, schwere Stürme peitschten die Adria, so daß sie ihr Reiseprogramm ändern mußten. Außerdem ergaben sich Schwierigkeiten mit den Eisenbahnzügen, die ihnen zur Verfügung gestellt werden sollten, die ungarischen Waggons waren nicht rechtzeitig zur Stelle, und Zita gewann vielleicht auf dieser Fahrt die ersten Eindrücke, was es hieß, mit einem österreichischen Erzherzog verheiratet zu sein, der einstmals Kaiser werden sollte. Aber sie fügte sich sehr schnell in ihre neue Rolle und begann an allem Anteil zu nehmen, was ihren Mann und die Politik betraf. Sie wollte über alles informiert sein und hatte nicht

die Absicht, im stillen Kämmerlein zu sitzen, während Karl in die Geheimnisse der großen Politik eingeweiht wurde. Dies geschah allerdings viel zu selten. Der Kaiser war nicht gewillt, sich in seine Karten schauen zu lassen, und Franz Ferdinand hatte im Schloß Belvedere eine Art Schattenregierung aufgebaut. Hier lagen die Pläne, die der Erzherzog-Thronfolger verwirklichen wollte, sollte Franz Joseph eines Tages, der absehbar war, das Zeitliche segnen.

Kaum war das junge Paar von der Hochzeitsreise nach Wien zurückgekehrt, um sich in Schloß Hetzendorf, das der Kaiser Karl überlassen hatte, häuslich niederzulassen, da wurde schon zum Aufbruch geblasen, denn Karl mußte wieder seinen Dienst in Brandeis an der Elbe antreten. Für Zita war es eine Selbstverständlichkeit, daß sie ihren Mann begleitete. Die Tage in Brandeis waren für das junge Paar angefüllt mit gesellschaftlichen Verpflichtungen, mit Einladungen und Gegenbesuchen, und überall, wo die frischgebackene Erzherzogin hinkam, flogen ihr die Herzen zu, vor allem, da sie sich redlich bemühte, die Leute in ihrer Landessprache zu begrüßen. Obwohl sie nicht besonders gut tschechisch sprach, versuchte sie sich doch immer wieder in dieser schwierigen Sprache und setzte alles daran, möglichst bald die wichtigsten Sprachen der Donaumonarchie zu erlernen. In Brandeis war das Erzherzogspaar der umschwärmte Mittelpunkt der Gesellschaft; allerdings wurden Karl und Zita immer häufiger nach Wien gerufen, um verschiedene wichtige Veranstaltungen gemeinsam zu besuchen und um dort den Kaiser zu vertreten. Da Franz Ferdinand sich mit seiner Gemahlin nicht bei offiziellen Anlässen zeigen konnte, mußten Karl und Zita oft in die Bresche springen und in der Wiener Gesellschaft das Kaiserhaus repräsentieren.

Für beide überraschend kam eine Versetzung Karls nach Galizien, wohin die Siebener-Dragoner, die Karl befehligte, im Februar 1912 verlegt wurden. Zita scheute sich auch nicht davor, mit ihrem Mann in das im Winter unwirtliche Galizien zu gehen, sie bestieg die ungeheizten Züge und nahm die Strapazen der weiten Reise auf sich. Die Fahrt durch Mähren war ein Kinderspiel im Vergleich zu dem, was Zita in Galizien erwartete. Schneestürme und bittere Kälte machten es an manchen Tagen unmöglich, weiterzufahren, so daß die junge Frau tagelang in den primitivsten Quartieren bleiben mußte. Sie bekam schon

einen kleinen Vorgeschmack auf das, was sie in Kolomea erwarten würde, wo das Regiment ihres Mannes stationiert war.
Das kleine Haus, das ihnen zur Verfügung stand, richtete Zita, so gut es ging, wohnlich ein, es gab kaum den einfachsten Komfort, nur wenig Hauspersonal, und die Erzherzogin ging täglich selbst auf den Bauernmarkt, um ihre Einkäufe zu besorgen. Es war ein wahrhaft kleinbürgerliches, aber glückliches Leben, das die beiden hier führten, fernab vom großen Gesellschaftsleben und bar aller Etikette. Dabei gab es auch allerhand Gefahren für den österreichischen Erzherzog, denn die Bevölkerung sympathisierte eher mit den Russen. Zita und Karl freundeten sich allmählich mit dem Hauptmannsehepaar Dudek an, mit dem man regen gesellschaftlichen Kontakt pflegte. Allen war klar, daß der Aufenthalt in Galizien für Karl und Zita nicht von langer Dauer sein konnte, denn die Erzherzogin erwartete ihr erstes Kind. Daher schien es dringend geraten, zivilisiertere Gegenden aufzusuchen.
Schneller als vorgesehen kam die Rückreise nach Wien. Karl hatte an Manövern teilgenommen, als sein Pferd in dem Morast, der sich nach den tagelangen Regenfällen gebildet hatte, stürzte und den Reiter unter sich begrub. Eine schwere Gehirnerschütterung war die Folge, und Karl mußte sofort ärztlich betreut werden. Das junge Paar zog sich in die Villa Wartholz in Schwarzau zurück, da es noch immer keine offizielle Bleibe in Wien hatte. Zwar wurde Schloß Hetzendorf für den Erzherzog hergerichtet, die Renovierungsarbeiten zogen sich aber in die Länge. Am 1. November hielt Karl endlich seine Versetzung nach Wien in Händen, so daß beide in Ruhe die Geburt des Kindes abwarten konnten. Am 19. November war es schließlich soweit, die ersten Wehen setzten ein, und die Ärzte, allen voran der bekannte Gynäkologe Universitätsprofessor Peham, waren an Zitas Bett geeilt. Der werdende Vater wartete nervös im Vorraum auf den ersten Schrei seines Kindes. Um dreiviertel drei konnte der Erzherzog seinen ersten Sohn auf den Arm nehmen. Alles schaute auf dieses Kind, durch das der Fortbestand der uralten Dynastie gesichert war. Der neugeborene Sohn Karls und Zitas nahm in der Thronfolge hinter Franz Ferdinand und seinem Vater den dritten Platz ein, und wenn alles gut ging, würde er im letzten Drittel des 20. Jahrhunderts den Thron besteigen ... In der feierlichen Taufe erhielt der Sohn die Vornamen Franz Joseph Otto Robert

Maria Anton Karl Max Heinrich Sixtus Xavier Felix René Ludwig Gaetano Pius Ignatius... Das Taufregister enthielt noch weitere fünfzehn Vornamen, was der Tradition im Kaiserhaus entsprach. Der Kaiser selbst ließ es sich nicht nehmen, als Taufpate zu fungieren. Nachdem der Geistliche in der Schloßkapelle das Kind mit Jordanwasser beträufelt hatte, überreichte Franz Ferdinand Zita ein Geschenk des Kaisers, ein prachtvolles Diamantenkollier.

Die kleine Familie hätte nun wahrscheinlich lange ohne große Aufgaben auf Schloß Hetzendorf leben und die Kinder, die in schöner Regelmäßigkeit Jahr für Jahr geboren wurden, hätten ihre Jugend in trauter Umgebung verbringen können, hätten nicht die Schüsse von Sarajevo über Nacht die Welt verändert. Damit war der unbedeutende Erzherzog ins Rampenlicht der Weltpolitik gerückt. Man wußte, daß Franz Josephs Tage gezählt waren und konnte sich kaum vorstellen, daß dem legendären Kaiser ein junger Mann auf dem Thron folgen würde, der politische völlig unbedarft war. Aber auch jetzt, in dieser schwierigen Situation, konnte sich Franz Joseph nicht entschließen, seinen Großneffen in die politische Situation einzuweihen und ihn an der Regierung zu beteiligen. Wahrscheinlich war er geistig dazu nicht mehr in der Lage, und die ihn umgebenden Berater hatten andere Absichten als eine Information des jungen Thronfolgers. Je weniger Karl wußte, um so mehr konnten alle anderen regieren, das schien die Devise zu sein. Wie verhängnisvoll sich dies auswirken sollte, zeigte der weitere Verlauf der Geschichte.

Karl wurde in einen Krieg hineingestoßen, den er nie gewollt hatte und den er, hätte er auch alle Hebel in Bewegung gesetzt, nicht verhindern konnte. Das Bündnissystem, zum scheinbaren Wohl der mitteleuropäischen Völker aufgebaut, trat in seiner verhängnisvollen Wirkung noch im Sommer 1914 in Kraft. Die allgemeine Hetzpropaganda tat ein übriges, um die Völker von der Notwendigkeit eines Weltkrieges zu überzeugen. Und Karl und Zita mußten wie alle anderen Bürger der österreichisch-ungarischen Monarchie zusehen, wie rundherum der Krieg entbrannte. Franz Joseph war am Ende seines langen Lebens mit der Politik, die er während seiner Regierung Jahrzehnte hindurch verfolgt hatte, gescheitert. Bei seinem Tod am 21. November 1916 übergab er seinem Nachfolger ein chaotisches Erbe. Als die Anwesenden im Sterbezimmer Franz Josephs bemerkten, daß der alte Kai-

ser seinen letzten Atemzug getan hatte, trat Prinz Zdenko Lobkowitz auf Karl zu, während ihm die Tränen über die Wangen liefen, machte dem Erzherzog das Kreuzzeichen auf die Stirn und sprach: »Gott segne Eure Majestät!«
Von einem Moment zum anderen war Karl Kaiser geworden, ein Mann, der das Kriegshandwerk wohl gelernt hatte, aber jetzt in einem Weltkrieg ein Riesenreich führen sollte, was seine Kräfte bei weitem übersteigen mußte. Und so sehr er sich selbst und auch Zita sich bemühte, den Zerfall des alten Reiches aufzuhalten, so vermochten beide nicht, die kriegführenden Staaten sowohl auf feindlicher als auch auf befreundeter Seite davon zu überzeugen, daß die unendlichen Opfer, die von der Bevölkerung gebracht werden mußten, in keiner Weise zu rechtfertigen seien. Die Friedensbemühungen des Kaiserpaares, die über die Brüder der Kaiserin, Prinz Sixtus und Xavier, liefen, verhallten im Kanonendonner, ja man lastete nach Bekanntwerden der Nacht- und Nebelaktion Zita an, sie habe »als Italienerin« ihr Land, Österreich-Ungarn, verraten wollen. Karl und Zita hatten einen Separatfrieden mit den Alliierten im Auge, sollte sich der Bündnispartner Deutschland nicht dazu bringen lassen, endlich den Krieg zu beenden. Ungünstige Fügungen des Schicksals und auch unkluges Verhalten von Seiten Karls bestärkten den negativen Eindruck, den seine Verhandlungen mit den Franzosen machen mußten. Zita war, wie immer und überall, seine Beraterin, und vielleicht schob man ihr deshalb die Hauptschuld an vielen Dingen in die Schuhe. Man sah in ihr mehr als eine »graue Eminenz«, denn sie erweckte den Eindruck, als sei sie die eigentliche Herrscherin und Karl mehr oder weniger eine Marionette, die nach ihrem Willen und ihren Vorstellungen zu tanzen hatte. Zermürbt und am Ende mußte Karl im Herbst 1918 einsehen, daß alles, was er versucht hatte, gescheitert war, daß die Alliierten ihren Frieden nach Lust und Laune diktieren konnten. Ihm blieb nichts anderes übrig, als zu allem Ja und Amen zu sagen. Er war in Schönbrunn ein gebrochener Mann, der seines Lebens nicht mehr sicher war. Allzu groß war die Gefahr, daß die Welle der Revolution auch vor dem Kaiserschloß nicht halt machen würde. Wie leicht hätte die Kaiserfamilie das gleiche Schicksal wie die Romanows in Jekaterinenburg erleiden können! Als man Karl die Abdankungsurkunde vorlegte, da bäumte sich in ihm, aber vor allem in Zita die Empörung gegen den Lauf der Geschichte noch

einmal auf. Als sie die Zeilen las, die Karl unterschreiben sollte, da rief Zita spontan aus: »Niemals! Das ist ausgeschlossen, daß du das unterschreibst! Das ist ja eine Abdankung!« Die Einwände, daß dies nicht der Fall sei, ließ sie nicht gelten, sie fuhr weiter fort: »Niemals kann ein Herrscher abdanken! Er kann abgesetzt werden, er kann seiner Herrscherrechte verlustig erklärt werden – nun gut, das ist eben Gewalt. Aber diese Gewalt verpflichtet nicht zur Anerkennung, daß er seine Rechte verloren habe. Er wird sie weiterverfolgen – je nach Zeit und Umständen ... Aber abdanken; nie, nie, nie!« Die Worte Zitas hallten durch den Raum, und die erregte Kaiserin hörte kaum den Widerspruch, der von seiten der Delegierten kam. Sie fuhr fort: »Nein, Karl, lieber falle ich hier mit dir! Dann wird Otto kommen. Und selbst wenn wir alle, alle hier fallen sollten – noch gibt es andere Habsburger ...«
Zita machte es ihrem Mann sehr schwer, die Entscheidung zu treffen, die getroffen werden mußte und die letztlich ihr Leben und ihre Sicherheit garantierte. Karl hatte nicht die innere Stärke, die seine Frau auszeichnete, er resignierte nur allzu leicht. Er war ein Mensch, der sich ein Leben auch als Privatmann vorstellen konnte. Nicht aber Zita: sie blieb ein Leben lang die von Gott ausersehene Kaiserin, trotz aller Schicksalsschläge, die auf sie zukamen.
Die Kaiserfamilie zog sich von Schönbrunn nach Schloß Eckartsau im Marchfeld zurück, wo ihre persönliche Sicherheit nur mit größter Mühe garantiert werden konnte, denn umherziehende Revolutionäre bedrohten immer wieder das ehemalige Jagdschloß Franz Ferdinands. Karl wurde krank und bot das Bild eines geschlagenen Mannes. Nur Zita gelang es ab und zu, ihm wieder Mut zu machen. Allerdings kostete es Stunden der Überredung, Karl zu weiteren Schritten zu veranlassen. Zita hatte klar erkannt, daß die Familie auf Dauer nicht in Eckartsau bleiben konnte, niemand wollte den Kaiser und seine Angehörigen in der Nähe haben, und auch die befreundeten Staaten, an die man sich wandte, lehnten eine Aufnahme der Habsburger ab. Die neutrale Schweiz schien ein geeignetes Exilland zu sein, aber die Schweizer Behörden hatten kein Interesse an noch einem landlosen Exilmonarchen, besonders, da man fürchten mußte, daß die Aufnahme Karls mit Schwierigkeiten verbunden sein würde.
Schließlich schalteten sich die Engländer als Vermittler ein, und

es gelang ihnen, die Schweizer Regierung zu überzeugen, daß ihr durch die Aufnahme Karls und seiner Familie keine Nachteile erwachsen würden. Allerdings machte die Regierung der Ersten Republik unter dem Kanzler Karl Renner Schwierigkeiten, als es darum ging, welche persönlichen Besitztümer die Familie ins Ausland bringen durfte. Für Renner waren Schmuckgegenstände, die noch aus dem Besitz der Kaiserin Maria Theresia – beziehungsweise ihres Gemahls Franz Stephan – stammten, nicht Privateigentum der Habsburger, und daher ordnete er eine peinlichst genaue Durchsuchung des Salonzuges an, der Karl in die Schweiz bringen sollte. Erst als der Verbindungsoffizier der britischen Regierung, Oberst Strutt, dem Kanzler damit drohte, daß die britische Regierung die Blockade erneuern und sämtliche Lebensmittellieferungen stoppen werde, gab Renner nach und verzichtete auf eine Durchsuchung des Zuges. Strutt hatte allerdings von der britischen Regierung nie eine derartige Zusage erhalten, er hatte ganz einfach gebluff!
Mit viel Gepäck, unter dem sich ein Koffer voll wertvollster Juwelen befand, verließ das Kaiserpaar mit seiner Kinderschar die österreichische Hauptstadt, wie Karl und Zita glaubten, nicht für immer und ewig, nur vorübergehend, bis sich die Verhältnisse beruhigt hätten.
Karl hatte zwar eine Rücktrittserklärung unterschrieben, dies galt aber nur für den österreichischen Thron. Kaum war das Kaiserpaar in der Schweiz, als es deshalb sofort daranging, die Verhältnisse in Ungarn zu sondieren. Durch verschiedene Informationen bestärkt, glaubte Karl sich gute Chancen auf die Rückgewinnung der ungarischen Krone ausrechnen zu können. Er erinnerte sich an die großen Sympathien, die die Ungarn seinerzeit ihm und Zita anläßlich ihrer Krönung in Budapest entgegengebracht hatten, und hoffte auf Wohlwollen. So war es nicht schwer, Karl zu überreden, nach Ungarn zurückzukehren und einen Restaurationsversuch zu unternehmen. Inwieweit die Kaiserin bei diesem Unternehmen die Hände im Spiel hatte, ist nicht ganz klar.
Zita selbst konnte ihren Mann nicht begleiten, da sie in Prangins am Genfer See soeben ihr sechstes Kind zur Welt gebracht hatte. Sicher war, daß Zita Karl darin bestärkt hatte, seine Rechte als König von Ungarn, so weit es irgendwie ging, wahrzunehmen. Sie sah in der Neuregelung Europas mit den Nationalstaaten ein

großes Übel für die Menschheit, und nur ein angestammter König oder Kaiser konnte für sie den wahren Frieden bringen. Dabei war Zita keinesfalls eine Träumerin, aber felsenfest von diesen Ideen, die sie im Laufe der Zeit an der Seite ihres geliebten Mannes entwickelt hatte, überzeugt. Dazu kam, daß alles, was auf dieser Welt geschah, für sie gottgegeben war. Die Habsburger Kaiser hatten im Auftrag Gottes jahrhundertelang die Krone getragen, ein Mensch konnte sie daher weder vertreiben noch absetzen.

Das Unternehmen Karls war dilettantisch und endete für den ehemaligen Kaiser und König schmählich. Er konnte froh sein, daß ihm der ungarische Reichsverweser Horthy, ein früherer k. u. k. Admiral, freien Abzug gewährte und ihm nicht nach dem Leben trachtete. Aber auch die Schweizer Bundesregierung war aufs tiefste verärgert über das, was Karl ohne ihr Wissen unternommen hatte. Am Genfer See konnte die Familie nicht mehr bleiben, man ordnete an, daß sie ein Domizil am Vierwaldstätter See beziehen sollte, wo sie ohne Ankündigung und Genehmigung keine größeren Ausfahrten unternehmen durfte. Karl aber plante bereits einen neuerlichen Versuch, die ungarische Krone zurückzugewinnen. Zita verhielt sich abwartend, aber als es soweit war, daß Karl das bereitstehende Flugzeug besteigen sollte, da ließ sie sich durch keine noch so gut gemeinten Ratschläge davon abhalten, mit ihrem Mann das waghalsige Abenteuer zu unternehmen und nach Ungarn zu fliegen, obwohl sie wieder ein Kind erwartete. Sie glaubte, durch ihre Anwesenheit die Sympathien des ungarischen Volkes für sich und ihren Mann zu gewinnen und Karl dadurch zu helfen. Aber was so schön gedacht war, erwies sich als letzte große Katastrophe: Der Exkaiser scheiterte auf der ganzen Linie, und jetzt waren nicht nur die ungarischen nationalen Kräfte über ihn empört, auch das ehemals feindliche Ausland wollte nicht länger mitansehen, wie der ehemalige Kaiser immer wieder versuchte, noch einmal irgendwo Fuß zu fassen. Das Habsburger Ehepaar wurde auf ein Donauschiff verfrachtet, das Karl und Zita ans Schwarze Meer bringen sollte, wo ein englisches Schiff die beiden übernahm. Der Dampfer kreuzte planlos im winterlichen Mittelmeer herum, um Karl und seine Gemahlin endlich nach einer langen Irrfahrt an der Küste der portugiesischen Insel Madeira abzusetzen. Man ließ durchblicken, daß jedwede politische Aktivität zu einem Exil auf einer noch

weiter entfernten und klimatisch ungünstigeren Insel führen würde.
Es war für das Kaiserpaar nicht einfach, die Kinder nachkommen zu lassen; von allem Anfang an suchte Zita einen portugiesischen Paß zu bekommen, der sie zur Einreise in die Schweiz berechtigen würde. Allerdings stellten die eidgenössischen Behörden strikteste Bedingungen, vermutete man doch allgemein hinter der Reise, die Zita zu ihren Kindern unternehmen wollte – einem ihrer Söhne stand eine Blinddarmoperation bevor –, wieder irgendwelche geheime Aktionen der politisch so tätigen Frau. Allerdings hatten sich diesmal die Behörden getäuscht, und Zita hatte nur alle Hebel in Bewegung gesetzt, um die Ausreise ihrer Kinder zu ermöglichen. Außerdem wollte sie die Vermögensverhältnisse klären, da sie auf Madeira schon bald nicht mehr wußten, wie sie die Miete für ihre Villa zahlen sollten. In der Schweiz stellte sich heraus, daß der Verwalter ihres Vermögens mit Schmuck und Geld durchgegangen und nicht mehr auffindbar war. Die wertvolle zweireihige Perlenkette Maria Theresias, eine Brosche von unschätzbarem Wert, der Florentiner Diamant Karls des Kühnen, der allein beim Verkauf zehn Millionen Franken hätte einbringen sollen, und andere unendlich wertvolle Gegenstände waren spurlos verschwunden und tauchten auch nicht mehr auf. Das Kaiserpaar war mit einem Schlag bettelarm. Karl und Zita konnten gerade noch das Geld für die Reise der Kinder aufbringen, dann mußten sie sich damit abfinden, auf Madeira in den bescheidensten Verhältnissen zu leben. Eine andere Villa wurde ihnen zur Verfügung gestellt, nicht mehr an der sonnigen Küste, sondern hoch in den Bergen, wo im Herbst schon die Nebelschwaden herumzuziehen begannen und es kalt und feucht war. Nur notdürftig hatte man das schlecht ausgestattete Haus hergerichtet, überall roch es nach Schimmel und Moder, und so war es kein Wunder, daß die Kinder immer wieder krank wurden.
Und doch wäre es ein leichtes gewesen, alles mit einem Schlag zu ändern. Der britische Konsul hatte Karl eine Botschaft geschickt, in der es hieß, daß man ihm alle konfiszierten Güter in den Nachfolgestaaten ersetzen würde; außerdem würde sich England verpflichten, ihm und seiner Familie eine Apanage zukommen zu lassen – wenn er nur offiziell abdanke. Karl hatte auf dieses Ansinnen nur geantwortet: »Sagen Sie den Herren, daß Meine

Krone nicht käuflich ist.« Wahrscheinlich war es wirklich seine eigene Meinung, aber vielfach wurde vermutet, daß Zita ihn auch in diesem Punkt beraten und bestärkt hatte, auch wenn es zum unendlichen Nachteil der Familie geriet, ja diese Starrheit schließlich Karl das Leben kosten sollte. Denn man weigerte sich nun, das Kaiserpaar finanziell zu unterstützen, und so litt die Familie Mangel an allem nur Denkbaren. Man hatte nicht genügend Heizmaterial, um die Räume wenigstens annähernd warm zu halten, Schimmel bildete sich an den Mauern, und das Essen war knapp. Als der Kaiser zu husten anfing, entschloß sich Zita, noch abzuwarten, einen Arzt zu konsultieren, denn ihre Kasse war fast leer. Als sich aber der Husten immer mehr verstärkte und sich noch Fieber einstellte, konnten die Ärzte nicht mehr helfen. Karls Lungenflügel waren schon angegriffen, und alles, was man unternahm, war unsinnig und erfolglos. Man verabreichte dem Todkranken Terpentinspritzen, die bewirken sollten, daß sich noch ein neuer Krankheitsherd bildete, der den ersten entlasten sollte. Die Ärzte erhofften sich von dieser Therapie eine Besserung des Lungenleidens. Das Ergebnis dieser Spritzenkur waren unzählige Geschwüre an den Beinen, die dem Sterbenden qualvolle Schmerzen bereiteten. Gegen diese Beschwerden spritzte man Kampfer und Kochsalz, so daß Karls geschwächter, abgezehrter Körper schließlich über und über mit Einstichen übersät war.

Mit übermenschlicher Gewalt hielt sich Zita Tag und Nacht aufrecht, um am Bett des Kranken zu wachen. Wenn Karl einen klaren Augenblick hatte, ergriff er die Hand seiner Frau und bat sie, sich hinzulegen und auszuschlafen. Zita stellte sich schlafend, um ihm dann sofort wieder die glühend heiße Stirn zu trocknen. Die letzten Stunden verbrachte Karl, getröstet mit den Segnungen der katholischen Kirche, im Delirium, aus dem er nur für kurze Augenblicke auftauchte. Er empfahl seiner Frau, sich an den König von Spanien zu wenden, der ihr sicherlich helfen würde. In einem anderen Moment erklärte er, daß das Novembermanifest null und nichtig und er nach wie vor König von Ungarn sei.

Als es mit ihm zu Ende ging, ließ Zita ihren ältesten Sohn Otto ans Bett seines sterbenden Vaters holen: »Dein Vater läßt dich rufen, damit du Zeuge bist, wie ein Christ zu seinem Schöpfer heimkehrt.«

Die letzten Worte des scheidenden Kaisers waren an seine ge-

liebte Frau gerichtet: »Warum lassen sie uns nicht nach Hause? Ich möchte mit dir nach Hause gehen. Ich bin so müde ...« Mit sich und der Welt im reinen, schloß Karl für immer die Augen, sein Tod kam langsam und sanft.
Eine Österreicherin, die zufällig im April 1924 auf Madeira weilte, berichtet über die Beisetzung Karls:
»Am Mittwoch (dem 5. April) haben wir den armen Kaiser begraben. Noch nie habe ich etwas so Tragisches gesehen und dieses armselige Sterben hat mich tief ergriffen ... Am Mittwochvormittag fuhr ich auf den Monte, um ihn noch aufgebahrt zu sehen. Es war alles so traurig und arm. Er lag in einem kleinen und einfachen Sarg, der am Boden stand, es war kein Priester da, niemand außer einem Herrn, der meiner Ansicht nach der Lehrer der Kinder sein muß. Der Kaiser hatte die einfache Felduniform an und trug das Goldene Vlies. Bei seinem Kopf war der Kranz der österreichischen Kolonie mit dem schwarzgelben Bande; Blumen waren massenhaft da, das war das einzige, was den schaurigen Anblick etwas milderte. Das Begräbnis selbst war feierlich. Die Leiche wurde in der alten Wallfahrtskirche am Monte beigesetzt. Der Sarg wurde in einem kleinen niedrigen zweirädrigen Karren geführt, den einer von unseren Herren mit den österreichischen Dienern des Kaisers zog. Wagenpferde gibt es hier ja nicht. Die ganze Gesellschaft von Funchal folgte, und eine Unmenge Volks war vor der Kirche. Die Kaiserin war mit den drei ältesten Kindern da. Die Kinder sind das Reizendste, was man sich vorstellen kann, besonders die beiden ältesten Söhne. Nach der Beisetzung hielt einer von den österreichischen Herren Wache, bis der Sarg am Abend verlötet wurde. Dazu kam die Kaiserin noch einmal mit dem Thronfolger. Diese Frau ist wirklich bewunderungswürdig. Sie hat keinen Augenblick die Fassung verloren, ebenso die Kinder. Ich habe keines von ihnen weinen gesehen. Sie waren nur sehr blaß und traurig. Beim Verlassen der Kirche grüßten sie nach allen Seiten. Die Kaiserin hat dann noch mit den Leuten gesprochen, die bei der Beisetzung geholfen haben. Alle fanden sie ganz reizend. Der Sarg war mit der alten österreichisch-ungarischen Fahne bedeckt; es ist wohl das letzte Mal, daß sie entfaltet wurde. Was wird jetzt mit der armen Familie werden?«
Für Zita trug man die Liebe ihres Lebens zu Grabe. Sie hatte sich ihrem Mann ganz und gar gewidmet, sie war die Starke in dieser

Verbindung gewesen, sie war nie müde geworden, ihren Mann selbst in den ausweglosesten Situationen zu unterstützen und ihn seelisch aufzubauen.

Die Kaiserin, die immer eine besondere Vorliebe für frische bunte Farben in ihrer Kleidung gehabt hatte, legte die schwarze Witwentracht nie mehr ab. Siebenundsechzig Jahre überlebte sie den innig geliebten Mann. Hochbetagt starb sie im März 1989, und nach einem langen Irrweg über Meere und Kontinente kehrte Zita heim nach Österreich, wo die letzte Kaiserin in der Kapuzinergruft beigesetzt wurde.

Literaturhinweise

Aichelburg, Wladimir: Erzherzog Franz Ferdinand und Artstetten. Wien 1983
Andics, Hellmut: Die Frauen der Habsburger. Wien – München – Zürich 1969
Arneth, Alfred Ritter von: Geschichte Maria Theresias. Wien 1863–1879
Ausstellungskatalog Maximilian I. Innsbruck o. J.
Baltazzi-Scharschmid, Heinrich/Swistun, Hermann: Die Familien Baltazzi-Vetsera im kaiserlichen Wien. Wien – Graz 1980
Beeching, Jack: Don Juan d'Austria, Sieger von Lepanto. München 1983
Benedikt, Ernst: Kaiser Joseph II. 1741–1790. Wien 1947
Bezoni, Juliette: Die Frauen waren ihr Schicksal. München 1974
Boeheim, Wendelin: Philippine Welser. o. J.
Brook-Shepherd, Gordon: Um Krone und Reich. London – Wien 1968
Brook-Shepherd, Gordon: Die Opfer von Sarajevo. Stuttgart 1988
Brouwer, Johan: Johanna die Wahnsinnige. München 1978
Conte Corti, Egon Caesar: Elisabeth – die seltsame Frau. Wien 1934
Conte Corti, Egon Caesar: Kaiser Franz Joseph. 3 Bände, Wien 1950–1955
Danszky, Eduard P.: Sternkreuz. Das Schicksal der Isabella von Parma. Mödling 1957
Feigl, Erich (Hg.): Kaiser Karl. Wien 1984
Feigl, Erich: Kaiserin Zita. Wien – München 1982
Fichtenau, Heinrich: Der junge Maximilian (1459–1482). Wien 1959
Flesch-Brunningen, Hans: Die letzten Habsburger in Augenzeugenberichten. Düsseldorf 1967
Geramb, Viktor von: Ein Leben für die anderen. Erzherzog Johann und die Steiermark. Wien 1959
Görlich, Ernst Joseph: Der Thronfolger. Wien – Köln 1961
Griesser-Pečar, Tamara: Zita. Bergisch Gladbach 1985
Größing, Helmuth/Stuhlhofer, Franz: Versuch einer Deutung der Rolle der Astrologie in den persönlichen und politischen Entscheidungen einiger Habsburger des Spätmittelalters. Wien 1980
Habsburg, Otto: Karl V. Wien – München 1979
Hamann, Brigitte: Rudolf, Kronprinz und Rebell. Wien 1978
Hamann, Brigitte: Elisabeth, Kaiserin wider Willen. Wien 1981
Hamann, Brigitte (Hg.): Die Habsburger. Ein biographisches Lexikon. Wien 1988
Hantsch, Hugo: Die Geschichte Österreichs 1618–1916. Graz 1937–1969
Haslip, Joan: Die Freundin des Kaisers. Stuttgart 1985
Heer, Friedrich: Das Glück der Maria Theresia. Wien – München 1966
Hennings, Fred: Und sitzet zur linken Hand. Wien 1961
Herre, Franz: Kaiser Franz Joseph von Österreich. Köln 1978
Herre, Paul: Barbara Blomberg. Leipzig 1909
Heyck, Ed.: Kaiser Maximilian I. Bielefeld – Leipzig 1898
Hirn, Josef: Erzherzog Ferdinand II. von Tirol. Innsbruck 1885–1887
Hofmann, Christina: Das spanische Hofzeremoniell von 1500–1700. Frankfurt 1985
Holler, Gerd: Mayerling, die Lösung des Rätsels. Wien – München – Zürich 1980
Holzer, Hans: Der Fluch über dem Hause Habsburg. München 1981
Ingrao, Charles W.: Josef I. Der vergessene Kaiser. Graz – Wien – Köln 1982
Johann, Erzherzog von Österreich: Der Brandhofer und seine Hausfrau. Hg. von Walter Koschatzky, Graz 1978
Ketösy, Graf M.: Habsburgische Mesalliancen und Liebesaffairen im 19. Jahrhundert. Leipzig 1900

Kiszling, Rudolf: Erzherzog Franz Ferdinand von Österreich-Este. Graz – Köln 1953
Koller, Gerda: Die Hochzeit Ferdinands I. In: »Linz aktiv« 1967, S. 19–26
Kuhn, Annette/Rüsen, Jörn (Hg.): Frauen in der Geschichte. Düsseldorf 1982
Leitner, Thea: Habsburgs verkaufte Töchter. Wien 1987
Leitner, Thea: Habsburgs vergessene Kinder. Wien 1989
Lexikon der Astrologie. Freiburg 1981 (Horoskop Maximilians I.)
Lhotsky, Alphons: Das Haus Habsburg. Wien 1971
Louise, Prinzessin von Coburg: Throne, die ich stürzen sah. Wien 1926
Magenschab, Hans: Josef II., Revolutionär von Gottes Gnaden. Graz – Wien – Köln 1979
Magenschab, Hans: Erzherzog Johann, Habsburgs grüner Rebell. Graz – Wien – Köln 1981
Mailler, Hermann: Frau Schratt. Ein Lebensbild. Wien 1947
McGuigan, Dorothy Guis: Familie Habsburg. Wien – München – Zürich 1967
Miller, Townsend: Isabel und Juana. München 1967
Mikoletzky, Lorenz: Kaiser Joseph II. Göttingen – Zürich – Frankfurt 1979
Mikoletzky, Lorenz: Kaiser Franz I. Stephan und der Ursprung des habsburgisch-lothringischen Familienvermögens. München 1961
Mitis, Oskar Freiherr von: Das Leben des Kronprinzen Rudolf. Leipzig 1928, neu hg. von Adam Wandruszka, Wien 1971
Morton, H. V.: Wanderungen in Spanien. Frankfurt 1968
Pangels, Charlotte: Die Kinder Maria Theresias. München 1980
Peham, Helga: Leopold II., Herrscher mit weiser Hand. Graz – Wien – Köln 1987
Pfandl, Ludwig: Philipp II. München 1969
Pickl, Othmar (Hg.): Erzherzog Johann von Österreich. Graz 1982
Polzer-Hoditz, Arthur Graf: Kaiser Karl. Wien 1980
Prwadin, Michael: Johanna die Wahnsinnige. Wien 1938
Rabl, Elisabeth: Das Bild der Habsburger in den venezianischen Gesandtschaftsberichten und Finalrelationen. Unveröffentlichte Seminararbeit, Salzburg 1979
Raithel, Richard: Maria Theresia und Joseph II. ohne Purpur. Wien 1954
Rausch, Karl: Die burgundische Heirat Maximilians I. Wien 1880
Redlich, Josef: Kaiser Franz Joseph von Österreich. Berlin 1929
Redlich, Josef: Schicksalsjahre Österreichs. 1908–1919. 2 Bände, Graz – Köln 1953/54
Redlich, Oswald: Das Werden einer Großmacht. Baden 1938
Reifenscheid, Richard: Die Habsburger in Lebensbildern. Graz – Wien – Köln 1982
Reinhold, Peter: Maria Theresia. Frankfurt 1979
Ritter, Rudolf: Unsterbliche Romanzen. Mühlacker 1974
Saathen, Friedrich (Hg.): Anna Nahowski und Kaiser Franz Joseph. Graz – Wien – Köln 1986
Schaeffer, Emil: Habsburger schreiben Briefe. Leipzig 1935
Schiel, Irmgard: Stephanie, Kronprinzessin im Schatten von Mayerling. Wien 1978
Schnürer, Franz: Habsburger Anekdoten. Stuttgart 1906
Seligmann, Kurt: Das Weltreich der Magie. Wiesbaden 1970
Sokop, Brigitte: »Jene Gräfin Larisch ... « Graz – Wien – Köln 1988
Sosnosky, Theodor von: Der Erzherzog Thronfolger. München 1929
Stephanie, Prinzessin von Belgien, Fürstin von Lonyay: Ich sollte Kaiserin werden. Leipzig 1935
Sutter Fichtner, Paula: Ferdinand I. Graz – Wien – Köln 1986
Tabarelli, Hans: Kaiser Franz Joseph und die gnädige Frau. Wien 1948
Theiß, Viktor: Erzherzog Johann, der steirische Prinz. Wien 1981
Trollope, Frances: Briefe aus der Kaiserstadt. Stuttgart 1966

Vossen, Carl: Maria von Burgund. Stuttgart 1982
Waldegg, Richard: Sittengeschichte von Wien. Stuttgart 1965
Wallersee, Maria Freiin von: Meine Vergangenheit. Berlin 1913
Wallersee, Marie Louise von, vormals Gräfin Larisch: Kaiserin Elisabeth und ich. Leipzig 1935
Weissensteiner, Friedrich: Franz Ferdinand. Der verhinderte Herrscher. Wien 1983
Wiesflecker, Hermann: Kaiser Maximilian I. Wien 1971–1986
Wiesflecker, Hermann: Friedrich III. und der junge Maximilian. Wiener Neustadt 1966
Winker, Elsa: Margarete von Österreich. Grande Dame der Renaissance. München 1966
Wölfling, Leopold: Habsburger unter sich. Berlin 1921
Wurm, Sylvia: Die Ehen Josephs II. In: Katalog zur Niederösterreichischen Landesausstellung, Melk 1980
Zierl, Antonia: Kaiserin Eleonore und ihr Kreis. Unveröffentlichte Dissertation, Wien 1966
Zöllner, Erich: Geschichte Österreichs. 5. Aufl., Wien 1974

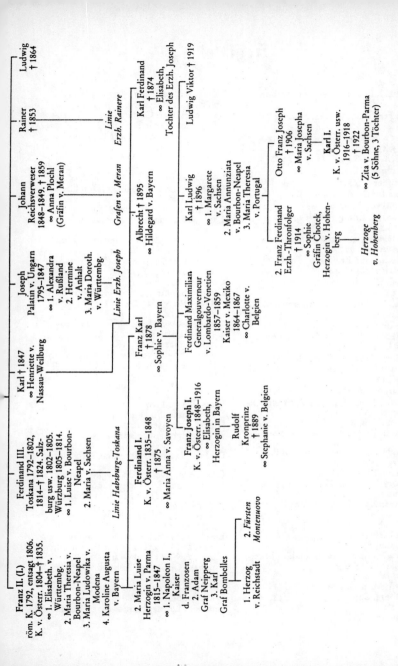

Register

Adelheid, Prinzessin von Luxemburg 314
Alba, Fernando Alvarez, Herzog von 94 f.
Albert von Sachsen-Teschen, Herzog 183, 195, 201
Albrecht von Bayern 129
Albrecht VI., Erzherzog 13
Alexander I., Zar von Rußland 187
Alexander II., Zar von Rußland 238
Alphons von Ferrara 146
Alphons V., König von Neapel-Sizilien 12
Ana de Austria, Tochter Don Juan d'Austrias 94
Andreas, Sohn Erzherzog Ferdinands II. 128, 145
Angeli, Heinrich von, Hofmaler 231 f., 237
Anna, Prinzessin von Frankreich (Anne Beaujeu) 56 ff., 64, 67, 70
Anne de Bretagne, Gemahlin Karls VIII. und Ludwigs XII. von Frankreich 41 f., 61 ff.
Anna von Ungarn, Gemahlin Ferdinands I. 104, 106 ff., 115 ff., 119 ff., 126, 129
Arthur, Kronprinz von England 45
August III., Kurfürst von Sachsen, König von Polen 158
Augusta, Jan, Bischof der Mährischen Brüdergemeinde 128

Balbi, Hieronymus, Propst von Preßburg 116
Baltazzi, Alexander 271
Báthory, Stephan, Wojwode von Siebenbürgen 141
Batthyány, Graf, Ajo Josephs II. 171, 174
Berg, Alban 229
Berg, Helene 229
Bernauer, Agnes 129
Bianca Maria Sforza, Gemahlin Maximilians I. 66, 120
Bilek, Jakob 128
Bisletti, Monsignore 315 f.
Blomberg, Barbara 78, 85 ff., 91, 93 ff., 98 ff.
Blomberg, Sibylle 85

Blomberg, Wolfgang 85
Boleyn, Anna 45
Bombelles, Carl Graf 246
Boudewijn, Bastard von Burgund 67
Bratfisch, Leibfiaker von Kronprinz Rudolf 267
de Burgo, Andreas 116

Carl Franz Joseph s. Karl, Erzherzog
Carlos, Infant von Spanien (Don Carlos) 84
Caspar, Mizzi 265 f., 268, 270
Catalina (Katharina) von Aragon 29, 72
Charlotte von Belgien, Gemahlin Maximilians von Mexiko 254
Chambord, Heinrich von (Heinrich V. von Frankreich) 299
Chotek, Graf 250
Chotek, Sophie Gräfin (Herzogin von Hohenberg) 273, 275, 279 ff., 287 ff., 314
Clementine von Belgien, Tochter Leopolds II. von Belgien 258
Cles, Bernhard von 116
Coburg, August von 314
Coburg, Philipp von 251
Cray, Rosina von 20
Cuspinianus s. Spießhammer

Dalla Rosa, Marquise 304
Dietrichstein, Siegmund von 110
Diring, Schlosser 144
Dostal, Hermann, Kapellmeister 312 f.
Dudek, Hauptmannsfamilie 319

Edward IV., König von England 19
Eisenmenger, Dr. Victor 280
Eleonore, Prinzessin, Tochter Philipps des Schönen 77
Eleonore von Portugal, Gemahlin Friedrichs III. 10 ff., 66
Elisabeth, Gemahlin Franz Josephs I. 217, 220 ff., 231, 233 f., 236, 238 ff., 243, 246, 253 ff., 259 ff.
Elisabeth Christine, Gemahlin Karls VI. 149
Elisabeth-Christine von Braunschweig-Wolfenbüttel 157
Elisabeth Louise, Herzogin von Parma 166 f.

Elisabeth von Valois, Gemahlin Philipps II. von Spanien 92
Engelbrecht, Peter 14
Erasmus von Rotterdam 111
Ernst, Herzog von Bayern 116, 129
Eugen von Savoyen, Prinz 154 ff., 160, 171

Ferdinand I., Kaiser von Österreich 213 f., 216, 219
Ferdinand I., römisch-deutscher Kaiser 84, 104 ff., 110 ff., 129 f., 134
Ferdinand II., Erzherzog von Tirol 120, 122 ff., 134 ff., 143 ff.
Ferdinand Karl, Erzherzog (Ferdinand Burg) 275
Ferdinand Max, Erzherzog (Maximilian von Mexiko) 254
Ferdinand von Aragon 29 f., 33, 41, 43, 46 f., 64, 69 f., 105 f., 113
Ferenczy, Ida von 222
Festetics, Marie Gräfin 253
Fladnitz, Jakob von 14
Franz, Erzherzog, Sohn Maximilians I. 26
Franz I., König von Frankreich 122 f.
Franz II. (I.), römisch-deutscher Kaiser, ab 1804 Kaiser von Österreich 186, 191 ff., 202 f., 205, 209 f., 212 f., 215, 219
Franz Ferdinand, Erzherzog-Thronfolger 273 ff., 305 f., 310, 314, 316, 318, 320, 322
Franz Joseph I., Kaiser von Österreich 216 ff., 246, 253 f., 256, 259 ff., 269, 271 ff., 275, 277 f., 282 f., 288, 294, 296, 307 ff., 316 ff., 320
Franz Karl, Erzherzog 219
Franz Stephan von Lothringen (Franz I., römisch-deutscher Kaiser) 152 ff., 156 ff., 165, 170, 188 f., 323
Franz (V.) von Österreich-Este, Herzog von Modena 276
Friedrich, Erzherzog 279, 281
Friedrich II., König von Preußen 154 ff.
Friedrich III., römisch-deutscher Kaiser 9 ff., 17 ff., 65, 110
Friedrich August III., König von Sachsen 314
Friedrich Wilhelm I., König von Preußen 154
Fuchs, Charlotte, Gräfin 158, 160
Fugger, Jakob 116

Gauermann, Jakob, Kammermaler 199
Georg II., König von England 156
Georg V., König von England 310
Germaine, zweite Gemahlin Ferdinands von Aragon 47
van Gheest, Johanna (Margarethe) 81
Girardi, Alexander 237
Gisela, Erzherzogin, Tochter Franz Josephs I. 241, 247
Gomez de Fuersalida, span. Gesandter 38
Gregor XIII., Papst 145
Grumblow, Generalleutnant 155

Handsch, Leibarzt Ferdinands II. 139 f.
Heinrich VII., König von England 45 f., 64
Heinrich, Kronprinz von England (Heinrich VIII.) 45
Helena, Erzherzogin, Tochter Ferdinands I. 146
Helene, Prinzessin in Bayern 220
Herberstein, Siegmund 116
Hinderbach, Johannes 14
Hirsch, Baron 270
Hohenberg, Ernst von 292
Hohenberg, Max von 292
Hohenlohe, Isabella (Belli) von 307 f.
Hohenwarter, Josef 128
Horthy, Nikolaus, ungarischer Reichsverweser 324
Huber, Trauzeuge Erzherzog Johanns 211

Innozenz VIII., Papst 61
Isabel von Aragon 29
Isabella, Tochter Philipps des Schönen 77
Isabella, Erzherzogin, Gemahlin Erzherzog Friedrichs 279, 281 f.
Isabella von Kastilien 29 ff., 33 ff., 41, 43 f., 64, 69 ff.
Isabella von Parma, Gemahlin Josephs II. 165 ff., 170 ff.
Isabella von Portugal, Gemahlin Karls V. 82, 84

Jaime, Herzog von Madrid 313, 315
Jeronimo s. Don Juan d'Austria
Johann, Erzherzog 186, 188 ff.
Johanna (Juana) die Wahnsinnige 29 ff., 67, 71 f., 78 f., 105 f.
Johanna von Kastilien 31

Jolanthe, Gemahlin Philiberts von Savoyen 75
Joseph II., römisch-deutscher Kaiser 162, 165 ff., 188 ff., 195
Juan, Infant von Spanien 32, 43, 66 f., 69 ff.
Don Juan d'Austria 88 ff., 92 ff.

Karl, Dauphin von Frankreich (Karl VIII.) 17 f., 55, 57 f., 60 ff.
Karl, Erzherzog, Sohn Leopolds II. 192 f., 195
Karl, Sohn Erzherzog Ferdinands II. 145
Karl der Große, römisch-deutscher Kaiser 123
Karl, Erzherzog (Karl I.) 293 ff., 298 ff., 302 f., 305 ff.

Karl V., römisch-deutscher Kaiser 52, 72, 77, 79 ff., 91, 105 f., 110 ff., 122
Karl V., Herzog von Lothringen 161
Karl VI., römisch-deutscher Kaiser 149 ff., 156, 161 f.
Karl Albrecht, Kurfürst von Bayern (Karl VII., römisch-deutscher Kaiser) 162 f.
Karl der Kühne, Herzog von Burgund 9, 17 ff., 24, 54, 325
Karl Friedrich, Herzog von Jülich und Kleve 135
Karl Joseph, Erzherzog, Sohn Maria Theresias 174
Karl Ludwig, Erzherzog 273 f.
Karolina Augusta, Gemahlin Franz' I. 213
Karoline, Tochter von Barbara Blomberg 92
Kasimir von Brandenburg 116
Katharina, Tochter Philipps des Schönen 40, 105
Katharina, Erzherzogin, Gemahlin Sigismund Augusts II. von Polen 140
Kinsky, Josef Graf 193
Kiss von Itebe, Anton (Toni) 238, 241
Kiss von Itebe, Nikolaus 237 f, 244
Kolowrat, Franz Anton Graf 213
Kolumbus, Christoph 30, 104

Lang, Matthäus, Erzbischof von Salzburg 116 f.
Larisch (-Wallersee), Marie Gräfin 267, 269
Latour, Graf 247
Laube, Heinrich 237
Leopold, Erzherzog, Sohn Karls VI. 149

Leopold, Erzherzog, Sohn Leopolds II. 192
Leopold, Herzog von Lothringen 152, 154
Leopold II., König von Belgien 249 ff.
Leopold II., römisch-deutscher Kaiser 188 ff.
Leopold Clemens, Prinz von Lothringen 152
Liechtenstein, Alois von 314
Liechtenstein, Fürst 170
Lobkowitz, Zdenko Graf 321
Loder, Matthäus, Kammermaler 199
Loschek, Johann, Kammerdiener Kronprinz Rudolfs 269 f.
Losenstein, Sebastian von 118 f.
Louise von Belgien, Tochter Leopolds II. von Belgien (Louise von Coburg) 249, 251, 259, 263
Louise von Savoyen 59
Loxan, Ferdinand von 128
Loxan, Katharina von 124 ff., 137, 142, 145, 147
Lucheni, Luigi 243
Ludwig, Erzherzog 215
Ludwig, Herzog von Bayern 116
Ludwig II., König von Bayern 236, 248, 256, 276
Ludwig II., König von Ungarn 106 f., 109 ff., 115 f., 119
Ludwig XI., König von Frankreich 17 ff., 25 f., 53, 55 ff.
Ludwig XII., König von Frankreich 41 f., 72 f.
Ludwig XV., König von Frankreich 158, 165, 167, 170

Machiavelli, Niccolò 17
Magdalena, Erzherzogin, Tochter Ferdinands I. 146
Margarete, Erzherzogin, Tochter Maximilians I. 16, 26, 32, 36, 42, 53 ff., 79 f., 82, 104, 113
Margarete von Parma, Tochter Karls V. 81
Margarete von Valois, Prinzessin von Frankreich 99 f.
Margarete von York, Gemahlin Karls des Kühnen 19, 26, 54, 59, 65, 79
Maria, Erzherzogin, Gemahlin Ludwigs II. von Ungarn 106, 109 f., 115 f., 120
Maria, Erzherzogin, Tochter Erzherzog Ferdinands II. 131
Maria, Prinzessin, Tochter Philipps des Schönen 77

Maria von Burgund, Gemahlin Maximilians I. 9, 17 ff., 53, 55
Maria Anna, Erzherzogin, Tochter Maria Theresias 169, 174
Maria Annunziata, Erzherzogin 273, 298, 302 f., 305
Maria Annunziata, Erzherzogin, Gemahlin Erzherzog Karl Ludwigs 273
Maria Antonia von Braganza, Gemahlin Roberts von Bourbon-Parma 300 ff., 311, 314 f., 317
Maria Christine, Erzherzogin, Tochter Maria Theresias 174 ff., 190
Maria Josefa, Erzherzogin, Gemahlin Erzherzog Ottos 305, 309, 314 f.
Maria Josepha, Prinzessin von Bayern, Gemahlin Josephs II. 185
Maria Leszczyńska, Gemahlin Ludwigs XV. von Frankreich 167
Maria Ludovica, Gemahlin Leopolds II. 188 ff.
Maria Pia von Neapel-Sizilien, Gemahlin Roberts von Bourbon-Parma 300
Maria Stuart, Königin von Schottland 97
Maria Theresia, Erzherzogin, Gemahlin Erzherzog Karl Ludwigs 273, 283, 287, 289, 302, 305, 308
Maria Theresia, Kaiserin 149 ff., 174, 177, 179 ff., 187 f., 195, 323, 325
Marie Antoinette, Erzherzogin, Gemahlin Ludwigs XVI. von Frankreich 179, 182
Marie Henriette, Gemahlin Leopolds II. von Belgien 249 ff., 257, 263
Marie Louise, Erzherzogin, Gemahlin Napoleons I. 288
Marie Valerie, Erzherzogin, Tochter Franz Josephs I. 223, 241, 244, 313
Marschall, Godfried, Prälat 283
Mary, Gemahlin Georgs V. von England 310
Massi, Francisco 89
Mathilde, Prinzessin von Sachsen 248
Maximilian, Erzherzog, Sohn Erzherzog Ottos 306
Maximilian, Herzog in Bayern 220
Maximilian I., römisch-deutscher Kaiser 9 ff., 13 ff., 41, 53 ff., 59 ff., 72, 81, 104 ff., 113 f., 120
Maximilian II., römisch-deutscher Kaiser 126, 134, 139, 141, 145 f.
Maximilian Joseph, Kurfürst von Bayern 163

Mendoza, Margarita de 94
Meran, Franz Graf, Sohn Erzherzog Johanns 215
Merizzi, Erik von, Oberstleutnant 295
Metternich, Clemens August Wenzel, Fürst 186 f., 202 f., 210, 212 f., 215 f.
Dom Miguel, Herzog von Braganza 299
Montenuovo, Alfred Fürst 288, 296 f.
Moritz, Kurfürst von Sachsen 86, 88
Müller, Johannes von 194

Nahowski, Anna 226 ff., 234
Nahowski, Franz 227 ff.
Napoleon I., Kaiser von Frankreich 186, 219
Neipperg, Graf 156
Neipperg, Adam Albert Graf 288
Nostitz-Rieneck, Sophie, Tochter Franz Ferdinands 277, 282, 293

Odilon, Helene 237
Otto, Erzherzog 275, 277, 284, 305
Otto, Erzherzog (Otto von Habsburg) 319, 326
Otto I., König von Bayern 248, 276

Paget, Lady 224
Palmer, Eduard 243
Parra, Dr. 49
Peham, Prof. Dr., Gynäkologe 319
Peter von Bourbon 56
Philibert von Savoyen 58, 72 ff.
Philipp, Dechant 211
Philipp der Gute, Herzog von Burgund 67
Philipp, Erzherzog, Sohn Ferdinands II. 131
Philipp (Felipe), Herzog von Parma 167
Philipp II., König von Spanien 84, 89 f., 92, 95 ff., 101 ff.
Philipp der Schöne 26, 29 ff., 34 ff., 53 ff., 66 ff., 72 ff., 77 ff., 105 f.
Philipp von Flandern, Bruder Leopolds II. von Belgien 252
Piccolomini, Enea Silvio (Papst Pius II.) 14
Pighius 135
Piramus, Hieronymus, Gemahl Barbara Blombergs 91, 93
Pistinger, Berthold, Bischof von Chiemsee 116
Pius X., Papst 310
Plochl, Anna 197 ff.

Plochl, Jakob 205, 207
Pompadour, Jeanne Antoinette Poisson, Marquise de 167
Potiorek, Oskar, Feldzeugmeister 296
Princip, Gavrilo 295 f.
Prüschenk, Sigmund von 73

Raimondi, Livia 190
Regiomontanus, Johannes 10
René, Großbastard von Savoyen 74 f.
Renner, Karl 323
Requesens, Luis de, spanischer Statthalter in den Niederlanden 95
Robert von Bourbon-Parma 299 ff., 303 f.
Robinson, englischer Gesandter 158
de Roja, Francisco 67 f.
Rottal, Barbara von 111
Rudolf, Kronprinz 222, 225, 238, 241 f., 246 ff., 250 ff., 278
Ruprecht von Bayern 314

Schratt, Anton 236
Schratt, Katharina 218, 225, 229 ff.
Schurff von Schönwert, Georg 135
de Segrée, Madame 62, 65
Siegmund von Polen 110
Sigismund II., König von Polen 141
Sixtus von Bourbon-Parma 301, 314, 321
Slatkonia, Georg von, Bischof 110, 116
Sophie, Erzherzogin, Gemahlin Franz Karls 218 ff.
Spießhammer, Johann (Cuspinianus) 107, 109
de Stainville, Graf, französischer Botschafter 170
Stanislaus Leszczyński, König von Polen 158

Stephanie von Belgien, Gemahlin Kronprinz Rudolfs 238, 246, 249 ff.
Sterlowitz, Jacob de 128
Sternberg, Ladislaus von 128
Stockau, Graf 271
Strutt, britischer Oberst 323
Stürgkh, Karl von 291
Sturmfeder, Luise von 219
van Swieten, Gerhard 179, 184

Talleyrand, Charles Maurice de, Fürst von Benevent 186
Thurn und Taxis, Ludwig von 314
Travers, Abbé 309

de Ulloa, Magdalena 90, 96

Vetsera, Helene 267
Vetsera, Mary 242, 267 ff.

Wallis, Graf 308
Welser, Anna 137
Welser, Bartholomäus 123 f., 137
Welser, Franz 124
Welser, Philippine 112, 121 ff.
Widerhofer, Dr. Hermann 271
Wilhelm II., deutscher Kaiser 278
Wilhelm V., Herzog von Bayern 116
Wilhelm von Oranien 97
Wladislaw II. (V.), König von Ungarn und Böhmen 106 ff., 115
Wurmbrand, Leo von 280

Xavier (Franz Xaver) von Bourbon-Parma 301, 306, 314, 321

Zahlbruckner, Jakob 199, 211
Zita von Bourbon-Parma, Gemahlin Karls I. 294 ff., 298 ff.

Österreich
Nachbarland im Herzen Europas

Eine Auswahl:

Karl Vocelka
Geschichte Österreichs
Kultur – Gesellschaft – Politik
19/827

Dietmar Grieser
*Heimat bist du
großer Namen*
Österreicher in aller Welt
19/829

Dietmar Grieser
*Wien –
Wahlheimat der Genies*
19/434

Petra Neumann (Hrsg.)
*Wien und seine
Kaffeehäuser*
Ein literarischer Streifzug
durch die berühmtesten Cafés
der Donaumetropole
01/10434

19/827

Österreich
Heimat der Habsburger

Eine Auswahl:

Franz Herre
Maria Theresia
Die große Habsburgerin
19/435

Hans Magenschab
Erzherzog Johann
Habsburgs grüner Rebell
19/828

Conte Corti /
Egon Caesar
Elisabeth von Österreich
Tragik einer Unpolitischen
19/388

Sigrid-Maria Größing
Amor im Hause Habsburg
Eine Chronique scandaleuse
19/767

Sigrid-Maria Größing
Mord im Hause Habsburg
19/856

Martin Schäfer
Sissi – Glanz und Tragik einer Kaiserin
Eine Bildbiografie
19/430

Gabriele Praschl-Bichler
Liebesgeschichten und Heiratssachen im Hause Habsburg
19/659

SIGRID-MARIA GRÖSSING
Amor im Hause Habsburg
19/767

HEYNE

Anna Maria Sigmund

Details aus bisher verschlossenen Archiven der Nazi-Diktatur. Historisch wertvolle und innovative Beiträge zur deutschen Geschichtsforschung – spannend wie Romane!

»Sigmund versucht, die Begeisterung der Frauen für den Führer aus deren Erziehung und Lebensumständen zu erklären – leicht lesbar und informativ.«

Der Standard, Wien

19/893

Die Frauen der Nazis
19/725

Die Frauen der Nazis II
19/807

Die Frauen der Nazis III
19/893

Ulrich Wickert

19/862

Und Gott schuf Paris
19/858

Der Ehrliche ist der Dumme
Über den Verlust der Werte
19/401

Frankreich
Die wunderbare Illusion
19/661

Das Wetter
01/9763

Über den letzten Stand der Dinge
01/10575

Vom Glück, Franzose zu sein
Unglaubliche Geschichten aus einem unbekannten Land
19/748

Donnerwetter
Allerletzte Meldungen vom Tage
19/787

Ihr seid die Macht!
Politik für die nächste Generation
19/862

Zeit zu handeln
Den Werten einen Wert geben
19/873

François Truffaut

Mr. Hitchcock, wie haben Sie das gemacht?

Der Klassiker in vollständiger Taschenbuchausgabe!

»Das vielleicht aufschlussreichste Filmbuch überhaupt«
Times

»Ein journalistisches Meisterstück, eine Regisseurs-Biographie, ein Lehrbuch über den Film und das Filmen, eine große Hitchcock-Retrospektive, eine Sammlung unveröffentlichter, unverfilmter Hitchcock-Erfindungen.«
Süddeutsche Zeitung

»Nach der Lektüre wird man Filme anders sehen, besser, genauer, auch kritischer und verständnisvoller, und auch mit größerem Genuss.« **Die Zeit**

19/847

HEYNE